出向・移籍の研究

高島良一 著

信山社

概括目次

詳細目次

緒論――出向および移籍の定義――

一　価値論（目的論）的考察の必要

実務のうえで、出向・移籍ということばはかなり広い意味で用いられているが、これについての研究を始めるに際し、その対象を限定する趣旨でその定義を述べ、これに関連して、その内容を分類し、さらに、隣接した類似の人事異動と区別するという方法を採るのが通常である。しかし、これらの作業は、出向および移籍の全体の構造・内容とその法的性質を十分に認識したうえでなければ、完全に結了することはできない。というのは、すべての法的概念がそうであるように、それは、法的価値判断に基づいて、具体的にいえば、それについて認められるべき法的効果（sollen に適合した法的効果）や法律要件に関連（beziehen）させて構想されるべきものだからである。

しかるに、後に詳しく述べるように、出向については実務が先行し、法律論がその後を追いかけるという傾向が顕著であるため、認められるべき法的効果が十分に認識されていないというのが実情である。たとえば、出向労働者との労働契約は、出向元企業または出向先企業のいずれとの間に締結されるべきものであるか、また出向者に対する賃金は、出向元企業または出向先企業のいずれが支払うべきものであるか、さらに、労働契約の当事者となり、また賃金の支払義務を負うべき者は、出向者が従事する業務が、主として、出向元企業の事業に関するものであるか、または出向先企業の事業に関するものであるかによって異ならないか、などという問題も、多くは、当事者間の契約や協定でどのように定められているか、という観点から論じられていることが多い。そこで、本論文では、出向の態様に即応して構想される、出向の効力（その在るべき効力）や要件に重点を置いた目的論的考察を試みたいと考える。

二　最高裁判所「茅ケ崎市事件」判決（［判例五一］）の意味

最高裁判所判決は「労働者が使用者（出向元）との間の雇用契約に基づく従業員たる身分を保有しながら第三者（出向先）の指揮監督のもとに労務を提供するという形態」を「在籍出向」といっている（昭和六〇年四月五日判決・民集三九巻三号六七九頁、古河電気工業事件）。これは、外に現れた出向の形象に着目して定義したものにほかならないが、出向先の指揮・監督のもとに労務を提供するという法律効果が発生することを認めたものとはいえ、その法理的構想は必ずしも明確なものということはできない。これに対し、出向の目的論的考察に重要な示唆を与えているのは、茅ケ崎市の職員の派遣に関する最高裁判所平成一〇年四月二四日判決（判時一六五五号一一五頁）であると思われる。その詳細は後に考察するが（第二編第二章第三［二九三〜三〇〇頁］）、事案は、市の職員（病院の事務局長）を商工会議所に専務理事として派遣（出向と解釈できる）し、同人がその職務を遂行しているのに、市が同人の職務専念義務を免除したうえ、その給与などを支払っていることの当否が争われたものである。最高裁判所は、本件派遣により派遣職員は市自身の事務に従事していないから、市と商工会議所との間に派遣職員の給与の支払についての協定があっても、市が派遣職員の給与を支給することが是認されるためには、派遣の目的の達成と派遣（派遣職員の具体的職務内容）との具体的な関連性を精査し、その職員の職務専念義務を免除し、かつ市で勤務しない時間について給与を支給することを正当づける公益上の具体的な必要性がなければならない、と判示している。この論旨はつぎの点で重要な意味を持つということができる。

本件では、派遣（出向）者が主として出向先の事業の運営に関わる職務を遂行している。判例は、この場合に、とくに、報酬の支払義務は、これに関する出向先と出向元との協定（協定は出向元が支給することとしている）のいかんにかかわらず、出向先が負担すべきであり、出向元が出向者の報酬を支払うことが是認されるためには、それに相応する理由を必要とすると述べている。その前提としては、その職員が「出向先のために労務を提供し、出向先がその報酬を支払うべきである」という法律関係が、その職員と出向先との間に成立すべきであることを認めたものと解される。

三　企業外勤務についての法的構想

外国においても、特定の使用者Mと労働契約を締結した労働者Nが、その雇用を基礎とし、M以外の事業主OまたはPのもとで労務を提供するという雇用の形態が存在している。しかし、その態様は一様ではなく、大別して二つに分類することができる。その一は、NがMとの雇用を維持しながら、その雇用のなかで、一時的にOの指揮・監督のもとで労働するという型であって、detchment（イギリス）Leiharbeitsverhaltnis（ドイツ）[1]またはdétachement temporaire（フランス）[2]などがこれにあたる。この場合には、労働契約はM・N間にだけ存在するとされる。その二は、NがMとの雇用から離脱し、Pとの労働契約に基づき、Pに対し労務を提供するという型である。この場合は、MのNとの労働契約に代わって、P・N間にだけ労働契約が存続することになる。それは、NがPのために労務を提供するのであれば、P・N間に労働契約を成立させることを要し、かつこれをもってたりると解するものである。つまりM・N間に労働契約を存続させる理由はないとされる。したがって、その二の場合には、MからPへの労働契約の譲渡（Überlassung, transfer）が行われる。この構想は、労働契約は、『労働者』と、その労働者に対して「自己のために」労務の提供を求め、その労働条件の決定および契約の履行について危険を負担する者、すなわち『使用者』との間において締結されるべきである（第二編第一章第三節第二〔二六一～二六二頁〕）という契約観を基礎とするものと解される。

付言すれば、その一もその二も労働契約の要素の変更を伴うものであるから、労働者の承諾その他労働条件の変更を可能ならしめる要件（たとえば、労働契約または労働協約による、使用者に対する形成権の付与）を必要とするとされている。

（1）　中内哲「ドイツ法における真正貸借労働関係の法理」季労一七八号（一九八六年）一二八頁に、当事者間の労働契約上の権利義務の考察を中心とした学説の紹介がある。

（2）　ジェラール・クーチュリエ「フランスにおける労働契約」『日本とフランスの契約観』（一九八二年）、一六六～一六七頁、岩村正彦「フランスの非典型雇用」学会誌八一号（一九九三年）一三四頁、一三七～一三八頁。いずれも、派遣労働者として説明されている。

四　わが国の出向と契約観

わが国では、前記最高裁判所判決がいうように、「労働者が使用者（出向元）との間の雇用契約に基づく従業員たる身分を保有しながら第三者（出向先）の指揮監督の下に労務を提供するという形態」を出向といっており、第三者に労働契約関係の譲渡が行われるものは、移籍として出向から区別されている。しかし、実態的には、わが国で出向といわれているもののなかには、出向先の事業のためにだけ労務を提供する型のもの（外国では、労働契約の譲渡によるもの）が含まれている。一例をあげると、X会社が、その一つの事業部門・事業場を他から分離して、独立の別会社Aとして設立し、その事業部門・事業場に営業譲渡をするとともに、そこに勤務していた労働者Yら全員をAの従業員としたが、なお、Yら全員にXの従業員たる地位を認めているものもある〔判例一〇〕五七頁）。

これは前述のごとき契約観と符合しないように思われるが、わが国で右に述べたような法的構想のもとで出向が行われていることにはそれなりの理由があり、これを解明することが出向および移籍の概念の目的論的構想に役立つと考える。

五　企業間の人事異動の意味

わが国において従前から行われていた出向は、一般に親子会社の間、関連事業を営む会社の間、或いは一つの企業グループを形成する企業の間などで行われるのが通常であったので、そのような実態のもとで、出向は、復帰を前提とし、社内における人事異動と同様の感覚で行われていた(少なくとも、使用者側の感覚として)。つまり、使用者としては、その労働者の従業員たる地位の継続という形を残すことにより、いわゆる終身雇用の趣旨を生かし、しかもいずれ復帰させるから、社外への人事異動であっても、社内におけるそれと異ならないと考えたものと思われる。このことはつぎの意味で重要である。

Yは X の従業員であるので、X はその業務上の必要性がある場合は、一定の条件のもとで、X の一方的意思表示(または変更解約告知という方法で)により企業内でYの人事異動を行うことができると解されているが、異動先が企業外のAであっても、XはYに従業員たる地位を保有させているのであるから、Xにとって業務上の必要性(それはX・A間に存する企業の組織上・機能上の関連に由来する)がある場合には、同様の方法で出向させることができてよいはずであるとの考えに結びつく。いわゆる根拠規定がある場合には、X はその業務上の必要性あればその一方的意思表示により、Yを出向させることができるとの判例をうみだした根拠はここにあると考えられる。このことは、出向が主としてXの事業活動のために行われる場合(たとえば、社員の教育・研修のための出向)はもとより、Aの事業活動の支援(たとえば、系列会社の人材の補強によるグループ企業の活性化)のために行われる場合にもあてはまる。

この限りにおいて、わが国に特有な出向の法理は、企業内の人事異動と同様に、「X・Y間の労働契約を根拠として」、かつ「Xの業務上の必要性に基づいて」行われるという結論を導き出したものと考えられる。出向が「企業間の人事異動」といわれているゆえんである。このことは、とくに、出向の概念や要件を考える場合に重要な意味を持つ。ちなみに、ドイツにおいて、コンツェルン関係にある企業相互間の労働者の異動について、労働者供給に関する制約を除外している(第一編第一章第四節第三二[七一頁])のは、右の考えと相通ずるものがあるといえよう。イタリアにおいても、労働者の企業外への異動は、その異動を行うことについて、異動先企業のみならず、本来の雇用主である企業に業務上の必要性がある場合（たとえば、異動先企業で技術を習得させる）には、労務供給の禁止の規定があるにもかかわらず（その禁止に抵触せず）、正当なものと解されている。(3)

（3） T. Treu, Labour Law and Industrial Relations in Italy, (1998), p. 62.

六　従業員たる地位保有の法的意味

しかし、労働契約はなにびとの間に締結されるべきであるかという基本原則に着目すれば、Yが出向後もXの従業員たる地位を保有することに過大な意味（法律効果を含めて）を認めることは、法的にもまた実務の運営上も問題を残すことになる。

労働契約は、労働者と、その労働者に対し「自己のために」労務の提供を求め、その労働条件の決定および契約の履行について危険を負担する者との間において締結されるべきであると解するならば、Yが主としてXのためにAに出向するのであれば、Yは出向後もXの従業員たる地位を保有すると構想することには問題はない。これに対し、Yが主としてAのためにAに出向するのであれば、Yは本来は、出向後はAの従業員たる地位を保有すべきであるという原則を損なわない限度で、Xの従業員たる地位を認めるのが妥当といえるであろう。

すなわち、Yが主としてAの事業のために出向する場合に、YがXの従業員としての地位を保有していることを理由に、XのYに対する広範な権利の行使やYの労働条件の決定に対する過度な関与を認めることは、Aの事業活動を制約して出向の目的に反することになり、また、Xに過大な責任を負わせることは、Xの事業活動に支障をもたらしたり、不当な負担を負わせる結果となることがありうる（前述の茅ケ崎市事件はその一例である）。とくに、移籍の実体を持つ出向の場合にはその弊が顕著となる。そうしてみれば、この場合におけるXのYに対する権利・義務は、YとXおよびAとの間に各別に労働契約が締結されている場合（たとえば、併任・兼任）を除けば、出向が終身雇用の趣旨にそって行われるようにするという前記の発想に適合するように構想されるべきであると考える。

その要点を指摘すれば、Yは、将来にわたり（これまでと同じ条件で）Xとの雇用を継続しうるという期待をもってXに雇用されたのであるから、その期待利益を保護する限度で、X・Y間の法律関係を構想することを要しかつこれをもってたりると思われる。このことについては、EU諸国において、労働契約の譲渡の形式で行われるケースについて、譲渡時における労働条件の不利益変更の禁止とか、譲渡後の法律関係についての譲渡企業の責任などが問題とされていること（第一編第一章第三節第三二**2**〔三七〜三九頁〕）が参考になる。

要するに、この型の出向にあっては、YがXの従業員たる地位を保有しているということは、その間に労働契約が締結されていて、これを基礎としてAへの出向が行われ、A・Y間に別に労働契約が締結され（または譲渡という方法によって契約が成立し）、後者に基づいて、YはAに対して労務を提供し、YがAに対してその対価を支払うという法律関係が形成され、XはYに対し、補充的ないし潜在的に義務を負うにとどまると解してよいであろう。

七　出向・移籍の類型

これまでに述べた事例に即して、特定の使用者と労働契約を締結した労働者が、その雇用を基礎とし、その使用者以外の事業主のもとで労務を提供するという雇用形態を、その法律効果に着目して分類すると二つのものがあることがわかる。EU諸国では、労働契約が、特定の使用者との間に存するのは、他の事業主に対する労務の提供が一時的な場合に限られ、それが恒久的な場合には、その労働者と他の事業主との間に労働契約が締結される（「契約の譲渡により」労働契約関係が成立する）とする。この法理が構想されたことには相応の理由があるが、労働契約は、自己の事業のため、労働者に対し労務の提供を求め、その労働条件の決定および契約の履行について危険を負担する者（事業主体＝使用者）と労働者の間に締結されるべきであると解するならば、主としてなにびとのために労務を提供するという観点から分類するのが適切であると考える。

しかるところ、その後、出向・移籍は、使用者Xが、その雇用する労働者Yらの要員調整を図るための手段として、とくに解雇を回避するために行うようになってきた。これも広い意味においては、そのXの業務上の必要性に基づくといえるかもしれない。しかし、本来の意味の業務上の必要性に基づく出向・移籍は、YがXのためまたはXに対して労務を提供するよりも、Aのためまたは Aに対して労務を提供するほうが、X・A双方の事業の運営にとってより有効であること、すなわち、事業の効率的運営を図るという積極的効果を期待して行われる。これに対し解雇を回避するための出向・移籍は、現状のままでは、たとえば、Xでは人員が余剰であるとか、YがXのもとではその適性・能力に適した業務がなくなったなどの理由で解雇が避けられない場合に、労働者に対する配慮に基づき、人員面で雇用の余地があるA、またはYに適した職場があるAに出向・移籍させるものである。したがって、Yがこの出向・移籍に応じなければ、解雇という不利益を受けてもやむをえないことになる。つまり、事業の効率的運営という点からみれば、積極的意味を持つものではないから、これはさきに述べた型の出向・移籍とは性質を異にすると解するのが適当である。

八　企業外における労務の提供

或る企業Xに雇用されている労働者Yが、他の企業Zに赴いて労務を提供する形にはさまざまなものがある。そのなかには、XがZから特定の仕事の完成やまとまった事務の処理を引き受け、YをZの事業場に赴かせ、そこでその仕事の完成や事務処理をさせるものがある。たとえば、Zの注文に基づき機械を製造したXが、その機械をZの工場に運搬し、据え付け、試運転をなし、保守をするがごときである。この場合には、Yは専らXが負担する企業危険のなかで、Xの業務を遂行することにほかならず、ただ労務提供の場所がZの事業場であるというだけである。出張とか応援とかいわれているケースである。これはZのために労務を提供するという要素を含まないから、ここでの研究の対象から除く。このことは、YがZの事業場で、Zまたはその従業員と協力して業務を処理する場合（たとえば、前例で、Zの従業員と協同で保守をする）でも同様である。

また、Xがその雇用しているYを一時的にZのもとで労務を提供させることが、専らZの一時的な人手不足を補うためのもので、Xの事業の運営に寄与させるという理由に基づくものでない場合は、いわゆる労働者の供給にほかならず、外国では、前述のように、労働者の貸出しとか派遣といわれており、これもこの研究から除外する。つまり、出向・移籍は、広い意味で（解雇などの回避を含む趣旨で）Xの業務上の必要性に基づいて行われるものである点に、その特色があると考えたい。同時に、AもYから労務の提供を受けることがその事業の運営に寄与するが故に、出向・移籍を求めまたはこれを受けいれるのであって、XとAとの利益が調和し・一致する場合に行われる。たとえば、Xが社員の教育・研修のため子会社Aで勤務させ、またはXの商品の売上を伸長させるため代理店Aで勤務させる場合であっても、Aはその事業活動のためにYを使用することができる場合は、出向・移籍に当たると考えたい。このような業務上の必要性があるからこそ、たんなる労働者の供給から区別され、また、変更解約告知という方法により、もしくは、いわゆる根拠規定があれば、Xの一方的意思表示（形成権の行使）により、労働契約の要素を変更して、Yを出向させることができるとの法理を構想することが是認されるであろう。

九　労働契約の同一性・継続性

出向・移籍がX・Y間の労働契約を根拠として、Xの業務上の必要に基づいて行われるということは、その根底に、X・Y間の労働契約から生ずる、雇用の安定と継続に対するYの期待利益を保護するという発想が潜んでいる。このことに着目すれば、出向・移籍の前後を通じ、労働契約は同一性を保有して継続すると解すべきである。たとえば、移籍であってもXからBへの労働契約関係の譲渡として行われた場合は、同一性・継続性が明瞭である。これに対し、X・Y間の労働契約を終了させたうえで、B・Y間で新たに労働契約を締結するという形式をとる場合（これは「転籍」と呼ぶにふさわしい）であっても、従来の労働条件や雇用の継続による利益を承継する趣旨で行われるものであるならば、移籍の範疇にいれるのが目的論的であると思われる。出向についても同様に考えることができる。

一〇　出向・移籍の定義

これまでに述べたところを総合して、出向・移籍の特質を考えながら、その定義を試みよう。

出向・移籍は、その労務提供の外形に着目するならば、特定の使用者Xに雇用されている労働者Yが、Xの従業員である地位を保有しながら、他の使用者のもとで労務を対供するということができ、このことだけで定義をしようとしている学説・判例が多い。これを労働契約の要素に関連して構想すると、Yの労働契約または労務提供の相手方当事者である出向先企業A・移籍先企業Bの双方もしくは一方を、Xに追加しもしくはXと交替して変更するということになる。さらに、出向・移籍が、たんなる労務供給契約（とくに、法令によって禁止・制限されているもの）と異なり、正当性と合理性を持った人事異動の形態として認められるためには、その異動がXとA・Bとの事業運営上の利益が調和し・一致する場合に、その業務上の必要性に基づいて行われることを要する。

しかも、その異動は、Yが、Xとの契約とは無関係にAまたはBと新たな契約を締結する（それは単純な新規採用である）のではなく、X・Y間の労働契約を前提として行われる。その意味は、第一に、X・Y間の労働契約を基礎とし、事情変更の原則に従って、契約の当事者を含む契約要素を変更するという方法で行われるということである。その手段は、Xによる変更解約告知または（根拠規定があれば）形成権の行使である。それは、また、第二に、X・Y間の労働契約とAまたはBとYとの間の労働契約は、同一性・継続性を有することを意味する。ここに、契約内容の不利益変更の禁止ないしは制限とか、XのYに対する担保責任などの問題が生ずる。

これらのことを考えに入れて初めて、出向・移籍の概念を構想することができるといわなければならない。

第一編　出向・移籍の要件

第一章　基礎的課題

第一節　出向・移籍についての同意

第一　出向・移籍の特質

本書においてとりあげた出向・移籍は、特定の使用者Xに雇用された労働者の労働契約または労務提供の相手方当事者の双方もしくは一方を変更して、雇用を継続することである。その法的意味は、「Xのために」「Xに対して」労務を提供する約定でXに採用されたYが、Xの従業員たる地位を保有したまま、別の使用者「Aのために」もしくは「Aに対して」労務を提供し（出向の場合）、または、Xの従業員たる地位を失って、別の使用者「Bのために」労務を提供する（移籍の場合）ということである。

ここにYが「X（AまたはB）のために」労務を提供するとは、企業などの経営主体（以下通常の用語例に従い「企業」という）Xは、独自に一定の企業目的を定め、固有の財政・経理を基礎とした自己の計算において、事業運営についての判断（経営判断）に基づいて、それに伴う危険（企業危険）を負担して企業活動を展開するが、その過程で、YがXの求めに応じ、その企業活動に受動的立場で参加・協力することをいう。

「受動的協力」の意味はつぎのとおりである。YはXと労働契約を締結する（雇用されると表現することが多い）までは、雇用を求める意味で、一種の市場（労働市場）におけるビジネス・チャンスを負担しているが、雇用された後はXだけがその企業活動について直接の責任を負い、とくに市場における企業危険（ビジネス・チャンスについての危険、市場の変動に由来する危険）を負担する。ＹはＸが負担する企業危険のなかで労働するに過ぎない。これに対応し、Ｙは主体的に労働すべきであるにもせよ、労務提供の目的、すなわち究極の一般的目的（たとえば、定款や社内規定で定めた目的）およびこれに基づき或る時期の社会的・経済的条件に即応して定められた目的（たとえば、或る期の生産計画で決められた活動目的）はＸによって与えられ、Ｙの労働はその目的によって規定される。さらに、Ｙの裁量に委ねられていない活動は、Ｘの指示によって具体化される。

ところで、Ｘがこのような企業危険の負担において営む事業のうち特殊性を持っているのは、労働者の供給、つまりＡが必要として求めている人材をＸが雇用しているＹのなかから提供することを目的とする事業（労働者派遣事業）である。これは労務供給事業といわれているもので、Ｘの支配下における労働の強制と中間搾取の危険が大きいので、労働者派遣事業法によるものを除き原則として禁止されている。これに対し、出向・移籍は、Ｘがそれ以外の事業を営む過程で、「その事業運営の必要に基づいて行われる」ことに法的意味があり、それゆえに、主としてＸの事業のためにＡに出向し、したがって、Ａ・Ｙ間に労働契約が存在しない場合（たとえば、いわゆる派遣社員というような名目で、Ａの販売業務に協力して、Ｘの業績を向上させる）においても、労働者派遣事業法で規制されている労働者派遣に該当しないことはさきに述べたとおりである。学説のなかには、右のごとき派遣社員は、これを業として行うものでなければ、同法による規制の対象とはならないとするものがあるが、(4) 少なくとも、Ｘの業務上の必要性に基づくものであるか否かを基準とするのが合理的である。

（４）　安西愈・企業間人事異動、四九頁。

第二　出向・移籍と労働者の同意

このように、出向・移籍は労働契約の重大な要素を変更するから、その変更について労働者の同意（承諾）が得られなければ、これを有効に行うことができない（出向につき、最判昭和四八年一〇月一九日・労判一八九号五三頁、日東タイヤ事件、移籍につき、最判昭和四八年四月一二日・集民一〇九号五三頁、日立製作所事件）との原則が確立された。しかし、判例は、その同意は必ずしも個別的・具体的なものであることを要せず、たとえば、労働協約や就業規則に「使用者は業務上の必要に基づき、従業員を出向させることができる」という趣旨の規定（根拠規定）があるときは、それが労働契約の内容となっているから、労働者は事前に出向に対して包括的に同意を与えていることになり、使用者は出向のつど個別的・具体的に同意を得なくても、労働者を出向させることができるといい、それが有力である。移籍についても同様の解釈が成り立ちうるであろうが、出向と異なって、労働者と移籍前の使用者との間の労働契約が消滅するので、個別的・具体的同意を必要とすると解するか、少なくとも根拠規定の適用を厳格に解する傾向がみられる(5)。

このようにして、出向・移籍については、契約要素の変更をいかなる法的根拠に基づいてこれを行うことができるかがまず問題とされるのであって、その根拠を欠くならば、出向・移籍を行う業務上の必要があっても、使用者はその一方的意思表示によってこれを行うことはできないとの判例がほぼ確立されたといえる。その根拠とは、通説・判例によれば、労働者の同意に代わる前述の「根拠規定」である。この規定は、使用者にその一方的意思表示によって労働者を出向・転籍させる権利（形成権）を発生させる規範である。判例はこの使用者の権利を出向命令権という言葉で表現しており、学説もこれを容認しているが(6)、いかなる方法でその雇用している労働者を出向させることができるかということについては、契約論の面から検討する必要がある。

（5）移籍については、元の会社の労働条件ではないから、元の会社は、その協約や就業規則で、業務上の都合で、自由に移籍を命じうる事項を定めることはできないとする判決がある（後述〔判例六〕ミロク製作所事件）。この判決を支持する学説として、高木「配転・出向」、一四六～一四七頁。

（6）菅野・労働法、四二九頁など多数。

第三　根拠規定の再検討

一　問題の提起

出向・移籍の根拠規定として、就業規則のなかに、「会社は業務上の都合により、従業員を出向［移籍］させることができる」と規定しておけば、それが労働契約の内容となり、労働者は事前に出向・移籍を包括的に同意したことになるから、「使用者はこの同意により、出向［移籍］を命ずることができる」とよくいわれている。このような単純な考え方に対しては、最近現れたつぎの判例が注目すべき論旨を展開しているので、その要点を紹介しよう。

［判例一 a］ 新日本製鉄事件（福岡地小倉支判平成八年三月二六日・労判七〇三号八〇頁）

A　事実の概要

Xは、鉄鋼の製造・販売などを業とする会社であり、YらはXに雇用され、N製鉄所の構内鉄道輸送部門で勤務していた。Xは、鉄鋼業界の構造的不況に対応する合理化計画の一環として、構内鉄道輸送業務をAに委託し、これに伴ってYらをAに出向させることとした。Xの就業規則およびYらが加入している労働組合Uとの労働協約には、Xは業務上の必要により社員（組合員）を社外勤務させることがある旨の規定があり、また出向を含む社外勤務の条件などについては、Uとの間に社外勤務協定が締結され、これに基づいて出向が行われていた。

B　判決の要旨

出向命令を正当とする根拠は労働者の同意に求められるから、出向命令に応じて出向先に対しても労務に服させるためには、その義務が労働契約の内容として含まれていることを要する。労働契約は長期にわたる継続的契約で、締結後の事情変更により、その内容が合理的な限度で変更することは当然認められるから、契約締結時およびその後の労使関係に関するすべての事情も考慮して、右の義務の有無を検討をする必要がある。

Ｙの入社当時の就業規則の規定から、出向を含む社外勤務を命じられることが一般的に契約の内容として含まれていたということはできるが、本件のような長期化が避けられない業務委託による出向についてまで、事前の包括的同意を認めることはできない。しかし、その後業務委託に伴う出向が行われるようになり、本件出向を含め、Ｕはその都度該当する職場の労働者の個別の意見に配慮しつつ、出向の必要性、人数、条件などをＸと協議して定め、ＸはＵの了解のもとに出向を実施してきた。「本件のような出向についても、その必要があり、出向者に労働条件や生活環境の上で問題とすべき事情がなく、適切な人選が行われるなど合理的な方法で行われる限り、出向者の個別具体的な同意がなくても、Ｘは出向を命じることができることが慣行として確立し、このことが、ＸとＹとの間の労働契約の内容として含まれていたと認めるのが相当である。」

Ｃ　コメント

本判例は、Ｘの一方的意思表示によってＹとの労働契約の内容を変更し、Ａのために、Ａの指示（指揮・命令）のもとで、労務を提供させることを内容とする規定（根拠規定）の効力の根拠と限界に触れたものとして、重要な意味を持っている。

【判例―ｂ】 控訴審判決（福岡高判平成一一年三月一二日・労判速一七二一号八頁）

Ａ　判決の要旨

１　根拠規定の合理性

出向命令権は、使用者に帰属する当然かつ固有の権限ではなく、出向者は、在籍出向であっても、実際上労働条件その他待遇に関する基準において不利益を受けるおそれがあるから、使用者が労働者に出向を命ずるに当たっては、当該労働者の同意その他出向命令を法律上正当とする明確な根拠を要するというべきである。……出向命令については、出向者の同意がなくても、これに代わる明確な根拠があれば、その内容が合理的である限り、労働者は出向命令に従う義務を負う。

２　労働協約によって定められた根拠規定

ＸもＵも、社外勤務協定の改定に当たり、Ｘが労働協約の規定に基づき、技術系社員を含む社員に対して出向を命じ得るとの認識を持っていたことが明らかである。したがって、ＹらはＵの組合員として、労働組合法一六条の規定により、労働協約の拘束を受け、個別的な同意の有無にかかわらず、労働協約を根拠とする出向命令が、Ｘの業務上の必要に基づく合理的なものである限り、これに従う義務がある。

３　出向協定は、協約自治の限界を超えるか

労働組合が、労働者の雇用を確保するための出向を容認するについて、等しく出向の対象となる可能性があるすべての労働者の意思に基づき、使用者と労働協約を締結することによって、出向による労働者の不利益を回避するための枠組みを定め、かつ、規定の枠組みの中で行われる個々の出向について、出向の必要性及び合理性の判断を通じて、対象者が受ける不利益に対して個別的具体的に対応することは、共に出向に係る労働者の利益を擁護するために必要にして有効な手段である。したがって、出向に関する労働協約についてその本来の効力を否定すべき理由はなく、出向に関する事項は、協約自治の範囲内にあるというべきである。

Ｂ　コメント

本判決は、一審判決が、慣行を出向命令の根拠としたことについては、本件出向命令当時、対象者の同意なしに出向命令が発せられた事例はその数も少なく、そのような取扱が長期にわたって行われてきたわけではないから、原判決のいうような慣行が成立したといえるかどうかについては、疑問があるとしている。この意味で、冒頭に述べたように、協約に制度的効力を認めたものといえる。

二　問題の解析

1　根拠規定と出向（移籍）規定（協定）

すでに述べたように、労働契約の当事者または労務提供の相手方は、労働契約の重大な要素で、しかも長期にわたり固定することが要求されているが、出向・移籍は、その双方もしくは一方を変更する法的行為である。したがって、出向・移籍は労働者の同意を得た場合に限り行うことができるという原則が成り立つ。それにもかかわらず、根拠規定があるならば、Xの一方の意思表示だけでこれらの要素を変更し、出向・移籍を行うことが是認されるというのは、特定の出向・移籍についてそれに相応する理由（正当性・合理性）が存するからである。私法の原則によれば、契約の当事者の一方は、契約締結当時に存在するの諸般の具体的事情を総合的に考察し、相手方当事者に契約の内容をその一方の意思表示によって決定し・変更することを認めてもさしつかえないと判断し、そのような契約をしたならば、それは一応正当かつ合理的なものといえるから、相手方当事者はそのような権利（形成権）を取得する（ただし、その権利行使の結果が公正であるとの制約は受ける［ドイツ民法三一五条参照］としても）と解される。(7) しかし、右に述べた具体的事情の総合的考察をせずに、相手方当事者に形成権を与える規定が定められた場合には、その規定には積極的に正当性・合理性が要求され、かつ、それは労働者全体について考察されなければならない。

その正当性・合理性は、本章　第四節（六二頁以下）で述べるように、①「事情変更の原則」の適用を是認しうる業務上の必要性（労働者の適性・能力を考慮にいれて）を一方の柱とし、②労働者の負担に限界を画し、またはその利益を確保するための出向・移籍そのものの条件および出向・移籍後の労働条件や待遇などを他方の柱として、判断されるべきものである。そこで、出向・移籍に関し、使用者は、①の業務上の必要性を背景とし、これと相関的に②についての諸条件や待遇などを就業規則（出向規定としてまたは労働協約（労使間の出向協定として）で定める例が多くなっている（その前提として、XはAまたはBと出向・移籍に関し、これらの条件を定めた業者間の協定を締結するのが通常である)。そうしてみれば、出向・移籍の根拠規定の正当性・合理性は、出向・移籍の必要性と出向規定または労使間の出向協定を総合して判断する必要がある。

2　制度としての根拠規定・出向規定

法理論的には、出向・移籍に関する規定は、出向・移籍に関し当事者が準拠すべき条件や出向・移籍について労使の当事者に認められる権利・義務またはこれを実現するための行動様式（順守すべき行為の型）を承認し、これを規範として定立したものである。とくに労使の協定による根拠規定についていえば、使用者も労働組合も、一定の条件のもとで、使用者の一方的意思表示により、労働者との労働契約の内容を変更して出向・移籍の実施を可能ならしめ、もって雇用の継続を図るのが妥当であるとの規範意識に基づき、これに関する規範を設定したものである。したがって、使用者が従業員の或る者に対してはこの権利を持つが、他の従業員に対しては持たないというのは、根拠規定を設定した目的に反する。

このように、根拠規定は一つの社会的な制度として、国民社会をその存立の基盤とする（したがって、国民の規範意識によって支持される）ものではあるが、特定の企業Xにおける出向・移籍の制度は、Xという社会集団を基盤とするものであるから、これを支持するものはその集団の規範意識である（契約において表現された労働者個人のそれではなく、したがって、個々の契約は根拠規定の基礎とはなりえない）。すなわち、Xにおける出向・移籍の制度は、法律のほか、Xの構成員の規範意識によって肯定され・承認されることによって実定力と実効力を持つ。個人はその制度を利用することができるが、特段の理由がなければ、個人は個々の契約でその適用を排除したり、特別の定めをすることは許されないということができる。

出向規定・出向協定は、この社会規範が成文化されたものにほかならない。すなわち公正かつ合理的な理由がある場合に、公正かつ合理的な条件で出向・移籍が行われることを担保するだけの内容を持った出向［移籍］規定、出向［移籍］協定だけが、根拠規定たりうると解したい。［判例一ａ］は慣行という用語を使って論じているが、これを規範意識と置き換えれば、ここで述べた論旨とほぼ一致する。なお、［判例一ｂ］が触れているが、学説には、出向は労働者の労働関係の基本的構造を根本的に変更するものであるから、多数決によって労働者に出向を義務づけることはできない（協約自治の限界を超える）という考えが有力である。(8) しかし、出向は、さきに触れたように、正当性・合理性が認められる限りにおいて是認されるのであるから、労働者の意思もこれによる制約を受けることはやむをえない。そして、この根拠規定は、その正当性・合理性を確保することを目的とするから、労使の正常な規範意識に基づくものであれば、これにより、労使間のみならず、労働者相互間の利益の配分・調整を図ることができると考える。［判例一ｂ］Ａ３は、この事案に即してその一例を示したものといえる。

最近の判例も、労働協約は、労働組合が組合員の意見を公正に代表して締結したと認められれば、特定の労働者に著しい不利益を課するなど著しく合理性を欠き、いわゆる協約自治の限界を超えるようなものでない限り、規範的効力を有し、個々の労働者の出向義務の根拠となる（後述［判例四〇］川崎製鉄事件［一七九頁］）と述べている。

３　同趣旨の判例

同様の判例としてつぎのものがある。

［判例二］　相模ハム事件（大阪地決平成九年六月五日・労判速一六四四号二四頁）

Ｘは食肉加工品および加工肉の製造販売などを業とする会社であり、ＹはＸに採用され、大阪営業所長として勤務しているうち、五五歳となって役職定年を迎えたところ、Ｘからその関連会社Ａ（横浜市のＴ百貨店に出店している）に出向を命じられた。

Ｙは入社に際し、労働契約を締結し、就業規則その他の規則を遵守する旨を約束しているところ、その就業規則には出向に関し詳細な定めがなされている。その中には、①昇進・昇格・昇給はＸ基準による、②出向期間は原則として三年以内、③服務規律、休憩、出張扱いは、Ａの定めによる、④職位はＡで定め、勤続年数は通算し、年次有給休暇は出向時の残日数をＡに引き継ぐ、⑤賃金・賞与はＡの定めによるが、基本的には全額Ｘから現行のものが支給される、⑥退職金は出向期間を通算しＸの基準で支給される、などの定めがある。この事実に基づき、決定は、本件出向は配置転換と大差がなく、したがって、Ｙの個別的同意がないとの一事をもって、出向命令が無効であると解するのは相当でないと述べている。

決定が、本件出向は配置転換と大差がないと述べていることには疑問があるが、出向に際し決定すべき事項とその内容に着目し、その定めに従って行われる出向については、使用者に形成権を認めるという構想は当を得たものと考える。従前の判例にも、その出向によりＹが被る不利益の是正措置も含めて、出向の条件の提示を要求しているものがある。

［判例三］ 神鋼電機事件（津地決昭和四六年五月七日・労判一三三号一四頁）

Ａ　事実の概要

１　Ｘは、資本金六〇億円の電動機・発電機・変圧器・配電盤などの電気機器の製造・販売を業とする会社であり、その孫会社で、主としてＸの電子事務機部門の開発、製造、販売を業とする資本金一〇〇〇万円、役員四名、従業員五名位のＡがある。

２　Ｙは大学工学部を卒業し、Ｘの技手として雇われ、Ｉ工場で勤務していたが、ＸはＹにＡへの出向を命じた。

３　賃金についてはＸの賃金規定が適用されて、昇格・昇給が実施されるほか、都市手当の支給、宿舎の貸与などが行われる。労働時間については、Ｘでは隔週土曜日休日（ただし、Ｉ工場は毎土曜日が休日）、メーデーが休日であるのに、Ａではこれらの休日はない。Ｙが出向拒否の理由の一つとして、この労働時間の差をあげたので、Ｘとの話合いの結果、Ａは土曜日の終業時刻を午後五時三〇分から午後〇時三〇分に繰りあげ、夏休みを一日設け、またメーデーを休日とした。その結果、XとAの労働時間の差は月二日の土曜休日（七時間）（I工場とは月二日の土曜休日の差がある）となったので、Xは、七時間については休日出勤とし、月額約二、八〇〇円となる手当に加算して、月額四、二〇〇円を出向手当として支給することとした。なお、このことについてXはYが加入している労働組合と協議して、その了承を得ている。

4　Yは、Aの労働時間がXより長い、現在の仕事を続けたいなどという理由で出向に応じなかった。

B　決定の要旨

1　出向が労働条件の変更を伴う場合には、本人の同意その他特段の事情がない限り、従業員に対し信義則上認められる合理的範囲を超えて、不利益を与えるものであってはならないと解され、これに反してなされた出向命令は、その効力を生じないものとするのが相当である。

2　本件出向については、つぎのように考えられる。

(1)　労働時間については、依然として差があるので、Aにおいては週五日制を取りえないとしても、その差についても休日出勤として取扱うなどの処遇は可能と考えられる。

(2)　Aにおいて、Yは技術研究だけではなくセールス的仕事に従事しなければならないことが窺われ、技術研究にしても、AがXの従属会社として、極端に小規模なものであってみれば、研究設備などについて格段の差があると推察され、Yのごとき経歴の者にとって、職務上かなりの苦痛である。

(3)　Yは出向期間経過後はXに復帰することが予定されているが、確実な保障はないので、Yが将来の不安を感じていることは推察できるので、復職後の職場を具体的に特定することは不可能にしても、概括的な範囲で条件を示してYの不安を解消することは可能であると考えられ、この程度のことをしてもXの人事運用上に格別の支障を来すとも思われない。

3　本件出向は、Yに合理的に認められる範囲を超えて、不利益を与えるものというべきであって、Xとしては、本件出向がYに及ぼす、前記の如き不利益を解消するだけの条件を示すべきであり、かかる条件を提示することもなく、

Yの意向を無視して行った本件出向命令は、信義則上是認し難いものであり、その効力を生じえないというべきである。

C　コメント

この決定は、Xに出向の根拠規定がある場合においても、これに基づき契約内容を変更して、出向をさせることができるのは、特別の事情がない限り、Xの提示した条件がYに合理性を欠く不利益を与えるものであってはならないとする点において重要な意味を持つということができる。

本件のような労働条件の不利益変更またはそのおそれは、大企業である親会社から、中小の子会社に出向させる場合にみられるが、実務の処理上配慮を要する問題である。ただし、中小の子会社の経営を支援するために、是非とも親会社からの人材の補強を必要とする事情があるならば、誰かに出向してもらわなければならないのであるから、多少の不利益は労働者に甘受してもらわなければならないといえよう。たとえば、研究設備の相違など早急に是正することができない不利益のごときは、これをことさらに採りあげるのは適当ではない。

しかし、そのような不利益をなるべく軽減するための工夫はなすべきであり、とくに期間の点について配慮が求められる。すなわち、一般に、企業内人事異動については、異動についてはある程度の不利益は受忍すべきもと解され、人事の弾力的運用という観点から、異動先の勤務について期間を付することはせず、それでも労働者に特別の不利益を強いることにはならないのが通常である。これに対し、出向は、復帰を前提としない場合を除けば、出向による不利益ないし不安に配慮し、相当期間が経過したならば、本来の契約関係に戻すために、出向期間を決めて明示することが適当であると考える。

4　包括的同意について

Yが、出向について、予め包括的同意をXに与えていれば、Xは、その同意を根拠として、一方的意思表示によりYを出向させることができるというのが通説であるが、その包括的同意の有効性に関するつぎの判決に注目しなければならない。

［判例四］ 興和事件（名古屋地判昭和五五年三月二六日・労民集三一巻二号三七二頁）

Ａ　事実の概要

医薬品の製造などを業とするＸ、その販売会社Ａ、Ｘの母体のＨは「Ｋグループ」を形成し、経営事項は統一的に決定されるほか、三社の業務は実質的に一体として行われ、本社採用資格社員については、「一括求人・採用」方式がとられている。これはＸの人事部が主体となって、同一基準で求人・選考・採用を行い、三社への配属をしたうえ、各社名義で採用するが、後日社内配転と同一手続によって各社間の異動が行われる。以上の事実は、入社案内などに記載されているほか、求人についての説明や面接などで応募者に伝えられている。Ｘの就業規則には、「従業員は工場の都合で傍系会社［Ａ・Ｈを指す］、工場に転勤を命じ……られることがある。②前項の場合、従業員は正当な理由がなければ、これを拒むことはできない」との規定がある。

Ｂ　判決の要旨

１　Ｙは採用時に右の基本的構造について説明を受け、これを了承して入社したものと認められるから、Ｙの採用時の包括的同意に基づき、Ｘは他の二社へ出向を命ずる権限を取得した。

２　「有効な合意とみるためには、それが労働者の十分なる理解のもとでなした真意に基づくものであることが必要であり、また内容が著しく不利益なものや、将来不利益を招くことが明白なものであってはならない」。「同意をした当時と出向命令時との間に関連会社（出向先）の範囲に変動があったり、出向先の労働条件に変化があって、労働者に不利益な事情変更があったような場合には、包括的同意を根拠として出向を命ずることは問題であろうが、そのような場合でない限り、使用者は事後的に、包括的合意の効力の範囲内において具体的出向命令を発しうると解するのが相当である」。

３　Ｘの就業規則に出向に関する規定が置かれ、出向手続も制度として確立され、この手続に従って多数社員が出向している実績があること、出向先の三社間では労働条件は大部分共通で、出向によってとくに経済的不利益はないことは、出向についての包括的合意が真意に基づき、同意の内容が相当であることを裏づけるものである。

Ｃ　コメント

本判決は、使用者がその一方的意思表示によって労働者を出向させることができる根拠としての「包括的同意」について、それが当事者の真意に基づくこと（自己規定性）とその内容の正当性と合理性を要件とするものであって、賛意を表したい。それは、一般に契約は、自己規定性と内容の正当性・合理性の要件をみたしている場合に、その効力が認められることの一つの帰結だからである。その自己規定性についていえば、それは私的自治の基底をなすものであるから、労働協約によって出向の要件および条件が決められているときは、それがみたされているといえるし、就業規則によるときであっても、とくに、労働契約締結時にその趣旨の説明があり、これを了解して入社したものであれば、その要件はみたされ、慣習としてこれに基づく出向が行われていることによって補充される、と解することができる。もっとも、判例の一般的な傾向からすれば、就業規則が周知されているならば、これに拘束力を認めているといえる。また、正当性および合理性の要件も同様に考えてよいが、出向の条件がＡ・Ｙ間で契約され、または決定されるケースにあっては、その条件がＸ・Ｙの出向規定やＸが労働組合との協約で定められているならば、それが現実にＡ・Ｙ間で決められていること（第三者のためにする契約としてでも）を要する[9]。

(7)　このように、契約当事者の一方に、契約により形成権を与えるのは、契約締結当時の具体的条件に即応したものでなければならないから、形成権は一回の行使によって消滅するというのが私法の原則であるといわれている。しかし、この形成権は事情変更の原則を基礎とするものであるから、その原則を適用する条件がみたされるならば、この原則にこだわるのは適当ではないと考える。また、労働協約で、「会社は、業務上必要があるときは、従業員を転勤（出向）させることができる」という条項を定めて、使用者に一方的決定権を留保しても、これ無制限に認めるならば、解雇保護法の適用を潜脱する結果になる。すなわち、労働条件を変更するために認められている変更解約告知については、解雇保護法が適用され、労働条件の変更について社会的相当性が要求されている。そうすると、右のような協約が無条件で有効であるとするならば解雇保護法の適用を潜脱することになり、不当な結果になるというのである。（A.Böker, Weisungsrecht des Arbeitgebers [1971], S.13, 63～65）そうしてみれば、この形成権は、事情変更の原則の適用が継続し、かつこれによる変更が、公正かつ合理的な場合に、その効力が認められるということになる。

（８）高木紘一「配転・出向」一三九頁、久保敬治・浜田富士郎・労働法（一九九三年）三三七頁。

（９）グループ経営（企業）内における出向は、それ以外の出向と区別して考察すべきであることは、学者によって指摘されているところである。菊池高志「労働者の会社間移動と労働法の課題」学会誌八四号（一九九四年）一四～一五頁、安西・企業間人事異動、九二～一一〇頁。

第二節　出向の実態と分類

わが国おける出向・移籍の実態に着目すると、まず出向・移籍が判例に現れるようになった当初には、出向・移籍元企業Ｘと出向先企業Ａまたは移籍先企業Ｂとがいわゆる関連会社（親子の関係にある会社とか、或る製品の製造、流通、販売の各事業を、各社がそれぞれ分担して行うというような形で系列化された会社）を形づくり、その間で、ＸとＡもしくはＢの一方または双方の事業の遂行に積極的に寄与させるという必要をみたすために行われたものである。そこで、この段階では、出向・移籍の業務上の必要性を考える場合には、企業間の関連が当然の要素として考えられていた。

しかるに、最近では、Ｘが人員削減ないし人件費の低減を含む事業の再建ないし再編成（リストラ）を行う経営上の必要に迫られた場合に、解雇を回避し、またはＹの収入を減少させないでＸの人件費の負担の低減を図るなどの方策として、出向・移籍を行うケースが増えており、とくに出向の場合には、その出向先が出向元の事業と関連のない会社にまで及んでいる。この場合には、間接的にではあるが、企業危険を従業員としてどのように分担するかという問題も生じてくる。この方向をさらに進めると、出向は雇用を調整するための一つの手段として、その復帰を考えないで行われるようにもなる。

後に述べるように、主として出向先企業のためにする出向は、契約法の法理に従えば移籍の性格が強いのであるが、復帰が考えられない出向については、そのことが極めて顕著に当てはまる。

そうしてみると、等しく出向・移籍といっても、解雇の回避を含む要員調整のためのものとＸまたはＡ・Ｂの事業運営を積極的に増進させるという必要に基づくものとでは、その性質とそれが是認されるための要件が異なるといえる。

他面、労働者はその勤務先に関する利益を、労働条件・生活条件、労働者の能力の発揮と伸展の可能性などのほか、使用者の事業の内容・業績などに応じて、契約によって確保する。この利益は出向・移籍の目的ならびにＸとＡまたはＢとの間の組織的ないし機能的関連と緊密なかかわりを持つ。

そこで、これらを考慮にいれて出向・移籍を分類すればつぎのようになる。

[第二]　ＸとＡ・Ｂとの関連による分類

一　グループ企業を形成しているケース

二　親子会社関係にあるケース

１　縦の共同事業関係（①資本による支配、②ビジネス・チャンスの依存、③人的支配、④経営・財政支配）あり。

２　縦の共同事業関係なし。

三　事業提携関係にあるケース

１　横の共同事業関係（①損益の共通、②事業の系列化、③人的管理、④事業の統一的管理・遂行）あり。

２　横の共同事業関係なし。

四　関連なし。

［第二］　出向・移籍の目的による分類

一　主として、Ｘの事業に寄与させる。たとえば、

⑴　社員の教育・研修、新技術の習得など、Ｘの社員としての適性を育成する。

⑵　Ａ・Ｂのもとで得た情報（市場の需要、需要者の要望・苦情など）をＸにフィード・バックさせ、事業の改善を図る。

⑶　Ａ・Ｂの事業に協力して（技術指導、営業助成、アフター・ケアーなど）Ｘの業績を向上させる。

二　主として、Ａ・Ｂの事業に寄与させる。Ａ・Ｂが事業運営上必要とする人材（経営担当者、技術者、専門職員など）を提供して、その事業に協力する。

三　出向元Ｘの要員対策として行う。

１　現況では解雇せざるをえない者の解雇を回避する。

２　人員余剰の状態が解消するまでの間、人手を求めているＡ・Ｂのもとに出向・移籍させる。

３　要員調整、人件費削減などの雇用対策として、恒久的に出向・移籍させる（出向という方式を採る場合でも、その復帰は考えられていない）。

第三節　出向・移籍のための法的形式

第一　序　説

出向の場合には、出向元企業Ｘに雇用されているＹが、主として出向先企業Ａのために労務を提供する場合に

は、Xの従業員たる地位を保有しながら（その意味では、Xとの間に労働契約が存続する）、Aとも労働契約を締結する（労働契約関係に入る）が（第二編第一章第三節〔二六〇頁以下〕）、移籍の場合には、移籍元企業Xに雇用されていた労働者Yは、その契約関係から離脱し、移籍先企業Bとの労働契約関係に入ることになる。しかし、或る企業Cが、その雇用している労働者Eを解雇し、ほかの企業DがEを独自の判断で採用するのは、たとえCがその採用になんらかの形で便宜を供与したとしても、それは就職を斡旋したというにとどまる。そうではなくて、移籍が行われたといえるのは、すでに述べたように、移籍が「X・Y間の労働契約に基づいて」契約の同一性・継続性を保有しながら行われた、すなわち、この契約関係に関連した、同一性・継続性のある労働契約関係がB・Y間に成立したからである。

それでは、この意味の移籍は、法律上どのような形式で行われるであろうか。判例をみると、B・Y間における労働契約関係の成立を停止条件として（またはその不成立を解除条件として）、X・Y間の労働契約を解約する方式と、XがYとの間の労働契約関係をBに譲渡する方式があるといわれている。出向についてもこの方式が問題となりうる。というのは、出向についても、これを労働契約（または労働契約上の労務指揮権）の譲渡と解する学説・判例（本節第二）があり、また、主として、出向先企業のために行う出向は、欧米諸国の契約観によれば、その実質は移籍と解することもできるし、また、その実態からみても、移籍と認められるものもある（本書緒論三、**四**〔四～六頁〕）からである。

第二　移籍についての判例

移籍の方式に関しては、

［判例五］「日立製作所事件」についての二つの類型の判決がある。同一の事件に関するものであるから、事実

の概要を述べたうえで、それぞれの判決の要旨を紹介しよう。

Ａ　事実の概要

１　ＹはＸに雇用され、横浜工場でテレビのシャーシーの設計業務に従事していたが、Ｘは系列会社Ｂから無線機関係の設計、検査などの従業員数名を転属させてもらいたい旨の要請を受け、Ｙら六名を選び、八月五日、翌六日付でＢに転属させることを内示した。

２　Ｙは、Ｂにおける業務内容や労働条件が不明であるなどという理由で承諾を保留した。その後、Ｘの職員はＹを説得し、ＹもＢに赴いてその職員に説明を求めるなどした結果、八月一一日Ｘに対し転属を承諾し、Ｘから退職金の交付を受けた。

３　八月一一日Ｂの部長会議でＢに説明を求めた際のＹの態度が好ましくないので、将来うまく使っていけないとの意見が出され、結局ＢはＹを採用しないこととし、Ｙにその旨を伝えた。

４　Ｘは、Ｙは八月六日付で退職しＢに籍が移っているから、Ｙを採用するか否かはＢの決定することであるとして、Ｙの就労を拒否している。

Ｂ　判決の要旨

［判例五ａ］　日立製作所事件一審判決（横浜地判昭和四二年二月二六日・労民集一八巻一号六七頁）

１　Ｙは、転属の通知を受けてから、Ｘに対してもＢに対しても転属保留の態度を表明していたこと、Ｘは、Ｙに対し転属を承諾さえすれば、Ｂの従業員としての身分を取得する旨を強調していたこと、ＹはＸからの説得に折れ、転属を承諾するにいたったが、これにより当然Ｂで雇用されるものと期待していたこと、その他転属承諾にいたった経過ないし事情を考慮すると、Ｙのなした転属承諾すなわち退職の意思表示は、ＹがＢで雇用されることを条件としてなされたと解するのが相当である。

２　転属の承諾と同時に遡って転属先へ籍が移るということも、Ｘ・Ｂ間の手続ないし形式上の処理の必要からなされたに過ぎず、ＹがＢにおいて事実上就労したとか、雇用契約の締結があったと認められる形跡がない以上、Ｘ・Ｂ間で八月六日付で転属させる申合せがあり、形式上Bに籍が移ったと扱われたところで、その間にYの意思が介入する余地がないから、Y・B間に雇用契約締結の合意が成立したと認めることはできない。

したがって、Y・B間に雇用関係が成立することを条件とする転属承諾、すなわち退職の意思表示は、条件の成就がないから、その効力は発生せず、XとYとの間には依然として雇用契約は存続しているといわざるをえない。

【判例五b】　同控訴審判決（東京高判昭和四三年八月九日・労民集一九巻四号九四〇頁）

1　XはBから無線機関係の設計、検査の従業員の転属要請を受け、Yら六名をBに転属させる旨、すなわちXの右六名との間の労働契約上の地位をBに移転する旨の合意が成立した。

本件転属がXのYとの間の労働契約上の地位の譲渡であり、XとBとの間に本件転属に関する合意が成立した以上、Yがこれを承諾すれば、XとYとの間の労働契約上の地位は直ちにBに移転するから、YはXの従業員たる地位を失うと同時に、Bの従業員たる地位を取得するものというべく、その間に改めてBとの間に労働契約を結ぶ余地はないことは明白である。

2　Yは、八月一一日当然Bで働かせてもらえるものと信じて転属を承諾し、翌日Bに行ったところ、部長会議の結果Yを採用しないことになった旨を告げられ、就労できないで帰宅した。Bで支障なく就労できることが本件転属承諾の要素となっていたことは明白であるところ、YはBで就労させてもらえるものと信じて本件転属を承諾したのに、当時すでにBではその就労拒否を決定していたのであるから、右承諾は要素に錯誤があり、無効といわざるをえない。

なお、その上告審判決**【判例五c】**（最判昭和四八年四月一二日・裁判集民事一〇九号五三頁）は、右判決を支持したうえ、「本件転属がYとXとの間の雇用関係を終了させ、あらたにBとの間に雇用関係を生ぜしめるものであることからすれば、労働契約の一身専属的性格にかんがみ、原審が労働者であるYの承諾があってはじめて右転属が効力を生ずるものとした判断は相当として是認することができる」と判示している。

つぎに、【判例五a】と同じ法律構成をとり、その場合における労働条件の決定の仕方に触れている判例がある。

【判例六】 ミロク製作所事件（高知地判昭和五三年四月二〇日・労判三〇六号四八頁）

A　事実の概要

1　Xは、捕鯨砲、猟銃・民生用火器の製造・販売などを業とするが、経営合理化の一環として、塗装部門を独立させ、傍系会社の塗装部門と一本化して、Bを設立した。BはXの物的施設である工場、機械をそのまま使用し、従来のXの塗装関係の仕事を継続し、Xの塗装部の作業をしていた従業員全員をBへ出向させていた。

2　Yは、Xに雇用され、銃床の磨きと塗装の作業に従事しており、Bの設立に伴いBへ出向した。

3　Xと労働組合との労働協約には、出向・転籍は、本人の同意を得て行う旨の条項があったが、Xはこの協約を解約し、就業規則で、Xは業務の都合上従業員に出向・転籍を命ずることができ、従業員は、正当な事由がなければこれを拒むことはできないと定めた。そして、同社には塗装業務がなく、またYは他部門の職種には適しないという理由で、Yに対しAへの転籍を命じたところ、Yはこれを拒否したので、XはYを解雇した。

B　判決の要旨

転籍とは、元の会社を退職することによってその従業員としての身分を失い、移籍先の会社との間に新たな雇用関係を生ぜしめることで、元の会社との関係においていわば新労働契約の締結を停止条件とする労働契約の合意解約に相当するものであるから、従業員はその合意解約契約の自由が保障されなければならないのである。すなわち、転籍は、移転先との新たな労働契約の成立を前提とするものであるところ、この新たな労働契約は元の会社の労働条件ではないから、元の会社がその労働協約や就業規則において業務上の都合で自由に転籍を命じうるような事項を定めることはできず、したがってこれを根拠に転籍を命じることはできないのであって、そのためには、個別的に従業員との合意が必要であるというべきである。

そのほか、つぎの判例もある。

［判例七］ アーツ事件（東京地判平成七年五月三〇日・労判六九三号九八頁）

Ａ　事実の概要

１　Ｘは、エステティックおよび美容院などを経営する会社であり、そのスタジオ事業部は、従業員を放送局に派遣して、スタジオのメイク・アップに従事させていた。ＹはＸに雇用され、同事業部で勤務していた。

２　Ｘは、その経営が危機的状況にあったので、比較的業績の良好なスタジオ事業部を分離独立させてＡを設立し（分社化）、これに同事業部の営業を譲渡し、同部門の全従業員を移行させるため、その手続として、Ａ設立前に、Ｘを退職する旨の「退職届」とＡへ同一職場、同一条件で移籍する旨の「承諾書」を提出させ、これに対し採用確約通知書を交付することとした。

３　しかし、Ｙだけが期間内にこれらの書類を提出しなかったので、再度提出を求め、これにも応じなかったので、このままでは雇用の継続が困難である旨を申し述べ、退職を勧奨し、Ｙから格別の反論もなかったので、ＸはＹを解雇した。

４　Ｙは、Ａとの間にＡの設立を解除条件として雇用契約を締結したと主張。

Ｂ　判決の要旨

「ＹはＡの設立にあたり、［提出を求められた］退職届と承諾書とを提出しなかったというのであり、しかも、Ａ設立前Ｘによって本件解雇がなされていたというのであるから、ＹとＡとの間には、雇用契約の成立する余地はなかった」という理由で排斥している。

第三　移籍についての考察

一　二つの方式の相違点

これらの判決にみられるように、移籍（転籍）により、ＹがＸとの労働契約関係から離脱し、Ｂとの労働契約関係に入ることの法理的構想には、二つのものが考えられているが、民法的な思考によれば、その二つの構想の違いは、労働契約関係の譲渡の場合は、Ｘ・Ｙ間の労働契約関係がその同一性を失うことなくＢ・Ｙ間に承継されるが、そうでない場合には、契約の要素である当事者が変更するので、契約が更改される点にあると思われる。しかし、移籍という場合には、Ｘ・Ｙ間の労働契約関係とＢ・Ｙ間のそれとが同一性・継続性を保有しているものに限るから、移籍のための新労働契約の締結といいうるためには、これらの契約関係の間には、〔判例五〕が述べているような関連性を必要とするといわなければならない。

さらに、労働契約関係においては、雇用の安定と継続が、労使それぞれの立場から要請されるので、単純な民法的思考をそのまま維持するのが適当かという問題が生じる。そこで、このことに着目して考察を進めよう。

二　労働契約に基づく法律関係の譲渡

１　民法的思考

移籍はまず労働契約に基づく法律関係の譲渡という方法によって行うことができる。その譲渡に関する契約はＸとＢとの間で締結されるが、その効力はＸ・Ｂ間で発生するにとどまり、Ｘ・Ｙ間の労働契約に基づく法律関係は、Ｙの承諾があってはじめて、Ｘ・Ｂ間に承継される（〔判例五ｃ〕）というのが、労働契約を個別的にみる限りにおいては、極めて契約意思に忠実な理論構成であると解される。とくに、Ｘがその一事業部門ないし一事業場をＸから分離独立させて別会社Ｂを設立（分社化）した場合などには、ＸからＢに労働契約関係を含めて、「営業譲渡」をするという方法が採られることもある。それは、Ｘ・Ｂ間の一個の契約により、全従業員の労働契約関係を包括的にＸからＢに譲渡することを目的とする。この場合でも基本的には右に述べた法理が妥当するといわれている。(10)この構想は、労働法律関係の基礎を労働契約に求めることの帰結の一つである。

2　労働者の包括的承継の立法

しかしながら、労働者は、多くは企業の事業活動に参加・協力する趣旨で、労働契約を締結する。そして、労働者は企業のなかに組織づけられ、その構成員として、他の労働者とともに、その事業活動に参加・協力しているのであって、その意味で、労働者は、個性を持った、特定の使用者に対するというよりも、その事業体（企業）に対して労務を提供し、しかも事業の運営に欠くことのできない要素となっている。そこで、企業の事業活動が正常に営まれる限りにおいては、労使の双方が、企業の存続とともに労働関係も継続させること（事業の運営に必要な協力者を確保し、またはその事業で雇用の継続を確保すること）について、期待利益を持つ。

このことと、労働者に雇用の安定を確保するという政策的配慮に基づいて、使用者の相続の場合はもちろん、法律行為（たとえば、売買、合併、企業の組織変更、営業譲渡）によって使用者が交替した場合には、それまでに効力を生じていた労働契約は新しい使用者に対しても効力を持つと定めて、立法的解決を図るという方策も採られている。ヨーロッパにおいては、ＥＥＣの一九七七年指令一八七号による立法がそれである。たとえば、フランス労働法典一二二―一二条二項は、相続、売買、合併、企業の組織変更などによって使用者が交替した場合に同趣旨の規定を定めているが、判例はつぎのように解釈する。同条は直律的強行性を持ち、雇用の継続のみならず、同一の契約内容の継続という効果が生ずる。労働者についても自動的にこの効力が生ずるので、新使用者のための労働を拒むためには辞職（démissionner）するのほかはない。この場合、辞職の意思表示をした労働者が、それは使用者の側からの解雇に等しいとして、解雇権濫用の法理による補償の給付を求めることは、事実上困難であると解されているようである。なお、本条は労働者の他企業への短期派遣(détachement temporaire)、移籍(mutation permanente）などにも適用されると解されている。[11] イギリスでも営業譲渡による雇用関係の承継については、フランスと同様の考えがとられているようである。[12] また、ドイツ民法六一三条ａ一項は、法律行為により営業の全部または一部を他の経営主体に譲渡する場合には、新経営主体は譲渡時までに労働関係から発生していた権利・義務を承継し、新しい労働協約や経営協定によるものでない限り、譲渡後一年間は、譲渡前の労働関係の内容を労働者の不利益に変更することはできない旨、また、同条二項は、旧経営主体は、譲渡後一年間は、新経営主体とともに、連帯債務者としての責任を負う旨を規定している。しかし、ドイツの連邦労働裁判所の確立された判例によれば、労働者が反対の意思を表明した場合には、労働関係の承継は行われるべきではないとされている。[13] ただし、この考え方は、ＥＣの裁判所の見解に反するし、反対した労働者を解雇しえないとすることには、問題が残るといわれている。

もっとも、たとえば、Ｘがその一事業部門ないし一事業場を分社化してＡを設立し、そこに配置されている労働者全員をＡに移籍させた場合には、これに反対の意思表示をした労働者は、変更解約告知により解雇することができると考えられるが、そのような解雇が是認されるのは、その労働者の職場がその事業部門ないし事業場に固定されている（職場に代替性がない）場合に限られるといわれている。すなわち、Ｙが一般的な事務職員であり、たまたまＭという部門に配置されていたところＭが分社化されてＡが設立された場合には、ＹはＡへの雇用の承継を拒んでも、そのことだけで解雇されることはないというのである。つまり、ＸはＹをほかの職場へ配置転換も考えなければならないことになる。

仏、独の条文は文言上ほぼ同一であるが、その解釈・適用いかんによっては、労働者が異なった法的立場に置かれることになるともいえる。すなわち、労働者が新使用者と労働契約関係に入ることを欲しない場合には、ドイツでは、労働者は労働契約の承継を拒否することにより、変更解約告知をされない限り、旧使用者との雇用の維持を図ることができるのに対し、フランスでは、新使用者との労働契約を解約することにより、すべての雇用を失う結果となるからである。

3　会社分割と労働契約の承継

わが国では、船員を除く一般の労働者については、会社合併の場合の権利・義務の包括承継を規定した商法一〇三条のほか特別の規定はなかった。しかし、商法が会社分割の制度を採りいれたのを機に、これに伴う労働契約の承継につき、新立法がなされるにいたったので、その要点を示そう。

(1)　会社分割

或る会社（M）の営業（経営）を構成（組成）している財産法上の権利・義務を他の会社（その会社が既存の会社Nである場合を「吸収分割」、分割により新設される会社Oである場合を「新設分割」という）に包括的に承継させる制度を会社分割という。N・Oを「設立会社等」という。

(2)　分割計画書・分割契約

会社分割は、M・Nの出資者、債権者・債務者等の重大な利害に関する事項であるので、吸収分割の場合は、MおよびNが作成する分割契約書、新設分割の場合はMが作成する分割計画書（分割計画書等という）に、商法に定められた会社分割に関する重要事項を記載し、原則として、株主総会等の承認を得なければならない。この分割計画書等には、MからNまたはOに承継される労働者の範囲が記載される。

(3)　承継の態様と労働者の拒否権

①　分割された事業に主として従事する労働者P

M・P間の労働契約は、分割計画書等の記載に従って、当然にNまたはOに承継される。

分割計画書等にM・P間の労働契約をNまたはOが承継する旨の記載がないとき（分割部門に行かされないとき）は、PはMに対し、所定の期間内に、異議を申し出ることができ、この場合には、M・P間の労働契約はNまたはOに承継される。

②　分割された事業に主として従事する労働者Q

分割計画書等にＭ・Ｑ間の労働契約をＮまたはＯが承継する旨の記載があるとき（分割部門に行かされるとき）は、ＱはＭに対し、所定の期間内に、異議を申し出ることができ、この場合には、Ｍ・Ｑ間の労働契約はＮまたはＯ（設立会社など）に承継されない。

⑷　部分的包括承継の適用

分社化の場合の労働契約の承継は、Ｍの雇用している労働者のうちの或る範囲の者が設立会社などに承継されるという意味において部分的承継であるが、一定の要件を満たす場合は、その承継について民法六二五条一項の適用を除外して、労働者の意思いかんにかかわらず、すべての労働者の労働契約を当然に設立会社などに承継させるという意味において包括的承継である。このような包括承継を行うのは、「分割部門の人的・物的組織を基盤として」（時には、これを他の組織と併せて）、独立して企業危険を負担するにたりる条件を具えた組織体を創設し、これと関連して雇用の継続を企図するからである。そうしてみれば、特別立法により労働契約の承継を助成ないし強制するとための要件と効果は、この制度の目的に適合するように定められなければならない。

本法の適用に関しては、「主として」分割部門に属する労働者は、設立会社に包括承継されまたは承継されるべきであり、そうでない労働者は、その意思に反して包括承継されないとの原則が採られている。ここにいう「主として」分割部門に属することの意味は必ずしも明確とはいえないが、目的論的に考察するならば、設立会社などの人的組織の基盤となるＭの分割部門の要員として定着している者、少なくとも、他の部門への代替性が認められない者であることを要すると考えたい。そうすると他の部門との交流が行われることを常態とし、たまたまその部門に配置されているに過ぎない者（わが国では、管理職員、準管理職員、非専門職員などにはこのような者が多い）は、たとえ、分割部門の業務が本務といえる場合でも、主として分割部門に属する労働者とはいえないことになる。

（10）　石井照久「営業の譲渡と労働契約」労働法の研究Ⅱ（一九六七年）、一八七頁以下、菅野・労働法四四六頁。

（11）　G.Lyon-Caen=J.Pjlissier=A.Supiot, Droit du travaill7e éd.（1994）, P.99; G.H.Camerlynck, Contrat du travail 2ème éd.（1982）, P.121, 131～132. 以前の学説につき、P.Durand=A.Vitu,Traitj de Droit du Travail tome II（1950）P.783. ここにいう djtachement temporaire とは、X・Y間の労働契約を維持しながら、Yを比較的短い期間Aの指揮命令のもとで就労させる（賃金はXが支払う）ことであり、もし、Yを長期にわたり継続してAのために勤務させる（Aが賃金を支払う）というのであれば、X・Y間の労働契約を終了させたうえ、A・Y間で労働契約を締結すべきものと解されている。

（12）　M.Mead, Unfair Dissmisal Handbook 2d. ed.（1983）, P.286～287.

（13）　BAG 1974. 10. 2. AP Nr.1 zu § 613a, Richardi=Wlotzke, Münchener Handbuch I, S.497; Zöllner =Loritz, Arbeitsrecht, S.263～264.

三　労働契約の包括的譲渡の問題点

1　労働義務の一身専属性

労働者は、使用者の承諾がなければ、第三者に、その労働者に代わって労務に服させることはできない（民法六二五条二項）。その根拠は、雇用は労働者自身の労務ないし労働力の利用を目的とするものであり、使用者との間に人的関係を生ずるからであるといわれている。また、使用者は、労働者の承諾がなければ、第三者にその権利を譲渡することができない（民法六二五条一項）。その根拠は、使用者が変更すれば、労務の内容に多少の変更が生ずることが多いのみならず、右に述べたような使用者と労働者との間の人的関係を使用者の意思だけで他者との間に移転することを認めるべきではないということに求められる[14]。おもうに、労働者の労働義務が、一身専属的であることには異論はない。また、或る労働者Yが特定の使用者Xに雇用されるのは、Xのために労働することにより、Yとその家族のために生計の資を得ること、それにより安定した家庭生活を営むことを一つの目的とし、それゆえ、Yは、Xの資産、資力、業績などを信頼し、かつ、約束した条件が守られ、それ以上の負担を負わされることがないことを信用して、労働契約を締結する。のみならず、Yは、Xへの就職により、Yの適性・能力に適応した職務に就き、その適性・能力を進展させ、自由・独立の人格としての生活を展開することを期待する。そこで、Yは、Xの人事・業務の管理、その他の事業の運営（教育・訓練、業務の指揮・管理・監督などを核心とする）の仕方、Yの市民ないし社会人としての生活に対するXの配慮に重要な関心を持つ。このようにして、Yが、誰のために、誰の指揮・管理・監督のもとで労務を提供するかということについても、契約により確保した利益（対人的な信頼の利益）を持ち、それは、法的に保障されるに値するということができる。この意味においては、使用者の地位も一身専属的である。

2　労働者の意思にかかわらない労働契約関係の承継

右に述べたような労働契約上の権利・義務の一身専属性にもかかわらず、法律により、労働者の意思に関係なく、労働者たる地位（労働契約上の権利・義務の全体）が特定の使用者から他の使用者に［包括的に］承継されるようにする立法がなされていることはさきに述べたとおりである。その詳細な解明は別に譲るが、わが国の法制では、右の労働関係承継法のほか、会社の合併に関する商法一〇三条、船員法四三条があるといわれている。

3　問題の提起

企業Xが、その事業（商法にいう「営業」ということができると思われる）の全部またはその特定の事業部門もしくは事業場を、包括的に他の企業Aに譲渡すること、すなわち、その事業を営むに必要な有体（物的施設、機械・器具、資材など）・無体（工業所有権、ノウハウなど）の財産権を一括して譲渡するとともに、そこで勤務している労働者との雇用を包括して譲渡する例は少なくない。この場合に、これに伴う労働関係の譲渡について設けられる特別の規定には、

①　労働者の個別的同意がなくても、「当然」に雇用関係をXからAに譲渡できるようにするものと、

②　一定の範囲の労働者との法律関係を「包括的」に譲渡することを可能にするもの

とが考えられるが、重要なのは、「当然」のかつ「包括的」な譲渡である（一定の要件が具わるならば、使用者の一方的意思表示により、個別的に労働契約関係を譲渡するという方法で、労働者を出向させうることは、すでに述べたとおりである)。そして、このような特別の取扱をするについては、それに相応する理由があり、したがって、その理由にかなう要件が具わっていることが必要であると解されるから、その要件を考察しよう。

4　事業の包括的譲渡の特質

現代の企業Xは、資金、財産(権)などの物的要素ならびに役員、管理職員、従業員などの人的要素の有機的組織体であることにかんがみ、事業の全部または一部を第三者Aに譲渡して、従来と同様の事業を、従来どおりの規模・態様で、そのまま継続して行わせるのであれば、全部譲渡の場合はもちろん、区分された範囲内でもその「組織体の組織および活動の統一性・同一性を維持・継続する必要」がある。

これを企業ないし事業についての協力者または補助者の観点からみれば、譲り受けたAの側でも、譲渡された事業のための本来的（プロパー）な要員として雇用された労働者は、「その事業を営むために必要な協力者または補助者として保持する必要」がある。

他方、労働者の側からすれば、特定の使用者Xに対するというよりは、その事業のために労務を提供する意思で雇用の場を求めるのが通常であり、[15] したがって、特定の事業にプロパーなものとして採用された従業員は、その事業がAに譲渡されても、その事業が継続する限り、「従来と同一の労働条件をもって雇用を継続することについての期待利益」を持っている。のみならず、企業または事業のための組織がXからAに包括的に移転したにもかかわらず、その移転から取り残されるならば、その労働者の適性・能力に適した職場がなくなり、「職を失う

危険」が大きい。つまり、このように企業または事業がＸからＡに包括的に譲渡されるならば、これを基盤として存立していた権利・義務はその基盤を失うから、これが帰属する者を決定する必要がある。このような「ＸとＡのみならず、Ｙの利益が一致する場合に、その範囲内で、当然の包括的承継を認める」のが妥当と考える。したがって、事業組織の全部または一部が、全体として別の企業組織に移されて運営される場合でも、右に述べた要件がみたされなければ、当然の包括的承継を認める理論的根拠を欠くことになる。

合併の場合には、合併により、必ず合併する企業の一方または双方が消滅する。しかし、一方では、その企業の合併前の権利・義務は、合併後存続する企業がその事業を運営するために必要な要素である。他方では、合併によって消滅する企業に対して権利を持っている者については、合併によってその権利が消滅しないようにすることはもちろん、その存続や権利内容の実現について、不利益を被ることがないようにしなければならない。そのなかには、権利関係の継続についての期待利益が、合併をしたということだけで変更を受けることがないようにすることも含まれる。そこで、合併によって消滅した企業が、合併まで持っていた権利・義務は、合併時の処理を決めない限り、合併後存続する企業にこれを帰属させるの他はない。

もっとも、合併の場合でも、たとえば、会社の合併がＡ・Ｂ両会社の事業を総合・統一することにより、間接部門の簡素化を図ることを目的とする場合には（合併はこのような方法で企業経営の合理化を図ることを目的とする場合が多い）、合併時に、Ａ・Ｂ各社が各自に賃借していたビルの賃貸借のいずれかを解約するとか、Ａ・Ｂが合併を機会に人員整理のため、従業員との雇用契約を解約をするということはありうる（ただし、合併をしたということだけの理由で解雇することは是認されないと解されている）。

いわゆる分社化における労働契約承継法も、分割によって独立した会社が、従来と同様の事業をそのまま継続して行うことができるよう、これに必要な物的・人的要素を移転させた場合に、このことについて使用者および労働者が持っている利益（期待利益を含む）を確保するために、それにふさわしい法的取扱いを定めたものである。

5　労働契約承継法適用の要件

これまでに述べたところを基礎とし、労働契約承継法が適用されるための要件を考えると、それは、二つの観点から構想されるべきものと思われる。

(1)　企業の組織・活動に関する要件

労働契約承継法による特別な法的取扱いが是認されるための要件を、まず、労働契約関係の基礎をなす企業の組織的構造に着目して考えるならば、

①　特定の企業全体もしくはその独立した一部を組成している財産権、債権・債務などの物的組織および人的組織の集団的統一性を確保し、かつその継続を維持することが必要であること（事業組織の統一性とその継続性）

②　事業の目的、規模、態様などに即応した事業活動を、今後の発展的展開を企図して、継続的に行うこと（事業活動の継続性）

が基本となる。これは、一般の解説が、会社分割は組織法上の問題であるといっていることに対応するものである。したがって、厳格にいうならば、この要件がみたされなければ、当然の包括的承継は是認されないということにもなるであろう。

(2)　労働契約関係の一身専属性に由来する要件

さらに、労働契約関係の承継については、労働契約関係の一身専属性にかんがみ、**4**で述べた、労働契約関係との関連における事業の包括的譲渡の特質に関連させて、目的論的に構想する必要がある。そうすると、

①　或るグループの労働者Yが、Xにおける特定の事業部門または事業場などにおける事業（営業）の遂行について、全体として必要不可欠であること、

②　その事業が、全体として、第三者A（新会社・別会社などを含む）に譲渡された後においても、Aがその事

業を引き続き行ううえで、Ｙが必要な要員であること、

③　Ｙは、Ｘに残ったならば、その職場がなくて、雇用を失う（退職するか、解雇されるか）おそれがあり、Ｙについて雇用の継続についての期待利益を保護する必要があると認められること、を必要性に関して求められる要件とし、

④　従来と同一の労働条件を維持できる条件が具わっている限りにおいて、労働契約関係の当然かつ包括の承継についての要件がみたされたことになる。

⑶　問題点

さきに述べた労働契約の承継に関するＥＣの指令およびこれを展開したＥＵ諸国の国内法の適用に関し、その決定的基準となるのは、企業の自律的な経済的実体の同一性であるとして、

①　その活動が特定していること、

②　その活動が固有の組織を有すること、

③　その活動を行うために必要な有体・無体の財産を有すること

を前提とし、

④　その経済的実体が、同一または類似の活動を継続・再開して操業すること

が労働契約承継の要件となるとの考えが有力である[16]。基本的にはこの法律理論が一つの柱となることに相違はないが、これに加え、労働契約関係承継についての目的論的考察を加える必要があると考える。

また、承継法に関する一般の解説は、分社化は組織法上の問題であるから、営業譲渡などの行為法上の問題とは異なると説明している。しかし、分社化そのものは組織法上の問題であるにしても、分社化の結果、ＹとＸとの間に成立していた労働契約は、Ａに移る（Ｙの使用者がＸからＡに交替する）のであるから、このことについては労働契約関係の一身専属性による制約を免れえない。したがって、この要件を無視することは許されない。か

えって、この要件がみたされるならば、組織法上分社化とはいえないケースであっても、承継法の適用を認めることが是認されると考える。たとえば、営業譲渡とかＸが営んでいた事業を、その事業に従事していたＹを含めて包括的に（一括して）Ａに業務委託するような場合である。また逆に、組織法的には、包括的に分社化するというような場合でも、この要件に適合しなければ、ＹをＸにとどめておく（Ａに移転させない）ことも可能と考える。このことについては、合併の場合と対比しながらつぎに述べることにしよう。

6　承継される事業（営業）に主として従事する労働者

すでに述べたように、承継法は、「承継される営業に主として従事する労働者」（主務職員）については、分割計画書などにその者の締結した労働契約が記載されていれば、会社の分割時にその労働契約が設立会社などに当然、包括的に承継されることになるとするとともに、分割計画書などにその記載がない場合でも、その労働者が異議を述べれば、同人の労働契約は、当然に設立会社などには承継される旨を規定している。そこで、主務職員とはいかなる者をいうかが問題となるが、これを目的論的に考察すれば、これまでに述べた労働契約の当然・包括的承継の要件をみたし、それゆえ当然承継されることについて利益を持つ、プロパーの労働者ということになる。したがって、Ａの事業に必要ではないと認められる労働者、またはＡに承継されなくても、Ｘにおいて職を維持することが可能と認められる労働者などは、承継法による保護の対象とはならないということができる。

7　当然・包括的承継の限界

労働契約の包括的承継は、会社の合併についても認められているので、合併の場合と比べながら、分社化の実態に着目しながら、これまでに述べた当然・包括の承継が認められるべきであるか否かを考察しよう。

(1)　合併の場合

合併の場合は、必ず合併する企業の一方または双方Xが消滅するが、そこに雇用されていた労働者Yは、特段の除外事由が認められない限り、合併後存続する企業A（Xの一方のこともある）の事業の運営に必要な要員であり、Yは、Aに雇用されなければ、職を失わざるをえない。このような労・使双方の利益を考えるならば、Yすべてを A に当然承継させることが、双方の利益に一致することはさきに述べたとおりである。

⑵　真正分割

右に述べた合併に対応するものともいえる態様で行われる分社がある。たとえば、Xの二つの事業部門または事業場a・bをそれぞれ独立の企業として事業を行うため、会社A・Bを設立し、Xは廃業するような場合には、それぞれa・bの要員として雇用されている労働者（承継される営業の主務職員）は、AまたはBが事業を営むために必要な人員であり、YもAまたはBで雇用を継続することについて期待利益を持ち、A・Bに雇用されない限り（Xに留まっていたのでは）、雇用を失わざるをえないということができる。この意味で、このような分社化のケースでは、当然かつ包括承継の要件がみたされていることになる。分割法が想定している会社分割とはこのような態様で行われる分割をいうと思われる。これを「真正分割」と名づけることにする。

しかし、このような態様の分割でも、承継法の適用について問題がないわけではない。たとえば、右の設例で、製造部門をA会社、販売部門をB会社として分社し、製造部者の技術者YをBの業務上の必要性に基づき、Bのセールス・エンジニアとして配置する（Aへの分割計画書には記載されていない）というがごときケースである。このケースでYが異議を述べれば、Yの労働契約は、Bではなく、Aに承継されるという効果が発生するであろうか。文理的には肯定されるようにもみられるが、目的論的には、否定されると解すべきである。なぜならば、YはBの事業の運営に必要な要員であり、通常の人事異動でもAからBへの異動は公正かつ合理的と認められ、YがBに配置されることは、Yの期待利益を害するとはいえないからである。

同様のことは、分社しても、従来の会社で雇用を維持することが可能かつ妥当である場合にも当てはまる。

Ｘがその事業の一つとして営んでいる事業ａを、独立の企業として行うため、会社Ａを設立した場合であっても、もっぱらａに従事していた労働者を、Ｘの従業員として使用する業務上の必要がある場合がある。たとえば、Ｘの一事業部門を子会社Ｆとして分割した場合に、ａの要員であったＹを、Ａに関連する業務を担当するＸの部門（たとえば、関連事業部とかＡの事業に対する管理・指導・連絡などを行う業務を管掌する部門）に残すというがごときである。この場合、労働者の異議があったということだけで、同人の雇用契約がＡに承継されるという効果を認めるのは妥当ではない。その理由は、前例で述べたと同じである。

⑶　不真正分割

しかし、会社分割の態様は、このようなものだけに限られない。むしろ、経済界で一般に行われている会社の分割は、新規事業を興すに際し、これに伴うリスクを避けるため（とくに新しい人材や新しい給与体系を必要とするので）とか、不採算部門の切離しや整理を行うために（とくに従来のままの会社形態では、その部門の閉鎖を免れないのみならず、会社全体としての生残りも危うくなることから、これを回避するため、経費の節減などにより収益性を確保する必要があるので）行われるケースが多い[17]。

ⅰ　新事業開始のための分割

たとえば、Ｘが不採算の事業部門ｃの事業を廃止して新規に別の事業ｄを独立の企業として行うため、会社Ｄを設立し、ｃで労働していたＹをＤで就労させようとするケースもある。このケースでは、その分社化は、Ｙの解雇を回避する意味はある（したがって、Ｙがこれに応じなければ解雇される）が、ＹがＤの事業に必要な要員とはいえない場合もありうるし、ＹはＤにおける雇用の継続について期待利益を持っていないのであるから、この意味で、当然かつ包括承継の要件は具わっていないことになる。したがって、ＸはＹがＤの事業について不適格であると認めるならば、Ｄに移すことを拒むことができ（Ｙが異議を述べても、Ｄに承継されたことにはならない）、ＹはＤに移ることを拒むことができるといわなければならない。したがって、このような態様で分社化を行うには、

Xは、自ら出資をするなどしてDを設立したうえ、Xからその従業員を出向または移籍させるなどという方法を採ることになる。

ii　事業規模を縮小して分割する場合

これまでと同様の企業の組織と活動を維持しながら、分社を行うのでなければ、権利・義務を包括的に承継する組織的条件を欠くといえるのであるが、これを労働者の雇用に関連させると、つぎのようになる。

Xがその事業の一つとして営んでいる事業eを、その規模を縮小したうえ、独立の企業として行うため、会社Eを設立したというケースを採ってみると、Xがeのために必要とした労働者の数を減少し、状況のいかんによっては、これに加え、従来の労働条件を低下させなければ、Eとしては収益を挙げることができない、ということがある。このような条件下では、eの事業に従事していた労働者全員を、従前と同一の労働条件でEで雇用することはできない。そうであれば、Eで雇用する労働者を選考し、また労働条件の変更について、労働者の同意を得なければならない。したがって、当然・包括的承継の条件を欠き、Xとしては、その出資などによりEを設立し、労働条件の変更に同意をした者のうちから、Eの事業に必要な労働者を出向または移籍させるという措置を講ずることになる。

8　承継を拒否した労働者の取扱い

労働契約関係の包括的譲渡を認める要件がみたされている場合に、或る労働者Yが分社に伴う承継を拒否した場合にどうなるかという問題がある。

分割会社Xから設立会社Aに、Yとの労働契約の包括的譲渡が認められる場合は、労働者Yは、譲渡後のAの事業の運営に必要な人員であって、Xの事業の運営には不必要な人員であるといわざるをえない。したがって、分社に伴い使用者となったAがY労働契約上の義務の履行を求めたのに対し、その請求に従った労務の提供をしない時は、Ａは Y に対し、債務不履行の責任を追及することができる。また、Y が X に対して、包括的承継（契約当事者の A への変更）を拒むのであれば、X は、Y に対して、変更解約告知をすることができる。のみならず、分社後の X には、Y に割り当てるべき業務ないし職務がないから、Y が労働契約関係の譲渡に反対の意思表示をし、それにより Y については労働契約の譲渡の効力が発生しないと解するとしても、Y は X により余剰人員として解雇されてもやむをえないことになる。

(14) 我妻栄・債権各論中巻二（一九六二年）五六六～五六七頁。

(15) P.Durand, Traitéde DroitduTravailtome II (1950), P.788. 東京地決昭和二五年七月六日・労民集一巻四号六四六頁、済生会事件は、このことを労働契約の包括的な当然承継の理由としている。

(16) 本久洋一「フランスにおける企業移転と労働契約」学会誌九四号（一九九九年）一〇一～一〇二頁。荒木尚志「ＥＵにおける企業の合併・譲渡と労働法上の諸問題」北村一郎［編集代表］『現代ヨーロッパ法の展望』（一九九八年）八八～九〇頁。C.Barnard, EC Employment Law 2nd ed. (2000), P.445.

(17) 土田道夫「企業組織の再編と雇用関係」自由と正義五一巻一二月号（二〇〇〇年）、五八～六〇頁。

9　包括的承継が認められない場合の分社化

つぎに、分社前の事業部門ないし事業所の組織を、需要の減退その他の経営上の理由により、分社時に縮小する必要があれば、その組織体の構成員の一部だけを A の従業員とするという方法をとらざるをえない。その方法には、①X が A の要員となるべき者を人選して、その者との労働契約関係を A に譲渡し、その余剰人員は、X の責任において解雇するという方法、②X が組織の構成員全員を同人との合意により退職させまたは解雇したうえ、A への就職を希望する者のうちから A が選考して採用するという方法などが考えられる。

いずれの方法をとるかは、X の（ときには A の意見を聞いての）経営判断によるが、①の方法は、X の単独の責任において実施するものであり、X が特定の被用者 Y を A の要員として人選し、Y との労働契約関係を A に譲渡したのに対し、Yがこれを承諾しなかったとすれば、6で述べたのと同じ結論となる。これに対し、②の方法は、Yが退職に同意し、Aに採用の申し込みをするという行為にまたざるをえない。もしYが退職の意思表示をしなければ、XはYを解雇することになる。そこで、Xがこの手続をスムースに進めるために、Xの従業員を代表する労働組合と従業員が全員退職し、希望者はAに採用を申込むという趣旨の協定を締結するか、そのような規定を定めてこれを実施するという方法をとる例が多い。しかし、これらの協定、規定は労働者個人の従業員たる地位という固有権に関するものであるから、強制的効力をもたないことは当然である。

この方法をとった場合には、退職に同意しないYが解雇の効力を争うという形態をとるのが通常である。したがって、分社化とそれに基づく解雇の当否が争点となるが、それは経営判断に基づく裁量の範囲内の問題として処理されることになろう。

四　新労働契約の締結

移籍は、①X・Y間の労働契約を消滅させて、②B・Y間で労働契約を締結するという方式によることもできるが、②をみたすことが、①の条件であることは、さきに述べたとおりであり、判例もそう解している。この方式による場合に、B・Y間の労働条件の決定に関連して、[判例六] ミロク製作所事件判決（三四～三五頁）のように、「この新たな労働契約は元の会社の労働条件ではないから、元の会社がその労働協約や就業規則において業務上の都合で自由に転籍を命じうるような事項を定めることはでき［ない］」ということができるであろうか。すでに述べたように、移籍はX・Y間の労働契約と同一性・継続性のある契約をB・Y間に成立させるものである。そしてまた移籍は、労働契約の基盤をなす社会的・経済的事情の変動に即応し、その契約の要素を公正かつ合理的な内容のものに変更し継続させるための一つの法的手段にほかならない。そうしてみれば、事情変更の原則の適用があり、かつ、いわゆる根拠規定があることを前提として、さらに、会社分割に関連して述べた「労働契約の当然かつ包括的承継が是認される条件」（四五～四八頁）がみたされている限りにおいては、移籍を実施するために変更解約告知を行うことのほか、使用者に契約の要素を変更して移籍を実施する権利を認めることができると考えたい。そうすることが、労働契約関係の安定した継続を図るという観点からみても、法の目的にかなうということができるであろう。この場合「新たな［Ｂの］労働契約は元の会社［Ｘ］の労働条件と同一ではない」ことはありうるが、それでも、ＸがＹに著しい不利益を与えないように、一定の対応策を講ずること（たとえば、契約内容の継続を図り、またはＹが受ける不利益を補償する）を条件として、Ｘに形成権を認めることができると考える。この方法を是認することは、ＸがＹらの組織している労働組合との労働協約により、Ｙの労働条件をＢが望んでいるとおりの内容のものに変更したうえ、営業譲渡という方法で移籍させることができることと対比し、なんら不合理ではない。要するに、移籍先の労働条件はＢが決めるべきであるということは、Ｘに形成権を認めることの妨げとはならない。

なお、移籍の場合には、ＹがＸに対し辞職届を提出し、ＢがＹを採用するという方式をとる場合が多いが、Ｙが辞職の無効（たとえば、錯誤を理由とする無効）を理由として、移籍の効力が発生しないと主張するケースもある。

［判例八］日鉄商事事件（東京地判平成九年一二月一六日・労判七三〇号二六頁）では、ＸからＢに出向していたＹに対し、Ｂへの移籍を打診した結果、Ｙは退職届を提出してＢに移籍したところ、賃金が約七割となったのを不満とし、錯誤による無効を主張したが、その事実は認められないとされている（その仮処分事件である東京地決平成六年三月一七日・労判六六二号七四頁も同旨である）。また、

［判例九］ジャパンエナジー事件（東京地判平成九年二月二八日・労判七二八号八〇頁）では、人員整理が必要となったＸが、移籍の勧告に際し、Ｙに対して行った移籍先や移籍後の労働条件についての説明が問題となった。Ｙは、移籍を承諾する際、①定年までのＸにおける生涯賃金が保障される、②移籍後もＸ在職中と同等の給与（Ｙの計

算では、当面年間一二〇〇万円、その後一〇年は一五〇〇〇万円）の支給を受けることができると信じていたが、現実の給与はそうではなかった、と主張した。

判決は、つぎのように述べている。

Ｙには移籍を承諾するに当たり錯誤があったといえるが、それは承諾を決定する上での意思の形成に際しての錯誤（動機の錯誤）であるが、承諾に当たり、Ｙの右の考えがＸに表示されていたとはいえない。したがって、Ｙの右の考えは、承諾の意思表示の内容をなしていないから、民法の錯誤とはいえない。

また、Ｘの部長のＹに対する説明は明確でわかりやすかったから、素直に聞けば移籍の条件を正確に理解することができたにもかかわらずこれを曲解し、またＹの考えていた移籍の条件は、Ｙ一人の思いこみで、それが正しいかどうかを正す機会があったのに、これを正さなかったという重大な過失があったから、錯誤による無効を主張することはできない。

移籍に関連して、このような紛争が生ずるのは、Ｙが、Ｘに採用された以上、Ｂに移籍しても、定年退職まではＸにおけると同様の待遇が与えられることを期待（希望）していることに由来すると思われる。したがって、移籍によって待遇がＹの不利益に変更される場合には、そのことを明確にし、これについての合意を成立させておく必要がある。

〔判例九〕からわかるように、移籍についての承諾を求める場合には、移籍の条件を、書面でわかりやすく書いて示すなどして説明したうえ、質問の機会を十分に与えることが望ましいといえる。このことについては、後日紛糾が生ずることもないわけではないから、使用者側としては、複数の職員が説明に当たるのがよいであろう。

第四　出向についての考察

一　労働契約に基づく法律関係の譲渡

出向の場合は、Yが主としてAのために労務を提供する場合には、A・Y間に労働契約が成立するが、X・Y間の労働契約も存続している（ただし、通常、XにおいてYは休職とする）という形をとっているから、XがYとの間の法律関係をAに譲渡するという方式は、ほとんどとられていないようである。ただ、出向といってもその実態は移籍である場合、すなわち、Yが専らAのためにだけ労務を提供し、かつXへの復帰がほとんど考えられないような場合には、X・Y間の法律関係の譲渡という方式は考えられる。ただし、この場合でも、わが国の実態に照らせば、XをYの使用者として残すけれども、労働契約の実質はXからAに移し、Aを当事者とする労働契約を成立させ（必要に応じては、契約内容を変更して）、Aがその事業活動のために、Yに労務の提供を求めることが明らかにされなければならない。このような方式は、すでに述べた判例のなかにも見られるのであって、たとえば、製鉄会社Xがその輸送出荷部門の構内輸送体制を整備するため、鉄道輸送作業などをAに業務委託し、その作業に従事していた稼働人員のうちXが引続き担当する作業に従事する者を除き、Aに出向させた［判例一］新日本製鉄事件（一八頁以下）はその一例である。

また、事業部門ないし事業場の分社化、営業譲渡という典型的なケースに関するものとしては、つぎの判例がある。

［判例一〇］　住友化学工業事件（名古屋地判昭和五八年一〇月二一日・労判四二三号四二頁）

A　事実の概要

Yは X に雇用され、Xの軽金属事業部門のN工場において勤務していた。Xは、その軽金属事業部門を別会社化するため、Aを設立し、同事業部門のすべてをAに営業譲渡し、Yを含む同事業部門関係の全従業員を出向扱いとした。Yら従業員の労働実態は変わりはなく、XとAとの就業規則は同一で、Yの身分、労働条件、勤続年数と成績はXからAにそのまま継続し、以後の人事上の扱いはAが独自の判断で行い、Xは出向元としての立場から、右の判断に従い、同一の取扱をしていた。

B　判決の要旨

Yの出向は在籍出向で、YとX・Aの間にいずれも雇用契約関係が存在していた。

そのほか、港湾運送業を営むXが、Aと艀の傭船契約をし、Xが雇用した艀船員Yをその艀に乗務させていたところ、事業の合理化の一環とし、艀をAに売却したうえ、YをAに出向させた杤木合同運輸事件（後に、［判例四七］として詳述するので、それを参照されたい［本書二四〇〜二四三頁］）がある。

これらの場合には、X・Y間の労働契約とA・Y間のそれとは当然に同一性・継続性を持つといえる。もっとも、わが国の出向について、労働契約の譲渡という構想を当てはめることについては、問題がないわけではない。

すでに指摘したように、欧米法の基礎をなす契約観に従うならば、Xに雇用されている労働者Yを別の企業Aのために労務を提供させるのであれば、A・Y間に労働契約が存在することを要し、かつこれをもってたりるのである。したがって、この限りでは、労働契約をXからAに譲渡する方法に問題はない。しかし、わが国で行われている出向は、YにXの従業員たる地位を保有させている点に特徴がある。そうすると、X・Y間にも労働契約関係があると考えられるので、X・Y間の労働契約がそのままAに譲渡されると構想するのは、適当ではないとの考えがありうる。

二　労務指揮権の譲渡の能否

学説・判例のなかには、出向は、XがAに対して労務指揮権を譲渡することであると解するものがある。それは、A・Y間に成立する契約関係は、全面的なものであることを要しないという発想に基づく。しかしながら、労働契約に基づく包括的な法的地位の譲渡（債権の譲渡・債務の引受）を離れて、労務指揮権だけを譲渡することは論理的に不可能と考えたい。この問題は、労働契約はなにびととの間で締結されるべきであるか、出向後X・Y間に成立する法律関係はいかなるものであるかなどという基本的問題に触れるので、後に詳述する（第二編第一章第二節二［二五四頁以下］参照）。もっとも、XがYとの労働契約関係をAに譲渡すれば、Xはその契約関係から離脱するわけであるが、それでも出向という方式を採り、YになおXの従業員たる地位を認めるのは、いわゆる終身雇用の意識に基づくものである。それは、これに由来する雇用の継続に関するYの期待利益をなんらかの形で保護するとともに、これに対応する使用者の権利・義務を考えて、その間の調整を図ろうとする労使の規範意識の現れである。そうであれば、労働契約の譲渡を認めたうえで、右の規範意識に相応するなんらかの効力を認めることもできるであろう。したがって、出向を労働契約関係の一部の譲渡と構想しなくてもよいと思われる。

三　新労働契約の締結

Yが主としてAのために労務を提供する目的でAに出向する場合は、YはAとの間に労働契約を締結することになる。もしYがさらにAの取締役となる（使用人業務兼務の役員となる）約束であれば、Aにおける選任をYが受諾することにより、その間に委任関係が成立する。これらの場合には、Aとの労働契約の締結またはAの役員への就任が行われることが、出向の条件となるから、その条件が成就しないときは、出向の効力が発生しないことは、移籍における場合と同様である。

新労働契約は、AとYが当事者となって締結するものであるが、出向がXの業務上の必要に基づくものでもあり、新労働契約が成立しなければ、Ｙを出向させる目的が達せられないし、また、Ｘは従前からのＹとの労働契約の当事者として、Ｙの雇用および労働条件の継続についての期待利益を確保すべき立場に置かれているので、あらかじめ新労働契約の内容をＡと協定する（これをＹに提示して承諾を求める）などして、成立に積極的に関与することになる。いかなる場合に、Ａ・Ｙ間に労働契約が締結されたといえるかは、事実認定と当事者の意思解釈の問題であるが、実務が先行している出向にあっては、法理論に適合するよう合理的解釈を必要とするので、後に改めて詳述する（第二編第一章第三節［二六〇頁以下］参照）。

実務上の取扱いに即して結論だけをいえば、ＸがＹに対し、Ｘ・Ａ間で決めた出向の条件およびＡにおける労働条件などを提示してＹの承諾を求める（それが正規の方法である）のであれば、ＸはＡを代理して契約締結の申込みをしていると解釈するか、Ｘ・ＡでＹのためにする契約を締結し、これに対するＹの同意を求めたものと解釈することができる。また、Ａにおける労働条件の具体的提示がなくとも、ＹがＡのために就労し、Ａがその対価をＹに支払っていることが当事者の意思に反しない限り、労働契約の成立を認めてよいであろう。

これに関し、学説には、出向についての根拠規定があれば、出向はＸのＹに対する一方的意思表示によって成立するとか、出向元の業務命令により出向先の従業員となり、出向先の指揮監督を受けて出向先に勤務すると述べて、新労働契約の成立を考えず、ＹがＡの役員となる・いわゆる役員出向の場合だけ、Ａにおける役員の選任とＹの承諾を必要とし、Ｘの人事権に基づく出向命令によってなしえないと説くものがある。[18] しかしながら、Ａ・Ｙ間にも労働契約が成立すべきケースにあっては、ＸのＹに対する出向を求める意思表示が、労働契約関係の包括的譲渡を求めるもの（この場合には、Ｙがこれを承諾することにより、Ｘ・Ｙ間の労働契約関係は、実質的にＡ・Ｙ間に譲渡されるが、ＹのＸの従業員たる地位だけが残る）でないとするならば、Ａ・Ｙ間における新契約の締結を必要とするのであって、このことは、いわゆる役員出向の場合に役員の選任と承諾を必要とするのとなんら変わりはないはずである。

（18）安西・企業間人事異動、二六二頁。

四　主として出向元のための出向

この場合には、ＡとＹとの間には労働契約は成立しないと解されるから、Ｘが一定の条件をもってＹをＡに出向させることについての合意が成立すれば、ＹがＡに対して労務を提供するという出向の効果が発生する。

［補足］移籍による労働契約の成立

移籍により労働契約関係が成立したか否かが争われた事件としてつぎのものがある。

［判例一二］　協栄自動車工業所事件（大阪地判平成一〇年五月二二日・労判七五二号九一頁）

Ａ　事実の概要

１　Ｙは、平成三年Ｘの子会社であるＺに入社し、米国レントン市所在の営業所（Ｏ通産ＵＳＡ）に派遣されたが、Ｚは営業不振のため、平成六年一二月休業した。

Ｚは、Ｙが平成六年五月にＺを退職したという理由で、同年六月以降の賃金を支払っていない。

Ｙは、平成六年一二月Ｚの代表者であり、親会社Ｘの代表者でもあるＫから、Ｙの身分は引き続きＸの出向社員とする旨の通告を受け、Ｘに移籍し、アメリカ合衆国において勤務しており、Ｘとの間に雇用契約が成立しているとして、未払い賃金の支払いを求めた。

２　Ｙは、平成六年六月以降も一貫してＯ通産ＵＳＡの口座を管理し、その口座を用いて取り引きを行っていた。Ｚは、平成六年六月以降もＹに対し、車両、自動車部品、工具、スポーツ用品等の価格調査や買付けを指示し、Ｙもこれに応じていた。Ｙが自分の仕事（ニュースキンという化粧品販売の仕事）をしていたのは主として平成五年中であって、平成六年以降に行われた形跡はない。

３　Ｙは、Ｚが閉鎖された後もＯ通産ＵＳＡに留まり、Ｘの代表者であるＫの指示を受けて、スポーツ用品や靴の買付け等を行っていた。平成六年中のＹに対する指示は、Ｚの本店所在のＡのタイトルのあるファックス用紙で行われていたのに対し、平成七年以降は、Ｘのファックス送付案内書を用いて行われていた。Ｙが平成七年八月Ｋに対しＯ通産ＵＳＡを閉鎖するかどうかの確認を求めたのに対し、Ｋは早急に結論を出す旨答え、平成六年一二月以降のＹのアメリカ滞在がＫの指示に基づくものであることが窺われる。Ｘは、Ｙが帰国した直後、ＹをＸの従業員として健康保険に加入させ、その保険料を負担していた。

Ｂ　判決の要旨

以上の事実によれば、Ｙは平成六年五月に退職したとは認められず、同年六月後もＺの社員として勤務しており、平成六年一二月ころ、ＸはＺ閉鎖に伴い、ＹをＸに移籍したうえ、Ｘの従業員として、その業務を行っていたと推認することが相当である。

Ｃ　コメント

本件は、Ｙが平成六年五月Ｚを退職したという事実、並びにＺが休業した平成六年一二月以降ＹがＸの従業員たる地位を取得したという事実の存否が問題となっているケースである。

本件では、Ｙが、平成六年六月以降Ｚの指示により、また平成七年以降Ｘの指示により、これに応じた仕事を行っていたことは認められるが、その他判決が認定した事実から、ＺまたはＸとの間に労働契約の成立を認めることには、疑問が残る。

その第一の疑点は、ＺがＹに対して賃金を支払わなくなったという事実である。Ｚがそうしたことには、それなりの理由があったはずであるから、裁判所としてもこのことを解明すべきであったと思われる（この点については、ＺまたはＸが明らかにしなければならないとしても）。

第二は、このこととも関連するが、YがZまたはXから賃金の支払いを受けていないにもかかわらず（つまり、賃金による収入がないにもかかわらず）、なぜZまたはXの指示に応じた仕事をしたかという事実である。というのは、Yはアメリカにおいて生活していたので、それには相当の生活費などがかかるはずであるのに、賃金による収入が期待できない状況（それは平成六年六月以降続いていた）で、もっぱらZまたはXのために労務を提供していたと考えるのは不自然だからである。

これを解明するためには、XまたはZのアメリカにおける業務の内容および量がどのようなものであって、Yはどのような仕事をどの程度（量、取引額など）処理していたかなどを解明すべきであったと思われる。

第三に、Yは平成六年一二月Xの代表者でもあるKから、YをXの出向社員とする旨通告を受けたと主張しているが、そうであれば、就労ビザの書き換えという問題が起こるのではないかと思われる。

裁判所がこのことについてどのように考えていたかわからないが、判決のように推定する際には考慮にいれるべき事実の一つであるに相違ない。裁判所としては、証拠上判決のように認定せざるをえなかったのかもしれないが、十分な釈明がなされていたかどうかについて、疑問が残るケースである。

第四節　出向・移籍の正当性と合理性

第一　事情変更の原則

第一節第二（一六～一七頁）において、労働協約または就業規則にいわゆる「根拠規定」があるならば、この規範を根拠として、使用者にその一方的意思表示によって労働者を出向・転籍させる権利が発生することがあると述べた。このような規範が認められる根拠をさらに法理的に探究すれば、それは、「事情変更の原則」に求められる。すなわち、使用者および労働者は、労働契約を締結し労働条件を約定するに際し、これを規定するもろもろの社会的・経済的事実を基礎として、自己の利害・得失を考量し、相手方との間で利益の均衡がとれ（公正［正当性］）、かつ自己の生活利益の維持・向上と人格の向上に寄与する（合目的性［合理性］）と判断した条件をもって、労働契約を締結する。いいかえれば、労・使の各当事者は、契約当時のあらゆる事情を総合して、自己の得る一定の利益を確保するとともに、相手方に与える利益（これに伴う自己の負担・損失）に一定の限界を画する。この場合、考量・判断の基礎となるのは、労・使の各当事者の利益または負担を規定するファクター（契約の要素）に関する事実を中心とする。労働契約についていえば、賃金、労働時間その他の労働者の待遇に関する条件、提供する労務の種類・態様（労務提供の相手方を含む）、担当する職務、労働する場所、退職の条件（雇用期間を含む）などが契約の要素をなす。そして、これを規定する経済界・業界の実情、労働市場における需給関係、使用者の事業の目的・規模・組織、使用者の資産・資力・事業の業績、労働者の適性・能力、労働者の生活実態・生計費などが契約の基礎として判断の基礎にいれる事実（契約の基礎事実）である。もし、これらの事実を考慮にいれなかったがため不利益を受けとすれば、それは自己の過ちの結果として甘受せざるをえず、その意味で、この事実は契約の基礎として考慮されるべき事実である。

このように、労働契約の内容の正当性・合理性は先験的なものではあるが、契約の基礎事実に即したものとして、その事実によって規定されるから、その基礎事実が、当初予見し、または予見することができた範囲を超えて著しく変動した場合には、従来の条件のままで契約の効力を認めるならば、当事者の一方が著しい不利益を被る結果となることがある。のみならず、契約の基礎事実が変動した場合に、これに即応するように契約内容を変更することが、よりいっそう公正かつ合理的であると認められることがありうる。とくに、企業の運営は、これを取り巻くもろもろの条件に即応し、これを効率的に行うという業務上の必要に応じたものであることが要請される。そして、労働者はその企業の運営に受動的立場で使用者に協力すべき立場にあるから、労働者は業務上の必要に基づく契約内容の変更、とくに、業務上の必要性についての使用者の経営判断が尊重されるべき、労働者の配置、職務の配分などの変更に関する人事異動には、弾力的に対応することが求められる。そこで、契約の基礎事実が現に予見した、もしくは予見可能な限度を超えて変動した場合に、使用者に、その変動に即応し、契約条件を公正かつ合理的な内容に変更しうる権利を認める事情変更の原則に到達する。

他方、労働者は、出向・移籍によって影響を受ける、勤務先に関する利益を、労働条件・生活条件の維持・向上、労働者の能力の発揮と人格の進展の可能性に密接な関係があるものとして、契約によって確保する。

したがって、変更された契約条件は、これらの労・使の利益の均衡がとれ、かつ企業および労使関係の健全な発展に寄与するという意味で、公正にして合理的である限りにおいて法的拘束力を持つ。このことから、出向および移籍は、①　労働者Ｙと労働契約を締結した使用者Ｘが、Ｙを他の使用者Ａ（出向先企業）またはＢ（移籍先企業）のもとで労働させる事業運営上の必要性があるとともに、Ａ・Ｂにおいても、Ｙの労務の提供を求めることについて業務上の必要やメリットがあり、ＸとＡまたはＢの利益が一致し（これを業務上の必要性があるという）、②　労働契約の趣旨と労働者の適性・能力に適合し、かつ、③　労働者に職務上、社会生活上著しい不利益を与えないことが要求され、これに反する出向・転籍は無効となるといわれる[19]。

ところで、事情変更の原則の適用が認められる事実関係のもとでは、使用者は変更解約告知（契約条件の変更を申し入れ、労働者がこれを拒否したときは、労働契約を解約する）という方法をとることができ、それは、出向・移籍についてもあてはまる。ただし、その権利の行使については、労働協約などにより使用者に認められている（留保されている）形成権の行使による場合と同様に正当性・合理性が要求され、さきに掲げた①ないし③の要件をみたす必要がある。

(19)　菅野・労働法、四三〇頁。

第二　出向・移籍の要件と法律効果

一　法律効果を考慮することの必要

出向・移籍の正当性・合理性については、前述のとおり、

1　積極的要件として、①出向・移籍を行う業務上の必要性が存在すること、②出向・移籍先の業務・職務が、出向・移籍を求められた（その対象として人選された）労働者の適性・能力に適合することが求められるのであるが、

2　消極的要件として、①出向・移籍先の業務・職務が、労働者の適性・能力に反しないこと、②労働者が労働契約によって確保している利益、とくに、雇用および労働条件（職種・職務を含む）においても、労務提供の過程のおいても、公正な待遇と取扱いを受けるという利益が害されないこと、③社会生活上も著しい不利益を受けないことが要求される

ということができる。

このような要件は企業内の人事異動についても論じられているが、出向・移籍の場合には、労働契約の当事者または労務提供の相手方の双方または一方が変更され、それだけでも労働者が確保している一身専属的な利益を損なうおそれがあるのみならず、これに伴って労働条件が低下したり、契約内容の実現（契約の履行）に不安をもたらすおそれもあるので、この問題を出向・移籍の際に、契約上どのように解決しておくべきかが検討されなければならない。いいかえれば、形成権の行使によって出向・移籍を実現し、または出向・移籍を内容とする変更解約告知が是認されるためには、出向・移籍の条件はもとより、出向先または移籍先における労働条件などの内容(不利益になった場合の補償なども含めて)をどのように定めておかなければならないかが、問題となるのである。

出向を例にとって、若干敷衍して述べよう。

出向元企業Xがその従業員Yを、何人、いかなる目的で、どのような条件をもって、他の企業Aに出向させるかは、XとAとの合意によって決まるが、そのことは、出向を求められるYの勤務先に関する利益にかかわるものであることは、これまでに述べたとおりである。要約すれば、Yのその利益は、職務上のみならず社会生活上のものをも含み、労働条件、生活条件などという経済的要素のほか、人格の展開、能力の発揮と進展などという人格的要素も持っている。そして、それがどのように確保されるかは、XまたはAがどのような企業危険を負担し、これを克服するためどのような組織と体制を整え、いかなる経営方針に基づいて事業活動を展開しているかという企業側の事情にかかっている。Yはこのような企業側の事情をもとにして、労働契約の相手方としてふさわしいと判断した企業と契約を締結する。したがって、このような判断に基づいて形成された労働者の信頼ないし期待を害することがあってはならないという命題が成り立つ。

このことは、XからAに出向したYは、出向後誰との間に、どのような法律関係を形成することになるかという問題を解決するための一つの柱となるが、それは、出向後YがXまたはAのいずれの企業危険のなかで労務を提供するかがキー・ポイントとなると考える。そこに出向による法律効果が構想される。

そうすると、XがYをAに出向させようとするならば（とくに、根拠規定に基づきXの一方的意思表示によりYを出向させることが是認されるためには）、出向後の法律効果に適合する条件を整えることが要求されるといわなければならない。つまり、目的論的見地からは、出向に伴う法律効果も考慮にいれながら、その要件を吟味する必要がある。同様のことは、移籍の要件を考える場合にも当てはまる。法律効果は第二編で詳論するが、出向・移籍の要件を考察するのに必要な限度で、その結論の部分だけを紹介しよう。

二　出向の法律効果の概要

1　基本的構想

出向の場合は、出向者Ｙは出向元Ｘの従業員たる地位を保有しているから、その意味では出向後もＸ・Ｙ間に労働契約が存続している。しかし、出向後はＹは出向先Ａのもとで労働することになるから、ＡとＹとの間にどのような法律関係が成立するか、とくに常にＡとＹとの間に労働契約関係が成立しているかが問題となる。この問題は、基本的には、ＹがＸまたはＡのいずれが負担する企業危険のなかで労務を提供しているかという観点から解明することができると思われるので、出向の型に即して考察しよう。

2　各類型の出向について

(1)　主として出向元のための出向

この型の出向にあっては、Ｘは、その負担する企業危険のなかでＹをＸの事業活動に参加・協力させる一つの方法として、ＹをＡのもとで就労させ、Ａもその趣旨でＹの出向を受けいれるのであって、Ａにとっては、ＹはＡの事業運営上必要不可欠な要員とはいえない。そうしてみれば、Ｙの雇用の継続または労働条件の決定などについて、Ａに企業危険を負担させることは妥当ではない。したがって、ＹのＡのもとにおける勤務はもっぱらＸ・Ｙ間の労働契約を根拠とすべきものであって、そのほかにＡ・Ｙ間に労働契約の成立を求める理由はないと解される。

ただ、Ａは出向の趣旨にそう限り、Ｘ・Ａ間の出向協定に基づき、付随的にＹをＡの事業活動のためにも使用することができ、その一環として、Ｙの行動を指示し・請求して労務の提供を受けることになるから、これと不可分な関係において、ＡはＹの自主性・主体性を尊重し、Ｙの生命・身体の安全を確保すべき立場に置かれる。ところで、ＸがＹをＡに出向させＡのもとで勤務させるのは、Ｘの事業活動に寄与させる趣旨であるから、これを承諾したＡは、Ｘのためにかつ Ｘに代わってＹの労務の提供を受ける者、すなわちＡはＸ・Ｙ間の契約に基づくＸの債務の履行補助者（Ａは独立した企業であるから、正確には履行代行者）たる地位を保有すると考えられる。この意味で、労働契約の履行過程において生ずる諸問題については、Ａも労働契約に基づく義務または労働基準法に基づく義務を負うこともありうる。

⑵　主として出向先のための出向

Ａが企業活動を営んでいる場合に、Ａのために労働させる趣旨でＸがＹをＡに出向させるのであれば、ＹはＸの企業活動から離脱し、Ｘ・Ｙ間の本来の労働義務に代わってＡのために労働する義務を負うことになる。その結果、Ａは、Ｙがどのような条件のもとで、いかなる態様・方法で労働するかについては、Ａだけが企業危険を負担する。

このようにＡが企業危険を負担する領域に属する事項については、Ａがその経営判断に基づき、その責任においてこれを処理する権利・権限（契約および団体的自治による自律・調整を含めて）が認められるべきであると同時に、それに相応する義務も負担しなければならない。自ら企業活動を行うＸからＹの出向を求め、ＹをＡのために労働させる意思は、右のごとき危険配分の原理から離れたものではない。したがって、Ｙの労働条件はＡとの間で決定され、服務規律はＡによって定められるべきであるといえる。

他面、出向はＸ・Ｙ間の労働契約を基礎とし、Ｘがその経営判断によりその責任で行うが、これに関連して、ＹがＸのために（その企業危険のなかで）労働することについて持っている期待利益（労務提供に関するもののほか、生存・人格に関するものにも及ぶ。労働条件についていえば、Ｘとの労働契約で定められた労働条件［Ｘに雇用されていたならばそのように変更されたであろうと認められるものを含め］をもって、労働契約が継続することについて期待利益）を保障すること（一種の担保責任）が要求される。とくに、大企業から小企業に出向するときは、労働条件の低下とか現状の将来にわたる継続についての不安がありうるので、このことに対する配慮が求められることになる。

さらに、出向は、要員調整のためのもの（とくに、解雇を回避するためのもの）を除けば、XとAとの間に、企業としての組織的ないし機能的関連（たとえば、他方の企業への出資・資金援助、業務提携）があり、それゆえ、Yを出向させることが、XのためにもAのためにも利益となるという利益共通の関係がある場合に行われる。そこで、このような企業の組織的・機能的関連を根拠として、Yをその事業のために使用していないにもかかわらず、XがAとともにYに対して責任を負うこともありうる。たとえば、Aが独立の会社として設立されていても、実質的にはXの一事業部門ないし一事業場と認められる場合には、Aの賃金などの支払いについてXが責任を負うがごときである。

⑶　要員調整のための出向

この類型の出向は、⑵の類型に属するが、その特徴は、解雇、とくに多数労働者の人員整理を回避するためには行わざるをえないという緊急避難的な要素が含まれているという点にある。そこで、Xと企業としての組織的・機能的関連がないA、さらにはXと事業を異にするAへの出向を求め、また、Xと約定しているよりもYに不利益な労働条件で出向を求めるケースもある。そこで、この類型の出向については、とくに労働条件の不利益変更を伴う出向が、どのような条件のもとで認められるか、またそれはいかなる方法によるか（変更解約告知が是認されるか）、さらには、その出向に応じなかったときはどうなるかなどという問題があるので、このことを考慮にいれた出向の条件の作成・提案を考える必要がある。

三　移籍の法律効果の概要

Xに雇用されていたYがBに移籍した場合には、YとXとの労働契約は消滅し、Bとの労働契約関係だけが存続する。この場合、B・Y間の労働契約についてXがYに対し負うべき責任については、わが国の法制上特別の規定はない。そして、Yは専らBの経営危険のなかで勤務するのであるから、XはYに対し労働契約上の義務を負わないともいえそうである。しかし、Ｘはその業務上の必要に基づき、ＹをＢに移籍させたのであるから、主としてＡのために出向させた場合と同様に、Ｙの信頼利益を保護するための担保責任を認めるのが妥当と考えられるが、Ｘ・Ｙ間に特約があるか、Ｘ・Ｂ間に企業の組織的・機能的関連上の特段の事情がなければ、立法にまたざるをえない。

第三　出向・移籍と企業間の組織的・機能的関連

一　企業間の組織的・機能的関連の重要性

出向・移籍は、労働契約の当事者または労務提供の相手方の双方または一方という労働契約の要素のうちでも極めて重大なものを変更する法律行為であるから、事情変更の原則の適用を認めるにしてもそれには限界がある。すなわち、労働者は特定の企業のために労務を提供することを約して労働契約を締結するのであるから（その契約の相手方当事者を使用者という）、このことについての利益（勤務先に関する利益）を確保している。そのなかには、法的な根拠ないし理由なくして、出向・移籍により、契約により限界づけられている以上に不利益を負わされることはないとの消極的利益も含まれている。このことを考慮にいれて正当性・合理性の要件を考えるならば、労働者を雇用した企業と出向先・移籍先の企業との間に事業の運営に関し、組織的もしくは機能的に緊密な関連があるか、または出向・移籍の目的に照らし、企業の範囲を超えて異動させることについての業務上の必要性が存しなければならないといえる。

すなわち、出向または移籍は、労働者Ｙと労働契約を締結した使用者ＸがＹを他の使用者Ａ（出向先企業）またはＢ（移籍先企業）（Ｘを出向元企業・移籍元企業という）のもとで労働させる事業運営上の必要があるとともに、Ａ・ＢにおいてもＹの労務の提供を求めることについて業務上の必要やメリットがあり、ＸとＡまたはＢの利益が一致した場合に行われる。そして、その利益を保障することが是認される限度で、一定の法的効果が付与される。その業務上の必要性を積極的要件の一つとする正当性・合理性は、出向・移籍の目的のみならず、ＸとＡまたはＢの事業の内容や事業運営の関連によって決定され、人選の妥当性は、それらの事業に即応したＹの適性・能力を重要な要素として判断される。

二　労務供給との相違

とくに出向については、Ｘに雇用されているＹが、Ｘの従業員たる地位を保有したまま、Ａの指揮・命令に従って労務を提供することとなるので、形のうえでは、職業安定法四四条で禁止されている労働者供給ないしいわゆる労働者の貸与（たとえば、ドイツでいうLeiharbeitsverhaltnis）に当たるのではないかという問題がある。

これについては、出向は業として労働者供給をするものではないとか、出向の場合に派遣と異なり、ＹとＡとの間に労働契約が成立するという理由で、法の禁止に抵触しないとする見解が有力である。(20)しかしながら、出向は、労働者供給事業以外の事業を営むＸが、その事業を営む業務上の必要性に基づいて（広い意味では、要員の調整の必要もこれに含ませてもよいと思われる）、出向者の受入について業務上の必要性を持つＡとの利害が一致した場合に行うものであり、それ故に、後に述べるように、Ｙの待遇などに関して、ＸおよびＡに相応の責任を負わせる（とくに、Ａ・Ｙ間にも契約の成立を認めて）合理的根拠がある点に特徴がある。そうしてみれば、出向にはこれを行う事業運営上の必要性があるのみならず、労働者供給事業に伴う弊害はないといえる。たとえば、ドイツの労働者派遣法（Arbeitnehmerüberlassungsgesetz［AÜG］）をみると、一九八五年の改正法で、使用者がその雇用する労働者を第三者［派遣先］（Entleiher）に派遣する場合には、原則として、所轄雇用庁の許可を得なければならないとしながらも、コンツェルン関係にある企業間の派遣についてはその許可を必要としないと定めた（一条⑴、⑶２号）。これは右のような考慮に基づくといえるであろう。(21)

(20) 安西・企業間人事異動、二六〜二八頁。

(21) Becker/Wolfgramm, AÜG 3Aufl.（1985), S.212〜213.

第二章　複数企業と労働法律関係

第一節　序　説

出向・移籍は、企業間の人事異動といわれているが、とくに出向の場合には、出向者（Y）に対し、出向元企業（X）と出向先企業（A）という複数の企業がなんらかの法律関係に立つことになる。しかも、出向は、XとAの事業運営上の利益が一致した場合に行われ、したがって、XとAの事業の間に緊密な関連があるのが通常であり、それゆえに、出向を求められた労働者（Y）が出向について異議を述べた場合でも、出向に応ずべきことを要求し、それに応じないYを解雇し、または出向を承諾しないYに対して変更解約告知をすることを正当づける、業務上の必要性と合理性が認められることになる。わが国の出向についての学説・判例は、意識すると否とにかかわらず、XとAの間の事業上の関連を基礎として展開されたといっても過言ではない。そして、X・A間の事業上の関連は、企業組織についてのみならず、企業活動についても構想することができる。もっとも、その両者は不可分に結びついているのであるが、組織に重点が置かれていたことは否定できないであろう。

ところで、XとAとの間の事業上の関連にはさまざまのものがあるので、まず、これを類型化することから始めよう。そのうえで、その組織的関連いかんによっては、Yに対するXおよびAの権利または義務もしくは責任が相互に関連するのではないか、また、Yの労働契約上の権利または利益はこのような組織的関連のなかで評価され、それに相応した法的効果が与えられるのではないかという問題が生じるので、これをを検討する必要がある。それは、一般には「使用者概念の拡張」などとして論じられている問題の一部と考えられるが、それだけに尽きるものではないと思われる。

親子会社に関連して使用者概念の拡張を論ずる場合に、「法人格否認の法理」が用いられるが、そのほかに、本来の労働契約の当事者以外に、第三者が使用者としての義務もしくは責任を負うことを認めようとする学説・判例がある。その法律理論は必ずしも定着しているとはいえないが、ＹとＸおよびＡとの間の労働契約（その一方が出向により休職となる場合を含めて）がどのような関係に立つか、出向先Ａとの間に労働契約が成立しない場合でも、ＡはＹに対しなんらかの義務もしくは責任を負うことはないかという問題、また、ＸとＡの関連いかんによっては、Ｙの雇用の継続が一企業の範囲を超えて配慮されるべきであるか（たとえば、経営上の理由に基づく解雇について、出向による雇用の継続を図ることが要請されるか）とか、ＹのＡとの労働契約に基づく行動が、同時に、ＹのＸとの労働契約上のものとしても評価されないか（たとえば、ＹのＡにおける行為がＡの懲戒事由に当ると同時に、Ｘのそれにも当たらないか）というがごとき問題を解決するのになんらかのヒントを与えることになるのではないかと思われる。

これに対し、移籍の場合には、原則として、移籍元企業（Ｘ）に雇用されていた労働者（Ｙ）は、Ｘとの労働契約に基づく法律関係から離脱し、移籍先企業（Ｂ）との労働契約に基づく法律関係を形成するにいたるのであるから、移籍によって生じる法律効果を考える場合には、ＸとＢとの間に存する事業上の関連はあまり問題にならないようにも思われる。しかし、移籍のなかには、一定の期間が経過した後にＢからＸへの復帰が予定されている「移籍出向」といわれているケースがあり、これについては実質的には出向と同様な法律効果を認めてもよいのではないかとの問題がある。また、Ｙを移籍させた事情いかん（たとえば、Ｘを分社してＢを設立し、その要員として移籍させた）によっては、ＸにＹに対するなんらかの責任を負わせることも考えられよう。

このように、ＹとＸおよびＡまたはＢとの間に形成される法律関係を構想する場合には、企業間の事業上の関連が重要な意味を持つが、とくに出向においてそうなので、これを中心に考察しよう。

第二節　出向元・移籍元企業と出向先・移籍先企業の事業上の関連

出向元・移籍元企業（Ｘ）と出向先（Ａ）・移籍先企業（Ｂ）（以下、両者を併せＡと表示する）との企業の組織上・活動上の関連には、つぎのごときものがある。

一　親子会社としての関連

ＡがＸの子会社である場合に、ＸからＡに出向させ、またはＡからＸに出向させるというケースは極めて多い。そのなかには、Ａがその企業組織の面でも企業活動の面でも独立性・自主性が強い（独自に企業危険を負担している）場合もあるが、Ａが形式的にはＸとは別法人になっているものの、Ｘが人事面・資金面および事業管理面において、Ａの業務などを管理・監督し、実質的にはＡはＸの一事業部門ないし一事業場と評価されるような場合（これを「縦の共同事業関係」という）もある

二　事業の並列的・系列的な関連

ＡがＸと親子の関係ではなく、それぞれ別会社として設立されているが、Ｘの事業（たとえば、或る製品の製造）とＡの事業（たとえば、Ｘが製造した製品の輸送、販売もしくはメインテナンス）が相互に相手方になんらかの程度で依存している場合であるとか、業務提携という形で、事業の運営につき、人的もしくは技術的に相互の交流を図っている場合に、ＸからＡに出向させ、またはＡからＸに出向させるというケースである。そのなかには、ＸとＡが、それぞれその企業組織の面でも企業活動の面でも独立性・自主性が強い場合もあるが、経済的にみてＸとＡの事業がほとんど専属関係にあるというように関連が強く、共通の役員がＸとＡの人事や業務を管理するな

どして、実質的にXとAが一個の事業体または共同の事業体を形成していると評価される場合（これを「横の共同事業関係」という）もある。

三　企業グループとしての関連

右に述べた縦もしくは横の共同事業関係、またはこれに近い業務提携関係で結ばれているいくつかの企業が、とくに相互間における採用、人事の交流を弾力的に行うため、その関係で一つの企業グループを形成していることがある。たとえば、従業員の採用を有効に行い、かつグループ内の企業間で人材の交流を弾力的に行うことができるように、特定の会社（通常は複数の企業を子会社として持つ親会社）Xを中心に関連会社がグループを作って、Xがグループ内企業の人事を統一的に行い、X名義で労働者を採用したうえ、そのグループに属する企業にその従業員として配置し、またグループ内の企業相互間でその交流を図るがごときである（その配置または交流に出向・移籍の形式をとることがある）。これに関連して、グループ内の企業の労働条件を、統一的な基準によって決定するという方法をとることもある。

ただし、同じく企業グループといっても、各企業の結びつきはさまざまであって、その間の人事交流（出向・移籍）に関連していえば、Xが右に述べたように統一的な人事管理を行っているケースもあるが、グループ内の各企業が独立して人事管理を行い、ただグループ内でかなり頻繁に人事交流が行われるにとどまるケースもある。

第三節　責任の根拠となる法理

第一　序　説

前項で述べたような企業組織ないし企業運営上の関連がX・A間に成立しいてる場合に、Aに出向したYについて、その間の労働契約に基づいてYが取得した権利を確保するために、これに対応するAの義務の履行につき、Xになんらかの責任を認めるべきではないかという問題が生ずる。それは、XがXの事業のために雇入れたYに対し、Xの業務上の必要があるという理由で、Aへの出向を求める以上、Xの事業とAの事業との間には緊密な関連がなければならないはずである。このように、Xが出向について業務上の必要を主張する以上、出向によりYがXでは休職となっても、業務上関連のある出向先Aの行動についてXが責任を負わないのは道理に反するという素朴な考えに端を発するものと思われる。これをいかなる法理によって構想するかというのが、ここに提起された問題の一つである。そのほかに、主としてXのためにYをAに出向させるケースでも、AとXとの関連いかん（たとえば、AがXの親会社であること）によっては、Aとして独自の責任を負うべき場合もあるのではないかとの問題もある。

これらの問題を解決するために援用される法律理論には、XおよびAとY間の契約（すなわち、当事者と目される者の契約）意思を根拠とするものと、それらの者の意思にかかわりなく、その間に成立している事実上ないし経済的関連を判断の基礎とし、その関係の法的評価に基づいて、Xに一定の義務ないし責任を認めようとするものとがあるといわれている。(22) そこで、以下においてその学説・判例についての素描を試みよう。

(22)　Windblichler, Arbeitsrecht im Konzern は、このような観点から企業結合における労使の権利・義務を構想される。

第二　当事者の契約意思を根拠とするもの

一　企業グループとの労働契約

まず、いわゆる企業グループを形成しているＸ・Ａが当事者となって、Ｙと労働契約を締結していると構想することが考えられる。しかし、その企業グループが独立した法的人格を持つとはいえないとすれば、せいぜい、具体的な事実関係のもとにおいて、Ｙが一個の契約で、ＸのみならずＡとも労働法律関係を形成していると認められるにとどまることになろう。実務のうえで、企業グループとして採用するという表現が用いられていることがあるが、わが国における実態では、Ｙはそのグループ内の企業のいずれかと労働契約を締結しているに過ぎない。すなわち、その雇用形態は、資本または業務提携などの形で相互に結合している複数の企業が、そのグループ内での労働者の採用・配分を弾力的に行うため、グループ内の企業相互間で人事の交流を図るというものにほかならない。Ｘによって他社の人事管理が統一的に行われている場合であっても、労働契約はＹと各企業との間に存在することを前提として、人事異動の行い方が組み立てられていると解釈される場合が多い。そうしてみれば、企業グループを形成しているＸ・Ａが当事者となってＹと労働契約を締結していると認定されるケースはほとんどないのではなかろうか。ただ、右に述べたように企業グループとして採用するという表現を用いたことにより、Ｙになんらかの期待利益を生じさせた場合には、信頼利益の保護（後述**四**参照）という問題が生じることも考えられる。

なお、建設事業においては、建設工事の共同請負の方式としてジョイント・ベンチャー（Ｊ・Ｖ）があり、その事業に関し、Ｊ・Ｖとして労働者を募集し・採用することもありえよう。この場合には、企業グループとしての労働関係が問題となると思われる。

二　親子会社・関連会社関係と労働契約

いわゆる親会社は、子会社の発行済株式の全部または相当部分を保有していることを共通の条件とし、通常は代表取締役とか役員を派遣しているが、親会社が子会社の経営に参画し、これを管理する態様はさまざまである。そのなかで、とくに親会社が子会社の事業の運営を実質的に管理し・指揮しているような場合に、子会社の従業員が親会社の事業場に赴いて（出向、派遣などその理由を問わず）、後者の指揮・管理のもとでその業務に従事することがある。このようなケースにあって、親会社の子会社に対する指揮・管理に加え、その従業員と親会社との間に使用・従属の関係が成立していることを根拠とし、黙示の労働契約の成立を認めることも考えられる。しかし、その従業員と親会社との間に労働契約関係が成立しているか否かは、出向についての当事者の契約意思の問題であり(23)、親会社と子会社との関係の態様がいかなるものであるかは、右の事実認定の際に利用しうる間接事実の一つに過ぎない。

また、複数の企業が、事業を共同に遂行するという態様で並列的関係において結合していると認められる場合のあることもさきに述べた。この場合に、労働者がその複数の企業と労働契約を締結していると認定されることもありうる。

詳細な考察は別の機会に譲るが、判例上或る労働者と複数の企業との間の労働契約の成否が問題になったケースとしてはつぎのものがあるので、その要点を掲げて参考に供しよう。

1　親企業との労働契約

直接子会社の従業員と親会社との間の労働契約の成否に関する例ではないが、Ａから一定の業務の委託を受けるという契約をしたXに雇用されているYが、Aの事業場において、Aの施設・機器などを使用し、Aの指揮・命令に従い（とくに、Aの従業員とともに）、労務の提供をしているケースについて、いくつかの判例がある。

AとYとの間にいわゆる使用・従属の関係があるということだけでは、YとAの間に黙示的にも労働契約が成立しているということはできず（福岡高判昭和五八年六月七日・判時一〇八四号一二六頁、サガテレビ事件）、実質的に考察して、YがAに対して労務を提供し、Aがその対価として賃金を乙に支払っていると認められる場合（形式上は、XがAから請負代金の支払を受け、賃金をYに支払っているが、Xは、受託した仕事をなしうるだけの企業体制を整えておらず、たんにYを紹介したにとどまるような場合）には、YとAの間に黙示の労働契約の成立を認めることができる（京都地決昭和五一年五月一〇日・労判二五二号一七頁、近畿放送事件、青森地判昭和五三年二月一四日・労民集二九巻一号七五頁、青森放送事件）とか、いわゆる法人格否認の法理を援用し、Xの法人格が形骸にすぎずAとXとが実質的に同一と認められる場合、またはAがXを意のままにすることができる支配的地位にあって、Aがその会社形態を違法・不当に利用している場合には、Xの法人格を否認して、YとAの間に労働契約関係の成立を認めることができる（大阪地決昭和五一年六月一七日・労民集二七巻三・四号二七二頁、日本データ・ビジネス事件の傍論）などという判例が現れている。

学説には、A・Y間に意思の合致が存在しない場合でも、契約が有効に成立し・存在していると同様な社会類型的関係または容態が客観的事実として存在するならば、契約が存在していると同じ法律効果を与えることができると説くものがあるが[24]、多くの学説は、A・Y間に、YがAに対し労務を提供し、Aがその対価としてYに賃金を支払うという黙示の意思の合致が認められるケースについて、A・Y間に労働契約的関係の成立を認めている[25]。さらに、Aにそのような意思が認めることができないケースにあっても、いわゆる法人格否認の法理により、AをYの使用者と認めうる可能性のあることを示唆する学説もある[26]。

2　並列の企業との労働契約

並列的に結合している複数の企業について、ＸとＡとの事業が混同しているような場合には、一個の法律行為により、Ｙ・Ｘ間だけでなく、Ｙ・Ａ間にも労働契約の成立が認められることがある。たとえば、「Ｘ・Ａは本社、営業所建物が同一で、取締役の兼任、ＬＰ型ヒーター等の製造とその販売など、業務内容、人的物的施設において密接に関連した親子会社であり、Ｙは両会社の代表者から右会社のいずれかと特定することなく入社の勧誘を受けて雇用契約を締結し、以後両社のために稼働しており、Ｘが休業後も、Ｙら従業員の業務内容になんら変化はなく、Ｙら従業員とＡとの間に新たに雇用契約が締結されることもなかったのであるから、Ｙは同時に一個の契約をもって、Ｘ・Ａとの間に雇用契約を締結したというべきである」（東京地判昭和五三年二月二三日・労判二九三号五二頁、ジャード事件）とする判例がある。

3　コメント

労働契約がなにびとの間に成立しているかということは、当事者の意思解釈の問題ではあるが、疑問点があるならば、ＹがＸまたはＡのいずれの負担する企業危険のなかで就労しているかという観点から考察し、契約条件決定の実態も併せ考え、Ｘ・Ａのいずれに使用者としての権利・義務を認めるのが公正かつ合理的であるかという価値判断に基づいて、Ａの使用者性を判定すべきものと考える。

(23)　ドイツにおいてはコンツェルン（Konzern）における労働関係として論じられている。ドイツの株式法は、五つの類型の企業結合を認めているが、そのなかで、支配企業（他の独立の企業を、資本もしくは表決権の過半数をもつことによって、または契約もしくは債権に基づいて、直接または間接に支配している企業）とそのもとにある一つまたは複数の従属企業が、支配企業によって統一的に運営されている場合に、これらの企業全体をコンツェルンという。親会社が子または孫会社の支配企業になることは多いがそうでないこともある。コンツェルンが形成されている場合でも、そのなかの或る企業の従業員が、他の企業と労働契約関係に立つかは、いずれの企業と労働契約が締結されているかの問題であり、支配企業であるからといって、当然に従属企業の従業員の使用者となるものではないと解されている。Richardi, Münchener Handbuch Bd. 1, S.425 ~ 430; Windblichler, Arbeitsrecht im Konzern, S.75 ~ 76.

(24)　本田淳亮・労働契約・就業規則（一九七八年）一三頁以下。

(25)　菅野・労働法、一〇二頁は、実質的にみてＹに賃金を支払う者がＸでなくてＡであり、しかもＹの労務提供の相手方がＸではなくてＡであるという場合にのみ、ＹとＡ間に労働契約関係の基本的要素が整うことになるとされる。そのためには、まずＹの賃金が実際上Ａによって決定され、Ｘを介してＡによって支払われるとみなしうることと、これに加えてＡがＹに対し、企業上の指揮命令や出退勤の管理を行うほか、Ａが基本的な労務給付請求権を有していることが必要であるとされる。

(26)　中山和久「労働者・使用者概念と労働契約」労働契約の研究（一九八六年）四九頁。

三　統一的労働関係

1　意　味

ドイツにおいて、労働者Ｙが複数の企業Ｍ、Ｎのために労務を提供する場合に、Ｙに対しＭ、Ｎに連帯債務を負わせるにたりる法律関係が存すると認められるときに、その関係を「統一的労働関係」(einheitliches Arbeitsverhaltnis) と称する判例がみられる。その法律理論は必ずしも成熟したものとはいえず、また判例のうえでどれだけ先例としての価値が認められるかは疑問であるが、これを支持する学説もあり、複数の使用者の問題を解決するうえで示唆するところがあるので、その要点を紹介しよう。

2　判例の概要

連邦労働裁判所（ＢＡＧ）一九八一年三月二七日第七部判決・判決集七八巻五二三頁

A　事実の概要

1　合資会社X_1・X_2は、建築機械部門のW会社グループに属して統一的に管理されており、建築機械技師Yは、同グループ技術部会の最高のメンバーで、X_1の指揮・監督者たる上級技術者および代理人の地位を保有し、また、X_2において重電機器の生産グループ・マネージャーとしての職務を行っていた。YとXらとの雇用契約の内容は単一の文書で決められていた。Yの固定給は、一九七三年一月以降五〇〇〇マルクで、X_2が支払っていたが、三九五〇マルクはX_1が、一〇五〇マルクはX_2が負担していた。

2　一九七四年夏Wグループの技術部門で組織改革が行われて、X_1は縮小されてYの仕事はほとんどなくなり、YのX_2における活動も縮小した。

3　X_1は一九七五年三月二〇日付で同年九月三〇日にYを解雇する旨告知した。Yは、X_1とX_2を相手方として、この解雇によって労働関係は解消されないと主張した。

X_1は、首位的には、就業の従業員が四名で解雇保護法適用はないと主張し、予備的に、Yに与えるだけの労働はないから、解雇は経営上の緊急の必要によるものであると主張し、X_2は、YのX_2との間で現在でも労働関係が存立していると述べた。

一審は、YのX_2に対する請求を容認したが、X_1に対する請求を棄却したので、Yは控訴し、労働関係を適正な補償金の支払いによって解消させるとの請求を付加した。

二審は、X_1は就業従業員が四名で、X_1とX_2との間には経営の一体性は存在しないから、Yは、解雇保護を受けることはできないという理由で、控訴を棄却した。

4　この判決に対し、Yが上告した。

5　X_2はYに対し、一九七五年九月二九日付で翌年三月三一日をもって通常解雇する旨を告知した。Yは、X_2を相手方として、解雇が社会的相当性を欠くとして訴を提起し、最終的には、適正な補償の決定のもとで労働関係を解消し、X_2に一九七五年一〇月から一二月までの給与として総額一五〇〇〇マルクの支払を命ずる判決を求めた。

６　一・二審とも、X_2のＹに対する解雇は社会的相当性を欠くとしたうえ、当事者間の労働関係を一九七六年三月三一日で解消し、Ｙに対する、給与の一五ケ月分に当たる補償金とＹの求めた三か月分の給与の支払いをX_2に命じた。ただ、その額は、一審判決が月額五〇〇〇マルクを基礎としたのに対し、二審判決は、X_2への按分額である月額一〇五〇マルクを基礎として算定した。

７　この判決に対し、Ｙが上告し、二審判決を変更して、一審判決どおりにすることを求めた。

８　連邦労働裁判所は、この二つの上告事件を併合して審理した。

Ｂ　判決の要旨

Ｙの上告は理由があり、控訴審判決をいずれも破棄する。なぜならば、州労働裁判所は、係争事件において、(I)統一的労働関係が存在していること、(II)これに由来し、州労働裁判所が認めたとは異なった法律効果が発生することを認識しなかったからである。(III)それゆえ、州労働裁判所は、改めて、統一した判決で係争事件について判断しなければならない。

１　労働者側におけると同様（たとえば、グループ労働関係）に、使用者側においても、複数の自然人もしくは法人、とくに法的に独立した会社が一の労働関係に関与することがありうる。

統一的労働関係が認められるためには、労働者と複数の使用者の関係を法的に分離して取扱うことを禁止するがごとき関連が、労働者と一人の使用者の間に存することが要求されるが、このような法的関連は、当事者の契約の解釈（すなわち、労働者と複数の使用者との外部的関係）から生ずるのみならず、当事者の意思にかかわりなく、当事者間に存する事実の法的評価に基づいて構想されることもある。

したがって、統一的労働関係が認められるための要件としては、基本的には、複数の使用者が、共通する利益を追求し、または相互に依存するために、相互に、一の特定の―とくに組合的な―法律関係、目的を共通にする共同事業体、もしくは統一的な指揮下にあることを要しない。或る使用者が、その雇用した労働者と他の使用者間の契約の締結または履行に対して、事実上影響を及ぼしているということで十分である。ただ、複数の使用者間の内部関係の法的構成は、外部関係に関する協定の内容に対する根拠たりうる。とくに、契約当事者が相互にただ一定の関係だけを欲したことが論証された場合にそうである。

２　労働者が複数の使用者との間に締結した契約が一個の統一的な行為、とりわけ共通の契約書によってなされたことは、統一的労働関係が認められるための要件ではないが、契約の締結の状況は他のものと同様に一つの徴憑として評価されうる。文書が複数であることは法律行為が可分であることを、文書が一個であることは法律行為が統一的なものであることを物語る。

３　本判決は、以上のような法律論を根拠とし、本件の具体的事実のもとでは、Ｙは、X_1とX_2双方に対して、時間的に個別化されていないフルタイムの労務を提供すること、すなわち、全体としてその全労働力の処分を委ね（利用に供し）、総体として約定された対価をもって生計を得ることをその契約内容とするものであり、このことは、ＹとX_1・X_2間の契約が内容的にも、機能的にも不可分であることを実証するとして、統一的労働関係の成立を認めた。

そして、統一的労働関係においては、解約告知は、とくに異なった定めがない限り、全体として、一方の当事者の全員からまたは全員に対して行われなければならず、Ｙの労働契約上の債権については、X_1・X_2は連帯債務を負うとしている。

４　補　足

本判決は、傍論としてではあるが、X_1・X_2間に企業組織上の関連または企業活動上の関連が、統一的労働関係を認定する際の一つのファクターであるとする。それは、ドイツでは、企業のグループまたは協定による結合をいわゆる「内的組合」(Innengesellschaft)(27) と構想する考えがあることに由来すると思われる。この構想は、後述の共同事業者の法理と一脈通じるところがあるので、その要点を紹介しよう。

複数の法的人格がとくにドイツ民法七〇五条以下の意味における組合（Gesellschaft）の形態で共通の目的を追及することを、労働法の観点から意味づけるとすれば、それは、総体的な企業の活動（通常の場合は民法上の組合）、経営の共通の遂行（一体の経営）、共通のプロジェクト（労務についての協同）、またはたんなる個々の労働者の就業という形でさえありうる。この組合的結合はとりわけ二つ問題に関して重要な意味をもつ。

１　第一は、使用者側が、関与している企業に共通の名称をもって（たとえば、「共同事業体Ａ」）労働契約を締結している場合、または労働者に対し、採用の際に、共同の目的の対象だけが（たとえば、「事業Ｂのために」採用）指示された場合に、誰が労働者の契約の相手方であったかということに関するものである。

２　第二は、これらの解釈を基礎として、複数のもしくはすべての組合員の使用者たる地位に由来して、その名前で処理すべきである場合に、それらの者の間に存している目的協同体（Zweckgemeinschaft）を根拠として、常に内容的に統一的な労働関係を認めるべきであるということである。

しかし、ここにおいても、使用者が相互に組合的に結合していることは、労働者の一人の使用者に対する労働法的関係の不可分性を導き出すために考られる要因の一つに過ぎない。

Ｃ　コメント

この判決のいう統一的労働関係とは、労働者と複数の使用者との間に契約関係が成立していることを前提とし、しかも、それらが契約の性質または当事者の意思解釈上不可分債権関係にある場合に成立する労働契約関係を意味する。たしかに、本件のようなケースでは、Ｙの複数の使用者に対する労務の給付が不可分であるということができるであろう（併任・兼任の場合も同様か）。しかし、すでに述べたように、ＸからＡに出向したＹは、併任・兼任を除けば、主としてＸまたはＡの事業活動に寄与するために労務を提供するのであって、就労関係（対価を含め）の直接の根拠となる労働契約は、ＸまたはＡの間に成立するとして構想するのが適切であるから、Ｙ労働者とＸまたはＡ使用者との間の債権・債務関係が可分であると解される場合が多いと思われる。そうしてみれば、第一節で提起したような問題を解決するためには、本判決のごとき理由づけだけでは不十分である。

そして、本判決は、労働関係の不可分性を検証するという観点から、ＸとＡとの組織的関連（とくに、組合的結合）をとりあげようとしているが、むしろ、債権・債務の不可分性の問題にこだわらず、その組織的関連に即応してどのような法律効果を認めるのが妥当であるかを考察する必要があると思われる。たとえば、ＡがＸの親会社であるとすれば、

Ａがどのような態様・程度でＸの事業の運営、とくに、Ｘの従業員の労働条件とか人事の決定・管理に関与しているかなどの実態に着目し、実質的にこれに決定的な影響を与えているならば、Ａにもなんらかの形でＹに対する責任を認めるべきではないかというがごときである。本判決は、ＡとＸとの組合的な結合（共同事業のための結合）に着目してこれを解析しているのであるが、契約の枠にこだわらず、これに相応する法律効果を構想することが必要であろう。

（27）　我妻栄・債権各論中二、七六七頁以下。数人の者が共同して事業を営むという実体はあるが、その手段として財産を合有し、対外的行為を全員の名で行うという要素を欠くものを内的組合という。

四　信頼利益の保護

出向に関して労働者の契約上の期待利益ないし信頼利益を保護する必要があることがある。たとえば、コンツェルンには該当しないが、複数の企業が、特定の親会社を中心として企業グループを形成し、従業員の採用、配置、異動などの人事が、ある程度統一的に行われているケースがわが国でも見られることは、一で指摘したとおりである。このようなケースにおいては、労働契約を締結し、またはその内容を変更する過程での状況や使用者側の言動いかんによっては、Ｙが特定の企業Ｘと労働契約を締結しているとの外観を呈している（たとえば、親会社ＡがＡおよびグループ内企業の従業員を統一的に採用し、ＹをＸに配置するとの辞令を出した）場合でも、ＹがＸだけではなくＡまたはグループ内の他の企業とも労働契約を締結したとか、少なくともグループ内企業の要員として採用された（したがって、Ｘが倒産した場合でも、グループ内の他の企業で勤務することができる）と信じ、かつそのように信じたことについて相当な理由があると判断されることもありうる。もっとも、そのように判断されるためには、グループに属する複数の企業が実質的に企業危険を共通にするという程度に結合していて、それゆえに、他の企業における事業の運営についてもなんらかの責任を負わされてもやむをえないと認められることを必要とすると考える(28)。この場合には、Ｙがそのように信じたことについて利益（信頼利益）は保護するに値するものである。そのような信頼利益の保護は、エストッペル（禁反言）の原則に基づくということができ、これを害されたことによりＹが被った損害を賠償することを本来の方法とする。しかし、それよりも有効な救済方法があるならば、その信頼利益の内容にそった救済を与えるべきであると考える。たとえば、グループ内企業の要員として採用されたという労働者の信頼利益が法的保護に値する状況にあるならば、現に雇用されている企業がその経営上の理由で人員削減のための解雇を行う必要がある場合においても、解雇回避のための措置（出向はその一つである）をとることができるか否かを検討すべき範囲は、その企業だけに限られず、グループ内企業（従業員の適性・能力による限定はあるにしても）に及ぶと解される。

なお、ＸがＹにＸの従業員たる地位を保有させたまま、Ａに出向させること自体、出向後のＹの待遇などにつき、Ｘもなんらかの責任を負う趣旨であると解釈されることもありえよう。

(28)　判例は、人員整理を行うＸ会社の解雇回避義務を判断するうえで、親会社やその属する企業グループを含めて判断すべきである旨の主張を、「Ｘ会社は相応の会社資産を有する独立した法人であり、親会社や企業グループの各社とは別個の存在で一体的には観念できない」という理由で、排斥している（福岡高判平成六年一〇月一二日、三井石炭鉱業事件）。

第三　契約意思以外の要素を根拠とするもの

一　親会社による子会社の労働関係の支配

労働組合法の適用に関してではあるが、わが国の有力な学説は、「親会社が株式所有、役員派遣、専属下請関係などによって子会社の経営をほぼ完全な支配下におき、その従業員の労働条件について現実かつ具体的な支配力を有している」ことが会社に使用者性を認めるために必要にしてかつ十分な条件であるとされ、最高裁判所判決もこの法理を肯定する（最判平成七年二月二八日・労判六六八号一一頁、朝日放送事件）。ただし、この学説は、「親企業について子企業従業員に対する雇用契約関係上の使用者性をも認めうるためには、そのような支配関係にともない子企業がほぼ完全に親企業の一事業部門とみなしうる状態にあり、その結果、子企業従業員の労務提供と同人らへの賃金の支払関係がほぼ同人らと親企業との間に成立していると認められることが必要である」とされる(29)。

たしかに、親会社はまとまった資本の提供者であるから、子会社の事業の運営、業務の遂行に関心を持ち、主として、役員派遣、管理職員の出向、資金・技術の援助、業務提携などの形態で、子会社の経営に関わっていることに相違はないが、子会社も、程度の差はあっても、労働関係を含め事業を自主的に決定し・管理している。ところで、企業は企業危険を負担するとともに、これに対応して労働関係に関する事項を決定し・調整する権利・権限を認められる。したがって、子会社は独自に企業危険を負担するもの（そのように評価される組織を具え、そのように機能しているもの）である限り、労働者または労働組合に対しどのように対応するかは、その経営判断に基づき自己の責任において決定すべき立場にある。これに対し、親会社がその企業危険の負担において、労働関係を含む子会社の事業を管理している（そのように評価される）場合には、親会社にそれに対応する責任を認めるべきであろう。このことは出向についてもいえるのであって、たとえば、親会社の管理下にある子会社が行った出向により、労働者が被ることが予測される損害を防止し、または労働者が被った損害を補償することが親会社の責任とされることもありうる。このように解するならば、いかなる要件のもとにいかなる責任を親会社に認めるべきかということが問題となるが、親会社の子会社に対する現実かつ具体的な支配といっても、これを事実上のものとみるときは相対的なものであって、判定の基準は難しくなるから、目的論的に考察する必要がある。

(29)　菅野・労働法、六〇五～六〇六頁。労働組合法上の使用者概念（その外部的拡張）に関する学説・判例については、東大・労組法上、三三六～三四〇頁参照。

う。

二　いわゆる間接労働関係

親会社が、なんらかの原因に基づき、子会社が雇用している労働者の就労について直接指示・命令している場合（いわゆる使用従属の関係がある場合）については、その使用従属の関係を根拠として、親会社の子会社の労働者に対する法律関係を構想する学説もある。厳格な意味ではこれと異なるが、ドイツにおいて「間接労働関係」(mittelbares Arbeitsverhältnis) に関連して説かれている学説は、参考になると思われるので、簡単に触れておこう。

一般に、AがXを雇用し、XがYを雇用して就労させている場合に、重畳的に成立している二つの労働関係を基礎として、AとYとの間に形成されると解する労働関係を、ドイツにおいては「間接労働関係」といっている。この場合、XはAの従業員たる地位とYに対する使用者たる地位をもっているので、中間使用者 (Mittelmeister od.Zwischenarbeitgeber) といわれ、これに対しAは主たる(上位の)使用者(Hauptarbeitgeber od. obere Arbeitgeber) といわれている。たとえば、放送局Aがオーケストラの指揮者Xを雇用し、Xが必要な演奏者Yらを雇用して、Aのために交響曲を演奏するがごときである。

間接労働関係においては、Yの労務の給付は、同時にXのAに対する労働義務の履行に参加するという点に本質的な特徴がある。Yの間接の使用者であるAは、Yに対しては使用者としての機能をもつ。Aがどの範囲の指示権をもつかはその契約によって決まり、就業の趣旨に従った指示権が生ずる。Aには一定の保護義務・配慮義務があり、その不履行についてはは責任を負わなければならない。すなわち、Aは、ドイツ民法二七八条にいう履行補助者としての地位にある者として（ドイツ民法八三一条［わが国の民法七一五条］による使用者としてではなくして）、いわゆる保護義務・配慮義務を負い、また、XのYに対する賃金などの支払についても、補充的な義務を負う（連邦労働裁判所一九五七年九月四日判決・判例集五三号四三五頁）（ただし、賃金支払義務の存否については争がある）と解されている。さらに、オーケストラのごときケースにおいては、放送局は、経営上の理由による解雇の場合には、他の部門での雇用の継続を配慮すべきであるともいわれている。なお、労働契約の存否（たとえば、解雇の不当性）については、ＹはＸに対してだけ主張しうるにとどまる（連邦労働裁判所一九九〇年一二一日判決・判例集八九号一六二頁）ともされる。

この意味の間接労働関係は、重畳的に存立する労働契約から生ずる法律効果を解明するために構想された法律概念であるから、直ちに親会社・子会社を基盤とする労働関係に当てはめることはできないけれども、これを解明するための重要なヒントを与えるとの学説もある。しかし、間接労働関係は本来労働者が中間使用者のもとでグループ（組）を作って労務を提供するケースを解決するために考え出された概念であり、必ずしも成熟したものとはいえず、基本的には、労働者保護の思想に基づく債務関係または企業危険の負担に相応する特別の法律効果と考えるのが相当と思われる。(30)

(30)　Windblichler, Arbeitsrecht im Konzern, S.166 ~ 167, 182; Ztllner=Loritz, Arbeitsrecht, S.333 ~ 334, 338 ~ 339.

三　保護法規の類推適用など

ドイツにおける学説の一つとして、強行的な労働者保護法規の適用を労働契約上の使用者に限定することは、労働者保護を弱めることになるならば、その法規は契約上の使用者でない者にも類推適用されるべきであるとの学説ある。すなわち、Ｙに対する労働契約上の使用者Ｘが、その背後にいる第三者Ａに従属し、収益をあげるにたりる固有の企業としての独自性を展開することができず、Ａが使用者の役割を引受けたと認められる程度に、労働過程および労働条件を詳細に立案、管理しているならば、このようなＡには、保護法規を類推適用すべきであるというのである。(31)

そのほか、Ａが使用者としての責任を免れるために、ＸにＹをその従業員として採用させ、Ａの事業のために就労させるような場合には、脱法行為ないし権利の濫用の法律理論をかり、Ａに使用者としての責任を負わせる

（そのために間接労働関係の理論を援用することもある）学説・判例もある。これらの考えは、法人格否認の法理と相通ずるものがある。[32]

(31) Windblichler, Arbeitsrecht im Konzern, S.182 ～ 184.

(32) Windblichler, Arbeitsrecht im Konzern, S.190 ～ 192.

四　法人格の否認

1　概　要

最高裁判所は、法人格が全く形骸にすぎない場合や法人格が法律の適用を回避するために濫用された場合には、法人格を否認すべき場合が生じ（最判昭和四四年二月二七日・民集二三巻二号五一一頁）、その法人の債権者は、その法人とその背後にある株主（個人のみならず法人を含む）に対して責任を追及することができる（最判昭和四八年一〇月二六日・民集二七巻九号一二四〇頁）として法人格否認の法理を採りいれた。下級審の判例もこの法理を親子の関係にある会社の労働関係に適用し、たとえば、

［判例一二Ａ］ 川岸工業事件（仙台地判昭和四五年三月二六日・労民集二一巻二号三三〇頁）は、親会社が子会社の業務を一般的に支配し得るに足りる株式を所有し、親会社が子会社の企業活動の面において現実的・統一的に管理支配している場合（親会社の経済的単一性）には、子会社の従業員は、親会社に対して賃金などの支払を請求することができるといい、

［判例一二Ｂ］ 船井電機事件（徳島地判昭和五〇年七月二三日・労民集二六巻四号五八〇頁）は、背後の実体である親会社が子会社を現実的・統一的に支配しうる地位にあり、子会社とその背後にある親会社とが実質的に同一であり、背後の実体である親会社が会社形態を利用するにつき、違法または不当な目的を有している場合には、子会社の法人格を否認することができ、子会社が実質上の親会社の一製造部門にすぎず、経済的には単一の企業体

とみられるのみならず、現実的にも、親会社は子会社の企業活動のすべての面にわたって統一的に支配しており、子会社の解散も親会社の指導と是認のもとに行われたのであるから、子会社の解散によるその従業員の解雇は、親会社に対する関係では無効であって、その解散と同時に、子会社の従業員の雇用契約上の地位は親会社に承継されるとする判例が現れている。

2　問題点

法人格否認の法理の内容は必ずしも一様ではなく、親子会社の例をとれば、子会社Xの背後にこれを過度または完全に支配する親会社Aがいる場合に、Xの債務につきAに責任を負わせる法的技術にほかならない。そして、最近の学説は、Xを当事者とする特定の法律関係において、Aに有限責任の主張を許すことが不公正と認められる場合に、この法理の適用を認めるという方向に転換している(33)。

ところで、法人格否認の法理は、子会社の負担する企業危険について、親会社にもその危険を負担させる理論である。それは両会社を別会社として組織することにより危険の分散を図る会社制度とは相容れないともいえる。法人格否認の法理は、危険分散と抵触しないようにこれを運用する方向に向かっていると思われるが、危険の分散を前提として、しかも親会社に子会社の企業危険を負担させる法理を求めることができれば、より適切なのではなかろうか。すなわち、子会社が小規模なりといえども独立した組織を具え、独自の活動を展開している以上、独自に企業危険を負担しているのであるから、このことを是認したうえで、Xに対するYの権利につき、Aに責任を負わせることを可能ならしめる法理を構想することができるならば、そのほうが現行法体系との整合性を保つことになろう。さきに紹介した統一的労働関係や間接労働関係についての法理なども、その一つの試みといえるのではなかろうか。

(33)　江頭憲治郎「法人格否認論の形成とその法構造」法協八九巻一二号二三頁以下、九〇巻一号一〇九頁以下（一九七二～一九七三年)。

五　共同事業者の法理

1　序　説

この法理については別の機会に述べたので、(34) その要点だけを述べる。この法理は、独立の企業として事業を営んでいるXとその親会社の立場にあるA、またはXと並列的関係で結合しているBがあり、企業間における危険の分散にもかかわらず、甲の企業危険をAまたはBにも負担させることが公正かつ合理的と認められる条件がXとAまたはBの間でみたされているときは、組合債務について組合員個人の責任(無限責任)を認めた民法六七五条を一つの拠りどころとして、AまたはBの責任を構想しようとするものである。

2　要　件

A・BにXの企業危険を負担させることが是認されるためには、A・BがXの企業活動に内在する収益のチャンスをXと同等に自社のために利用しうること、すなわち、Xの事業について、A・Bが固有の財政・経理(とくに、自己の出資)を基盤とした自己の計算において、その裁量による企業判断に基づき、企業の方針・計画を決定し、事業を管理・運営することが要件となる。これを分析すると、

(1)　A・Bと共通の財政・経理のもとで、Xが企業活動を展開すること(Aの資本による支配、BとXの損益の共通)、

(2)　XのビジネスチャンスがA・Bに依存していること、たとえば、XがAに専属する下請工場または販売・取扱店であるとか、BとXの事業が相互に系列化されていること、

(3)　A・Bが派遣した役員、幹部職員のもとでXの事業が運営されていること(人的支配ないし管理)、

(4)　親・子会社にあってはＡの経営判断に基づいて、Ｘの事業活動を展開し（企業支配）、ＡがＸに対し資金財産、信用などを供与し、これを管理していること（財政支配）、

(5)　並列する企業間にあっては、事業の運営について、共同の方針・計画の決定、事業または業務の配分・調整などが行われ、これによって各企業の事業が統一的に管理・遂行されていること、がそれである。これらの要件がみたされているならば、Ｘがある程度の独立性・自主性を保有していても、ＡはＸを利用して（縦の共同事業）、またＢはＸと共同して（横の共同事業）、それぞれの企業活動を展開しているといえる。

3　法律効果

このようにＡ・ＢとＸとが共同事業を営んでいる実態がある場合には、民法の組合に関する法理を類推して、その間の社会生活関係の法律効果を考えよう。さきに述べた民法六七五条を一つの拠りどころとするならば、共同事業者間の責任は損失分担の割合に応じた分割債務となる。そして、Ａ・ＢとＸの間の危険の分散を前提とし、Ｘへの財産（権）の帰属を考えるならば、Ａ・Ｂが負担するのは責任であり（債務ではない）[35]、Ｘがその財産によって債務を完済しえない場合に発生する補充的なものであると解される。ただ、親会社と子会社との間に前述のごとき共同事業関係が成立している場合には、ＡはＸに対して資本を拠出しているのみならず、ＸはＡの企業危険のなかでその事業を運営していると評価されるから、Ａの責任は、Ｘが完済できなかった総額に及ぶと考える。

要するに、労働者ＹのＸに対する権利についてのＡ・Ｂの責任は「債務なき責任」であって、Ａ・Ｂが責任を負う場合でも、契約の当事者ではないＡ・ＢとＹとの間に契約関係の成立を認めるという法律効果を生じさせるものではない。

また、Ａ・ＢとＸの間に前述のごとき共同事業関係があり、とくに企業グループとして採用するとか、各会社

間で従業員の人事交流が行われているならば、事業運営上の理由による解雇問題が発生した場合には、解雇を回避するため、共同事業関係にある他の会社への異動（出向・移籍など）が要求されることもありうる。(36)

4　結　論

このように共同事業者の責任が認められるための要件は、法人格否認の法理が適用されるための要件（本節第三**四**）とほぼ同一である。なぜならば、この二つの法律理論は、いずれもXが負担する企業責任を何らかの形で親会社Aにも負担させるために構想されたものにほかならないからである。鈴木竹雄博士も、「法人格否認の法理は、その法律構成自体に意義があるというよりは、現行法の不備な点を明るみに出すという点に真の意義があり、現在は法人格否認の法理で解決されている問題の中には、今後の立法の中で解決されていくべきもの、あるいは従来の硬直な解釈を改めることによって処理されるべきものが多［い］」とされている。(37)

ここで対比した二つの考え方をみると、前者は、Xの法人格を認めたうえで、労働契約上の問題を公正かつ合理的に解決することができるという利点をもつと考えたい。また、この要件は、親・子会社間のものをとってみると、親会社による子会社の労働関係などの支配といわれているもの（本節第三一）を目的論的に解明したものであるということができると思われる。

信頼利益の保護（本節第二**四**）についていえば、企業の構造的・機能的関連に由来する信頼利益は、XがAの企業危険に包容されているとか、XがBと企業危険を共通にする程度のもの、すなわち、共同事業者と認められる程度のものである場合に、法的保護に値すると考えるならば、その適用のためには、ここで述べた要件が重要な要素となる。

このようにして共同事業者の法理が適用されるならば、出向者と出向先に労働契約が成立していると否と、また出向元との労働契約が機能を停止していると否とにかかわらず、出向先や出向元企業は、共同事業者としての責任を負うことになる。

（34）拙著・労働法律関係の当事者、二八一～二八五頁。
（35）我妻栄・債権各論中二、八一〇頁。
（36）Windbichler, Arbeitsrecht im Konzern, S.155 ~ 159.
（37）鈴木竹雄＝竹内昭夫・会社法［法律学全集］（一九八一年）一二～一三頁。

第四節　共同事業関係の認定

第一　序　説

XとAまたはBとの間に縦または横の共同事業関係があると認められるためには、Xが実質的（経済的）にAまたはBの一事業場にすぎない（またはその逆の場合もある）か、または、XとAまたはBとが実質的（経済的）に一個の企業を形成している（企業の一体性がある）、いいかえれば、たとえば、X自体が、企業としての独立性、自主性を十分に具えていないことが認められなければならない。この独立性、自主性の存否は、目的論的には、企業危険の負担の観点から判断するのが適当である。

第二　企業の独立性、自主性と企業危険の負担

一般にある企業が自主・独立の立場で能動的・主体的に企業活動を営むとは、

(A)　その追求する事業目的を定め、

(B)　固有の財政・経理を基盤とした自己の計算において、

(C)　自己の経営判断による裁量をもって、
(D)　マーケットにおいてビジネス・チャンスをとらえ、
(E)　計画的・継続的に事業目的を達成するための活動を遂行することであるが、
(F)　その反面、その企業はこれらに関する危険（企業危険）を負担しなければならない。
すなわち、(A)～(E)は(F)と表裏一体の関係にある。
その企業危険には、つぎのものがある。
①　その一は、自由競争のマーケットにおけるビジネス・チャンスについての危険である。それは、取引の相手方を確保し、自己に有利な条件で取引をし、収益をあげることに関する危険であって、マーケットにおいて、信用を維持することに関する危険を含む。
②　その二は、マーケットの変動に由来する危険（たとえば、商品に対する需要の減退、資金・資材の調達の障害などによる業績の低下）である。
③　その三は、企業の組織・運営についての危険で、事業を効率的に運営し、業績をあげることに関する危険をいう。
④　その四は、企業の組織内または事業の遂行過程で発生した過誤または障害についての危険である。
これらの企業危険のうち重要なものは、マーケットにおいてビジネス・チャンスを求めることに関する危険とマーケットの変動に由来する危険（①②）であって、或る会社がこの危険を負担しているならば、その企業は独立した企業と評価される。そして、事業を営む者は、このような危険に耐えうるように企業の組織と事業運営の目的・態様などを定め、これに起因する対内的・対外的危険（③④）を負担することになる。

これらの危険を負担して企業活動を営むものには、これを克服して事業目的を達成することができるように、その自主的な判断（経営判断）に基づき、企業を組織し、事業を営む自由と権利・権限を認めなければならない。

その権利・権限には、従業員の雇用に関する制度（職務体系、雇用形態、身分ないし資格制度等）を定め、労働者またはその集団（労働組合）との交渉・協議により、労働条件を決定し、その他労働関係を調整することに関するものも含まれている。

第三　共同事業関係の判断要素

第二で述べたことを念頭に置いて、企業の共同事業関係の成否を判断する場合、つぎの判例を参照するのが適当と思われる。すなわち、

ⓐ　子会社の従業員が同会社と締結した労働契約に基づいて取得した賃金債権につき、法人格否認の法理を援用して、親会社にその支払義務を認めた前掲［判例一二A］川岸工業事件（九二頁）の判決は、子会社の独立性が否定される条件として、「親会社と子会社とが経済的に単一の企業体たる実体を有すること」と「企業活動の面において、親会社の子会社に対する管理支配が現実的・統一的で、その活動そのものの実質に、経済的または社会的に単一性を有すること」が必要であるとし、

ⓑ　子会社の解散に伴うその従業員の解雇につき、右同様に親会社に不当労働行為による責任を認めた前掲［判例一二B］船井電機事件の判決（九二頁）は、「子会社Tは、実質上親会社Fの一製造部門にすぎず、経済的には単一の企業体と認められるのみならず、現実的にも、FはTの企業活動のすべての面にわたって統一的に支配しており、本件解散もその指導と是認のもとに行われた」ことをその根拠としているのである。これを考慮にいれながら、共同事業者としての責任が発生するために必要と思われる要件を考えてみよう。

1　事業施設と人的体制

企業が独立して自主的に活動を営みうるためには、自己の計算と危険の負担において、その事業を運営するにたりる物的施設と人的体制（これに加えて、職制機構）を整備していることが必要である。

事業施設は有体・無体の財産権をもって構成されるが、必ずしもこれを自ら所有することを要せず、用益権を持っているだけでもたりる。企業が、その事業の業績の見通しのもとで、自ら定めた計画に基づいて、施設を設置し、また拡充・縮小していることは、企業の独立性・自主性の現れである。また、企業の人的要素として、有能な協力者・補助者を必要とするが、とくに多様な業務を分担する多数の労働者を組織的に使用して、事業活動を展開する場合には、職務体系とこれを管掌する職制機構を必要とする。その企業の事業を効率的に運営するため、これらの協力者・補助者を自らの人員計画に基づいて、その選考により採用し、所定の職制上のポストと各職場に、常に、その業務についての適性・能力のある者を配置するように異動している場合には、企業の独立性・自主性が認められる。このような人員の充足が、子会社においては、親会社からの社員の出向によって行われることがあるが、それが子会社の人員計画に基づくものであれば、その人事については、子会社が危険を負担しているといえる。

これに対して、物的施設の面で、子会社がその事業のために使用している事業施設は親会社の所有で、これを名目的に親会社から賃借しているに過ぎないとか、その設置、拡充・削減などはすべて親会社が行っている場合、人的組織の面で、従業員の人員計画などが親会社によって決定され、管理職の重要なポストは親会社からの出向者によって占められている場合には、子会社は、独立性・自主性に乏しいといわなければならない。

［判例一二A］の判決は、企業の経済的単一性とは、親子両会社が財産的・物権的に同一体となっていることであって、両者が混同している場合のほか、混同状態にいたらない場合でも、親会社が子会社の業務財産を、一般的に株主権を行使して支配し得るにたる子会社の株式を所有することをもってたりるとして、株式による支配

（支配可能性）に還元している。たしかに、親会社が子会社の株式全部を保有しているケースなどにあっては、親会社はその選任した取締役を通じて子会社の財産を管理・支配する可能性をもっているといえるが、それはあくまでも可能性にすぎない。しかしながら、のちに述べるように、親会社が子会社の財産を管理・支配する程度、態様の実態はさまざまであるから、これを無視して、子会社の自主性を判断することはできない。

［判例一二B］の判決は、T独自の不動産などはほとんどなく、工場施設、機械などはFから賃借していること、F召集の本部会議（Fの子会社などの関連会社の代表者の会議）でTの人員計画が協議・決定されていること、Tの管理職、製造部門の中枢は、Fからの出向社員が占めていること、Tの従業員として採用された者が、Tの発足後しばらくの期間、F宛の誓約書などを提出していたことを、F・T両社の経済的単一性を認定する一つの要素としている。

2 営業体制と営業活動

マーケットを開拓し、マーケットにおいてビジネス・チャンスを求めることが、企業危険の中核をなしていることは、さきに述べたとおりである。そうしてみれば、独自の立場で営業活動をなしうる態勢を整え、その企業の事業計画に合わせて受注活動を行い（受注生産の場合）、また製品の販路拡張の活動を行っていること（見込生産の場合）などは、企業の独立性・自主性の大きな支柱の一つである。

もっとも、たとえば、XがA・Bの子会社ないし系列会社である場合には、XがA・Bを介して受注し（たとえば、下請の形で）、またはXがA・Bの製品の流通の一環を担うという専属制に近い形態をとることもあるが、Xが経営判断に基づいてこのような方法（その取引条件の決定を含めて）を選択したものであり、状況の変化によっては、他の方法を選択することができる態勢にあるのであれば、その専属制は、Xがマーケットにおいてビジネス・チャンスを求めることについて危険を負担しているとの認定を妨げるものではない。しかし、Xが営業部門をもたず、Ａ・Ｂからの受注以外に収益のみちがなく、受注の条件も、事実上Ａ・Ｂによって決定されている場合には、Ｘはビジネス・チャンスについてのリスクを負担しているとはいえない。

この項目について詳しく触れているのが［判例一二Ｂ］の判決である。Ｆは、音響機械を国外のバイヤーからその商標を附した製品（バイヤーズ・ブランド製品）を製造するメーカーであるが、その製造はすべて子会社にさせるようになった。その取引形態は、当初はＦが子会社にバイヤーから受注した製品の加工を委託し、これに加工賃を支払うという加工方式であった（技術、研究開発、設計、部品の供給はＦが行う）。その後、子会社の自主性を高めるため、子会社の製品をＦが買受けるという売買方式に変えた。それは、Ｆがバイヤーより受注があったとき、適当と認める子会社にに対し、バイヤーのスペック（仕様）に基づき生産計画とＦ所定の見積原価書を提出させ、これに基づき、売買価格や納期を決めて、売買を発注するという方法である（部品・材料と技術は子会社が負担するが、部品・材料はＦが立替払いで購入し、後に売買代金と相殺する）。このように発注方式は変わったが、ＴがＦの専属的下請として、Ｆからのみの受注生産をしていた（Ｆの発注いかんにより、Ｔの業績が左右される）ことには変わりはなかったことを重要視している。

3　資材の調達

企業が、その営む事業の遂行に必要とする資材を市場において、コマーシャル・ベースで購入していることは、その企業の独立性・自主性を裏付けるものである。資材の調達についても、ＸがＡ・Ｂと共同して調達をするとか、ＸがＡ・Ｂから調達することが多いなどの現象がみられることもある。しかし、そのことが、良質の資材を調達するとか、資材の購入価格をできるだけ低廉なものにして、コストの低減を図るという経済性に由来するものであれば、その企業は、資材の調達について、リスクを負担しているということができる。

これに対し、Ｘの使用している資材が、Ａ・Ｂから供給され、Ｘに選択の余地がないのであれば、Ｘはなんらのリスクを負担していないことになる（[判例一二B]は、この問題を受注方式と関連させて、2の項目のなかで論じている）。

4　資金の調達

企業が、その事業の運営に要する資金を、その企業が策定した資金計画に基づき、その企業の信用を背景として、調達しているときは、その企業は、独自に資金の調達についてのリスクを負担している。なお、資金の調達について、たとえば、XがA・Bの債務保証により、金融機関から資金を借り受けるという事実があっても、その信用の基礎となっているのはXの資産と財政的基礎およびその業績である場合、すなわち、金融機関は、A・Bが保証しさえすれば、Xの資産・財政、業績のいかんにかかわらず、Xに融資するとはいえないのであれば、Xは、その資金調達について、リスクを負担していることになる。

これと対照的に、Xが資産と財政的基礎に欠け、A・Bが提供した物的・人的担保によって資金を調達しているのであれば、Xは資金調達能力がないといわれてもしかたがない。[判例一二B]のケースでは、Tは、Fの担保の提供を受けてもT名義で資金を借り入れることができなかったというのであるから、Tは、資金調達についてリスクを負担する能力がなかったことになる。

5　市場の変動に対する対応

マーケットにおいてビジネス・チャンスをとらえ、またはマーケットにおけるリスクを克服するため、変動するマーケットの状況に対応して、どのような機関ないしスタッフが、いかなる経営施策を講ずるかは、その企業の独立性・自主性を判断するうえで、極めて重要である。とくに、業界が不況に見舞われ、企業の業績が低迷・低下した場合の対応策の決定に、その特徴がみられることが多い。

その対応策を決定する機関ないしスタッフについていえば、市場の変動に対応してXがどのような経営施策をとるかを、専らXの社長を中心とした常勤役員（経営陣）が決定している場合には、Xの独立性・自主性が認められる。もっとも、A・BがXの発行済株式の全部または大多数を保有する親会社である場合には、Xが決算、役員人事、その他の株主総会決議事項などについては、A・Bに事前に了解ないし承認を求め、また経営計画については事前に説明し、場合によっては、A・Bの支援を求めることがありうるが、そうであっても、その基本的決定がXの経営陣によるものであり、A・Bが受動的に承認したり、支援するのであれば、それにより、Xの独立性・自主性がそこなわれることはない。

これに対し、Xの対応策の決定および実施について、これまでに述べたようなXの組織と事業運営の実態にかんがみ、Xの経営陣が自主的に判断できない状況にあるならば、Xの独立性・自主性は否定されることになる。

［判例一二B］の判決は、子会社の常勤役員が出席する親会社の本部会議などにおいて、事業計画・人員計画を討議・決定し、通達などにより日常の業務執行について詳細な指示がなされていたとして、マーケットに対する対応について、子会社が直接リスクを負っていないことを指摘している。

6　役員の人事

子会社Tが親会社Mの負担している企業危険のなかで事業活動を行っている場合に、Mがその企業危険に対処するため、その役員または職員をTの役員にすることはありうるが、Mがその役員または職員をTの役員にしているからといって、MがTの企業危険を負担しているとはいえない。すなわち、これまでに述べたことを総合し、子会社が独自に企業危険を負担して、企業活動を行っていたと認められるならば、子会社の役員は独自の経営判断に基づき、企業の組織・運営について意思決定をする権利・権限をもち、これを行使していたといえるからである。

これに対し、子会社の役員を通して親会社が子会社を支配していると認められることは、子会社の事業の運営について親会社に企業危険を負担させることの重要な条件の一つである。このような形の支配を、［判例一二B］の判決は、子会社の実質的な経営責任者（社長）といわれている者も代表権を与えられない例が多く、親会社の社長その他の経営スタッフに統括され、自由に使用できる金員は五〇万円未満（昭和四六年当時）であったことなどを根拠として認めている。

なお、親会社の代表取締役、取締役が子会社の常勤役員を兼務し、現実に役員として活動していることは、親会社の経営陣による子会社の統括・管理を推測させる重要な徴憑であるということができる。

7　系列化の経緯

Xが系列会社A・Bの株式の大多数を保有しているとか、A・Bに代表取締役や役員を派遣しているという事実は同じでも、XがA・Bを系列化した事情いかんによっては、XがA・Bに対してとる態度は一様ではなく、また、A・Bの成長とともに変わってくる。たとえば、経営の多角化やこれにあわせて企業危険を分散するために、新規事業を別会社組織で行うため分社化する場合には、Xは、A設立の当初の段階では、受注面・資金面で相当の援助を与え、人材を送り込むなどして、これを支援・育成する例が少なくない。またAの事業が軌道に乗るまでは、日常の業務について有効な指導をすることもありうる。しかし、Aが独自のマーケットを開拓したり、独自の技術、ノウハウなどを背景として成長すれば、Xの支援を必要としなくなる。また、Xがたんに既存の会社Bの株式を取得して、資本参加するような場合には、Bにはそれに特有の歴史があるから、これを尊重し、株式取得の趣旨（たとえば、技術援助）にそう範囲では援助することはあっても、営業面、資金面ではBの自主性に委せることもありうる。したがって、これらの事情も総合して、A・Bの独立性・自主性を判断する必要がある。

第三章　出向・移籍の業務上の必要性
——人選を含む——

第一節　主として出向元・移籍元企業のための場合

第一　意味と特徴

出向元企業または移籍元企業X（使用者）に採用された労働者Yに、出向先企業Aまたは移籍先企業Bのもとで労務を提供させるが、その主たる目的は、それによってXの事業活動に寄与させることにある。その典型的な例は、Xがその営む事業（たとえば、或る製品の製造）をより効率的に遂行するために、Xの従業員Yを、あまり長期にわたらない一定の期間、Xの事業と緊密に関連する事業（たとえば、Xの製造した製品の設置・保守、販売）を営んでいるAまたはBのもとで勤務させることにより、

① Xの事業内容や市場ないし業界における役割などを認識させ（新入社員の教育・研修など）、よって従業員としての適性・能力を育成する、

② A・Bのもとで就労する過程において情報（たとえば、製品に対する需要、ユーザーの要望・苦情）を収集して、これをXにフィード・バックさせて、Xの事業の改善を図る、

③ A・Bの事業に協力して（たとえば、Xの技術者がA・Bにおける作業を指導し、もしくは保守を行い、またはセールス・エンジニアとして営業活動を行う）、Xの業績を向上させる、など、Xの事業活動に寄与する業務を

行わせるものである。

なお、右のごとき設例とは逆に、製品の設置・保守または販売などを業としているXが、その製品の製造をしているA・BでYを勤務させることもある。

この類型の人事は、通常出向の形を採る（YはXの従業員たる地位を保有する）ものが多いが、移籍という形式を採る場合においても、Yは実質的にはXの企業危険のもとで就労し、いずれはXに復帰することが予定されている（その意味では移籍出向ともいえる）から、少なくとも、このことを前提として、その要件や法律効果を考察する必要がある。

いずれのケースであっても、A・Bは独自の事業組織を具えて事業を営んでおり、Yの出向・移籍はA・Bの事業の運営にもプラスとなるのでこれを受けいれるのである。この意味において、出向の場合でも、AはYに対し労務の給付を請求しまたは指示を与えることができるのであって、たんなる労務提供の場所の変更（出張など）とは異なる。つまり、Yは付随的にA・Bのために労務を提供することになる。しかし、A・Bは、Yの出向・移籍をまつまでもなく、その事業を営むに必要な要員を確保しているのが通常であって、Yは必ずしもA・Bの事業運営上不可欠の要員ではないという点にその特徴があると考える。なお、この類型の出向・移籍は、その性質上、XとA・Bとの間には、組織的または機能的に関連がある場合に行われる場合が多いといえるから、これを中心に考察する。

第二　教育・研修のための出向・移籍

一　意　味

教育・研修のための出向・移籍は、採用当初に行われることが多いが、勤務を継続している過程において、X

にいたのでは十分に習得できない特別な知識や技術を習得するとか、それを基礎として技能の向上を図るために行われることもある。この場合、Xは、Yにこのような知識や技術を習得させ、これを生かして労務を提供させることがXの事業を営むために必要であるとの判断に基づき、出向・移籍を求めたと解される。このXの要求は、経営判断に基づく裁量を逸脱しない限り、妥当なものと評価される。つまり、Yがその知識や技術を身につけることが、Xの従業員として労務を提供するために必要な条件であり、これを具えないならば、従業員としての適性・能力に欠ける者として、雇用を打ち切られてもやむをえないことになる。

二　判　例

この類型の出向に関し、つぎの判例がある。

［判例一三］ 高木電気事件（大阪地決昭和四九年七月四日・労民集二五巻四号三一七頁）

A　事実の概要

ボタン電話などの通信機器の販売、施工、保守を業とするXは、ボタン電話装置の取付工事を日本電信電話公社から請負い、これをAに下請けさせているが、公社からは、最小限下請業者の工事施工に対する監督者を選定し、かつ工事の一部はX自ら施工することを要求されていた。そこで、Xは、早急に従業員にボタン電話直営工事の技術を習得させることを決定し、Aの応諾を得て、右技術習得のため、YをAで技術研修させることとした。

B　決定の要旨

Xが積極的にボタン電話部門を強化したこと自体、それが契約上の責任であるとの自覚に立つと同時に、これによって公社および需要者の要求に応え、その信用を獲得し、もって自社製品の販路拡大、同業他社との企業競争の有利な展開を図ること、すなわち、X自身の利益を目的としたものと推測しえなくもない。しかし、Aは独自の設備を保有し、独自に営利を追求する企業であり、YはAの従業員と一体となり、その指揮命令下でボタン電話直営工事に従事しつつ技術を新しく習得するものである。Yに対する労働指揮権は実質的にはAに移転しているからYはAに出向したものであり、出向の根拠規定がない以上、Yの同意なくして出向させることはできない。

C　コメント

本件は、Xが事業を営むために必要な技術を習得させるためにYをAに出向させたケースである。本決定が述べているように、ボタン電話部門を強化するためYに新技術を習得させることは、Xがビジネス・チャンスについての危険、市場における信用についての危険を克服して事業を継続するためである。それゆえ、Yが本件出向を拒むことは、Xにおいて勤務を続けるために求められた技術の習得を拒むことにほかならない。とすれば、Xとしては、Xが求めた技術を習得しない者は従業員としての適性・能力を欠く者として、解雇することが是認されるといえる。そうしてみれば、出向について根拠規定がないので、Xの一方的意思表示により、YをAに出向させることができないとしても、変更解約告知が認められ、Xは出向を求めたが、これに応じないYを解雇できるといわざるをえない。

【判例一四】日立エレベーター・サービス事件（大阪地決昭和四九年一一月二九日・労判速八七〇号二三頁）

A　事実の概要

1　Xは、エレベーター、エスカレーターなどの据付、保守、改修改良を主たる業務とし、YはXの従業員として採用され、O営業所技術科工務係技術対策班に所属していた。

2　Xの取り扱うエレベーター、エスカレーターはすべてAのM工場において設計、製造された商品であって、Xはその据付、保守、改修改良などの業務全般についてM工場の技術指導を受けており、M工場から技術者の派遣を受けたり、Xの従業員をM工場へ実習に赴かせるなど両者は極めて密接な関係にある。

3　技術対策班は、O営業所管内の技術的問題についてM工場と連絡するとともに管内保守部門へ指示、伝達、技術指導を行う部署で、そのなかに、一旦納入したエレベーター、エスカレーターの改修改良を主とし、M工場からの指示と部品の供給を受けて部品の交換、調整などを行い、これに付随してM工場からの指示依頼による故障原因の調査、対策部品の管理、M工場対策関係会議への出席などを内容とする「M対策業務」がある。

４　O営業所では技術対策班を拡充・強化する必要があったので、官庁検査の立会業務が廃止されたのを機に、これまでこれを担当していたYとTを技術対策班に配置し、YをM対策業務に従事させることとした。

５　この業務を行うに当たってはエレベーター、エスカレーターなどの製品の単体をさらに解体することがあるので、これらの内部構造に関する知識経験が必要となるが、これを修得するには各単体を製造しているM工場で実習することが最も効果的であり、YがM対策業務の取りまとめとして業務に従事するうえで、M工場で実習する必要があった。

６　そこで、XはYに対し、エレベーターの巻上機とエスカレーター関係について、六ケ月間M工場で実習することを命じた。

Yは家庭の事情で応じられない旨述べたので、Xは、二ケ月に一回位社費で帰阪を認めるなどの条件を出して説得したが、Yは一ケ月の出張にしか応じられないといって拒否したので、XはYを解雇した。

B　決定の要旨

本件命令は、YにXの業務を行ううえで必要な知識経験を修得させるために発せられたもので、実習期間はもちろん、その後もYがXに在籍することは明らかであって、本件命令は、特段の事情がない限り、Yの同意を要するものとはいえず、Yの主張する個人的事情は、これを拒否する特段の事情にあたらない。

したがって、本件命令拒否を理由とする解雇は有効である。

C　コメント

本件も、Xが事業を営むために必要な知識経験を修得させるため、YにAのM工場での実習を命じたケースである。

本決定は、これを出向とはいっていないが、出向の範疇に属すると解してよいであろう。しかし、本決定は、いわゆる根拠規定がないのに、Yの同意を要しないと判示しているところに若干問題があるともいえる。しかし、本件においても、[判例一三]と同様、Yは、Xにおいて勤務を続けるために求められる知識・経験の習得を拒むのであるから、このような者を、従業員としての適性・能力を欠くとして、解雇することは是認されるといえる。この意味で、少なくとも、変更解約告知は可能と考える。

類似の出向目的が主張されたケースとしてつぎのものがある。

［判例一五］ 東京エンジニアリング事件（東京地判昭和五二年八月一〇日・労判二八三号二七頁）

A　事実の概要

1　Xは、親会社Aとその設計、製図の下請業者Bの出資により設立され、当初Xの従業員の大部分はAへ出向し、主として設計業務を行っていた。しかし、XはAに依存しているだけでは業績の向上を期待しえない状況となったので、建設事業のコンサルタント業務や各種機械の一括受注を行うこととし、従業員に設計以外の技術、知識も習得させ、業績向上を図るために、従業員をAに出向させ、Aやその系列会社が施行する工事、実験などの一部をAの指導のもとに担当させることによって、これを習得させることを目指した。

2　AはXに対し、研究所に設置されたエチレン製造のテストプラントの実験業務（最も効率のよいエチレン製造条件をさぐるための測定データーとその分析結果の整理）の要員五、六名の出向を要請した。Xとしては設計以外の分野への進出のための技術習得の機会であるとして、この要請に応ずることとした。Xは、とりあえず二名を出向させたが、Aからの強い要請を受けて、当時受注量が減少し将来性のない業務に従事している者のうちから、通勤条件、健康条件などを考慮し、Yほか一名を人選して出向を命じたが、Yはこれを拒否した。その理由は、

① Aに出向すると一日の勤務時間が三〇分延長される、

② Yは設計業務を職種として採用された者であるから、出向先の業務は、職種の変更となり、同意できない、

③ Yは勤務地を東京として採用された者であり、出向は勤務地の変更となり、同意できない、

④ 出向期間（一年）経過後のXにおける処遇について保障がない、

というものであった。

Ｂ　判決の要旨

１　出向命令が有効であるためには、出向につき業務上の必要性の存在および当該労働者を出向者として選択したことの妥当性の存在が認められなければならず、もとよりこれに便乗して思想、信条などを理由とする差別的取扱いをしたり、出向などを命じることにより、従業員を生活上著しく不利益な立場に追込むことは許されないが、出向命令が使用者の人事権（労務指揮権）の行使の一環としてなされるものである以上、業務上の必要性および人選の妥当性（出向の合理性）の判断に際しては、使用者の裁量権を無視することはできない。

２　本件出向の業務上の必要性は肯認することができ、人選経過もとくに不当とはいえない。

①　Ｘにおけるこのような出向形態は、関連会社相互間で必ずしも珍しくないと推測され、職業安定法違反ということはできない。

②　出向により一日の労働時間が三〇分延長されるので、出向期間中毎日〇・五時間ずつ残業扱いとして割増賃金を支払うし、Ａでは隔週土曜休日制を採用していたので、一か月の総労働時間は出向により二・五時間少なくなる。Ｙの職種および勤務地はＹ主張のごとく特定していない。

出向することにより労働条件が従来のそれに比し著しく過酷低劣となればいざ知らず、或る程度の変動は避けがたいものとして容認しなければ、出向業務の多いＸのような企業にあっては（出向をできるだけ避け、また、労働条件の変動を少なくする企業努力は必要であるが）、業務運営は行詰ってしまうことになる。しかして、本件出向が従前に比し著しく過酷な労働条件を強いているとまでは認め難い。

③　身分保障については、Ｘが出向期間経過後の復帰を約しているから不明確とはいえない。したがって、Ｘにおける出向に問題があったとしても、それが直ちに本件出向の合理性を否定したり、その拒否を正当化することにつながるものとはいいがたい。

３　Ｙによる出向命令拒否は会社業務に対する非協力と評価されるものであり、Ｘがこのような態度を採るＹとの間に雇用関係を継続しえないと判断したことは相当である。

C　コメント

１　本判決は、まず、出向命令は使用者の人事権（労務指揮権）の行使の一環としてなされると判示しているが、理論的には正当ではない。というのは、出向は、労働契約の重要（本質的）な要素である労働契約の当事者もしくは労務の提供の相手方の双方もしくは一方を変更する法的行為であるから、その変更は当事者双方の意思によって決定されるべき契約上の問題であって、いわゆる労務指揮権は、契約で定められた枠内で労務の給付の内容を具体化・個別化することはできても、そのような契約の要素の変更はなしえないものだからである[38]。

もっとも、本判決は、通説・判例に従い、出向についての根拠規定があることを認めて論旨を展開しているから、右の点は結果としては問題にするにたりないともいえる。重要なのは、本判決が、根拠規定がある場合でも、Xがその一方的意思表示によりYを出向させうるためには、第一章第四節（六二頁以下）で述べた正当性・合理性の要件を具えていなければならないとしていることである。

２　本件では、XはYに技術を習得させるために出向させると主張しており、その要素があることは否定しえないが、本来はAからその研究所の事業の運営に必要な実験要員の出向を求められて、それに応えることが従業員に新技術を習得させるというXの目的にもかなうことにもなるので、出向させることにしたというのである。そうしてみると、出向者は、Aが企業危険を負担している事業のために労務を提供することを主たる目的とし、これに相応した労働法律関係が成立するなかで、新技術を習得する結果になるというのであって、Aは、Xに対し、出向者に新技術を習得させる義務を負担するものではないと解される。そうしてみれば、本件はむしろ出向先の事業のために労務を提供するケースとして考察するのが妥当と考える。

３　ただ、Xにおいては、設立当初の事業としていた各種機械の設計、製図（Aから受注したもの）の業務量が減少したので、新規事業を開拓する必要上、従業員に新しい技術を習得させようとし、そのための出向を進めてきたという経緯がある。このような状況のもとでは、今後Xにおいて雇用を継続することを望む者には、新技術を習得することが要求されるか、少なくとも、その技術を習得しなければ、従業員としての適性・能力に欠けると評価されてもやむをえないということができるであろう。このような観点からすれば、新技術の習得を拒む者に対して変更解約告知をなしうることは、［判例一三］の場合と同様である（Cコメント［一〇九頁］参照）。

これに対し、教育のためとの理由で命じられた出向が、その理由がないとされた例として、つぎの決定がある。

［判例一六］ 新日本ハイパック事件（長野地松本支決平成元年二月三日・労判五三八号六九頁）

A　事実の概要

1　Xは各種段ボール、紙器などの製造、販売を業とする会社で、Yは昭和三九年Xに雇用され、松本工場で原紙運搬業務に従事していた。

2　Yは、昭和六一年一一月から翌年五月末までの間に、Yの不注意により、原紙保管場所から指定された原紙と異なる原紙を抽出して、段ボール製板機まで運搬したこと（配紙ミス）により、原紙は製品化され、一部は故紙となり、一部は発注者に値引をして引取ってもらったため、Xに損害を与えた。

3　そこで、Xは同年六月Yに対し、福島市に本店を置くAに出向を命じた。AとXは、Nを親会社とする系列子会社である。出向の目的は、Yが同種のミスを犯すことがないように、意識改革を期待する趣旨の研修をするということであった。

4　原紙を製板機まで運搬する作業は、原紙の種類が百数十種類の多岐にわたり、運搬回数も一日約八〇〇回から一、〇〇〇回にのぼり、かつ迅速を要求されるので、配紙ミスは四カ月間で延べ一〇九件にのぼり、作業現場からミスを完全に防止することは至難であった。Yよりもミスの多い従業員もいた。Xは、作業事故を起こした従業員に対して、事故報告書を作成させ、事故事実を掲示したりミーティングで報告して注意を喚起し、また、事故を起こした従業員に注意を与え、配置転換するなどして事故防止に努めてきたが、作業ミスを理由に出向を命じたり懲戒をした例はなかった。さらに配紙ミスをチェックする勤務体制が採られていたが、Ｙの配紙ミスについて責任を問われるべき従業員に対しては、上司から注意がなされたにとどまる。

５　Ｙは入社以来二〇年以上松本に住んで、別会社に勤める妻と同居しているが、妻は三叉神経症候群に罹患し治療中で、症状が増悪するときは看病を要した。Ｙが単身で福島に赴任することは看病の面から困難であり、病身の妻を退職させて同伴することは、妻の健康の面からも、長男（岩手県内の大学に在学）への仕送り資金の調達の面からも、重大な影響を受ける。

Ｂ　決定の要旨

１　出向を命ずる権利の行使は信義誠実の原則に従ってなさるべきであり、当該具体的事情のもとにおいて、出向を命ずることが著しく不合理であり、社会通念上相当なものとして是認することができないときは、右命令は、信義則違反ないし権利の濫用に当たるものとして、無効となる。

２　原紙運搬作業に長年にわたって従事してきたＹにとって、原紙運搬業務に必要な知識経験において、格別研修をしなければ同業務を処理できない点があったとはいえない。本件配紙ミスは単純な確認ミスの性質のもので、意識改革を求める必要があるとしても、そのために松本工場を離れて遠隔の地にあるＡにおいて、最長三年にわたる研修を行うことについて、合理的な根拠があるとは解し難い。

３　本件出向は、Ｙの再教育の必要性からなされたが、その合理的理由がないのみならず、Ｙにとって家庭生活上重大な支障を来し、極めて過酷なものであるにもかかわらず、Ｘがその点について配慮した形跡がなく、さらに、作業ミスに対する従来の対応などからみて、本件出向は信義則に反し無効である。

Ｃ　コメント

本件では、出向元企業と出向先企業とが系列会社に属しているが、その組織上・事業運営上の関連は必ずしも緊密とはいえず、また相互間で出向が恒常的に行われていたわけでもない。このような事実関係のもとでは、その従業員を別の企業に出向させてまで（本件では、さらにその企業が遠隔地にあるという要素が加わる）、とくに教育・研修を行う必要があったかが問題となった事案であり、その必要が認められるためには、自社における教育・研修ではその目的を達しえないという特別の事情が立証されなければならないといえる。このような観点からみるならば、本決定の結論を是認することができよう。

これまでに述べた従業員の教育・研修のための出向は、出向先Aで勤務し、Aの事業活動にも寄与するという要素はあるものの、主として出向元Xの事業活動に寄与することを目的とするものであるから、後者の点を強調して、出向に由来する制約を免れようとする傾向がないわけではない。この問題は後に詳述するが（第二編第二章第三三［二九五頁以下］）、つぎの一点だけをここで指摘しておこう。

【判例一七】 備前市事件（岡山地判平成六年三月二二日・労判六五八号七五頁）

この事件は、X市が第三セクターとして設立された株式会社A（スポーツ、レクリエーションの開発整備、経営等を業とする）に、X市産業部開発課に勤務していたYを研修目的で派遣し、その給与はXが支給したというケースで、その間Xの事務を担当していなかったYに対する給与などの支給が不当支出であるか否かが争われた。

判決は、まず、地方公共団体が他の団体に職員を派遣し、その業務に従事させることは、職務専念義務に反しないか、その問題が生じないような措置を講じた場合にのみ許されるとする。そして、職務専念義務免除の目的が「研修を受ける」ことにある場合は、事前に研修内容が定められた上で、客観的に、当該研修を職員に受けさせることが地方公共団体において必要不可欠であり、かつ派遣によって右研修目的に資する効果が相当高度に見込まれる場合に限って許されるといい、研修の内容が事前に具体的に決まっておらず、その結果の報告もなされていない本件では、その条件がみたされていないと判断している。

(38) 指示権（Weisungsrecht）命令権（Direktionsrecht）が労働契約によって限界づけられるというのは通説である。A. Böker, Das Weisungsrecht des Arbeitgebers (1971), S.25 ~ 30; Richardi, Münchener Handbuch Bd.,132 ~ 135; Ztllner=Loritz, Arbeitsrecht, S.73 ~ 74, 164, 167.

三　実務上留意すべき事項

以上の判例に現れた事例のほかに、Xの事業内容、取扱商品（製品）の特徴、市場ないし業界におけるXの業績・役割などを認識させるために、新入社員を関連会社に出向させる（たとえば、自動車の製造業者が系列の販売店に出向させ、販売業務に就かせながら、このような認識を持たせる）などというケースがあることは冒頭で例示したとおりである。この類型の出向が必要であるためには、一般的には、少なくとも自社における教育・研修では不十分であるとの事情がなければならないが、出向元企業と出向先企業が組織上・事業運営上緊密に関連し、相互間の出向が恒常的に行われている場合には、出向先企業も出向者の教育・研修に協力する趣旨で出向を受けいれているといえる。とくに、出向元企業と出向先企業との間で、前者の従業員の教育・研修を後者に委託する趣旨の契約、少なくともそのような趣旨で出向を受けいれるとの取決めがあれば、出向の必要性が明確となる。この点については、[判例一七]が参考になる。つまり、研修の内容や計画などが、具体的に定められているか、または長年の慣行でAにおける教育・研修のために行われる出向者の業務が明確になっており、それが出向者の教育・研修に効果があるならば、その出向の業務上の必要性は明確であり、出向者もそのように認識しまたは認識することが可能であるといえる。とくに新入社員に対しては、このような出向による教育・研修をすることが効果的であることが多い。しかるに、新入社員はこのような事実についての認識がない例が多いのであるから、このような出向による教育・研修を行うことを採用までに知らせておくことが必要である。

そして、このような教育・研修のための出向が必要と認められる限りおいては、これを拒否する労働者は、出向元企業が要求し・期待している従業員としての適性・能力を習得することができないのであるから、出向を拒む者に対しては、このような角度からの説得をすることが肝要である。

右に述べた目的を達成するため、従業員を他社に移籍するということもありうるが、その実質は出向であり、一定の期間の経過後は復籍するものであること（いわゆる移籍出向）はすでに述べたとおりである。したがって、この類型の移籍については、これを義務づける根拠規定があれば、教育・研修の必要性が存する限り、使用者の一方的意思表示により、移籍させることができると考える。かりに根拠規定がない場合でも、必要な教育・研修を拒否する労働者は、使用者が要求し・期待している従業員としての適性・能力を習得することができないのであるから、これを根拠として、変更解約告知をなしうることは、さきに［判例一三］以下のコメントで述べたとおりである。

なお、厳密な意味では、教育・研修のための出向とはいえないが、従来の職場での勤務態度が良くないので、「新しい職場で再起させる」「新規一新を図る」などとの理由で出向させる例も見受けられる（後述［判例三一］昭和アルミニウム事件［一四五頁以下］）が、この類型の事案は、人事管理上の必要に基づくものであり、むしろ解雇を回避するための出向のなかで考察するのが適当と思われる。

第三　代理店駐在のための出向

一　判　例

［判例一八］ 安川電機製作所事件（福岡地小倉支判昭和四八年一一月二七日・労民集二四巻六号五六九頁）

A　事実の概要

Xは電気機械器具の製造および販売を業とする会社であり、製品の技術サービス（販売先での故障修理、定期的な巡回・点検、技術相談など）を行うため、モデル代理店（A）を選んで、そこに技術サービス員二名を配置（派遣駐在）することとし、Xの従業員Yに派遣駐在を命じた。

Aは電気機械器具の製造および販売を業とする会社で、主たる事業は、Xの販売代理店として、Xの製品を販売することであるが、Xとは資本、組織とも別個独立の会社である。

Yの作業内容はクレーム品の調査、点検、修理などを行うことであり、クレームを受けたAがXに技術サービス員の派遣を依頼することになっているが、実際上はAがYに連絡・指示することもある。Yの勤務時間、休日・休暇はAの基準に従い、Aが勤怠管理をしているが、就業条件はXの規定を適用し、賃金、賞与その他の手当、費用はXがYに支給する。

B　判決の要旨

このサービス体制は、代理店に技術サービス員を常駐させるという方法でXのサービス業務を行うものであって、Yが技術サービス員として行う業務は、Xの、Xのための業務である。XのYに対する命令は、職種の異動・勤務場所の変更に該当するが、Yがこれを拒否する事由は認められない。

C　コメント

本判決が代理店への派遣駐在が出向には当たらないとしたことには問題があるが、それはしばらく措く。また、本判決は派遣駐在の必要性については直接触れていないが、Xが代理店に技術サービス員を常駐させることは、これによってユーザーの要求に応えた製品のサービス業務を行うことにより、Xの信用を維持し、製品の販路を拡大して、経済市場における同業他社との競争を有利に展開すること、すなわち、Xが負担する企業危険の克服を主たる目的とすることを認めているのは、これに本件派遣駐在の業務上の必要を認めたものと解することができる。

二　実務上の問題点

この類型の出向では、出向者Yは、出向先企業Aにおいて出向元企業Xのための業務（とくに、Xのビジネス・

チャンスを生かし・拡大するための業務）を行うことになるのであるが、その業務は、Ａの販売した商品の技術サービスというＡが負担する危険の範囲内の業務でもある点に特質がある。そのうち、Ｘの業務に重点が置かれているケースについては、出向とはいえ、企業内人事異動の要素があることも否定できない。ただ、Ｘの業務に重点が置かれているといえるためには、外形にそれが現れていれば、いっそう明確になるといえる。たとえば、ＹがＸの社員としてＡに駐在していることを名刺に表示するがごときである。

第四　その他

Ｘの製品の販売状況が極めて悪化した場合（とくに、Ｘに要員過剰の状態が発生した場合）に、Ｘが、その従業員ＹをＸの製品の部品のメーカーまたは製品の販売店Ａに出向させ、Ａの事業に協力して、たとえば、Ｘの技術者がＡの技術者を指導・養成し、製品の保守・管理を行い、またはセールス・エンジニアとしてＸの営業活動に従事させることなどは、不況対策として行われているようである。これらの場合には要員対策の意味も含まれるが、そうでなくとも、第三で述べたと同様に解することができる。

第二節　主として出向先・移籍先企業のための場合

第一　意味と特徴

出向元企業または移籍元企業Ｘ（使用者）に採用された労働者Ｙに、出向先企業Ａまたは移籍先企業Ｂのもとで労務を提供させるが、その主たる目的は、それによってＡまたはＢの事業活動に寄与させることにある。出向・

移籍の大部分はこの類型に属するが、併せてもしくは付随的に、Ｘの事業活動にも寄与させるというファクターを持っているが故に、その出向・移籍を要求しうること、それは、ＸとＡまたはＢとの組織上または事業上の関連に由来するものであることは、さきに述べた（本編第一章第四節第三〔七〇〜七二頁〕）。そこで出向・移籍の業務上の必要性を判断する場合には、これらの要素に関連させて考察する必要がある。

そのほかに、Ｘがその従業員の要員対策として、ＹをＡ・Ｂに出向・移籍させるケースがあるが、それはＸがその従業員Ｙの解雇を回避するという消極的な目的で行われるものであって、それは、事業運営上の必要をみたすために、労働条件の変更として行われる前記の出向・移籍とその性質を異にするものであることもさきに指摘した。そこでこの類型の出向・移籍については、章を改めて述べるのが論理的である。

第二　いわゆる企業グループの場合

一　意　味

資本または業務提携などにより相互に緊密に結ばれている複数企業がグループを組成し、かつ、グループとして従業員の採用・配分を、統一的・弾力的に行うため、出向・移籍という方法を用いる場合は、その業務上の必要が認められることが多いといえる。そのような統一的な人事は、通常、複数の企業Ｔを子会社として持つ親会社Ｍがグループの中心となり、Ｍの名義で労働者を採用したうえで、Ｍまたはそのグループに属するほかの企業Ｔ１…５にその従業員として配置し、その後Ｍも加えて、Ｔ１…５相互間で出向・移籍という方式で行われる。

しかしながら、企業グループといっても、その組織やまとまり方の程度は極めて多様である。これを従業員の人事についてみれば、Ｔ１…５名義で従業員を募集すると、その社会的信用ないし知名度が低いことに由来し、期待している人材の採用が困難なので、知名度の高いＭ名義で採用したうえで、これをＴ１…５に出向・移籍の方式で配属するという程度のものもあるといわれている。ここで問題としているのは、企業の組織的・機能的関連に由来する企業間異動の特質であるから、まず、企業グループにおいて統一的人事が行われているケースについて考察しよう。

二　判　例

判例に現れたところをみると、つぎのものがある。

前掲【判例四】興和事件（二七頁）の2

A　事実の概要

1　医薬品の製造などを業とするXが中核となり、その販売部門A、Xの母体のHとともに「Kグループ」を形成し、三社の経営にかかわる事項は統一的に決定されるほか、その業務が実質的に一体として行われている。三社の本社採用資格社員については「一括求人・採用」方式をとり、Xの人事部が主体となって、同一基準で求人・選考のうえ、X名義で採用内定、三社への配属を行い、後日配属先の各社名義で正式採用を行う。その後は社内配転と同一手続によって各社間の異動が行われる。

2　Yは、高校食品科学科を卒業し、右の選考を経て、Xに採用され、名古屋工場（薬品部）試験課試験係で勤務していた。

3　Xの業績は、オイルショックによる原料高、人件費の増大傾向に加え、Aの売上が伸びなかったため、昭和四九年以降下降線をたどり、経常損失を計上するようになったので、Xは、その赤字解消の施策として、薬品部門の研究・生産部門の人員を削減して、一人当りの生産原価を低くするとともに、薬品の販売力、販売網の増強拡大を図るため、継続的かつ定期的に、Xの名古屋・富士工場から、Aへ人員を補強することにした。

4　Aにおいて担当するセールス・プロパーとしての業務には、工場の製造課、試験課などの業務が関連性を持ち、同課には順応性に高い社員が多く、とくに持ち込まれる苦情について末端に対し説明するのに適した試験係から人選した結果、Yが適任であるとの結論に達し、YをAへ異動させることを決定した。

B　判決の要旨

本件異動については業務上の必要があり、人選も合理的で、また、通常の出向に伴う負担以上の特段の不利益をYに強いるものではないから、これを拒否することは許されない。

［判例一九］ ダイワ精工事件（東京地八王子支判昭和五七年四月二六日・労判三八八号六四頁）

A　事実の概要

1　Xは、釣用品およびスポーツ・レジャー用品の製造、販売を業としているが、特約店（問屋）を通さない販売ルートを確立する必要に基づき、全国を九つに分けたブロックごとに、Xの製品を専門に取扱う直轄の販売会社として、A（A_1～A_9）を設立した。Aの従業員は全員Xの社員たる身分を保有しながらXから派遣されている出向社員であり、女子社員以外の現地採用は原則として行われていない。Aの設立に伴い、XからAへ、またはA相互間の出向が頻繁に行われるようになった。

2　Yは、工業高校を卒業し、Xから、このような制度について説明を受け、販売会社への転勤を了解して、Xに入社した。

3　富山市に本社を置く販売会社A_1は、販売高が年々増加しているのに、営業課業務係（内務業務とアフターサービスを担当）は人手不足で、同社の事業の遂行に差支えが生じてきたので、A_1はXに対し、アフターサービスの経験と商品知識があり、内務業務の補助ができる二六歳以下の男子の増員を要請した。Xでは、各販売会社のアフターサービス担当者、Xの国内営業部アフターサービス係から人選しようとしたが、そこも人手不足とか、経験者などの適任者がいなかったので、国内営業部全体から人選したところ、Yがアフターサービス実務を経験し、簡単な内務業務の処理能力もあり、年齢的にも要請に合しているので、YをA_1に出向させることにした。

Ｂ　判決の要旨

Ｘが行った本件出向には業務上の必要性があり、ＸがＹを人選したことには、客観的合理性がある。

Ｙは、本件出向により、保母である婚約者と結婚できなくなる、友人関係を失う、組合活動や労音などの音楽サークル活動が不可能になる、鼻炎の治療ができなくなるなど、個人生活の不利益、不自由を訴える。しかし、労働者が使用者と労働契約を締結することによって、その個人生活に諸種の影響を受けることは当然予測すべきであり、とくに、Ｙは販売会社への異動があることを承知の上入社したのであるから、本件出向命令による不利益、不自由は当然予測すべきである。したがって、出向命令が合理性を具えていれば、右予測を超え、Ｙの生活関係を根底から覆すなどの特段の事情がない限り、これを拒むことは許されない。Ｙ主張の事実は右の特段の事情に当たらない。

【判例二〇】　大日本金属工業事件（岐阜地大垣支判昭和五〇年五月二九日・労民集二六巻三号五四五頁）

Ａ　事実の概要

１　Ｘが販売納入した製品のサービス業務を行っていたサービス課を分離独立してＡを設立したが、そのサービス業務担当者はＸの従業員で、それらの者の人事はＸが掌握し、その賃金もＸが支払っていた。

２　Ｘの岐阜工場からＡの東京営業所に出向していたＭ・Ｎが相次いで退職したため、岐阜工場の製品に明るい者を後任者として補充する必要があったが、寮の施設や経費節約の観点から、独身者を出向させることとし、従来の経験などを考慮して、適任者としてＹを選んだ。Ｙは不当労働行為、労基法三条違反、権利濫用などを理由に出向の無効を主張した。

Ｂ　判決の概要

判決は、出向の必要性を認め、Ｙの主張を認めるにたりる証拠がないとして、請求を斥けた。

労働者側の事情の評価についてこれらの判例と対蹠的なのが、つぎの判決である。

［判例二一］セントラル硝子事件（山口地判昭和五二年七月二〇日・労判二八一号四六頁）

Ａ　事実の概要

Ｘは、ソーダ工業を基盤とする化学品および肥料ならびに硝子の製造販売を目的とする会社であるが、北海道における肥料の市場を確保する必要に基づき、Ｘの肥料工場である宇部工場で製造する原料の支給を受けて、配合肥料を製造するＡ社を苫小牧に設立した。ＸはＡの全株式を所有し、Ａの役員はすべてＸの役員または管理職員であるばかりでなく、Ａの全従業員は全員がＸの従業員であって、現地採用者もＸの従業員として採用し、Ａに出向の扱いとしている。Ｘにおいては関係会社の従業員の人事についても、Ｘの本社人事部の労務管理下にあり、出向者を含め、全社的視野のもとに人事異動を行っている。

Ａの設立に伴い、ＸはＡの要員を同じ肥料工場である宇部工場から職種別に選ぶこととし、運転技術者としては、肥料製造の経験が五年以上あるか、そうでなくとも電気整備受配電業務などについて二〇年以上の経験があり、専門以外の業務もできる熟練者という基準に従って人選し、Ｙがこの基準に該当するとして、Ａへの出向を命じた。

Ｙは、老齢で体が不自由な父母がいて、出向に反対していること、妻が小学校の教員をしていて、同人が苫小牧で就職できないこと、Ｙの健康状態も気候の激変が心配であることなどを理由に、出向を拒否した。

Ｂ　判決の要旨

出向命令の意思表示は一の形成権の行使であるから、Ｘは、正当な事由をもってすれば、有効に出向命令を命じる権限を有する。正当事由存否の判断要素としては、①Ｘに従業員を出向させなければならない業務上高度の必要性が存すること、②出向により従業員が受けるべき不利益が存在しないか或いは小さいこと、③Ｘが出向命令をなすにつき、労働契約上要請される信義則を尽くしたことである。

本件では、Ｘには、ＹをＡへ出向させる業務上の必要性が一応あったといえるが、Ｙが出向に応じた場合、どのような方法で対処するにもせよ、Ｙとその家族は従来の生活基盤を大きく崩されて、忍び難い不利益を受けることとなる。しかるに、Ｘは、人選にあたって、専ら会社の業務上の都合を優先させ、従業員を遠隔地に出向させた場合の犠牲に十分考慮を払うことなく、他に採りうる方策があるのにＹに著しい苦痛・犠牲を強いようとするもので、本件出向命令には正当事由がない。

Ｃ　本件の特殊性

本件も、広い意味ではグループ企業内の出向といえるが、子会社が新設されたケースであり、しかもそれが元の勤務地と地理的・社会的条件を異にした場所であることに特徴があるといえそうである。出向に伴う従業員側の不利益をめぐる問題については、別に論じる予定でいる。

移籍については、厳密な意味では企業グループ内の異動とはいえないかもしれないが、つぎの判決がある。

【判例二二】　日立精機事件（千葉地判昭和五六年五月二五日・労判三七二号四九頁）

Ａ　事実の概要

Ｘは精密工作機械の製造販売を業とする会社であり、Ｂは、Ｘの輸出部門などが分離独立して設立され、Ｘ製造の各種工作機械その他関連機械器具の輸出入を目的とする関連会社である。ＸとＢは、業務運営の面でも相互に緊密な関連が採られ、Ｘの意向を反映した運営がなされていた。Ｂの従業員は約五〇名であったが、若干の女子従業員を除いて、Ｂが独自に採用することなく、その大部分はＸからの転属者で占められ、一方Ｘは従業員の募集に際して、その勤務場所の一つにＢを定め（募集要項や入社案内にもその旨明記）、必要に応じてその社員をＢに転属させてきた。Ｙは、入社後Ｂに転籍することがありうることを了解して採用され、工場の電気課員として勤務していた。

オイルショックに起因する受注の激減により、Ｘは急速な経営状態の悪化を招いたので、不況打開対策を策定した。その一つに輸出強化対策があり、これについては、Ｂが輸出戦略を策定し、その一環として、欧州に関連会社Ｅ—Ｂを設立することとし、その設立準備のための要員二名（一名は入社後一〇年以上のＮＣ機械に精通した者、一名はこれを補佐する独身のＮＣ技術者で、電気専門の大卒者で海外駐在に適した者）の派遣をＸに要請した。Ｘは、補佐する立場の技術者として、大卒・独身・二五歳未満の電気技術者からY他二名を人選し、他に重要な業務を担当している者と海外駐在に適しないと思われる者を除外し、YをBに移籍（転属）させた。

B　判決の要旨

本件転属は、業務上の必要に基づく合理的な人選の結果としてなされたものである。

三　コメント

1　企業グループ内の異動についての考え方

近時の考え方として、企業グループ内における出向または移籍を、「企業グループ全体での人材活用と雇用保障を制度化・戦略化した形態」であって、「長期雇用制度」や「内部労働市場」の単位を一企業から企業グループへ移行させる制度として評価し、とくに、出向による解雇回避（雇用保障）の効果を期待する（あげさせようとする）傾向が現れている。(39) この考えと関連するのではないかと思われるが、企業グループ内の異動につき、つぎのような提案がある。

グループ企業において統一的就業規則および統一的労働協約の制定という条件が整備されるならば、たとえば、親会社の出資率が「五一％以上の子会社」については、その企業間人事異動は原則として配転理論を準用し、「包括同意」を認める（この場合は親会社が丸抱えであったり、業務内容の関連性が強い）が、親子会社間の影響力が弱まる子会社への出向については、個別的同意を基軸とする（この場合は人事・資金・技術・取引の影響度が極小化され、これが労働者の労働不安につながる結果となる場合が多くなる）(40) と。

企業のグループ化ということに、グループ内で雇用の場を提供し、企業間の人事交流による人材の活用を図るというメリットがないわけではない。しかし、すべての場合に、企業がそれを志向しているとはいえないし、またそれらは終身雇用などと同様に、一つの人事政策の問題であり、その効果は極めて相対的であって、それ自体が見直されなければならない局面にきているともいえるのである。

また実務の上では、グループの中核をなす企業の名称を使うことによって、グループとして、よい人材を集め、その弾力的活用を図ることができるとして、これを推奨する向きもある。しかし、そのように宣伝することにより、利用された名称の企業が、無用な責任を負わされるおそれがあることを忘れてはならない。

ほんらい、企業グループ内における各企業も、それぞれ独自に企業危険を負担してその事業活動を営んでいるのが通常である。そして、労働契約は、自己の危険の負担において事業活動を展開する者（使用者）と、これに対して労務を提供する者（労働者）との間において締結されるべきであることは、のちに詳述するとおりである（第二編第一章第三節第二〔二六一～二六二頁〕）。そうしてみれば、右のような傾向があるからといって、グループ内企業相互間の出向または移籍を企業内における異動と同一の法理で律したり、たとえば、人員整理を行う場合に、解雇回避のための措置として、企業グループ内での出向を実施する義務があるなどということはできない。要するに、具体的事案に即して、その出向または移籍を行う業務上の必要があったか否かを個別的に検討するほかはない。

2　企業グループの組成と企業危険の負担

もっとも、企業グループを構成する各企業が、相互に組織的・機能的に緊密な関連に立ち、それらの事業の運営がそのグループの中心をなす企業によって統一的に行われ、企業危険を共通にし、もしくは分担していると認められ、各企業に雇用されている労働者の労働条件が統一的に決定され、それらの労働者の人事管理が統一的に行われ、日常的に企業間の異動が行われている場合には、出向・移籍について業務上の必要性が認められる度合いが高く、また、出向・移籍によって不利益を被る程度も低いと認められる可能性は大きいといえるであろう。その極限には、複数の企業の間に「縦の共同事業関係」または「横の共同事業関係」が認められるケースがある。

判例に現れた五つのケースは、この類型に近いのものといえるであろう。

企業グループ内の企業間異動についてなされた前記の提案はこのことに着目したものということができよう。この問題は、要するに、どのような方式で出向・移籍を行う（ことに使用者の一方的意思表示［出向・移籍命令と呼ぶ例が多い］で出向・移籍をさせる）ことができるかは、これによって被ることが予測されるYの不利益を考慮にいれるとしても、XまたはA・Bの業務上の必要性（その負担する企業危険の克服）を基幹として解決されるべき問題である。そうしてみれば、グループ企業内における各企業の関連を判断する場合には、企業危険負担の態様に重点を置いて目的論的に判断する必要があり、そのことがまた出向・移籍が労働者に不利益変更をもたらすか否かを判断する場合に役立つものと考える。親会社の出資率は確かに子会社の自主性（企業危険の負担）と深い関連をもっているが、その自主性の実態は、系列化・分社化などの理由、経緯、時期の経過などによりさまざまであるから、前第二章第四節（九七頁以下）で述べたような観点から、総合的に判断するほかはなく、親会社の出資率にあまり重点を置くことには賛成しえない。

3　統一的人事管理のもとにおける出向

さきにあげた五つの判例の事案では、企業グループの中核をなしているXによって、他の企業の採用、配置、異動などを含めて、グループ企業内の人事管理が統一的に行われている。そうしてみれば、出向・移籍後のYの労働条件や待遇について、Xに、Yの信頼利益を保護するための担保責任を認めることができるので（前第二章第三節第二**四**［八七〜八八頁］）、このことも考慮にいれて、出向・移籍の相当性が判断されることになる。［判例一九］が「労働者が使用者と労働契約を締結することによって、その個人生活に諸種の影響を受けることは当然予測すべきであり、……出向命令が合理性を具えている場合には、右予測を超え、Yの生活関係を根底から覆すなどの特段の事情がないかぎり、これを拒むことは許されない」と述べているのは、この担保責任が認められるからだといえるであろう。

このような観点から、これらの判例を考察しよう。

五つのケースでグループの中核となり、グループ内企業の人事を統一的に行っているXは、いずれも製造業を営み、AまたはBは専らXが製造した商品の販売を業する会社であって、この意味において、XとA・Bは企業危険を共通にし、これを克服するために、人事面では、何らかの程度で、Xによる統一的管理を行うこととしたものであるということができる。そこで、出向・移籍の業務上の必要性もこのような業務上の関連を基礎とし、共通する企業危険に対応するため、グループ内企業間の人員配置の調整を図るという観点から判断される。判例のケースに即してみれば、いずれも、この意味の業務上の必要性が是認されるといえる。

要するに、これらの事例に現れている企業は、共同事業関係にあるという実態を具え、しかも人事が単一の機関によって統一的に処理されているところに、その特色がある。

4　それ以外の企業グループにおける出向

企業グループといわれているものであっても、その内部においてこのような統一的な人事管理が行われていなければ、それは、グループ内の各企業がそれぞれ独立性・自主性を持っていること（企業危険を負担していること）に由来すると解することができるから、その企業間の出向・移籍については、次項で述べる一般の親子会社間の出向・移籍と同様に論ずればたりるであろう。

（39）土田道夫「労働市場の変容と出向・転籍の法理」労働市場の変化と労働法の課題（一九九六年）一五七〜一五八頁［以下、土田「出向・転籍の法理」として引用する］。

（40）榊原嘉弘「グループ企業の労働契約」企業法学二号（一九九三年）三二七〜三三〇頁。

第三　親子会社間の出向

一　序　説

わが国で出向先企業の事業活動に寄与させることを主たる目的として行われる出向のうち、比較的多いのは親会社から子会社への出向である。それは、子会社が独立性・自主性を持つ場合においても、親会社は子会社の資本の全部または大部分を拠出したものとして、子会社に対してなんらかの程度で支配的立場にあり、事業が相互に関連しているのが通常であるから、子会社の事業の健全な運営を企図し、子会社に不足している経営担当者、技術者その他の専門職員などの必要な人材を提供することが求められることに由来する。

すなわち、親会社が子会社の発行済株式の大部分を保有している以上、子会社の定款変更、解散、営業譲渡、役員の選任・解任、計算書類の承認その他株主総会の決議事項について議決権を持っていて、これらについて事前に了解・承認を求めるなど、子会社の経営について関与しうるとともに、責任（法的な責任のほか道義的責任を含む）を負うべき立場にあるから、その責任を果すという観点から、子会社の役員となる者のみならず、経営担当者となる者や管理職員を出向・移籍させるケースが多い。

また、親会社は、たとえば、子会社の事業の運営について特有の情報やノウハウを持ち、子会社が業務を展開するうえで必要な技術を開発・蓄積しているなど、これらの点で優位な地位にある。そこで、親会社はこれらを子会社に供与・伝承し、またはその交流を図るために、これらを担当している職員を子会社に出向・移籍させることになる。これが出向・移籍の業務上の必要性の一つとなる。

もっとも、ひとしく親会社・子会社といっても、その独立性・自主性はかなり相対的であり、また両者の業務的関連にも差異があるから、親会社がその従業員を子会社に出向させることの業務上の必要性は多様である。そこでつぎにいくつかの型にわけて、出向の必要性を具体的に考察しよう。

二　分社型の子会社への出向・移籍

1　判例の考察

(一)　人員充足の必要

(1)　これに関する判例

当初判例に現れたケースとしてはつぎのものがある。

［判例二三］ 日本電気事件（東京地判昭和四三年八月三一日・労民集一九巻四号一一一一頁）

Ｘは電信、電話、その他電気に関する一切の装置、機械、器具・材料などの製造、販売などを業とする会社であるが、従前その一部門であった営業部工事所を、Ｘが全額出資して分社化し、Ａを設立した。ＡはＸが販売した製品の取付工事やその補修・保全工事作業を行うことを主たる業務とする。

Ａはその業績が向上し、その従業員の増員の必要に迫られていたが、作業の性質上技術者であることを要し、その補填に苦しんだ結果、ＡはＸに対し有線通信機関係の技術者（とくに、設計関係者と保全関係者）数名の出向を要請した。Ｘはこれに応じて関係部局で人選した結果、Ｙを保全補修関係の適任者として出向させることとした。Ｙは、この出向は不当労働行為であるという理由で、これを拒否したので、ＸはＹを解雇した。

判決は、出向がＸの業務上の必要性に基づくことを認め、また本件出向は、ＸがＹの組合活動を嫌悪してなしたとは認められないとして、Ｙに対する解雇は有効であると判示した。

この判決は、とくに、ＡはＸの一事業部門が別会社組織になったこと（分社化されたこと）を重視し、Ａにおける人員充足の必要性を当然のようにＸの業務上の必要性と判断している。すなわち、Ｙは、入社に際し、その提供する労働力の種類、態様、場所などについて特段の合意をしていなかったから、Ｙは原則としてその提供する労働力の種類、態様、場所などについては、Ｘの指示ないし命令に従うことを暗黙のうちに合意していたものであり、したがって、Ｘが業務上の必要に基づいて、Ｙに対し、Ａに独立前の営業部工事所へ配置転換を命じたとすれば、Ｙはこれに従わなければならない事情にあったことを、出向を是認する一つの根拠としている。約言すれば、Ａの前身である営業部工事所はＸの組織の一部であったのであるから、そこへの異動は社内人事にほかならず、Ａとして分社してもその実態は変わらないから、社内異動と同じように考えることができるという発想に基づくものといえる。

つぎの判例も同じ類型に属する。

【判例二四】 日本ペイント事件（東京地判昭和四五年三月三〇日・労判速七〇九号六頁）

Ｘは塗料、顔料、樹脂油などの製造・販売を主たる業とする会社であるが、その取扱商品の一種である「ホームペイント」（家庭塗料）の安定売上の確保、市場の開拓、占拠率の増大を目的とし、Ｘが全額出資して、Ａを設立した。Ａが営業活動を始めるためには、Ｘから承継したＴ支店所管区域内の傘下特約店、販売店の数からみて、少なくとも二名の男子が必要であった。そこでＡは、公共職業安定所に求人を依頼したが適任者を得られなかったので、Ｘに対し、その要員の派遣を要請した。Ｘは、その要請にこたえ、Ｔ技術部とＴ支店販売営業課から各一名を出向させることとした。

判決は、「ＴからＡに従業員を出向させる必要があったことは明らかである」という。

【判例二五】 三井三池製作所事件（福岡地大牟田支判・昭和六三年三月一一日）

Ｘは産業用機械の受注生産型のメーカーであり、ＡはＸが全額出資している子会社である。ＸはＫ市から受注し、総工費約四億円をかけてコンピューター制御による全自動式の最新鋭設備の駐輪場第一号機を制作し、Ｋ市Ｋ駅西口に設置し、その保守監理をＡに委託した。Ａは、Ｘに対し右駐輪場で保守監理要員として勤務する従業員の出向を求めたので、XはYに出向させる旨の意思表示をした。この意思表示は有効である。

前掲**［判例三］**神鋼電機事件（二四頁）の2

Xは、電動機・発電機などのほか事務機に関連する電子機器などの製造、販売を業とする会社であり、Aは、Xの子会社であるSの子会社（つまりXの孫会社）として設立され、主としてXの事務機事業部の製品に関連する電子機器ならびにその部品を開発、製造、販売することを目的とする。

Aは、その事業が軌道に乗るに従って、増員が必要となったので、Xに対し研究員および販売担当者各一名の増員を要求した。この増員を実施しないと、すでに開発した製品の販売ならびに今後の開発および生産計画に重大な支障を生ずることが明らかであったので、Xの従業員二名を出向させることとした（ただし、本件では、Aへの出向は、これを命じられたYに対し、信義則上認められる合理的範囲を超えて不利益を与えるものとして、その効力を生じないとされている）。

⑵　以上の判例の問題点

これらのケースではAにおける人員の充足が求められているのであるが、本来であればA自らが求人・育成すべきものであるから、Xに対し出向を求めることには、たんにAがXの製品の企画、設計、設置、保守・管理などを業としているという以上に、それなりの理由があると考えられる。すなわち、Xがその一部の事業組織をAとして分社化したことは、Aとしての効率的な経営を期待するとともに、独立して企業危険を負担させる（Xの企業危険を分散する）趣旨である。そうしてみれば、このことを前提として、親会社としてAを援助するために、Yを出向させる必要がXにあったか、を考察する必要がある。

それは、のちに述べるように、子会社が独立して企業危険を克服するためには、当面それに必要な人材をXに求めるほかはなく、それに応ずることが分社化の目的に適うこと（そうすることが親会社としての経営責任ともいえる）に求められるが、そのほか、Ｘの業務上の必要には、親会社・子会社間における人員調整（とくに、親会社における余剰人員の解雇の回避）という要素がはいってくることもありうる。

㈡　要員調整の要素

⑴　出向によるもの

［判例二六］　日本ステンレス事件（新潟地高田支判昭和六一年一〇月三一日・労判四八五号四三頁）

Ｘは、Ｎ県において、ステンレス鋼材の薄板、厚板、鋳物などの製造加工を業としていたが、需要の伸びに対応し、また新製造方法開発のために新工場設立の必要に迫られたので、原材料の供給、ユーザーへの輸送、電力事情などの立地条件を勘案し、Ｉ県に新工場をＡ会社として発足させ、またＣ県にはＸのＢ工場を新設した。ＸとＡは本店所在地も同一場所であり、Ａの六名の役員のうち五名はＸと兼務である。Ａの業務の指揮監督権も人事権もＸにおいて立案・決定され、Ａの賃金・労働時間その他の労働条件もＸのＮ工場と同一であり、労働協約も同一のものが適用されている。Ａは将来Ｘに吸収合併されることを前提として設立された。

業界は不況に陥り、Ｘはコスト高、国内需要の伸び悩みに当面し、経営再建を迫られ、昭和五三年人件費削減のため希望退職を募集したところ、退職者はＮ工場で少なく、ＡとＢ工場では予想外に多かったので、要員調整のため、Ｎ工場の余剰人員をＡとＢ工場に出向または転勤させることとした。

出向を命じられた三名が不当労働行為または家庭の事情などを理由としてこれを拒否した。

判決は、Ａは形式的にはＸと別会社であるが、実質的には同一会社の一部門と解されるという考えを採り、本件出向は、Ｘの業務上の必要に基づき、合理的に人選を進めた結果発令されたものであると認めたが、そのうちの一名についてだけ、家庭の事情を理由として、出向の効力を否定した。

⑵　移籍によるもの

会社の一事業部門または一事業場をＢ会社として分社化し、それまでその事業部門または事業場に勤務していた従業員をＢに移籍するという事例はかなり多い。とくに、その事業部門または事業場の合理化を図るという要素が結びつくと、移籍させる際に、一定の人数を削減するとか労働条件を低下させることもありうるｚ。

【判例二七】 千代田化工建設事件（東京高判平成五年三月三一日・労判六二九号一九頁）

Ｘは経営改善のための第一次非常時対策として、Ｋ工場をＸから分離し、別法人のＢとして設立し、Ｙを含むＫ工場の技術系社員は原則としてＢへの移籍対象者とした（賃金は減額される）が、技術系社員は、移籍を拒否して退職した六名のほかＹを除き全員がＢに移籍したので、ＸはＹを人事課配属とした。その後Ｘはさらに経営改善のための第二次非常対策を策定し、現業部門を担当する子会社Ｃを設立し、Ｙを含む技術系社員をＣに移籍させようとしたが、Ｙだけはこれを拒否したので、ＸはＹを解雇した。

判決は、結論としては、ＸにおいてＹ一人くらいは雇用することができたとして、Ｙの解雇の効力を否定したが、賃金の減額を伴う移籍がやむをえないものであることは認めている。

２　分社化の特徴

企業の規模が質的にも量的にも大きくなってきた場合に、企業危険を分散し事業の効率的運営を図るため、これまでその企業が営んでいた事業を別の企業に移し、または経営を多角化するに際し、新規事業を別の企業で興す場合などには、その企業が出資して子会社を設立する例が多い。このような方法を採るのは、親会社の負担している企業危険を分散することにより、子会社の自主的活動を促して、その事業の効率的運営を図るためである。

これを分社化というならば、この場合には、親会社は子会社の独自性・自主性を尊重するにもせよ、子会社を設立したことの経営責任上、とくに分社化の初期の段階では、子会社の人員構成について関心を持ち、管理職員、専門職員など事業運営の中核となる人材を出向・移籍させるなどして、子会社の事業の運営を支援・育成することが多い。

そのなかでも、親会社の事業と子会社の事業とが相互に関連して系列化されている場合（たとえば、親会社が或る製品の生産を事業としており、子会社がその製品を用いた特殊製品の生産・加工、製品の販売・流通、原材料の調達とその加工を事業とする場合）には、情報とか事業の運営についての秘密やノウハウを共有しつつその活用を図り、また、相互の技術の交流と業務の援助を必要とすることがある。また、或る会社の業績の変動が他の会社の事業に影響を及ぼすことがあるので、その関連会社相互間の人員の調整を図る必要も生ずる。このような事業運営上の必要に応えるために、出向・移籍が要請されることもある。つまり、分社化された子会社のなかには、実質的に親会社の一事業場のごときものもあり、そうでなくとも、その子会社は、親会社に蓄積されている経営または専門的な事項についての情報、ノウハウや技術などを承継している。したがって、その子会社は、その事業を効率的に営むためには、その情報、ノウハウや技術に精通した者を必要とし、それは当面親会社に求めるほかはないから（その人材を一般の労働市場に求めることはできない）、親会社にその従業員の出向・移籍を求めることになる。親会社としても、分社化により事業の効率的運営を図ろうとしているのであるから、その目的を達成するためには、子会社の事業を人的な面で支援することは経営責任の一つの内容をなし、ひいては、親会社の業績の向上につながるという関係がある。そこに親会社から子会社への出向・移籍を行う業務上の必要性が生ずるのである。つまり、ひとしく子会社といっても、とくに親会社から分社化されたものは、その子会社が独立性と自主性を持つ場合においても、その事業の運営について親会社から出向・移籍した社員を必要とする程度が強いといえる。

三　系列の子会社への出向・移籍

Ａ・Ｂの子会社化は、また、Ｘが既存のＡ・Ｂに資本参加する（株式の譲受、新株の引受など）ことによって行われる。この場合は、通常、Ａ・Ｂはそれぞれの会社の歴史を背景として独自に事業活動を営んでいたが、その企業体質に弱いところがあるので、Ｘが資金の提供、業務提携などの形でＡ・Ｂを支援することが主な目的となっている。したがって、この場合の出向・移籍は、Ｘが資本参加をした趣旨に則って行われ、その限りにおいて、出向・移籍をさせる業務上の必要性が認められる。概していえば、役員、管理職員など、Ａ・Ｂの経営の中枢に関与する者の出向・移籍が多いが、資本参加に伴ってＡ・Ｂの財政・財務の管理を行う職員、業務提携に由来する技術援助とか営業支援の要員（専門職員など）をＡ・Ｂに出向・移籍させることが一般に行われており、このことが業務上の必要性の内容となっている。

要するに、親会社は子会社に対する資本の提供者として、子会社の事業がどのように展開されるかによって、親会社自体の事業の業績が影響を受ける、すなわち、子会社の事業を通じて企業危険を負担するのであるから、その危険を克服するための一つの手段として、その従業員を子会社へ出向・移籍させることになる。したがって、子会社の事業の展開により、親会社の受ける企業危険の程度が高ければ高いほど、その従業員を子会社に出向・移籍させる業務上の必要性が強いということができる。別の角度から見れば、子会社といえども独立の企業である以上、その事業の運営に必要な要員の確保は、その子会社の危険の負担（責任）において行うべきものである。それにもかかわらず、親会社からの出向・移籍が是認されるのは、親会社と子会社との間に緊密な事業の共同関係があるか、親会社を措いては他に適切な要員が求められないという実情にある場合が基本となるということができるであろう。

そして、親会社がその雇用している従業員を子会社に出向・移籍させる必要性の程度も、事業の展開に対応して変化するものであることは、いうまでもない。

四　子会社から親会社への出向・移籍

１　判　例

二で挙げた例は、「親会社の従業員を子会社に出向させたケース」であるが、「子会社の従業員を親会社に出向させたケース」についても業務上の必要性を認めた判例がある。

［判例二八］ 光洋自動機事件（大坂地判昭和五〇年四月二五日・労判二二七号三七頁、労判速八九〇号六頁）

Aはその営んでいる事業のうちミシン、造機およびステアリング部門を分離・独立させ、全額出資してXを設立し、Aはステアリング販売部門を担当することとした。

ステアリングの需要は昭和四〇年ころにいたって急増し、これに伴い顧客に対する技術サービスの数量も増加したので、Aはこれに対処するため、苦情処理、受注についての技術的打合せ、技術サービス、情報の蒐集などを担当するステアリング係を設置した。そして、XのステアリングでM課長をAに出向させてその係長としたが、その後ステアリングの需要は増大する一途で、ステアリング係の事務量も増大し、M一人では事務全体を処理することが困難となったので、Aに対し補助的業務を担当する者一名の配置を要請し、AからXに対してもその要請が伝えられていた（XからAに出向させる場合、Aからの要請に基づき、Xで適任者を人選のうえ推薦し、Aにおいて稟議決定するのが常となっていた）。その後、Mの転勤という事態が発生したので、Xは、その転勤後の当面の事務処理の支障を補う趣旨も含め、後任の係長のもとで補助的業務を担当させる目的で、その工場検査課に勤務していた従業員Yが適任者であるとして人選し、右の手続を経て、Aのステアリング係への出向を命じた。本件出向は右の目的から発議されたものであるから、正当な業務上の必要性に基づくものである。

そのほかに、［判例一五］もこれに当たることはさきに指摘した（一一三〜一一四頁参照）。

2　子会社から親会社への出向・移籍の特徴

子会社から親会社への出向には、［判例一五］にみられるように子会社の従業員に技術を習得させる目的で行われるものがあるが、子会社の事業と緊密な関連のある親会社の業務について、適任者を補充する目的で行われるものが多いようである。このようなケースでは、［判例二八］でみられるように、親会社からの人員補充の要請を受けて、子会社がその事業の運営に支障がない限り、要員を人選して、親会社の承認を受けて出向させるという手続を採っているのが通例のようである。しかし、親会社から出向の要請があったことが、ただちに子会社にその従業員を出向させる業務上の必要性があることに連なるものではないと考える。というのは、子会社は親会社のために存在するものではないからである。この意味で、［判例二八］が説示している出向についてのＸの業務上の必要性は、説得力に欠けるといえよう。

このケースを仔細に検討すると、親会社Ａに出向したＸの従業員Ｙは、Ｘが製造しているステアリングについて、顧客との間の苦情処理、受注についての技術的打合せ、技術サービス、業界の技術情報の蒐集などの業務を行うことになっている。それらの業務は、ステアリングの開発、改良などに役立つと解することができる。その意味で、この出向は、Ｘの事業の運営に貢献するという業務上の必要に基づくといえると考えたい。

また、［判例一五］の事案では、Ｘは親会社Ａからその事業の運営に必要な技術者の派遣を求められて、Ｙを出向させたのであるから、その意味では親会社Ａのための出向であることに相違ない。しかし、Ｘは、ＹをＡの事業のため就労させるとともに、その過程でＸが今後遂行しようとしている事業に必要な技術を習得させることを目的としているのであるから、この点でＸの業務上の必要性に基づくものといえる。

五　子会社相互間の出向・移籍

同一の親会社が資本を拠出している複数の子会社の業務が相互に関連している場合に、その子会社間で従業員の出向・移籍が行われることもありうる。しかし、複数の子会社は、原則として、それぞれ独自の活動領域を持っているのであるから、従業員の人事交流の必要性が生ずるのは、いくつかの子会社の人事を総体的に調整する必要があり、そのことに起因して企業グループが形成され、親会社による統一的な雇用とその調整（異動を含む）が行われているか、子会社の活動領域が相互に重なりもしくは連係し、または相互の協力を必要とするなどして、従業員の採用、配置などに関し、企業危険を共通にしていると認められる場合（その極限に、横の共同事業関係がある）であろう。したがって、たんに同じ親会社の傘下にある子会社から従業員の出向・移籍を求められたからといって、ただちにこれに応ずる業務上の必要性が生ずるものではない。

第三　系列会社間の出向・移籍

Ａ・ＢがＸの子会社でなくても、Ｘの事業とＡ・Ｂの事業とが相互に関連して系列化されている場合に、情報、ノウハウ、技術などの共有・交流、または業務の提携・援助などのために、これらの各企業相互間でその従業員を出向・移籍させる例も多い。理論としては、系列関係にある親会社と子会社の間のそれ、または子会社相互間のそれとほぼ同様に解してよいと思われる。すなわち、系列関係にある複数の企業のなかには、他の企業に対して支配的立場にあるものがあるが、これを支配的立場にある親会社と置き換えて、出向・移籍の必要性を判断すればよいであろう。

判例をみよう。

【判例二九】 小野田セメント事件（東京地判昭和四五年六月二九日・労民集二一巻三号一〇一九頁）

Ｘは、各種セメントの製造・販売等を業とする会社であり、Ａは、Ｘ製造のセメントを購入・使用して生コンクリート（生コン）の製造・販売を業としている。昭和四〇年春、Ａは大量の生コンを国鉄に納入することになったが、国鉄側から生コンの品質管理者たる技術者を置くよう要求された。そこで、ＡはＸに対し、この技術者一名の派遣を要請したところ、Ｘはこの要請に基づき、Ｙを適任者として人選し、Ａに出向させることにした。

ＸがＡの右派遣要請に応ずることは、Ｘ製造のセメントの販路の確保と拡張を図るうえにおいて、Ｘの営業上極めて重要な事項に属することが認められ、ＸがＹを人選したことは相当であるから、本件出向命令は有効である。

この型の出向・移籍は、この判決に現れた事案のように、Ｘが商品の量産をし、Ａがその販売店、とくに特約販売店である場合に多くみられる。Ｘ・Ａ間にこのような関係がある場合には、判例のいうように、Ａの業績をあげることが、Ｘの事業の発展にも連なるので、Ｘは、たんにＡの販売面についてだけではなく、資金の運用、経理の合理化などを含むＡの経営一般についても関心を持っている。このことから、Ｘは、このような問題を解決するために、その従業員をＡに出向・移籍させることもあるのであって、これもまたＸの業務上の必要性に含まれるといえる。

なお、厳格な意味では系列会社とはいえないが、ＸがＡ・Ｂにその事業の運営に必要な事務の処理を委任し、または仕事の完成を請負わせる（通常「業務委託」という）Ａ・Ｂに、その要員としてＸの従業員を出向・移籍させるケースもこの類型に属する。［判例一］新日本製鉄事件はその一例であるが、このケースでは業務委託によりＸでの業務がなくなるＹ（その意味で余剰人員である）に雇用の場を与えるためにＡに出向させる（したがって、実質は移籍である）という意味もあって、その業務上の必要性が認められる。

同様に、**［判例三〇］**神戸製鋼所事件（東京地判平成二年一二月二一日・労判五八一号四五頁）は、Ｘがもと自ら管理していた単身寮の管理業務をＡに委託し、これに伴い、その単身寮を管理していたＹをＡに出向させたケースについて、出向の必要を認めている。

これらは、いずれもいわゆる営業譲渡に伴う労働関係の包括的譲渡として考察されるべきケースと考える。

第三節　要員対策としての出向・移籍

第一　解雇回避のための出向・移籍

現代の諸国の労働法制または判例法によれば、解雇については社会的相当性とか、重要な理由などが要求されているが、具体的には、つぎのごときものが挙げられている。

(1)　労働者の人物に関する事由

労働者の肉体または精神について、生来的または後天的な欠陥があり、企業において労働契約上期待されている労働を全くなしえないかまたは完全にはなしえないこと。その結果は、勤務成績不良との評価を受けることになる。

(2)　労働者の行動に関する事由

労働義務違反（労働契約や使用者の指示によって特定され・具体化された、労務提供の拒否または不完全履行）が主たるものであるが、付随的義務［損害回避義務、競業避止義務、秘密保持義務など］や信義誠実の原則に違反すること、その他不注意により使用者に損害を与え、またはそのおそれがあることも含まれる。

(3)　経営上の切実な必要

資材・燃料・電力などの不足、生産・販売の減少、信用障害などにより業績が低下したため、事業の全部もしくは一部を廃止し、または業務を縮小し、並びに省力に有効な機械・施設の設置もしくは生産方法の改善その他経営合理化施策の実施、競業条件の改善などにより、要員が少なくてすむようになり、その結果過剰な人員が生じ、これを適正な人員に削減する必要がある(41)。

このような解雇事由に該当する事実が発生するにいたった場合でも、使用者は、解雇を回避するために、労働者に対して、労働条件の変更を提示し、もしそれを承諾するならば労働契約を存続させるが、そうでなければ労働契約を解約するとの意思表示をすることがある。一種の変更解約告知であるが、その一つとして、出向についての承諾を求めるということもありうる（移籍についての同意を求める場合も同様に考えてよい）。このような目的で行われている出向・移籍には、つぎのごとき型がある。

１　解雇回避（狭義）のための出向・移籍

解雇事由が労働者の人物または行動に関するものである場合（たとえば、これまでの業務に必要な資格を失うとか、高年齢で従来の業務に適しなくなった場合）に、別の職を与えるための提案があったのに、労働者がこれを受けいれなければ、雇用を継続しえないことは明白である。

また、解雇事由が経営上の切実な必要に由来するもので、特定の労働者が解雇されてもやむをえないと認められる場合（たとえば、特定の事業場の全部が廃止されるとか特定の職種が不要となった場合）に、別に職を与えるための出向・移籍の提案があったときも同様である。

これらのケースでは、労働者は従来の使用者のもとでは雇用を継続しうる条件を欠き、出向（移籍）を選ぶか雇用の終了を選ぶかは、労働者の意思にかかっているのである。

２　解雇予防のための出向・移籍

経営上の理由により余剰人員が発生した場合に、その状態を放置すれば、人員整理の問題がでてくる。すなわち、前述のごとき経営上の切実な事情により事業の全部もしくは一部を廃止し、または経営合理化施策の実施、競業条件の改善などにより人員が過剰となった場合は、企業の収益性を確保するために、これを適正な人員に削減する必要が生ずる。これらの場合でも直ちに解雇を行わず、企業ＡまたはＢに出向・移籍をさせるという方法を選ぶケースが増えてきている。

このような解雇を回避し、予防するための出向・移籍は、その目的が消極的であっても、従業員の雇用の利益について重大な意味を持っているが、そのうち、企業全体の立場からみて、要員調整の必要が起こった場合は、従業員を全体としてみたときの雇用に関する利益に関連するものであるから、特別の構想を必要とするということができる。そこで、本書では、これに重点をおいて述べるが、労働者の人物ないし行動に由来する解雇についても、出向が行われているケースもみられるので、まずこれについてかんたんにふれよう。

(41)　R. Rideout, Principles of Labour Law 5 ed. (1989), P.147 ~ 156; Richardi (Hrsg), Münchenerhandbuch Bd.2, S.296 ff. G.H.Camerlynck, le contrat du travail 2ème éd. (1982), p.482 ~ 494.

第二　労働者の人物・行動に由来する解雇と出向・移籍

一　判　例

【判例三二】 昭和アルミニウム事件（大阪地判平成一一年一月二五日、労判七六三号六二頁）

Ａ　事実の概要

１　Ｘはアルミニウム製品などの製造販売などを業とする会社である。

２　Ｙは昭和三二年高卒後Ｘに採用され、昭和四八年課長になり、昭和五九年関連会社Ａに取締役営業部長として出向したが、同六三年Ｘに復帰し、営業所駐在となった。

３　Ｙは平成二年三月Ｂに出向を命じられ、異議を留めて赴任し、社長から営業に回るように要請されたが、これを拒否した。

４　Ｙは平成三年二月Ｃに出向を命じられ、主として箔日用品販売業務を担当した。

５　Ｙは、Ｘが「①業務上の必要がないのにＡからＸに出向復帰させて降格したが、Ｙを解雇することに失敗したため、②Ｙを退職に追い込む目的で、Ｂへの出向を命じ、それでもＹが退職しなかったため、③Ｃへの出向を命じた」という一連の異動命令は、「業務上の必要性がないにもかかわらず、あるいは他の不当な動機、目的をもって人事異動命令を発してはならないという労働契約上の不作為義務に違反し、これによってＹが精神的損害を被った」という理由で、その賠償を求めた。

Ｂ　判決の要旨

［出向の相当性］

一般に、労働契約においては、職種や勤務場所の限定などの特約がない限り、使用者は、その人事権の内容として、従業員の担当職務の決定について広範な裁量権を有し、人事権の行使が労働契約上の債務不履行を構成するのは、当該人事権の行使が不当な目的をもってなされたり、業務上の必要性がないのに従業員に著しい不利益を与える配転や出向がされるなど、社会通念上明らかに相当性を欠き、権利の濫用と評価されるような場合に限られると解すべきである。

⑴　Ａへの出向を解く人事異動は、Ｙへの復帰であり、それ自体ではＹに本来の雇用先の業務に従事させるものに過ぎないから、Ｙに何ら不利益を与えるものではなく、人事権の濫用および債務不履行の問題は生じない。

⑵　Ｂへの出向は、Ｙの駐在営業所における勤務態度が極めて悪かったので、新しい職場で再起を期させるためと認められ、一定の合理性がある。

⑶　Ｃへの出向は、ＹがＢで業務命令を拒否する行動を繰り返したので、Ｂへの出向を解き、退職を勧告したがこれに応じなかった結果なされたものであり、Ｃへの出向も人事権の濫用とはいえない。［なお、ＣがＹにアルミ空き缶回収業務に従事させたことも、それが重要な業務に位置づけられていたことに照らし、相当性を欠くとはいえないとされている］。

以上によれば、Xによる出向などの一連の人事異動は、Yに労働条件および生活上の不利益を与えるものではなく、Yの勤務態度などに照らして、新たな職場でYに再起を期させるという業務上の必要性から、比較的短期間の間に出向先や担当業務を変更したこともただちに不合理とはいえないから、人事権の濫用にあたらない。

二　問題点

本件においてみられるように、勤務成績が良くない従業員の再起を促す、すなわち、その従業員の適性・能力に適すると思われる職務に就かせることにより、勤務の効果があがるようにするということは、わが国においてはかなり行われているようである。しかし、それは、或る労働者が従業員として労働契約またはこれに基づく使用者の指示によって特定され・具体化された労務を不完全にしか履行することができなくなっても、できうれば回復の機会を与えようという、いわば親心に由来する取扱であって、使用者の責任範囲に属することがらではない。

まして、そのような取扱を出向または移籍という形で行うということには、出向・移籍先企業との間においても疑問点がある。というのは、その労働者は従業員としては適格を欠くといわれても仕方がないといえる。しかるに、出向・移籍先企業はそれぞれ独自に経営危険を負担して事業を営んでいるのであるから、その企業に右のような労働者の勤務を求めることは、その企業にとっては、はなはだ迷惑なことである。そうしてみれば、かりに右のような親心に基づく取扱をするとしても、それはその従業員を雇用している使用者の企業の内部を限度とするといえるからである。

このことからつぎのようにいうことができよう。

①　勤務成績が不良な従業員については、これを出向・移籍させることを考えなかったとしても、その解雇を回避するための配慮をしなかったとはいえない。

②　かりに、出向先・移籍先企業の了解を得て、その従業員の再起を促すために出向・移籍させるというのであれば、それはその従業員にとっては、解雇を免れるるチャンスが与えられたことになるのであるから、これに応じなければ、少なくとも、変更解約告知という方法で解雇されてもやむをえないことになる。この意味で、Yに再起を期させるために出向させることができるとした本判決の結論を支持したい。

③　さらに、②で述べたようにして出向・移籍させたとしても、その従業員のその行き先企業での勤務が改まらないならば、その企業は出向復帰を求め、出向元企業はその従業員を復帰させて解雇する（出向の場合）か、不適格者として解雇する（移籍の場合）ことができる。このケースにおいても、後に述べるように、出向先におけるYの勤務態度が悪かったことを理由に、XがYを解雇したことは相当であると判示している（第二編第六章第三節第二三［四二六頁以下］参照）。

第三　要員対策としての出向・移籍の特徴と問題点

出向元または移籍元企業Xが、余剰人員対策を実施する必要に迫られた場合に、その雇用する労働者Yの解雇を回避するかもしくはそれを最小限度に留め、またはこれを予防するるために行う出向・移籍（「出向という」）の特徴はつぎのように解される。

1　解雇基準該当者の出向・移籍

主として労働者側の事情に関連する解雇基準（事由）に、特定の労働者が該当している場合に、その労働者の解雇を回避するために出向を行う場合には、その労働者が出向に応じなければ、同人は解雇されてもやむをえないことになる。

2　解雇予防のための出向・移籍

1の出向を行ってもなおかつ余剰人員があり、これを適正な人員に削減する必要が生ずることがある。これに対応して、なるべく解雇という事態の発生を避けるために行う出向には、つぎのような型のものがある。

(1)　暫定的対策

当面人員過剰の状態が発生しても、

①　あまり長くない期間内に業績が回復して人員過剰の状態の解消が見込まれ、

②　または新規採用の中止により、従業員の自然減とあいまって、遠からず適正人員数になることが予測されるときに、

③　短期間でもよいとして従業員を求めているAがあるならば、Xの人員余剰の状態が解消するまでの期間、XからAに出向させるのがその一つである。この場合には、AがXとなんら系列関係に立たず、また関連のない事業を営むものであったり、かなり遠隔地にあることもある。

そして、この種の出向にあっては、Xの事業に欠くことができない者をXのもとに残しておくことでは一致するが、

ⓐ　そうでない者のうちから、さらにXの事業への貢献度が少ない者を選んで出向させることもあるし、

ⓑ　そのような選択をせず、余剰の者をいくつかのグループにわけ、一定の期間を限ってグループごとに順番で出向をさせることもある。

このような態様で行われる出向は、相当の期間後に復帰させる趣旨で行われる。いずれの場合でも、その出向が行われないならば、人員削減は避けられないのであるから、従業員は、程度の差はあっても、共通して人員削減の危険を負担しながら、その出向によって、その危険を免れているということができる。とくに、ⓑの場合は、従業員同志が、相互に他の者を助けあっているといえるであろう。そうしてみれば、特別の事情がない限り、他

の従業員の全員もしくは大多数がその出向に応じているのに、一部の者だけが首肯しうる理由なくしてこれに応じないことは、出向によって解雇を回避しようとしているＸに対してはもちろん、他の従業員に対する関係でも、信義則に反する行動であって、従業員としての適性に欠けると評価されてもやむをえないと考える。

要するに、この型の出向にあっては、出向を求められた従業員が、必ずしも余剰人員として解雇されるべき者とはいえない場合もあろうが、労働者が全体として解雇を回避するための施策に参加しているのであるから、たとえ、その出向について個別的・具体的同意を必要とするという場合であっても、これを拒んだ場合には、別の角度からその効果を構想する必要がある。

⑵　恒久的対策

恒久的な要員対策(人件費の負担の軽減も含めて)としてて行うものもある。たとえば、Ｘが、特定の事業場Ｍの廃止は避けるが、ＭをＡとして分社化し、Ｍで勤務していたＹをＡに出向(分社化の場合は、移籍が多い)させ、またはＹをこれまでの賃金よりも低額ならば雇ってもよいというＡがある場合に、その提示した賃金でＹをＡに出向させ、ＸがＹに賃金の差額を支払うがごときである。分社化したＡへの出向の例としては、〔判例一〇〕住友化学工事事件（五七頁）、Ｘの事業を下請事業として行うにいたったＡへの出向の例としては、〔判例一〕新日本製鉄事件（一八頁）、〔判例三〇〕神戸製鋼所事件（一四二頁）などがある。

これらの場合には、Ｘへの復帰は、通常は予定されていない。この型の出向・移籍は、実質的にはＸとＹの雇用関係を断つものであるから、その要件が問題となる。ここにおいても、⑴末段で述べたと同様のことが問題となると思われる。

第四　判例の解析

一　解雇回避のための特異性

判例に現れた事案は、いずれも造船業界における構造的不況に由来する、受注の著しい低減に対処するため、政府の勧告および要請による設備（船台）削減、操業調整により発生した余剰人員の減員に関するものである。その際、出向元企業と、企業組織のうえでも、運営している事業のうえでも、全く関連のない企業への出向などが行われている。このような企業への出向については、労働者の具体的・個別的同意の要否がクローズ・アップされてくる。この場合に解雇回避のための措置であるということをとくに考慮している判例がある。

【判例三二】 住友重機械工業事件（岡山地決昭和五四年七月三一日・労判速一〇二三号三頁）

A　事実の概要

Xは不況対策を講じたが、業績悪化の方向をたどったので、その収益性を確保するため、予定される売上高から算定される適正な必要人員（八五〇〇名）の体制の実現を目的として、人員削減を図ることとした。その方法として一定の基準（勇退基準）を定めて希望退職者を募集し、それが予定数に達しなかったので、「正当事由なく出向に応じられなかった者」という勇退基準に該当する者を「やむを得ない業務上の都合によるとき」という就業規則の解雇事由によって解雇することにした。すなわち、Xはかねてから関連会社への出向により社内稼働人員の削減を図ってきたが、今回も自動車販売会社Aに販売外交員として出向させることとし、XはYに出向を求めたがこれに応じなかったので、Yを解雇した。

B　決定の要旨

Ｘとしては、人員整理の最終手段として、必要最小限の整理解雇をすることもやむを得ない事態に立ちいたっていたということができる。

職種変更を伴う出向は、労働契約上無条件に許されるものではないが、会社が経営危機の状況にあり、雇用維持努力の一環としてやむをえず出向を命ずるような場合には、これを拒否する正当な理由のない限り、社会的に相当なものとして許容される。本件では、出向が円滑に行われない限り、再建計画は基本的に不能に陥る状況下にあったとみられる。出向先は自宅から通勤可能の距離内にあり、一身上もこれを妨げる特段の事情はない。企業に人員整理の必要が高度に存するにも拘らず、整理解雇という手段に訴えることを極力制約しようとする論理は、解雇に先立ち、出向を含む解雇回避のための努力を尽くすことを要求し、この点に不徹底がある以上は解雇を許さないとするものであるから、出向などが必要、相当なものであるのに、これを特段の理由なく拒否する者に対し、なお整理解雇を容認しないことは一種の背理である。Ｙに対し前記基準を適用して解雇したことは、必要性、合理性があり、解雇は有効である。

Ｃ　コメント

本件では、まず、Ｘとしては必要最小限の整理解雇をすることもやむをえなかったことが認められている。この前提のもとで、出向を求められたＹがこれに応じなかったことが整理解雇の理由になるかというのが本件の問題点である。ところで、本件の出向は、Ｘとの組織的関連も、事業上の関連もない自動車販売会社Ａへの出向である。そうしてみれば、この出向については、Ｙの個別的・具体的な同意を必要とすると解されるので、通説的な見解に従えば、Ｙの同意のない出向は無効であり、したがって、出向しなかったことが労働契約の不履行となるとか、出向命令に違反するという理由でＹを解雇することはできないことになる。それにもかかわらず、本決定が右のような結論を出したのは、本件出向の特質に着目したからであるといえるのではなかろうか。

本決定は、これを解雇を回避するための出向ということに求めた。その着眼点は正当といわなければならない。ただ、これには二つのケースが考えられる。

その一は、Ｙは本来は整理解雇の対象者（たとえば、整理基準該当者）であるが、解雇しなくてもすむようにＡに出向させたというケースである。この場合であれば、Ｙが出向に応じなければ解雇は避けられない。本件では、Ｘは、Ｙが出向することを勘定に入れて整理解雇の人数を決めているので、Ｙの出向はこれに当たるともいえるが、そのためにはＹが出向拒否以外の整理解雇基準に当てはまることを確定する必要がある。

その二は、Ｘは、従業員約三四〇名を出向、配転することにより、それだけ整理解雇の人数を減らそうとしている（労働者全体を対象として、解雇回避の措置を講じている）というケースである。使用者にはこのような措置を講ずることが求められるとして、特別の法理を構想しようとするものである。すなわち、使用者に対し、解雇を回避するため出向の方法を採ることを要求する以上、労働者としても、特別の理由がなければ、出向に応ずべきであるというのがその骨子である。

このような考えは、基本的には是認することができると考えるが、使用者に対しどの程度出向という措置を採ることを要求できるかということについては再考する余地がある。すなわち、すでに述べたように、出向者を受けいれるか否かは、独自に企業危険を負担して事業を営んでいる者Ａの経営判断に属することであるから、要員調整（ことに、人員整理）を行おうとしている企業Ｘが、Ａ（たとえ、それが子会社とか下請会社などであっても）に対して出向の受入を求めることには、このことに由来する制約と限界がある。つまり、出向の受入を求めることは、Ａに勤務成績のよくない従業員の引取を求めることにもなりかねないから、そのような結果になる出向をさせることまでＸに要求することはできないと考える。したがって、本判決が傍論として述べているところではあるが、形式的に、「出向を含む解雇回避のための努力に」「不徹底がある以上は解雇を許さない」とする立論には賛同することはできない。(42)

そのことはしばらく措くとすれば、本件のごときケースに適用できるのが、「変更解約告知」であると考える。すなわち、本件のごとく、Ｘとの組織的関連も事業上の関連もない自動車販売会社Ａへの出向については、Ｙの個別的・具体的な同意を必要とすると解するのが相当と考える。しかし、その出向は、解雇を回避しようとする以上避けられない、やむをえないものである。とすれば、出向者の人選が妥当なものである限り、その出向は公正かつ合理的と評価され、したがって、ＸはＹに対し変更解約告知をすることができる、いいかえれば、労働契約の当事者または労務提供の相手方の双方または一方の変更を求め、Ｙがこれを承諾しないときは解雇をすることができると構想するのが、契約法の法理にかなうと思われる。(43) いずれにせよ、本件解雇には是認される根拠があるということができるであろう。

同様の論旨を展開しているが、解雇の効力を否定したつぎの判決がある。

〔判例三三〕 名村造船事件（大阪地判昭和五六年五月八日・労判速一〇八九号三頁）

Ａ　事実の概要

Ｘは造船不況による経営の苦況を克服するため、定期採用の中止、大阪工場での新造船の廃止・伊万里工場への集約、職制機構の縮小などを行い、これに伴う本社・大阪工場の余剰人員の配置転換、他会社への出向などを計画したが、予測した操業度の下方修正を余儀なくされたうえ、出向の受入を拒まれたので希望退職を募集した。その後新経営改革計画を策定し、各地にある他業種企業への出向を実施した。

Ｘは、右の不況対策の実施にもかかわらず業績が悪化したことを理由に一〇四名の剰員調整を内容とする要員計画を策定した。そのなかで、「再三説得しても、Ｘの認める正当な理由なく出向に応じない者」を指名退職基準の一つとし、その該当者が転進援護取扱による退職を申出なかったときは退職させるものとした。ＸはＹらに対しても出向を打診・勧奨したがＹらはこれに応じず、退職も申出なかったので、Ｙらを解雇した。

Ｂ　判決の要旨

出向には原則として労働者の同意が必要である。しかし、企業が客観的に厳しい経営危機に陥り、その克服のため人員削減がやむをえないと認められるような状況において、整理解雇回避のため、やむなく労働者に対し出向を要請する場合であって、出向者の人選も合理性があり、労働者側とも十分協議を経ていて、しかも出向を拒否しなければならない特段の事情が存しないときには、出向につき同意を与えないことが同意権の濫用と評価される余地があると考えられる。けだし、企業が経営危機克服策を講ずる際において、これに協力しないことは一種の信頼関係を破壊するものであり、また解雇防止のため企業に出向の努力を要求しながら労働者においてこれに一切協力しないことを認めるのは公平を欠くといわなければならないからである。そして、この場合には、出向拒否者を整理解雇の対象とする基準を設け指名解雇することは社会通念上相当である。

しかし、本件においては、一〇四名の人員削減の必要性については疑問があり、日頃から嫌悪していたYらを排除することを主たる狙いとしてYらを被解雇者として選定したものと認められるから、Yらに対する整理解雇の効力は否定される。

C　コメント

1　本判決のいうように、従業員には、出向に対する同意権があるとはいえないから、権利濫用の法理をかりるのは適当ではない。本判決のいう権利濫用に当たるような場合には、[判例三二]でコメントとしたように、変更解約告知の方法によらざるをえない。

2　本件では、人員削減の人数の妥当性と出向させようとする労働者の選択の正当性・合理性が問題とされている。まず人員削減の規模についていえば、それは企業の経営判断に基づく裁量に委ねられていると解すべきであるから、十分な確証がないのに、一〇四名の人員削減の必要性については疑問があるというのは問題である。人員整理の要件といわれているものについては、後にまとめて述べよう。

つぎに、出向者の人選についていえば、多数の出向者を多くの従業員のなかから選考する場合には、特別の者以外は多数者を順番に出向させるケースを除けば、人選の基準とその運用の妥当性を検証する必要があると考える。

(42)　ドイツでは、労働者を別の仕事に就かせるため、再教育もしくは再習業の必要があり、または労働条件の変更を要する場合でも、その労働者を「同一の事業場または企業」で就労させることができる場合には、その労働者を解雇することは社会的相当性を欠く、とされている。つまり、この場合に求められる配転先は、原則として、その労働者が勤務している事業場または企業に限られることになる。和田肇・労働契約の法理（一九九〇年）、一一一頁。Zöllner=Loritz, Arbeitsrecht, S.299 ~ 300; Richardi=Wlotzke (Hrsg.), Münchener Handbuch Bd.2, S.579 ~ 580.

(43)　菅野・労働法、四六九～四七〇頁は、解雇回避策としての出向・転籍を拒否した労働者を解雇できるのは、出向を義務づける根拠規定があれば、その労働者がその義務に違反した場合であり、その根拠規定がないならば、その労働者について整理解雇の要件がみたされる場合であるとされる。

二　関連企業への出向

解雇回避のための出向であっても、グループを組成している企業相互間または関連企業相互間のものはその例が多い。この類型に属する出向に関してはつぎの判例がある。

【判例三四】 佐世保重工業事件（長崎地佐世保支判平成元年七月一七日・労判五四三号二九頁、［その仮処分事件である同支部判昭和五九年七月一六日・労判四三八号三四頁参照］）

Ａ　事実の概要

Ｘは造船会社であるが、昭和五六年後半から再発した造船不況を乗り切るため操業削減を含む合理化施策を実施せざるをえなかった。これに伴い、Ｘは昭和五八年度の工事量に見合う必要直接生産必要を超える現有人員の約一四％を二年間Ｘが属するＫグループ内の企業に出向させる計画を作成し、これに基づきＹの属する労働組合との間に協定を締結した。そこでＸはＹに対しＫグループ内のＡ社への出向を命じたが、Ｙは母親が病気で出向先への移動ができず、出向先で危険な状態が予測される、として出向を拒否した。ＸはＹを「やむをえない事業上の都合による」という理由によって解雇した。

Ｂ　判決の要旨

Ｘが本件出向計画を策定・実施し、Ｙに対して出向命令を発したことは正当であり、Ｙ主張の拒否事由があったことは認められない、として解雇の正当性を認めた。

Ｃ　コメント

ＸがＹをＸと組織的または事業的関連のある企業、とりわけ企業グループを組成しているグループ内の他の企業に出向させる場合には、解雇回避のための出向という特質のうえに、出向後の労働者の待遇などについて、Xの責任において相当確実な保障が与えられていると解されるから、比較的容易に業務上の必要性が認められるということができよう。それゆえ、いわゆる根拠規定があれば、Xの一方的意思表示によって労働契約の内容を変更し、出向させることができると考える（根拠規定がなければ、変更解約告知による）。

本件判決が、判示のごとき理由で出向命令を拒否したYを、「やむをえない事業上の都合による」という理由で解雇したことを正当と認めているのはこのゆえであると思われる。

これに対し、異なった結論が導きだされているのがつぎの事件である。

［判例三五］ 大阪造船所事件（大阪地決平成元年六月二七日・労判五四五号一五頁）

A　事実の概要

Xは中堅造船会社で、大阪に本店と三工場を設けるほか、関連会社として、長崎県にXとSらが設立したOがあり、Oの業務運営および現場生産業務についてXから要員延べ約二四〇名が出向し、OとXの労働条件の基準は大部分統一されている。

昭和六〇年以降造船不況は再度深刻化したので、Xは業績の悪化に対応するため、人員対策、新規事業分野への進出、子会社・関連会社への出向、遊休設備の賃貸などの諸施策を実施した。昭和六二年度に船台削減を行わざるをえなくなった結果、Xの大型船建造を取り止めてOに集約し、Xでは小型船台による新造船と陸上機械工事だけを行うこととしたので、現在籍の二三七名を約一一〇名とする必要があった。そこで、Xは労働組合と交渉し、Oには約九五名を出向させることを協定し、希望者を募集したがいなかったので、Xは組合と協定した基準により九五名を人選したところ、内九二名が出向を拒否して退職し、二名が出向に応じ、Yだけが出向、退職のいずれをも拒否したので、XはYを解雇した。

B　決定の要旨

雇用調整のための出向であって、使用者の業務上の必要性が専ら人員整理の必要から労働者を排除することにあり、客観的にみて労働者においてこれに応じることが殆ど考えられず、これに応じなければ任意退職せざるを得ないという内容の出向命令は、実質的にみれば整理解雇をするにあたり、解雇を回避するための措置としてなされた退職勧奨と出向命令の二つの側面を持ったものであり、とりわけ、退職勧奨の性格が強いものとみるのが相当である。かかる出向命令の拒否を理由とする解雇の効力を判断する場合には、整理解雇の法理に照らして、解雇の有効性を検討することが適切である。本件では当初人員整理が予定された一八九名の内一四八名の削減が達成されたこと、当初の削減予定人数がおおよそのものであり、一、二名の増減をも許さないものであるとは考えられないことなどからして、もはやこの段階で人員整理の必要上解雇の必要性があったものとはいいがたい。また、被解雇者の選定基準も設定されていない（出向対象者の選定基準をもって被解雇者の選定基準ということはできない）から、整理解雇は不当である。

C　コメント

本件に特有な事実は、Xがその従業員に対しOに出向することを求めても、O自体が要員問題を抱えているとか、地理的に遠隔な島にあるなどということから、従業員がこれに応ずることはほとんど考えられないという事情にあったことである。それであるのに、Xがこのような出向を計画したのは、解雇回避義務を尽くしていないとの非難を免れるためではないかと推測される。すなわち、「人員整理をする場合には、出向など解雇を回避する措置を採らなければならない」ということを、整理解雇が有効であるための絶対的な条件あるかのごとく述べている判例があるので、Xは無理を承知で出向させたと解することができる（これは「解雇回避の措置」ということを十分に理解することなく、整理解雇をする前には何が何でも出向という方法を採らなければ、整理解雇は無効となるというがごとき誤った判決がもたらした悲劇ともいえよう）。

確かに、経営上の切実な理由により人員整理を行う必要がある場合でも、その人数をなるべく少なくするように努力するとか、配置転換その他の労働条件の変更によって解雇を避けることができるならば、使用者に対しそのような措置を講ずるよう要請することは、公正かつ合理的であると考える。しかし、解雇事由の存在自体についてかなり厳しい吟味がなされるのであるから、人員削減について経営上の切実な必要が認められる以上、使用者がその責任で行うことができる労働条件の変更（配置転換を含めて）の範囲を超えて、解雇回避の措置を要求することは、使用者に難きを強いるものといわなければならない。判例も、「人員整理を行おうとするＸの解雇回避措置を講ずべき義務を判断する上では、Ｘだけでなくその親会社やその属する企業グループを含めて判断されるべきである」との主張を、「Ｘは相応の会社資産を有する独立した法人であり、親会社や企業グループの各社とは別個の存在で一体的には観念できない」という理由で排斥している（福岡高判平成六年一〇月一二日・三井石炭鉱業事件）。

そうしてみれば、ＯがＸの関連企業であるからといって、要員問題を抱え、出向者を受けいれる余地はないと考えなければならないのであるから、Ｘがその従業員をＯに出向させなかったからといって、人員整理の効力が否定されることにはならないと考える。そうすれば、ＸはＯへの出向を求めることなく人員整理を行うことが是認されるといえるから、Ｏへの出向命令は実質的には解雇の実施と評価し、人員整理の必要性、人選などの問題は、出向命令の時点を基準として判断されるべきであろう。本決定は、Ｘの選んだ手段を適切に理解しえなかったため、Ｙを解雇した時点を基準として、その妥当性を判断をしているが、焦点を外れているとの感を否めない。

付言すれば、一般には、整理対象者の人選基準と出向者の人選基準とは異なるといえるが、Ｘは労働組合との協定をもって、Ｘの在籍人員二八九名中約一四〇名を事業縮小後のＸの所要人員とし、「小型船舶と陸機（陸上機械）双方の業務を消化していくため、技術力を保持しながら徹底した多能化を図る」という観点から、特殊技術、専門的知識を有し、長い経験を持ち、業務に熟練している者などを確保し、その余はＯを初めとする各社への出向要員とすることを約定しているのであるから、Ｘに残された要員以外は解雇基準該当者ということができよう。このように解するならば、本決定に賛成することはできない。

三　受皿企業への出向

企業がその一事業場を閉鎖し、同事業場で勤務していた従業員の全部が余剰人員となった場合に、他の事業場に配置転換するほか、とくに受皿として別会社を設立して、そこに出向させるということもある。この場合は、むしろ受皿企業への移籍という性格が強い。なぜならば、もとの事業場への復帰ということは考えられないからである。しかし、このような出向であっても、事業場閉鎖に伴う雇用の喪失をカバーするものとして、その業務上の必要性が認められる。後述する［判例四〇］川崎製鉄事件（一七九頁参照）は、「工場閉鎖により生じた余剰人員につき、いかに雇用を確保するかの判断は、その判断が著しく合理性を欠くなど特段の事情がない限り、使用者の経営判断における裁量事項であるところ、出向により雇用の確保を図ることにはそれなりの合理性がある」と述べている。

［補足］　整理解雇と企業の裁量

最近の学説・判例をみると、整理解雇については、

①　人員削減の必要性、

②　被解雇者選定の妥当性、

③　人員削減の手段として、整理解雇を選択することの必要性（とくに、希望退職者の募集とか、配置転換・出向等の措置を採ったかなど）、

④　手続の妥当性

を検討する必要があり、この四要件の一つでも欠けるときは、整理解雇が無効となると解するものが多い(44)。

しかし、企業が、経営上の切実な必要により過剰な人員が発生した場合に、その収益性の確保・向上を図るため適正な人員に削減することは、その企業がその危険の負担において実施すべきことであり、実施の時期、削減

の規模・方法などは、その経営判断による裁量に基づいて、自由に行うことができるといわなければならない。とくに、訴訟となった場合、裁判所が、人員整理の必要性について、経営主体以上に、責任をもつて適切に判断できるとは考えられないから、使用者が人員整理に藉口して不当な目的を達しようとするものでない限り、その必要性を認めざるをえないと解すべきであろう(45)。

また、解雇を回避するための出向・移籍には、いくつかの型があるが、復帰が予定されていない場合は、その実質は再就職先の斡旋と認められるものが多い。しかも、出向・移籍先（受入先）の多くは、その企業と組織的・機能的関連のある企業である。そこで、受入先企業は指定された労働者を受けいれざるをえない立場に立たされるし、労働者の再就職先として指定される事業も限定されたものとなる。これを考慮にいれ、「解雇⇩再就職」の方式と比較した場合に、「出向・移籍⇩解雇」の方式のほうが公正かつ合理的であるといえるであろうか。

まず、受入企業が出向・移籍元企業の子会社とか下請業者であるような場合には、必ずしも適格とはいえない労働者の受入れを求められることがある。このことは受入企業に迷惑をかけることになる。出向元企業の立場からみても、その時は受けいれてもらって、当面の問題はいちおう解決したとしても、後になって受入企業から出向復帰を求められるということになれば、人員整理の先送りということにもなりかねない。また、労働者の立場からみても、出向・移籍先の企業は、かなり限られたものになるのが通常であるから、その将来性とかその労働者の適応性などが問題となることもありうる。たとえば、産業構造の改革という理由で人員整理が必要となったような場合には、労働者としては、関連企業の枠を超えて新しい職場を求めることがその適性を生かすために有効と考えられることがあり、そうなると、出向を求めることが妥当とはいえなくなる。そうしてみれば、整理解雇をする前に出向などの措置を採らなければならないと公式化することは妥当ではない。なお、このような案件について説明、協議を尽くさないことも当然には解雇を無効ならしめるものではない(46)。

(44)　菅野・労働法、四六七頁参照。

(45) 柳川他・全訂判例労働法の研究、一三七二～一三七四頁。
(46) 柳川他・前掲書、一四二八～一四三〇頁。

四　出向者の人選と被解雇者の人選

[判例三六] 森実運輸事件（松山地判昭和五五年四月二一日・労判三四六号五五頁）

A　事実の概要

Xは海陸港湾運送、船舶代理店などを営む運送会社で、昭和四八年の石油ショック以来業務量の著しい減少に対処するため、各事業部門の縮小、人員削減を実施してきた。艀部門も恒常的な船腹過剰の状態が深刻で赤字が続いていたので、人員整理を計画し、昭和五三年一〇月六名の希望退職を実施したが、三名応募したにすぎなかった。しかし、できるだけ人員整理を回避するため出向による一時的打開策を考え、艀部門の余剰人員を愛知県にあるN鉄工所に五か月の予定で出向させることを計画し、出向者の選考基準および出向の条件を明示して労働組合に提示したがその同意を得られなかった。出向者の選考基準は、①年齢が若く身体強健である者、②艀船員としての経験の浅い者、③チームワークのよい者、④できれば鉄工関係の作業経験が少しでもある者であった。

その後、XはYほか二名を出向者として選定し出向を求めたが、Yほか一名はこれを拒否したので、Xはこの二名を「会社の業務運営に故意に非協力的な者」「やむを得ない事業上の都合による事業部門の縮小のため解雇のやむなきに至った者」という事由によって解雇した。

B　判決の要旨

出向の諸条件が労働協約や就業規則で「制度として明確にされている場合」には、労働者のその都度の個別の同意がなくても、使用者は労働者に出向を命じ得るものと解してよいと考える。しかしながら、Xにおいては、就業規則に業務上の都合によって社員に出向を命ずることがある旨の規定があるのみである。そうするとYらは出向命令に従う義務はないから、「会社の業務運営に故意に非協力的な者」とはいえない。

また、Ｘは出向者選考基準の①および②を整理解雇基準として用いてＹらを被解雇者として選定したというが、出向者選考基準をそのまま整理解雇の対象者の選考基準とするのは著しく合理性に欠け、整理解雇基準を定めてこれに該当した者を解雇したとは認められず、Ｙらが出向を拒否したことを憤り、合理的な検討を加えることもなく、Ｙらを整理解雇の対象として選定したものと認められる。そうしてみれば、本件整理解雇は、被解雇者選定の過程において著しく合理性を欠き、解雇権の濫用として無効である。

Ｃ　コメント

本件で、判決は、出向の諸条件が労働協約や就業規則で制度として明確にされていれば出向を命ずることができるとしていながら、出向の条件についてのＹら所属の組合との交渉で、Ｘの譲歩案に対する組合主張の追加金について合意が成立しないのに、ＸはＹらに出向を命じたので、その命令は無効であると判示している。この問題については後に述べるが、もし、Ｘの提案が妥当と判断されるならば、変更解約告知が認められることになる。つまり、Ｘは、その提案する条件で出向することにつき、Ｙらの承諾を求めているのであるから、その内容が公正かつ合理的と判断されるならば、これを承諾しないＹを解雇することができるのである。

付言すれば、本件では、Ｘの人事担当者が、Ｙを解雇する基準として、出向者の人選基準である①と②を用いたと証言したため、判示のごとき結論となったと思われる。しかし、その証言の趣旨が、①と②に該当する者は人員整理の対象とすることにしたが、その者の解雇を回避するために出向させようとしたというのであれば、不合理な点はないはずである。そうでないとしても、Ｘは、Ｙらは、「会社の業務運営に故意に非協力的な者」という就業規則所定の解雇事由に該当すると主張している。それは、前述の住友重機械工業事件で裁判所が展開した法理と一致する。とすれば、本件においても、裁判所はこのような観点からの考察をなすべきではなかったかと思われる。

五　合理化施策の一つとしての出向・移籍と協議

企業の経営状況が悪化し、その収益性を確保する必要から、労働条件の低下、希望退職・解雇による人員削減、出向・移籍（とくに、分社化に伴うもの）などの諸施策を組合せて実施する例は少なくない。これらはいずれも経営判断事項であるが、とくに、労働者または労働組合の権益を害することだけを目的として、解雇その他の措置を採った場合には、損害賠償の問題（その措置が無効となるかどうかは別として）が生ずることがある。この問題を解決する場合には、それらの施策を採ることの業務上の必要性とその施策の正当性（相当性）・合理性が重要であることはいうまでもないが、その措置を採る過程において、使用者が労働者側とどのように交渉したか、とくに右に掲げた事項について、労働者側を納得させるために、どのような資料を提供し・協議したか、また労働者側もこれに対しどのように対応したかを検討することが必要である。すなわち、このような人員整理を伴う企業体質の改善は、使用者および労働者全体の損失の分担のもとで、企業の存立を維持し、または経営危機に陥ることを予防するためやむをえず行うという緊急避難の性質を具えている。そうしてみれば、その施策は企業が決定するものであるにもせよ、労働協約などにより、その施策の決定・実施につき労働組合などとの協議が義務づけられている場合には、使用者は、それが使用者および労働者全体の規範意識に基づいたものにすること、少なくとも、そのための協議を尽くすことが要請されると解されるのである。

この問題に触れたものとして、つぎの判例がある。

［判例三七］ 土藤生コンクリート事件（大阪地決平成七年三月二九日・労判速一五六九号一〇頁）

Ａ　事実の概要

１　Ｘは生コンクリートの製造・販売などを業とする会社であり、Ｙらは Ｘに運転手として雇用され（他に一一名の運転手がいる）運送部門に配属されていた。運転手らは四つの労働組合などの団体に所属している。

２　Ｘは平成六年三月四日手形の不渡りを機に和議の申立てをし（同年一〇月一四日認可）、三月一六日右四団体に対し、基準内賃金の四〇パーセントカットなどの申入れをし、同月二三日には希望退職者を募った。また、土曜休日廃止などを提案し、これを拒否する場合は整理解雇せざるをえない旨通知した。

3　Xは、九月二六日前記四団体に対し、輸送部門を分離して運送会社に委託し、一〇月二一日から運送会社に身分を移行すること、移行できない者については、基準内賃金の二〇パーセントカットなどを申入れた。その後の交渉で移行先はAであることが明らかにされたが、労働条件は明らかにならなかった。

4　Xは一〇月二一日Yら各人に対し、運送会社に移行せず、Xに身分を置く者は、基準内賃金を二〇パーセント、カットするなど七項目に月労働条件を変更すること、右条件を拒否する者は一一月二〇日付で解雇する旨の通知をした。

5　Yらは、Xに対し未払賃金の支払について明確な回答があれば労働条件の変更について話し合う余地があると伝えたが、Xは金がないから支払えないというだけであった。

6　一一月二一日Yらが出社したところ、Yのタイムカードは取払われていたが、他の労働組合からは解雇者は出ていない。

B　決定の要旨

1　XはYらに対し、輸送部門の分離に伴う運送会社への身分の移行を申し入れ、これに応じずXに残る者は相当に大きい労働条件の切下げをするとなし、これにも応じない場合には解雇とする旨通告したものであり、労働者の選択に任せるというには過酷な条件である（地位を喪失するとの圧力のもとに、大幅な労働条件の切下げへの同意を強要する結果となりかねない）。交渉経過をみても、Xの再建と労働条件の変更の問題は、懸案となってきたものの、労働者に三つの選択肢を突きつけるのを正当化するほどに、十分に協議されたとは認めるにたりない。

2　本件解雇は整理解雇であると解され、Xの企業運営環境には厳しいものがあり、人件費の削減も課題のひとつであったことは認められるものの、企業存続のためにやむをえない解雇者数を具体的に検討したとは認められず、整理解雇の基準も、移籍か労働条件の変更に従わない者というに過ぎない。

3　本件解雇は、Yら全員の解雇の必要性に疑問の余地があり、Yらと十分な協議を尽くしたとはいえず、このような状況下においては、右整理解雇の基準は合理的というにはたりず、Xによる解雇回避努力も十分とは認めがたいのであって、本件解雇は解雇権の濫用として無効である。

C　コメント

本件において問題となるのは、Xの究極の目的であると思われる。もし、Xを存続させるためには、人員整理が不可避であるが、それを避けるために、移籍または労働条件の切下げを行うというのであれば、まずどの規模の人員整理を必要とするかを明らかにすることから始め、移籍または労働条件の切下げが解雇を回避する手段として相当であることを論証なければならない。これに対し、労働条件の切下げが目的であれば、これを承諾しない労働者を解雇するというのは変更解約告知であるから、これを行うことの要件がみたされていなければならない。この場合、賃金、労働時間などの労働者の生活利益の確保に重大な関連がある労働条件の変更は、団体自治によるという大原則を尊重しなければならない。そうすると、変更解約告知が認められる条件は極めて厳しいものとならざるをえない。

そのいずれの目的からみても、本件におけるXの主張は不十分であったといえるのではなかろうか。

六　恒久的要員対策としての出向・移籍

Xに余剰人員があるという理由だけで、YをBに移籍させることはもとより、将来Xに復帰させることを前提としないで、YをAに出向させることは、実質的には希望退職と再就職の斡旋である。とすれば、余剰人員の削減が不可避であるという事情があるにしても、要員対策として出向を行うためには、労使間に具体的な協定ないし規定が定められていない限り、Yの具体的・個別的同意がなければならないということができるであろう。実務のうえでもこの型の出向・移籍については、このようなルールに従った運用がなされているようである。

第四　要員対策としての出向・移籍の協定・規定

一　協定・規定の設定

すでに述べたように、通常の事業運営の過程で行われる出向・移籍と異なり、要員対策として行う出向・移籍は、いわゆる人員整理の要素を含むか、少なくとも、人員整理を回避するための緊急対策たる性格を持っている。したがって、要員対策としての出向・移籍については、その範囲は広がり（たとえば、別組織の・異業種の企業への出向）、態様も厳しくなる（たとえば、異職種への就業、遠隔地での就労）ことも多くなる。それは、労働者が、要員対策を必要とする事態に当面して、それぞれ間接的にではあるが、なんらかの態様・程度において企業危険を分担し、全体として要員問題の解決に寄与するという立場にあることに由来すると考える。この意味において、要員対策としての出向・移籍には連帯性が求められる。

このことから、要員対策として行われる出向・移籍については、使用者は特別の規定を設け、とくに労働組合がある場合にはその労働組合と労働協約を締結し、これに基づいて、出向・移籍を行っているのが実態である。

二　判例の考え方

要員対策として行う出向・移籍について、その内容を明確にする協定・規定を必要とするかについては、その問題点を明確に意識した判例はないように思われる。ただ、つぎの判例を仔細に検討すると、判例の考え方の一端が窺われるといえよう。

【判例三八】　東海旅客鉄道事件（大阪地決昭和六二年一一月三〇日労判五〇七号二二頁）

A　事実の概要

日本国有鉄道（国鉄）の民営化に伴い、国鉄に採用されていたYらは、国鉄を退職したうえ、東海地域を中心とする国鉄の鉄道事業および東海道新幹線の輸送事業を国鉄から承継したXに採用された。

その採用手続は、新会社設立委員会が「労働条件」などを記載した冊子を国鉄職員に配布し、新会社への就職を希望する者には「意思確認書」（承継法人に対する就職申込書を兼ねる）を提出させ、そのなかから採用者を決定するという方式で行われた。そして設立委員会がYらを含むもと国鉄職員に配布した冊子の「労働条件」には、「出向」に関して、「就業の場所」として「各会社の営業範囲内の現業機関等において就業することとします。ただし、関連企業への出向を命ぜられることがあり、その場合には出向先の就業場所とします。」と明示され、従事すべき事業として「旅客鉄道事業及びその付帯事業並びに自動車運送事業その他会社の行う事業に関する業務とします。なお、出向を命ぜられた場合は、出向先の業務とします。」と明示されていた。

Xの設立時に効力を発生した就業規則には、「①Xは、業務上の必要がある場合は、社員に転勤、転職、昇職、降職、昇格、降格、出向、待命休職等を命ずる。②社員は、前項の場合、正当な理由がなければこれを拒むことはできない。③出向を命ぜられた社員の取扱いについては、出向規程の定めるところによる」と明記されていた。そして出向規程は、出向が在籍出向であることを明示するとともに、社員に出向を命ずるときの取扱いとして、出向先の給与、災害補償などの支給基準がXの支給基準に満たないときにはその差額分を支給することなど、出向を命ずる際の人事、服務、賃金、福利厚生その他の労働条件を詳細に規定している。なお、ここにいう「関連企業等」とは、Xが資本金の全部または一部を出資している企業およびその子会社のほか、業務委託会社、構内事業者など鉄道輸送事業を営むうえで密接な関連を有する企業がこれに当たり、従来からも余剰人員調整対策の派遣先とされていた企業である。

B　決定の要旨

小冊子に明示されていた「労働条件」は、成立後のXと社員との間の労働契約の内容をなすことが法律上当然予定されていたというべきであり、それがXの就業規則の内容として盛り込まれることも当然に予定されていたと認められる。

出向についての就業規則の内容は右「労働条件」に明示されていたところと実質的にほぼ同一であり、これと「出向規程」の内容は一応合理的なものと認めることができる。そうすると、Ｙらは、少なくとも関連企業などへの出向がありうることをも十分認識し、了解したうえで新会社への就職申込をしたものといわざるをえないから、Ｙらは、Ｘとの間の労働契約成立と同時にＸから関連企業などに出向を命ぜられたときには、原則としてこれに従う必要があるというべきである。「以上によれば、Ｘは、Ｙらの出向についての採用の際の同意に基づき、Ｙらに対し関連企業などへの出向を命ずる権限を有するということができる」。

Ｃ　コメント

Ｘの就業規則には前記のごとき人事異動に関する規定があるから、従来の実務上の常識からすれば、その規定が出向の根拠規定となるといってもよさそうである。しかし、本決定は、従前の経緯から、Ｘに移行後、関連企業（余剰人員調整対策の派遣先とされていた企業）への出向が容易に予想しうる状況にあったこと、Ｙらは出向の条件などを具体的に明記した文書により、関連企業への出向がありうることを十分認識・了解したうえでＸに就職の申込みをなし、採用されたものであるとして、これを出向の根拠としての包括的合意としている。

本来、出向は企業内における人事異動（配置転換など）とは性格を異にするから、これに関する形成権を同一の条項のなかで規定すること自体に問題がある。それはしばらく措くとしても、とくに、余剰人員対策としての出向は、これによって従業員の解雇を回避するという効果をねらった意味で、従業員全体の利益に関係するものであるとともに、Ｘの事業が正常に運営されている限り行われない、非常の措置・対策という特質を持っている。したがって、この型の出向については、その目的を明示し、その具体的事情に応じた特定の条件をもって出向が行われることを規定すること、少なくとも、そのことを従業員に理解させることを必要とするというべきであろう。この規定があるか、その趣旨が徹底されていれば、Ｘはその一方的意思表示によりＹを出向させることができるか、少なくとも変更解約告知をすることができると考える。

なお、このような規定を根拠として出向を求めうるとしても、それは労働者が労働契約を締結した当時の労使関係の実状のもとで予見されまたは予見可能な出向に限られる。したがって、たとえば、労働者の採用当時に行われていた出向がすべて復帰を予定したものであった場合には、その後定められた、復帰を予定しない出向については、別の規定を必要とする。このことを明らかにしたのが、つぎの判例である。

【判例三九】 東海旅客鉄道事件（大阪地決平成六年八月一〇日・労判六五八号五六頁）

Ａ　事実の概要

１　Ｙらは元国鉄職員で、国鉄民営化に伴い国鉄を退職して、Ｘで勤務しており、国鉄労働組合（Ｕ）に加入している。ＹらがＸに採用された当時五五歳の定年制が採られており、Ｘの就業規則・出向規定には、Ｘは職員に出向を命ずることができる旨の定めがあった。この出向は、復帰を前提とするものである。

２　Ｘは平成二年三月二八日Ｕとの間で、六〇歳定年を実施するとともに、これに伴い、在職条件として、①職員（Ｕ組合員）が五四歳に達した日以降は、原則として出向するものとする（定年までの出向となる）、②五五歳に達した日以降の基本給は、従前の基本給の八五％とする、との協定（定年協定）を締結した。

３　Ｘは、平成六年五月一八日付で、ＹらにＡ（サービック）に出向を命じた。

Ｂ　決定の要旨

１　Ｙらが包括的に同意したのは、採用時の就業規則による出向（復帰を前提とするもの）であり、本件出向のように定年退職時まで復職を認めないというようなものまでをも含む趣旨であったとはいい難い。そうすると、採用時の就業規則に依拠して、本件出向につきＹらの個別的同意が不要であるとはいい難い。

２　定年協定は、Ｙらが属するＵが組合員の意見を公正に代表して締結されたと認められるところ、その内容も「当面五五歳」とされていた定年を「六〇歳」まで引き上げたものであり、総合的にみると、労働者に不利益な内容のものではないから、定年協定には規範的効力があるというべきである。

C　コメント

本来の意味において、定年制を定めることは雇用の終期を定めることにほかならず、使用者に定年までの雇用の継続を義務づけるものではない。ただ、使用者に、できうる限りにおいて定年までの雇用の維持についての努力を期待するならば、定年延長は、雇用調整のみならず、労働者（とくに、定年延長者）の待遇の調整という問題を伴わざるをえない。というのは、若年の労働者（ことに、新規学校卒業者）の採用を手控えるとしても、それには自ら限界があるので、定年延長は当面雇用の増大を伴うことになるからである。この意味において、高年齢者に対して、原則的に、復帰のない出向（実質的には「移籍」に当たる）を義務づけることになる定年協定に、「規範的効力」を認めることは、正当性と合理性を持つということができる。もしこのような規定がないとするならば、変更解約告知の法理に従って、雇用や待遇の問題を解決せざるをえないことは、さきに述べたとおりである。

第四章　出向・移籍の条件

はじめに

出向・移籍については、正当性・合理性が要求され、これを欠く場合にはこれを労働者に要求しえないことは、本編第一章第四節（六二頁以下）で述べたとおりであり、このことから、第三章で述べたような業務上の必要性に基づく出向・移籍にあっても、その条件が公正なものであること、とくに労働者に著しい不利益を与えるものではないことが要求される。その条件には、出向・移籍そのものの態様についての条件、出向・移籍後の労働条件その他労働者の待遇に関する条件、労働者の個人的な事情に由来して不利益を与えることがありうる事項（たとえば、家庭生活の事情）に関する条件などが考えられる。これらの諸条件は、その内容が決定されて労働者に提示されるべきことはすでに述べたが、本章ではこれに関連する主な問題について逐次考察する。

第一節　出向・移籍の条件の決定

第一　決定の方法

わが国における出向の実態に即してみれば、出向が主として出向先企業Aのために行われる場合（この場合には、後に詳述するように、出向先企業と出向者Yとの間に労働契約が成立すべきものであり、それに基づいて基本的な契約関係が成立する）に、出向に際し、AとYとが、その間の契約内容や服務の条件などを直接協議して決定するケースはほとんどなく、賃金も、Ａにおける賃金のほうがＹに有利でない限り、Ｘ（出向元企業）がＹとの間で約定していた額をＸがＹに対して支払う例が多い。そして、Ｘ・Ａ間では、ＹのＡにおける賃金の額や支払方法がＸ・Ｙ間の約定と異なる場合には、その差額の分担その他を含む出向の条件を約定し、そのうちＸがＹとの間で約定する事項（就業規則に相当するＸの「出向規定」や労働組合との間で協定した「出向協約」に規定していることが多い）、ＸがＡとの間で決めた（Ｘ・Ａ間の「出向協定」で決めることが多い）Ｙの労働条件や服務の条件などをＹに提示して出向を求めるという方法を採っている。

すでに述べたように、主として出向先企業のために行われる出向には、

① Ｘ・Ｙ間の労働契約で、出向後の労働契約の内容を決定し、Ｘがその労働契約をＡに譲渡するという方法で行うものと、

② Ｘ・Ｙ間の労働契約のほかに（その契約の機能の或るものは停止させながら）Ａ・Ｘ間で新労働契約を締結するという方法で行うものとがある（本編第一章第三節第四五六頁以下）。わが国の労使の意識に即して考えると、Ｘ・Ｙの労働契約は出向後もその当事者間にそのまま存続するという意識が強いから、①の方式よりも、②の方式によったと解釈されるのではなかろうか。

その場合に、右のような方法が採られるのは、出向がＸの企業責任で行われることに由来する。すなわち、Ｘは、その業務上の必要に基づきＹに出向を求めるので、ＡにおけるＹの労働条件の決定に一半の責任を負う趣旨で、Ａとこれを約定したうえ、Ａを代理して、Ｘの負担に帰するものも含めて、その条件をＹに提示し、Ｙの承諾を求め、Ｙがこれを承諾することにより、Ａ・Ｙ間に、ＹがＡの意欲する労働条件でＡのために労働するという合意（労働契約）が成立したと解釈するか、Ｘ・Ａ間で、第三者（Ｙ）のためにする契約を締結し、Ｙがこれに対して受益の意思表示をすることによって、その法律効果がＹについて発生すると解することができると認めることができると考える。

それであるから、出向を求める際にこれらの条件を明確にすること、とくに出向者の利益を確保する必要があるケースでは、Ｘ・Ａが負担する特別の条件（たとえば、Ｙが主としてＡのために出向する場合においても、ＸもＡとともに［重畳的に］に賃金債務を引き受けること）を明確にすることが要求されるといえるであろう。このような観点から、ＸがＹに対しＡへの出向を求める場合、とくに、Ｘの一方的意思表示（形成権の行使）による出向をＹに要求し（通常出向を命ずるという表現を用いている）、または出向について変更解約告知が是認されるためには、出向の条件をどのようにすべきかという問題を考察しよう。

とくに、復帰が考えられていない出向は、移籍の場合と同様に考えなければならないが、主として出向先企業のための出向も、Ｘ・Ｙ間に存続している契約関係は補充的なものであると考えるならば、このことに着目した構想を必要とする。

移籍の場合には、Ｙと移籍先企業Ｂとの間に労働契約が成立する。移籍後の労働契約については、ＸがＹと締結した労働契約をＢに譲渡するほか、ＸがＢの決めた、またはＢとの間で決めた労働条件をＹに提示して移籍を求めるのが通常である。後者の場合にも、Ｘによる移籍の条件の提示が問題となる。

第二　決定すべき出向・移籍の条件

出向・移籍は、Ｘの業務上の必要性（これと関連するＡ・Ｂの業務上の必要性）に基づいて行われるが、Ｘに形成権または変更解約告知権が認められるのは、その業務上の必要性が現存し、出向・移籍の結果が公正の原理に適合する限度においてである。そして、労働者が特定の使用者との間で、一定の労働条件をもって労働契約を締結している場合には、これに基づく雇用関係の継続やキャリアの維持について期待利益を持っている。したがつて、出向・移籍の業務上の必要性と相関的に、出向・移籍に由来し、労働者が雇用および社会生活の面で、とくに契約上（その履行過程を含めて）不利益を受けないようにし、もし通常受けると予測される負担ないし不利益を避けられないとすれば、特段の事情がない限り、これを補償することがXに求められ、それが形成権の要件をなし、そのことが出向・移籍の条件として決定される必要があると考える。すなわち、A・Bのもとにおける労働条件、労働環境、就業状況のみならず、福利厚生に関する条件などをXのもとにおけるそれと同等のものとするか、後者が劣るならば、その不利益をXが補償することである。

「出向においては、出向労働者と出向元企業との間の基本的労働関係が維持されるとはいえ、勤務先の変更にともない賃金・労働条件、キャリア、雇用などの面で不利益が生じうるので、……包括的規定ないし同意によって出向を命じうるには、密接な関連会社間の日常的な出向であって、出向先での賃金・労働条件、出向の期間、復帰の仕方などが出向規程等によって労働者の利益に配慮して整備され、当該職場で労働者が通常の人事異動の手段として受容している（できる）ものであることを要する」との学説[47]に留意すべきである。

最近の判例も、「出向により、労働者に対する指揮命令権の主体が変更し、勤務先の変更に伴う労働条件の低下やキャリア、雇用についての不利益または不安を生じる可能性があることに鑑みれば、出向命令の発令を恣意的に行うことは許されるべきではない。」「よって、出向命令を発する業務上の必要があるか否か、出向先の労働条件が大幅に低下するなど労働者に著しい不利益を与えるものでないかどうか」などを総合的に判断して、出向命令の妥当性を判定すべきもの（後掲［判例四〇a］川崎製鉄事件［一七九頁］）とし、その控訴審である、**［判例四〇b］**川崎製鉄［控訴審］事件（大阪高判平成一二年七月二七日・労判七九二号七一頁）も、

「使用者が出向を命ずる場合は、出向について相当の業務上の必要性がなければならないのはもちろん、出向先の労働条件が通勤事情等も付随的に考慮して、出向元のそれに比べて著しく劣悪なものとなるか否か、対象者の人選が合理性を有し妥当なものであるか否か、出向の際の手続に関する労使間の協定が順守されているか否か等の諸点を総合的に判断して、出向命令が人事権の濫用に当たると解されるときには、当該出向命令は無効とい

うべき」であると判示している。これに加え、Yは、Xにおける出向・移籍の実情についての認識、とくにこれについてのXの説明によって、労働契約の当事者または労務提供の相手方の恒定（反対の極から見れば、出向・移籍の蓋然性）、既定の労働条件、労働環境、就業状況、福利厚生の条件の将来にわたる継続について期待利益を持っている。したがつて、出向・移籍の際に、これらの期待利益に対する配慮が要請され、これを保障する条件も提示する必要がある。

また、出向・移籍が企業の分社化やその事業の外部委託などに伴って行われるとか、恒久的な要員対策として行われる場合には、多くの場合、出向復帰が予定されていないから、これを前提とした条件設定が求められる。さらに、出向が経営の合理化・再建・再構築などの趣旨で行われ、人件費その他の経費の節減などをも目的とするときは、出向に伴い労働条件などの低下という問題が生ずるので、その限界などが問題となる。

(47)　菅野・労働法、四三〇頁。

第三　出向の条件

一　序　説

出向は、その目的に着目し、主としてXの事業活動のために労務を提供させるものと、主としてAの事業活動のために労務を提供させるものとに大別することができ、これに対応して、その法律効果、とくにYとの労働契約が成立する相手方が異なる。また、後者であっても、Xが要員対策として行う出向などは特別の意味を持ち、それが要件および効果を決めるファクターとなることもさきに指摘した。したがって、この三つの類型を考慮にいれて出向の条件を考察しよう。

二　出向の目的の決定

出向の目的は、その要件および効果を決める重要な要因であるから、出向の際に、その目的を明示することが、権利・義務を明確にするうえで必要であるのみならず、出向者の目的意識を喚起するうえからも望ましい。

とくに、要員対策として行う出向は、その目的・態様などを明示して提案し、労働組合がある場合には、これと協定し・実施しているのが通常である。それは、その出向が労働者全員の利害に関係し、しかも緊急避難の要素を持っているから、日常の業務上の必要に基づく出向の範囲を超えて出向させる（たとえば、企業組織または業務運営上の関連のない異業種企業へ出向させる）ことが是認される反面、労働者にそれに起因する不利益を与える要素がある（たとえば、通勤できない土地で、慣れていない仕事につかせる）ので、労働者全体の規範意識を基礎として（すべての労働者の了解を得て）これを実施することが、その出向の効果をあげるゆえんだからである。

つぎに、併任・兼任の場合は、その旨の意思表示（通常は、出向元と出向先企業からの、その旨の辞令の交付）をすることによって、二つの法律関係の存在がはっきりする。

そうでない場合には、たとえば、Xは、「新入社員の初期研修の一環として」、「Xの製品の販路拡張を目的として、代理店AにおいてXの製品の販売・据付・保守・修理なとの業務を行わせるため」、「Aの経理業務を管理・管掌させるため」、「Aの従業員の技術指導を行うため」、などとその目的をはっきりさせることが法律関係の安定を図るために有効である。

三　出向の期間

1　期間を限定することの意味

Xのために、Xに対して（Xの指示に従って）労務を提供することによって確保しようとするYの利益は、Xに対する信用（経済的信用のみならず、Xの業務・人事の管理・運営に関する信用を含む）を基礎として、生計の資を得ることのほか、自己の適性・能力に適した職につき、その適性・能力を進展させて人格の展開を図るという、一身専属的ともいえる利益である。したがって、Aのために労務を提供することはもとより、Aに対して労務を提供することは、X・Y間の本来の労働契約の趣旨に反し、Yの利益を害するおそれがある。したがって、YをAに出向させる業務上の必要があっても、それは異例の状態であるから、一定期間が経過したならばXに復帰させるようにすること、かりにその業務上の必要性が長期にわたって継続するとしても、その不利益を特定の人だけに負担させることなく、多数の人に共同して分担させることが公正の原理に適合するといえる。そこで、実質的には移籍に当たる場合（移籍出向）を除いては、出向については、一定の期間を限定するとともに、これを明示することが適当である。この点で、企業内の人事異動にあっては、労働者が被る不利益は、原則として、異動に伴う通常の不利益と考えられるので、人事の弾力的運営という観点から、特別の事情がなければ、異動先の勤務について期間を付さないのと対照的である。

とくに、要員対策としての出向は、Xと全く組織上の関連もなく、事業を異にして相互に連係のない、しかも遠隔地にあるAに出向させることがある。恒久的対策の場合を別とすれば、このように出向者の受ける不利益が大きな場合には、できるだけ出向期間を短縮するよう（たとえば、何回かに分けて順次短期間出向させる）に配慮することが要求される。これに対し、主としてXの事業活動のための出向は、企業内異動に近い性質を持っているが、出向に伴う不利益をできうる限り少なくするため、出向期間を定めてこれを明示するにこしたことはない。

2　期間の定めについての問題点

I　判　例

これまでにも述べたように、分社化した別会社への出向、従前の事業を廃止し、これを委託した下請会社への出向、恒久的要員対策としての出向などの場合には、出向復帰は事実上ありえない。この場合には、出向期間を定めないケースが多く、期間を定めても、これを延長または更新することになる。そこで、このような出向が許されるか、とくに期間の点からみて、これを定めない出向や、期間の延長・更新が許されるかということが問題となっている。

(1)　「出向期間の定め」に関しては、つぎの判例がある。

[判例四〇ａ]　川崎製鉄事件（神戸地判平成一二年一月二八日・労判七七八号一六頁）

Ａ　事実の概要

１　Ｘは鉄鋼一貫メーカーで、製造部門として、阪神地区に神戸工場、西宮工場があった。

２　ＹらはＸに採用され神戸工場で、電気課、機械課、整備課などで勤務していたが、Ｋ（神戸工場内にある）に出向し、Ｙにおけると同様の業務に従事していた。

３　Ｘは、平成元年以降、経常利益の減少、さらには経常損失の発生という経営困難な状況にあって、鉄鋼事業における競争力強化のため、神戸工場の生産設備をＭ製鉄所に移管して同製鉄所における最新鋭設備による一貫生産を図り、とくに平成七年一月に発生した阪神・淡路大震災により、神戸工場の生産設備に甚大な損害を被ったため、同年一二月神戸工場を閉鎖することを決定した。

４　これに伴い、Ｋを西宮工場に移し、神戸工場におけると同様の事業を行わせることとし、これに先立ち、ＫはＹらに西宮工場に移ることを打診したが、Ｙらはこれを拒否したので、Ｋの要望により、Ｘは同年一一月ＹらをＸに出向復帰させ、神戸工場に配置した。

５　Ｘは、神戸工場の閉鎖により生じる約四五〇名の余剰人員（ＹらのごときＸからの出向者を含む）の雇用先を出向により確保することを進めた。Ｙらについても雇用先を阪神間で確保すべく模索したが見つからなかった。そこで、Ｘは、関連会社であるＬの一〇〇パーセント出資による子会社として神戸市内にＡを設立して、Ｙらに出向を命じた。

６　Ｙらの従事する業務は、緑化、清掃および弁当配達などであり、基本給・一時金はＸの基準により、Ｘが支給し、所定労働時間は若干増え、代わりに出向手当が支給される。

７　Ｙらは、異議を留めてＡへ出向しているが、本件出向を不当とする理由の一つとして、出向期間の定めがなく（定年まで解かれない異質のものである）、かつこのことについてについての説明がなかったことをあげている。

Ｂ　判決の要旨（出向期間に関する部分）

１　出向命令に際して明示的に出向予定期間の説明がなされなかった場合にあっても、出向元または出向先の事情などにより社員が出向元に復帰することは十分ありうるのであるから、右説明が明示的になされなかったことのみをもって、当然に出向が定年まで解かれないことを意味すると解することはできない（本件についても同様）。

２　本件出向が定年まで解かれないとはいえないこと、本件出向の時点で神戸工場は廃止となっており、神戸工場への復帰がありえないため、出向期間を明示することは困難であったこと、本件出向が神戸工場閉鎖による余剰人員の雇用先を確保するという目的を有するものであったこと、Ｙらに対して本件出向についての説明を行った際、Ｙらから出向期間が明示されていないことについて異議を述べられていないこと、に照らすと、出向予定期間が明示的にされなかったことのみから、本件出向命令が無効となるということはできない。

(2)　「出向期間の延長」については、つぎの判例がある。

前掲【判例Ⅰ－ｂ】新日本製鉄事件控訴審判決（一九頁）

Ａ　事実の概要は、一八頁記載のほか、つぎのとおりである。

１　社外勤務協定には、出向期間は原則として三年以内とする。ただし、業務上の必要により、この期間を延長し、またはこの期間を超えて出向を命ずることがある旨の規定がある。

２　Ｘは平成元年四月一五日付で、Ｙらに対しＡへの出向を命じた。その後も、Ｘは、経済環境の悪化から業績が低迷したので、大幅な人員削減を余儀なくされ、とくにＮ製鉄所は、恒常的に多数の余力人員を抱えつつ、更なる労働生産性の向上を図らなければならなかった。そこで、Ｘは、Ａへの業務委託契約を継続したまま雇用を確保するため、三回にわたり出向期間を三年間ずつ延長した。

３　Ｙらは、①同人らの出向は復帰の可能性がないから、実質的には、転籍にほかならない、②本件出向は、その期間の定めがなく、かりにあったとしても、これを延長することについて合理的な理由がない、と主張する。

Ｂ　判決の要旨（Ｙらの主張に対する部分）

１　本件出向はその必要性を具えた在籍出向であり、その期間の長短は出向の合理性を判断する一つの要素であるといい、本件出向についてつぎのように述べている。

本件出向は、Ｙらの従事していた業務が協力会社に委託されたことに伴うものであり、長期化が予測されるものであったが、他面では、就業場所や業務内容の変更を伴わず、また、転所もないほど従前の状況がほぼ維持されている。かりに、出向を免れたとしても、従前稼働していた部署は廃止されたのであるから、少なくとも職種の変更を伴う配置転換は避けられなかった。このことは、本件出向の合理性の判断に当たって軽視することができない事情である。

２　本件出向命令は、三年間の期間を定めたものであり、三回にわたりこれを三年間ずつ延長したことには、それぞれ合理的な理由があった。

Ⅱ　判例についてのコメント

この二つの判例に共通していえることは、いずれも、出向を求められた労働者が元勤務していた事業場ないし事業を廃止したので、その事業を承継した企業（Ⅱのケース）または雇用対策として新たに設立した企業（Ⅰのケース）への出向を求めたものであり、その事案の性質上、もとの企業で従事していた事業への出向復帰が期待できず、したがって、期間の定めをするに適しないか、またはこれを定めることが著しく困難であるということである。それにもかかわらず、出向に関する協定・規定に、出向についてはその期間を定める旨の規定があるので、問題が生じたのである。

新日本製鉄事件では、会社は、出向協定どおり、出向期間を三年と定め、かつ三年ごとに期間の延長をしており、判決も、そのような定めをしたことについての合理性を認めている。また、川崎製鉄事件では出向期間の定めがなかったものの、判決は、その定めがなくとも、復帰がありえないものではないことを一つの理由として、出向の効力を認めている。

出向に関する協定または規定に、出向についてはその期間を定めるという条項があることを重要視するならば、現に行われている出向がこの条項に反するものではないというために、右に述べたような論法を使うことも肯けないわけではない。しかし、主として出向先企業のためにする出向について、出向期間を定めることを一つの要件とする理由は**1**で述べたとおりであり、それは、出向復帰の可能性を前提としている。そうしてみれば、当該出向の性質上出向復帰が期待されない場合には、そのことを前提として、その出向の正当性・合理性および出向の行い方を検討すべきであり、またそれでたりると考える。

この場合問題となるのは、復帰の可能性がない出向は移籍にほかならないのではないかということである。このことはさきに述べたが(緒論、**四**ないし**六**〔四頁以下〕)、主として出向先企業のために行う出向は、実質的には出向先企業と出向者との間に労働契約関係が存続する法律関係で、この意味においては移籍と異ならない。しかし、出向の場合は、出向元企業も出向者に対して使用者たる地位を保有し、補充的・潜在的義務を負うのであるから、移籍の場合とは異なる（たとえば、出向先企業が経営危機に瀕したような場合には、出向元企業がなんらかの対策を講ずることが求められることになる）。したがって、このことを考慮にいれ、その出向により出向者が得る利益と、被る不利益とを考量して、出向させることができるか否かを判断しなければならない。そして、この二つのケースは、出向元企業が、出向者の雇用の喪失を回避するために行ったものであり、これ以外の対策を期待することはできないと思われるので、結論としては、これらの判決が述べているように、期間の定めがなくても、また、出向が長期化しても、出向は正当性・合理性を持つと解したい。

第四　出向・移籍後の労働条件

Yが Aに出向し、または Bに移籍した後どのような労働条件で労務を提供し、どのような待遇を受けるかは、Yの最も基本的な利益に関する問題であることはいうまでもない。その核心をなす賃金と労働時間について考察しよう。

一　賃　金

1　主として出向元のための出向

Yが、主としてXの事業活動に寄与するためにAに出向するケースにあっては、併任・兼任と認められない限り、労働契約はX・Y間にだけ存立すると解するならば、出向後の賃金はその契約で決定されることになる。しかるに、その労働契約は、出向前の労働契約にほかならないから、もし出向後の賃金を変更するならば、それは契約条件の変更に関する一般の法律理論によらざるをえない。また、出向後の賃金ベースの増額（いわゆる賃上げ）や昇給による賃金の増額も、Yの期待利益を保護するためには、Xのもとで勤務していた場合と同一の条件で行うことが要請される。

この場合でも、AがYに対し、Aのためにも労務の提供を求めるという要素も否定しえないので、このことに着目し、A・Y間で賃金（対価）に関し特別の契約をすることは考えられる。とくに、Aのために労務を提供するという要素が大きくなれば、併任・兼任として、それに対する賃金を決める必要が生ずることもありうる。この場合には、X・Aの支払義務を確認しておくことが、後日の紛争を回避するうえで好ましい。

また、YがXの事業場においてではなく、Aの事業場において労務を提供することにより、Yの負担が大きくなる（弁済の費用の増加［民法四八五条］を含めて）場合には、たとえば「出向手当」などの名目で、Ｘに特別の対価の支払を義務づけることが要求されるであろう。

これらのことに着目するならば、出向後の賃金については、つぎのごとき要綱に従って契約をするのを適当と考える。

⑴　出向中のＹの賃金は、Ｘが、Ｙが加入している労働組合Ｚと締結した労働協約（協約がない場合は、Ｘが定めた賃金規定。以下［協約・規定という］）の定めるところにより、Ｘ・Ｙ間の契約で定めるものとすること。

⑵　Ｙの賃金は、Ｘが支払うものとすること（Ｘを賃金の支払義務者として確認する趣旨であり、これを前提として、ＡがＹに対し賃金を支払う［Ａによる賃金債務の重畳的引受による弁済、またはＸのＡに対する委任に基づく、もしくはＡの事務管理としての第三者による弁済となる］ことはさしつかえない）。

⑶　Ｙにつき、その出向中に、Ｘにおいて賃金ベースの増額が行われ、または協約・規約に定めらた昇給の条件がみたされたときは、Ｘは、協約・規約の定めるところにより、Ｙの賃金を増額するものとすること。

⑷　Ｙが、とくに併任または兼任の辞令により、Ａの業務を行う場合には、それに相応する賃金をＹ・Ａ間の契約で定めるものとすること。この場合、Ａと約定した賃金についてのベース・アップまたは昇給は、Ａの協約・規約の定めるところによるものとすること。

⑸　⑷の場合には、Ｘ・ＡがそれぞれＹに担当させた業務につき、賃金の支払義務を負うものとすること（これを前提として、ＸまたはＡがＹの賃金を一括して支払うことはさしつかえなく［⑵参照］、ＹのＸ・Ａのための労務の提供が不可分であるか、Ｘ・Ａの賃金を区分して明示しなかったときなどは、Ｘ・Ａが連帯して賃金支払義務を負う）。

⑹　ＹがＡに出向することにより、業務の遂行について負担が増加すると認められる場合（肉体的のみならず精神的なものを含む）には、Ｘは、出向手当その他の手当を支給するものとすること。

(7)　休業手当は、併任・兼任の場合を除けば、Xの事業における休業について、労基法二六条にいう「その責に帰すべき事由」がある場合に支払われるものとすること。ただし、YがAにおいて就労することができない事由が、XまたはAの責に帰すべき事由によるものであるときも、休業手当が支払われるものとすること。

(8)　併任・兼任の場合など、Aも賃金支払義務を負う場合において、Aが賃金を支払うことができなかった場合には、Xはその賃金をYに支払うものとすること（このことは、Yに対する賃金の支払についてのXの責任を確認するという意味を持つこともある）。

２　主として出向先のための出向

これに対し、Yが、主としてAの事業活動に寄与するためにAに出向するケースにあっては、A・Y間に労働契約が成立し、X・Y間の労働契約は、A・Y間の労働契約関係を基礎づけるものであるとしても、YがXの事業活動から離脱する（XはYを休職とする）限りにおいて、YがXのために、Xに対して労務を提供するという労働契約の機能は停止すると解するならば、賃金は、Aに譲渡されるX・Y間の労働契約によって決定されるか、または、A・Y間で私的自治の原理に従って決定されるべきであるということになろう。

しかし、Yは一定額の賃金を対価として取得する約束のもとでXに雇用され、それが継続することについて期待利益を持っている。そこで、A・Y間で決められた賃金がX・Y間で約定されていた賃金よりも低額である場合には、特段の事情がない限り、Yが出向後も出向前と同一の対価（ベース・アップ、昇給による増額も含めて）を取得できるようにすることが要求され、そうしなければ、Xの一方的意思表示によりYを出向させることは許されない解されている。これがため、実務上は「差額補填方式」「分担金方式」などという方式が採られている。その法理的構想は後に述べるが（第二編第五章第一節第一項第一［三四七頁以下］）、結論としてはこれを肯定する立場を採り、必要に応じてこれを修正したいと思う。

このことに着目すれば、出向後の賃金に関する契約は、つぎのようになろう。

(1)　出向中のＹの賃金は、Ａの協約・規定の定めるところにより、Ａ・Ｙ間の契約で定めるものとすること。

(2)　Ｙの賃金は、Ａが支払うものとすること（Ａを賃金の支払義務者とする趣旨であり、これを前提として、事実上Ｘが第三者弁済として、Ｙに対し賃金を支払うことはさしつかえない〔1(2)参照〕）。

(3)　(1)で約定されたＡ・Ｙ間の賃金が、Ｘ・Ｙ間の契約で約定されていた賃金よりも低額であるときは、特段の事情がなければ、このことについてＹの同意が得られない限り、Ｘはその差額をＹに支払う（差額補償をする）ものとすること（これを前提として、Ｘ・Ｙ間で約定されていた賃金を、ＸまたはＡが一括して支払い、その後Ｘ・Ａ間で清算することはさしつかえない〔(2)参照〕）。

(4)　Ｙ・Ａ間の契約で定まった賃金のベース・アップまたは昇給は、Ａの協約・規約の定めるところによるものとすること。ただし、その額がＸの協約・規定の定めにより算定された額よりも低額であるときは、(3)と同じく、Ｘがその差額をＹに支払うものとすること（支払および清算をふくむ）。

しかし、復帰が予定されていない出向の場合には、移籍の場合と同様に考え、Ｙの同意を得れば、Ｘは差額補償をしなくてもさしつかえない。

(5)　休業手当は、Ａの事業について、労基法二六条にいう「その責に帰すべき事由による休業」が行われた場合に支払われるものとすること。

(6)　Ａが賃金を支払うことができなかった場合には、Ｘはその賃金をＹに支払うものとすること(確認の意味を含む場合があることは、1(8)と同じ)。

ただし、出向が、ＸがＹとの間の労働契約をＡに譲渡するという方法で行われる場合には、Ｘ・Ｙ間で定められた賃金は、当然にＡ・Ｙに承継されることになるから、(1)および(3)の条項は除かれることになる。

3　移籍の場合

移籍の場合にも、２で述べたのと同様の問題が生ずるが、Ｘ・Ｙ間の労働契約は消滅し、Ｙは専ら移籍先企業Ｂの企業危険のなかで労務を提供することになり、復帰が予定されているもの（いわゆる移籍出向。この場合は、２に準じて考えればよい）でない限り、その事態は継続する。このことから、Ｙの賃金についての期待利益の確保は、その金額においてもまたその支払いにおいても、Ｂの資金・資産の状態および業績に大きく依存することになる。このことに由来して、Ｙが受けるおそれのある不利益は、移籍に伴う必然的な結果であるにもせよ、移籍をさせるＸも、或る程度の対応策は用意しなければならないのではなかろうか。そうでなければ、Ｙとの個別的・具体的合意によらず、変更解約告知という方法に訴えて、Ｙを移籍させることは許されず、また、その移籍が会社の分割に伴うものであっても、包括承継の効果を認めることはできないと考えたい。たとえば、Ａの企業体質が未成熟であるような場合には、企業の運営が効率的に行われ、収益性が確保されるようになるまでは、Ｘに賃金の額や支払について一定の補償をさせるという条件でなければ、変更解約告知や包括承継の効力の発生を認めることはできないとするがごときである。

もっとも、Ｘに要求される対応策は、移籍を行うことの業務上の必要性と相関的に構想される。その典型は、Ｘにおける従前の労働条件を維持したのでは、或る事業の収益性を確保することができないので、その事業の廃止による解雇を回避するため、その事業部門ないし事業場を分社化してＢを設立し、その事業のため採用したＹをＢに移籍させる場合である。すなわち、企業整備の要素が加わるケースであって、要員の削減を可能な限り避けようとするならば、移籍の時点または将来の時点の一方または双方での賃金の低下は避けられないこともある。このようなケースにあっては、Ｘに対し、Ｙの賃金が低下する代償として、ある程度の一時金の支払を要求することはできる。しかし、Ｘに対し、無制限に賃金差額の補償または賃金の支払についての保障責任まで負わせることはできないと考える。たとえば、さきに触れた［判例二七］千代田化工建設事件本訴の平成五年五月三一日東京高裁判決（一三六頁）は、つぎのように述べている。

Xの K工場は、昭和五〇年代以降長期にわたって経営不振が続き、設備投資や人員削減などの合理化を進めてきたがその成果が現れず、X会社全体として経常収支も赤字となっていたから、K工場の赤字体質を長く放置することは、X会社全体の経営にも重大な支障を及ぼしかねず、K工場の人員整理を含む立て直し策が強く要望されていた。

その方策として、Xは、第一次および第二次の非常時対策として、K工場の子会社化および余剰人員（主として技能系社員）のBなど子会社への移籍を行ったものである。ところで、右方策は、従業員の賃金が約三割減額されるなどの不利益な労働条件の変更があるものの、K工場の子会社化についてみれば、K工場を不採算工場として全面閉鎖したり、従業員の原則全員解雇という方法に比べると、基準内賃金月額の九か月から二四か月分に相当する特別加算金による退職金の大幅割増制度が採用されていること、賃金の三割ダウンをした場合でも、他の同業他社における同種技能系従業員との賃金と比べ、ほぼ遜色がない賃金レベルであると認められることなどを考慮すると、Xとしては会社全体の経営改善と従業員の雇用確保との調和を図った一つのやむをえない解雇回避策として相応に評価できるものである。このことは、Xと労働組合が多数回にわたり協議を尽くし、組合が同意し、最終的に、Yを除く移籍対象技能系従業員全部が移籍に応じたことからも裏付けられる。

二　労働時間

労働時間についても、それが誰との間の契約で決定されるべきかは、賃金について述べたと同様である。ただ、YはAの事業場において、Aの指示に従って労務を提供することになることに着目し、労働時間は出向先基準によると解する説が多い(48)。しかし、労働時間、労働日、休日、休暇など、労働の量を実質的に規定する条件が労働契約において約定されるべきことは当然である。すなわち、それらは、①主としてXのために出向する場合は、

Xとの契約、②主としてAのために出向する場合は、Aとの契約によって決まる。

ただし、①の場合でも、契約で決められた約定の範囲内での労働時間の割振り（始・終業時刻の決定、変形労働時間における勤務の日時の決定など）、割り振られた労働時間の個々の労働者への割当（労働時間・労働日の一時的な変更〔時間外・休日労働の実施を含む〕）、年次有給休暇の請求とその変更、その他その契約の具体的な実施・展開は、Yが現実に労務を提供する相手方であるAが、Aが定めている労働時間制に適合するように行う。もし、Xにおける労働時間制とAにおけるそれとが異なる場合には、Yの労働時間についての契約をAの労働時間制に適合するように変更するか、労働時間の実施・展開の態様によって、Yが不利益を被らないように配慮する必要があろう。

また、②の場合は、Xとの契約による労働時間の定めとAとの契約によるそれとが異なり、Yに不利益となることがある。

そこで、Yを出向させるには、この問題を解決する必要がある。この観点から、労働時間に関する定めについて触れよう。

(48)　安西・企業間人事異動、二一三〜二一四頁、渡辺裕・出向時の労働条件、五〇頁、土田「出向・転籍の法理」一六七、一七二頁。

１　主として出向元のための出向

(1)　労働時間、労働日、休日、休暇は、Xの協約・就業規則の定めるところにより、X・Y間の契約で定めるものとすること。

(2)　始・終業時刻および休憩時間の決定、変形労働時間制における勤務日時の決定、時間外労働、休日労働の実施、交替勤務制・みなし労働時間制・フレックス・タイム制の実施、年次有給休暇の請求とその変更などは、Ａの定める労働時間制またはＡの指示によるものとすること。ただし、時間外労働・深夜労働・休日労働に対する割増賃金は、Ｘの協約・就業規則の定めるところによるものとすること。

⑶　⑴の労働契約の定めは、⑵を有効に行うために必要な限度で、これを変更することができるものとし、これによりＹが受ける不利益は、Ｘが補償するものとすること。

⑷　⑵によったため、ＹがＸの事業場で勤務した場合に比べ、不利益を受けるにいたったときは、Ｘが補償するものとすること。

2　主として出向先のための出向

⑴　労働時間、労働日、休日、休暇は、Ａの協約・就業規則の定めるところにより、Ａ・Ｙ間の契約で定めるものとすること。

⑵　始・終業時刻および休憩時間の決定、変形労働時間による場合の勤務日時の決定、時間外労働、休日労働の実施、交替勤務制・みなし労働時間制・フレックス・タイム制の実施、年次有給休暇の請求とその変更などは、Ａの定める労働時間制またはＡの指示によるものとすること。

⑶　年次有給休暇の取得条件については、Ｘ・Ｙ間の労働契約とＡ・Ｙ間のそれとに継続性を認め、出向の前後を併せ通算してこれを決定するものとすること。(49)

⑷　⑴で約定されたＡ・Ｙ間の労働時間が、Ｘ・Ｙ間の契約で約定された労働時間よりも長いとか、休日が少ないなどＹに不利益であるときは、原則として、このことについてＹの同意が得られない限り、その不利益を解消するか、補償をする措置を講ずるものとすること。その措置としては、ＹがＸとの間で約定した労働時間の時間数または労働日の日数を超えて労働させたときは、これをＸにおける時間外または休日労働として処理する（これに対する割増賃金を支払う）とか、その超過労働の量に応じて、休日を与えるなどという方法

（これらを組合せＹにそのいずれにするかを選択させるものもありうる）が考えられる。(50)

この問題に関し、つぎの判例がある。

前掲**【判例四〇ａ】**川崎製鉄事件［一審］（一七九頁）の２

「本件出向によって、Ｙらの年間総労働時間は五九時間長くなり（休日が五日間減少したことも含む。五九時間に一時間当たりの基準内賃金を乗ずると約一一万円になる）、業務付加給が年間六万円減少したことになるが、他方で出向手当一一万円が支給されていることを考慮すると、本件出向により、労働条件が大幅に低下し、著しい不利益を受けているとまでは認められない。」

（49）　菅野・労働法、三一四頁、渡辺裕・出向時の労働条件、五三頁、土田「出向・転籍の法理」一七二頁。

（50）　渡辺裕・出向時の労働条件、五〇〜五三頁、土田「出向・転籍の法理」一七二頁。なお、出向手当によって処理する方法もあるが、割増賃金との関係で問題となることがある。

３　移籍の場合

移籍の場合は、賃金の**３**（一八七頁）で述べたと同様に解すればよい。つまり、Ｘ・Ｙ間の労働契約は消滅し、Ｙは専ら移籍先企業Ｂの企業危険のなかで労務を提供し、移籍出向でない限り、復帰は考えられない。そのことに由来してＹが受けるおそれのある不利益については、移籍の必要性の程度と相関的に、不利益の代償として、Ｘにある程度の対応策を要求することができると解する。したがって、Ｘは、その策を講じなければ、Ｙとの個別的・具体的合意を得られない場合に、変更解約告知という方法に訴えて、Ｙを移籍させることは許されない。その対策は、主として、労働時間や労働日の相違に由来する不利益に対するものであるが、実務のうえでは、**２**で述べたように、増えた労働時間・労働日に対する補償の形を採らざるをえないから、相当の期間を限って、ＸがＹに対して、相当額の補償をするということになろう。

第二節　出向、移籍する者についての条件

第一　個別的労働条件についての利益の確保

一　職種等の変更についての一般的傾向

出向・移籍に際し使用者が考慮すべき事項のうち、多数の労働者に対して共通に適用され、それらの者の共通の利害に関わる一般的な労働条件（その核心をなす賃金と労働時間）について述べたが、そのほか、個々の労働者ごとに決定される職種、担当職務、勤務の場所など（職種などという）の個別的労働条件についても、出向・移籍の必要性と相関的に著しい不利益を与えないことが要求されるとともに、その社会生活の条件についても、同様の配慮をすることが求められるといわれている。この問題は、企業内の人事異動についても採りあげられているが、職種などについては、労働契約でそれが特定されていないと認定するとか、終身雇用的性格に着目して可変性を広く認める結果、その現状の変更について使用者に広い裁量を認めるのが判例の一般的な傾向である。

二　職種等の特定の意味

その意味は、おおむねつぎのように理解することができる。労働者は、労働契約で定められた職種など（それを契約時に使用者と労働者が約定することもあるが、わが国の実態では、採用時の使用者の辞令の交付によって決まることが多い）の範囲内で労務を提供すれば、労働義務を履行したことになり、その範囲外の義務を負わされることはない。その意味では、職種などは特定している。しかし、通説・判例が「職種などが特定している」と表現しているのは、前述の意味で特定した職種などが「将来に向かってそのまま継続する」（理論的には、労働者のそのよ

うな継続についての期待利益が法的保護に値する）という態様で特定していること（判例の表現を借りれば、「それ以外の職種には一切就かせない趣旨」の合意が成立していること〔東京高判昭和六二年一二月二四日・労判五一二号六六頁、日産自動車事件〕）にほかならない。そして多くの判例は、この意味で職種などが特定していないと判断している

三　判例の理論の根拠

このような判例がうまれるのは、わが国の雇用の基幹をなすといわれている終身雇用にあっては、定年までの雇用の継続への期待が大きいので、それにそうような人事管理が行われていることに由来すると思われる。すなわち、一方には、業務の内容および量の変動、業績の推移、または生産の様式や技術の変化により、或る部門では人員が過剰となり、他の部門では要員が不足となった場合に、人員の削減と補充を行う代わりに、労働者の職種、担当業務、勤務地・勤務場所などを変えて、人材の弾力的活用を図るという発想がある。その活用のためには、これらの労働条件を固定的なものとして特定することは支障となる。それは、従業員の技能・能力の開発・向上、人事の刷新を図り、とくに将来管理職員または指導的立場に立つ職員になることを期待されている者については、可能な限り、ローテーションによる人材の育成という発想がある。他方、右に述べたこととも関連するが、さまざまな業務を多数の事業場で担当させるという人事の交流を、全社的な見地から連鎖的に行うということである。そのためには、職種などの変更をスムースに行いうるような仕組みにすることが望ましい。このような実務の運用に着目し、判例は「〔会社〕Xは業務上の必要があるときは、従業員に対し職種の変更、勤務地の変更等を命ずることができる」旨の規定があるときは、「〔従業員〕Yを機械工以外の職種には一切就かせないという趣旨の職種限定の合意が明示または黙示に成立したものと認めることはできず」、「Yについても、業務運営上必要がある場合には、その必要に応じ、個別的同意なしに職種の変更などを命令する権限がXに保留されているとみるべきである」（最判平成元年一二月七日・労判五五四号六頁、日産自動車事件）と判示している。

四　判例理論が妥当するための条件

たしかに、一般的にはそのようにいえるかもしれないが、人事異動をスムースに行うことを要請する二つの要因に着目するならば、右の判例理論が妥当するためには、つぎのごとき条件のいずれかが具わっていることを要すると考える。

1　その一は、その労働者が職務などの変更を可能ならしめる条件を具えていること、いいかえれば、その労働者が他の職種の労務を提供し、または他の業務を処理しうる知識、技術を習得しているか、容易にこれを習得しうる能力を具えていること、または、少なくとも職種、担当業務や勤務地の変更の障害となる事情がないことである。したがって、労働者が特定の資格または専門的な知識や技術に基づく技能を持っていて、それに相応した特殊専門的な業務を担当し、他の職種などへの転換が困難であるとか、担当業務の内容や就職の態様に地域性があって、勤務地の変更がその労働者の期待利益を侵害する場合には、それに対する配慮が必要となる。もっとも、余剰人員対策として職種などの変更を行う場合には、労働者の意思を考慮するとしても、雇用の確保と継続との関連において、職種などの変更の要件が緩和されることになるであろう。

2　その二は、ローテーションによる人事の刷新、人材の育成を理由とする場合には、その適用を受けるのは、その適性・能力に弾力性があり、裁量的業務に適し、とくに管理職員または指導的立場に立ちうる職員になることを期待されている者であることである。この要請に基づく人事でも、職種などの変更を伴う以上、1の要件が考慮されることはいうまでもない。しかし、右に述べた類型の職員については、とくに幅の広い経験を生かして、管理能力、統率・指導力を涵養することが要求されるので、さまざまな業務を、多数の事業場で担当させるという業務上の必要が大きく、これと相対的に、職種などについて持っている職員の利益の比重が小さくなるのはやむをえない。このことに着目し、判例は、「大学卒の幹部候補社員」については、「その職種を限定されず、勤務場所は全店（全世界）に及ぶという条件のもとに、Xに入社したものである」（名古屋地判昭和五四年七月一九日・

労民集三〇巻四号八〇四頁、丸紅事件）といい、これに対し、いわゆる現地採用の工員として、地元工場の現場作業に従事する労働者については、勤務地をが特定されていると判断するものが多いのである（松江地決昭和五一年三月一六日・判時八一九号九九頁、蔵田金属工業事件など）。

五　要　約

いわゆる終身雇用における雇用の継続に対する期待を尊重して、職種などが特定していないとか、使用者は労働者の個別的同意なしに職種などを変更する権限を留保していると解釈することには、それなりの理由があるが、それには一定の条件があることはさきに論証したとおりである。したがって、通説・判例のいう意味で、労働契約上職務などが特定していると解釈される場合もある。この場合には、使用者の一方的意思表示（形成権の行使）によって職種などを変更できると解するよりは、変更解約告知の法理の適用を認めるべきではないか、しかもその適用が認められるのは、職種の変更などについて強度の業務上の必要性がある場合に限るとすることも考えられる。また、特別の事情があって、職種などの変更がその労働者の期待利益を侵害する場合も同様に解される。そこで、以下において、これらの問題を中心として、出向・移籍の要件を考察しよう。

第二　職種、担当業務の変更

一　職種、担当業務の特定

労働者はその適性・能力に適合した種類の職に就き、相応の職務を担当して（一定の部門・部署で、一定の地位に就くことを意味する）、事業の運営に参加すること、そうすることによって、その適性・能力を育成することについて利益を持っているから、職種などは労働契約において特定されるべき要素である。最近の判例はこのことは認めているが（東京高判昭和六二年一二月二四日・労判五一二号六六頁、日産自動車事件）、その可変性を広く認めていることはさきに述べたとおりである。しかし、出向・移籍した労働者Ｙは、出向先企業Ａまたは移籍先企業Ｂと労働契約関係に立つときは、その職種などについても不利益を受けないようにしようとするならば、職種などの変更そのものについても、その要件をみたすことが要求される。また、ＹがＡと契約関係に立つと否とにかかわらず、出向の場合にはＹはＡに対して（Ａの指示に従って）労務を提供することになるから、Ｘ・Ｙ間の労働契約の約定の範囲内で、Ｙが提供すべき労務が個別的に具体化されることになる。そうしてみれば、その履行過程におけるＹの職種などに関する利益を確保しようとするならば、職種などの範囲・内容を契約上はっきりさせることも求められよう。これと併せ、出向・移籍に伴い職種などを変更する必要がある場合に、これをどのように処理するかということも問題となる。とくに出向に関して論じられているので、それを中心に考察しよう。

二　職種、担当業務の変更の妥当性

１　職種、担当業務の変更と出向の許否

職種、担当業務が特定していることを理由として、これを変更する出向の効力を否定した判例にはつぎのものがある。

［判例四一］　神戸高速鉄道事件（神戸地判昭和六二年九月七日・労判五〇三号二三頁）

Ａ　事実の概要

１　Ｘは鉄道事業を営む（ただし、車両を持っていない）会社であり、その全額出資の子会社Ａがある。Ａは売店や娯楽施設を経営している。

２　Ｘは、その社員を本社事務職、電気技術関係、運輸関係（駅務員）に分けて募集し、それぞれの仕事の内容を説

明したが、Yは昭和五〇年三月採用され、一ケ月の試用期間を経たのち、「S管区駅務員を命ずる」旨の辞令を受け、説明のあった駅務員としての業務に従事していた。

3　Xは昭和六一年二月Yに対しAに出向して、オートテニス場の管理業務をすることを命じた。

B　判決の要旨

XとY間の労働契約は、YがXの駅務員の業務を内容とするものであったと考えられるところ、本件出向命令は、それとは業務の内容を異にするオートテニス場の管理（清掃、オートテニス機と入場者の監視、両替、ラケットと靴の貸出し、日報の作成、故障時の連絡など）を命じたものであって、労働契約所定の範囲外のことを命じたことになるから、労働者であるYの同意がない以上、拘束力を持たないというべきである。

C　コメント

本件は、出向についてのYの同意（包括的同意を含む）ないし出向応諾義務を定めた協定が認められないケースである。それにもかかわらず、判決は、職種の変更に同意がないことを理由として、出向の効力を否定している。論理的整合性を欠くと思われるが、Yがこのような職種の変更により不利益を被ることを理由として、出向に同意しなかったと解したからであろうか。結論を是認することはできるにしても、理由づけについては、さらに吟味を要するところである。

【判例四二】　北原ウエルテック事件（福岡地久留米支決平成一〇年一二月二四日・労判七五八号一一頁）

A　事実の概要

1　Xは半導体部品・新幹線車両部品の製造などを業とし、YはXに雇用され、研磨工としての作業に従事していた。

2　Xは、平成一〇年に入ってからXの受注・売上は大幅に減少し、Xの経営上人員を削減し、人件費の削減を図る必要が生じていることを理由として、同年六月末から七月上旬にかけて、Yら六名に対し、やむを得ない業務上の都合によるものとして、「解雇予告通知書」を郵送して解雇の意思表示をした。

3　同月二二日YがXに対し、「解雇予告通知書」の名前が間違っているから、その通知書は、Yに対するものではないと指摘したところ、Xは右解雇予告を撤回した。

4　Xは、Yに対し、同月二三日付でXの関連会社であるAに、同月二七日から一年間機械組立として出張を命じた。

5　Yは、右の出張は、出向に他ならず、その根拠規定を欠くから無効であるとして、出張命令の効力を停止する仮処分を求めた。Xは、Yを平成九年一月Aに出張させており、また、Aはその株式の九五％をXの代表取締役K及び専務が保有し、かつ取締役もXと共通しているから、別会社とはいえ、実態はXの一事業所に過ぎないから、右出張は転勤と同視すべきであると主張する。

B　決定の要旨

1　形式的には別企業への出向であっても、転勤と同視できるような特段の事情がある場合には、出向の必要性とそれによる労働者の不利益とを比較衡量し、その適否を判断すべきものと考える。

2　Aは、Xの関連会社で、役員のうち代表取締役、取締役一名及び監査役はXとAを兼務しており、本社工場も本店所在地も同一であるが、Yが出向を命じられたのはAの熊本事業所であり、かつ、従事する業務もXでは研磨工であったのに対し、Aでは出張命令上は機械組立とされ、実際には配送、検品などの作業を担当していることに照らすと、本件出張には転勤と同視できるような特段の事情があるとは認め難い。

C　コメント

この決定は、労働者の職種などの変更を伴う出向について、使用者がその一方的意思表示によりこれを行うことが許されるかを論じたものであるが、出向元企業と出向先業との組織的・機能的関連いかんによっては、企業内における人事異動と同様に取り扱いうることを判示している点にその特徴がある。

この問題については、別に詳しく述べたが[51]、結論を述べるならば、実質的にみて、出向先企業Aが出向元企業Xの企業危険のなかで事業活動を展開していると認められるような組織的・機能的関連がある場合（その典型は、Aが独立の企業としての形態をとっているが、Xの一事業場に過ぎないと認められる場合である）には、使用者の一方的意思表示により出向させることができると考える。しかし、いわゆる根拠規定がない場合には、変更解約告知という方法（労働者に対して、他の企業に出向すること［他の企業に労働契約を譲渡すること］について同意を求め、その同意が得られない時は、その労働者との労働契約を解約する旨意思表示をするという方法）によらざるをえないであろう。

本決定は、AとXとの組織的・機能的関連についての実質的考察を避けたものの、本件出向では、Yの出向先の事業場の所在地が、従前の勤務していた事業場の位置と異なること、Yの担当業務が研磨であったのに、出向後は機械組立となっていたことを理由に本人の同意を必要としている。そうしてみると、出向の場合には、職種などの労働者の利益については、企業内の人事異動におけるよりは、これを重要視しているともいえるのではなかろうか。

2　異業種・異職種への出向と使用者の裁量

これらの判決のように、職種などの変更だけを理由として出向の効力を否定した判例はほかに見当たらないが、職種などの変更が労働者に著しい不利益をもたらすか否かという観点から判断している判例は少なくない。異業種、異職種につく出向に関し、つぎの判例がある。

前掲［**判例三八**］東海旅客鉄道事件（一六七頁以下）の2

A　事実の概要

1　Yらは元国鉄職員で、国鉄民営化に伴い国鉄を退職してXで勤務している。

2　Yらは国鉄当時から左表「上欄」の業務に従事していたが、Xは、昭和六二年一〇月二六日Yらを左表「下欄」の事業を営んでいるA_1・A_2・A_3に出向することを命じた。

	出向前職場	職　名	出向先	業　務　内　容
Y_1	O_3車両所	車両係	A_1	車両基地に運行を終えて入ってきた新幹線車両の車内清掃。
Y_2	O_3車両所	〃	〃	
Y_3	O_1車両所	〃	〃	
Y_4	O_2車両所	〃	〃	
Y_5	O_2車両所	車両技術係	〃	夜勤で、連続が増える。
Y_6	O運転所	運転士	〃	
Y_7	O運転所	電車運転士	A_2	列車食堂用品、車内販売品の運搬、積込、積卸等。夜勤。
Y_8	K保線所	施設係	A_3	保線作業など。

3　XがYらに出向を命じた理由は、つぎのとおりである。

⑴　国鉄民営化に伴い、Xは国鉄職員の雇用を義務づけられ、二一四〇〇人を採用したが、Xに必要な人員を約二〇〇〇人上回っており、大阪地区では、O運転所で二七人、O_1車両所で七一人、O_2車両所で二七人、O_3車両所で一九人、K保線所で一五人（計一五九人）の各余裕人員がいる（大阪地区の勤務者は、約一五〇〇人）。

⑵　Xは国鉄から承継した一定範囲の債務の償還に当たりつつ経営健全化に努めるべきことが義務づけられる立場にある。Xの今後の経営基盤の安定ひいては企業の発展のためには、関連事業の強化展開を早急に進めることが焦眉の急とされている。そのために、Xが関連事業部門や子会社を設立して余裕人材の活用を図ることは不可能なので、これは将来の課題とし、これに備え、民間企業において実際の経験を積み、そのノウハウを身につけた人材を多数養成する必要があった。

4　Xは昭和六二年四月右の理由に基づく出向を推進するため、委員会を設置して出向の方針をたて、出向予定者を人選した。

5　Xは、六月八日から出向予定者二二人（大阪地区）に対し、出向の期間、勤務条件、業務内容などを示して、説明、説得を開始した（Y_1〜Y_6はS自動車販売会社のセールスマン、Y_7はA_2で車内販売員、Y_8はA_3で保線作業員）。Yらは反対したが一四人が理解を示したので、九月一日出向を命じた。Xは、Y_8以外の出向先を2のように変更して出向を命じたが、Yらはこれを拒否した。Xは、Yらには出向に行けない具体的理由、納得しうる理由がないとして、出向を発令した。

B　決定の要旨

1　Aの事実によれば、Xにおいては、余裕人員の有効活用、社員の民間企業人としての教育などの観点から、出向を実施する業務上の必要があったといえる。

2　Yらの出向先の業務内容は、国鉄入社以来車両の検査修繕とか、運転あるいは保線作業の指示点検という職場で、専門的な技術を習得し、その技術を磨いてきたYらにとっては、いずれも単純な作業であり、したがって、本件出向はYらにとっては全く異職種への職務変更であるというべく、また出向先での勤務形態も、いずれも夜勤という反生理的で、身体への負担のより大きいものとなり、これら労働条件の変更により、Yらはいずれもかなりな不利益を受けることは明らかである。

出向者の受ける不利益がかなり大きい場合には、とくに出向者の人選が合理的になされるべきことが、強く要請される。

3　出向者が代替性を有する場合には、人選の公正という観点からすれば、より多くの社員に対して出向の打診を行うなどの公正な手続が必要と考えられるにもかかわらず、XがY以外の社員に対してそうした働きかけをした事実は認められないので、Yらを出向者として人選したことには重大な疑問があり、本件出向命令は、人事権の濫用として無効である。

C　コメント

本件は、結論の部分だけをみるならば、出向者の人選の問題のように思われるが、事案を仔細に吟味するならば、その実質的争点は、企業に余剰人員がある場合に、要員対策として、新規事業のための要員の育成を含めて（その趣旨は必ずしも明確とはいえないが）、異業種、異職種に就き、労働・勤務条件も著しく異なったものとなる出向が妥当と認められるための条件にあるということができる。このような観点から、本決定を考察しよう。

１　国鉄を民営化することは、Ｘの自主的な経営を促進して、その収益性を確保することを目的とするものであるから、法律により、Ｘの事業の運営に必要な人員を上回る国鉄職員の雇用を義務づけたということは、Ｘが余剰人員について、要員対策を講ずることを前提としているということができ、関連会社ないし民間企業への出向がその柱をなしていると解される。そうであれば、Ｘの行う右の出向は、決定のいうように業務上の必要に基づくものということができる。

２　ところで、Ｘが確保しえた出向先の事業が、国鉄またはＸにプロパーな事業とは業種を異にし、そこの従業員の職種、担当業務が、国鉄またはＸの職員のそれとは異種類のものであることが多いのはやむをえない。本件はそのようなケースである。

そして、Ｙらは、その職種および担当業務が特定されていると解することができ、そのような業務に従事していた者を本件出向先の業務に就かせることは、Ｙらがその意思に基づいて確保しようとしている職業上の利益を害する結果になるといえよう。このことだけに着目するならば、このような職種および担当業務の変更については、Ｙらの具体的・個別的な同意を必要とすると解すべきであろう。

しかし、その出向先は、従業員のうちのなにびとがそこで勤務しても、その者の職業上の利益が害されるのであれば、その出向による不利益は、その出向に伴う通常の不利益ということになる。本件はこのような類型に当たるということができる。この場合に、契約で約定している職種・職務などを維持しようとするＹらの意思を無視しえないとしても、とくに要員対策としての出向にあっては、Ｙらが出向に応じなかったことにより、なんらかの不利益を受けることも是認されなければならない。

３　要員対策としての出向についてはさきに述べたが（第三章第三節第一〔一四三頁以下〕）、基本的には、異職種・異業種に就く出向を求められたＹらは、自己が確保している職業上の利益を守るために、出向を拒むことができ、Ｘはその一方的意思表示により、Ｙらに出向先で労務を提供することを義務づけることはできないといえるかもしれない。

しかし、その出向は、Xが要員対策を実施しなければならない条件下で行われるものであるから、その要員対策のいかんにもよるが、出向を義務づけることまたは変更解約告知を行うことができる場合もあるであろうし、そうでなくとも、XはYを余剰人員または従業員としての適格に欠ける者として、解雇することができると解しなければならない（もし、Xが余剰人員ないし余裕人員を抱えているが、恒久的な対策を継続して実施することにより、しだいに適正人員になるのを待つというのであれば、出向を拒否したYらに対しては、余剰人員が解消するまで、最小限、待命、休職などの措置を採ることが認められてしかるべきである）。

このように考えるならば、Xがその従業員に出向を求める際には、Xは要員対策をどのような態様で実施し、出向はそのなかでどのように位置付けられているかを説明し、その出向を拒んだ場合には、どのような人事措置が採られるかということを具体的に明示して説得し、応答を求めることが肝要である。

４　本決定は、出向者の人選が公正であることを出向の有効要件の一つとしており、そのこと自体に異論はない。しかし、人選が公正であるためには、より多くの社員に対して出向の打診を行うことなどが要求されると述べている点には問題がある。すなわち、余裕人員を抱えているXとしては、事業の健全な展開を図るために必要な要員を確保したうえで、余裕人員の出向を実施しなければならない。その人選を行う場合には、まず、事業の効率的運営と収益性の確保という業務上の必要性と、従業員の適性・能力が重要な要因となる。これに関連して、従業員の職業上の利益が考慮されるのが通常である。しかるに、誰が出向するにしても、その出向先で異業種・異職種の労務を提供することになるのであれば、出向者の被る職業上の不利益は同質・同等である。そうであれば、出向者の選考については、特別の事情があってその不利益がとくに大きいと認められる場合を考慮すればたりると考える（これについては5で述べる）。したがって、出向者の人選については、業務上の必要の判断とこれと相関する従業員の適性・能力についての評価が重要であり、これについては、Xの判断が尊重されなければならない。このことは、出向者に代替性がある場合でも変わりはない。

出向について従業員に打診することは、出向を拒む者は出向させないという結果にならざるをえない。それでは、X

は十分に経営責任を尽くせないことになる。しかも、解雇を回避するための出向については、恣意的にこれを拒むことは許されないと解されている（［判例三二］Cコメント［一五二～一五四頁］参照）。そうしてみれば、そのような恣意を排除することこそ、人選の公正を期するゆえんであると思われる。

5　本件で、Xは人選の基準として、

イ　全従業員を対象とするが、

①　概ね四六歳以上の者

②　国鉄時代に他に派遣された者

③　広域・中域異動者（国鉄時代に、民営化に伴う要員調整を行うため北海道・九州から大阪地区に異動した者）

④　運転・修繕などで指導的立場あるいは業務上中心的立場にあり、代替者を直ちに求め難い者を除く。

ロ　労働条件の変更の有無・程度、家庭事情・通勤事情などで著しく不相当でないこと

との二つを主張した。

これに対し本決定は、そのような基準が設定されていたかどうか疑問が残るとしたうえ、この基準によって人選したとしても多数の者が出向対象者として残ることとなるはずであるが、そのなかからなぜYらが選ばれたか不明であるとして、人選の公正・合理性に疑問があるとしている。

本件は、Xの大阪地区の勤務者約一五〇〇人のうちの、約一六〇人の余裕人員を適正な数にする過程で行われた、第一回の二二人の出向である。4で述べたところに準拠して考察すれば、イ④の基準は、Xの経営の効率を高め、収益性を確保するという観点から、またイ①ないし③の基準は、異業種・異職種の勤務に就くことによる特別の不利益を考慮するという観点から、それぞれ正当性と合理性を持つということができる。なお、ロの基準は、イの基準により出向対象者として選考された者につき、その生活利益に特別の不利益をもたらすおそれがあればこれを除外するという補充的なものと考えられる。

このように理解するならば、Xが設定した出向者の選考基準は、右の意味で公正かつ合理的なものといえる。ところ

で、本件のように、大阪地区の勤務者約一五〇〇人のうちから、約一六〇人の余裕人員に相当する者を選考するという大量の異動のケースにおいて、基準該当者が多数存在する場合に、さらに個別の人選の理由を明らかにしなければ、人事権の濫用になるかということが問題となる。本件のようなケースでは、基準該当者が多数あれば、いずれは出向の対象者として選考されることが予想される（なんらかの段階では、出向せざるをえない）といえるのではなかろうか。そうしてみれば、Xは、その認識しているロの基準に当たる事情を考慮しさえすれば、出向者の人選については、業務上の必要性と従業員の適性・能力についての判断に基づく裁量が認められるべきであると考える。その人選に対して、出向を命じられた者が、Xの認識していない事情で出向の拒否を正当化すると考える具体的な事実を主張するなどした場合に、Xはその事実の存否を含めて、とくに考慮すべき場合に当たるか否かを判断すればたりるといえよう。

3　異業種・異職種への出向の許容例

異業種・異職種への出向が認められるか否かは、出向を求められたYが、その出向により、たとえ一時期は職種や担当業務が変わっても、長い目で見ればYが本来の業務に携わる者として成長するうえに役立つか、または、Yが契約により確保している職業上の利益が著しく害されることにならないかなどという観点から判断されることになろう。たとえば、商品の製造をしているXから、技術者として採用したYを、その商品の販売をしているA・Bに出向・移籍させ、いわゆるセールス・エンジニアとして営業業務を担当させるという例はかなり見受けられるが、判例は、このような職種の変更・担当する職務の変更を是認する傾向にある。とくに、Xにおいて、需要の減退に伴ない、製品の生産規模を縮小した結果、一方では、技術者が当面過剰となり、他方では、過剰在庫品の縮減、需要の喚起、市場の開拓などのためにも、系列の販売会社や代理店の営業活動を支援する必要があり、これに応じて、技術職員をそれらの会社などに出向・移籍させる例は、かなり広く行われ、結果としても、かなりの業績を挙げているのである。

これまでに考察した判例では、出向については、［判例四］興和事件の2、［判例一九］ダイワ精工事件、［判例二〇］大日本金属工業事件、移籍については、［判例二二］日立精機事件などがある（一二二～一二七頁）。

このうち、［判例四］興和事件の2は、医薬品の製造会社Xの工場の試験係から、医薬品販売会社Aの営業所に販売促進を行うプロパーとして出向したケースであって、判決は、労働者の業務上の利益に関し、つぎのように述べている。

(1)　Yの出向前の「試験係」の業務は、化学物質である医薬品の長期保存後の品質を保証するために、過酷な条件のもとで耐熱性、耐温性、耐光性試験を行い、医薬品の外観面からその変化を追跡することを主とするものである。

(2)　Aにおけるプロパーの業務は、主として卸問屋、薬局、薬店を訪問して、販売する医薬品や医薬部外品などについて、有効性と安全性を周知徹底させるとともに、過誤のない用法および保管方法を説明して販売を促進し、これに付随して、販売先および末端消費者から会社製品、医薬品全般についての要望、意見、苦情などを吸収して処理することである。

(3)　Yは、従前習得した技術面の知識経験を十分生かして営業活動を行っており、プロパー業務を支障なく遂行し、対人的にも適応し、本件出向により格別の不利益を受けていない。

この判決について若干コメントしよう。本判決は、Yは勤務地および職種の特定がなくXに採用されたと認定しているので、このような判断になったといえる。結論としては支持することができるが、理論的には、少なくとも採用後の配属により、Yの職種は薬学系の研究・製造・検査職（これはYの本来の職種といえる）、担当業務は工場試験係の業務、勤務する事業場は名古屋工場とそれぞれ特定していたと判断したうえで、これを変更することの必要と、それがYに及ぼす影響を判断すべきであったといえる。これに加え、このようなケースでは、Yが本来の職種に戻ることを前提として、出向中の担当業務がYの将来の職務の遂行に役立つかという観点からも考察する必要があると考える。

なお、製造業者Xがその従業員YをXの商品の販売代理店であるAに出向・駐在させて、製品のサービス業務を行わせるケースについては、[判例一八]安川電機製作所事件に関連して考察した（一一八頁参照）。

4　要員対策としての出向の場合

要員対策として行う出向には、異業種、異職種への出向を求める事例が少なくない。すでに述べた[判例三二]住友重機械工業事件（一五一頁）は、造船所の船台削減によって生じた余剰人員を自動車の販売会社の販売外交員として出向させたことが、正当性、合理性を持つと判断されたケースである。とくに、出向を求められた労働者が余剰人員として解雇されてもやむをえない（整理基準・解雇基準に該当する）場合には、異業種・異職種への出向でも、これに応じなければ解雇を免れないのであるから、出向の正当性、合理性がひろく認められることになる。なお、このような出向をどのような態様で行うのがよいかについては、[判例三八]東海旅客鉄道事件の2のC（二〇一頁以下の部分）でコメントした。

前掲[判例四〇a]川崎製鉄事件[一審]（二七九頁）も、事業場の閉鎖によって生じた余剰人員に職場を与えるために、新規事業場を作ってそこに出向させたケースであるが、「本件出向より、Yらが入社以来従事してきた業務内容と異なる業務に従事するようになったことから、Yが不利益を受けたとしても、神戸工場の閉鎖によりYらのそれまでの雇用先が喪失したこと及びYらが[当時の出向先]Mにおいて、西宮への勤務場所の変更を拒否したことを考慮して、Xが[神戸に]Aを設立しYらを出向させたという経緯その他業務上の必要性を勘案すると、本件出向を無効とすべき程の不利益とは認められない」と述べているのは当然である。

5　定年延長に伴う出向の場合

特殊な例ではあるが、定年退職との絡みで出向が行われるケースについて、出向先の業務が労働者を退職に追い込むような肉体的負担を伴うものであるか否かという基準によって判断したものとして、つぎの判例がある。

前掲【判例三九】東海旅客鉄道事件（一七〇頁）の2

Ａ　事実の概要

１　Y_1・Y_2・Y_3は元国鉄職員で、国鉄民営化に伴い国鉄を退職して、Ｘで勤務しており、国鉄労働組合（Ｕ）に加入している。Y_1・Y_2は車掌業務に、Y_3は改札業務などに従事していた。

２　Ｘは平成二年三月二八日Ｕとの間で、六〇歳定年実施に伴う在職条件につき、

①　職員（Ｕ組合員）が五四歳に達した日以降は、原則として出向するものとする。

②　五五歳に達した日以降の基本給は、従前の基本給の八五％とするとの協定（定年協定）を締結した。

３　Ｘは、平成六年五月一八日付で、Y_1・Y_2・Y_3に対し、車内清掃、駅舎清掃、車体洗浄装置・排水処理装置・ボイラー装置の維持管理、おしぼり・食材運搬車内積込作業などを業とするＡ（サービック）に出向を命じた。

Ｂ　決定の要旨

１　定年協定は、出向という手段によって定年の延長を図ろうとしたものであるから、定年協定の趣旨に照らしても、また、高年齢者などの雇用の安定などに関する法律などの精神に照らしても、恣意的な出向命令は許されるべきではなく、出向を命じるについては、

①　それ相当の業務上の必要性があること

②　出向先の労働条件が出向者を事実上退職に追い込むようなことになるものではないこと

③　出向対象者の人選・出向先の選択などが差別的なものでないこと、を要するものと解すべきである。

２　Ａの事業は、旅客サービスの提供というＸの事業にとってはいわば裏方ではあるが、必要不可欠なものであるあ

るうえ、Ａでは、高年齢者も女性も働いており、一般的ににみて不適格な出向先であるわけではない。

３　Ａにおいて従事することになる業務は、車両、駅舎の清掃作業であって、腰痛などの持病を持つ者にとっては、従前の作業に比してかなり肉体的・精神的に負担が多く、場合によっては退職を考えざるをえないものである。Y_1は、変形性脊椎症・腰椎椎間板症という腰痛の持病を持ち、コルセットを常用せざるをえない状況にあるものであり、Y_2も、椎間板ヘルニアという腰痛の持病を持ち、入院を余儀なくされた病歴があって完治しておらず、憎悪する危険性も否定できない。この両名については、いずれも出向を命じられれば退職に追い込まれるおそれがあるものと認められる。そうすると、Y_1・Y_2に対する出向命令は、人事権の濫用として無効というべきである。Y_3については、健康上退職に追い込まれるおそれがあるとは認め難い。

Ｃ　コメント

本件は、Ｘが九年間にわたって中止していた新規高卒者の採用を再開して人事の刷新を図るという必要性を背景とするが、基本的には、定年延長に伴い、五四歳に達したＹは出向させるという原則に基づいて実施されるものであり、Ｙはその意味においては、Ｘにおいて職場を保持するという利益を持ちえず、適当な出向先がなければ、職場を失うこともやむをえないということになる（この場合は解雇も問題となりうる）。そこで、出向に関し、Ｘがどのような出向先を用意することができ、これをどのようにＹに提示したか、Ｙがこれにどのように対応したかということが問題となる。

本件では、Ｘが出向に際し、対象者と面談した経過を認定しているが、Y_3については、同人が年収にこだわっていたためにその希望をかなえうるような出向先を確保できず、そうするうちに、比較的条件の良い出向先への希望者が集中したという事情などもあり、ほかの出向先に行く者が決まってしまって、Y_3のためには、同人に不満足なＡが自動的に出向先として決定したと認定し、その出向を有効なものとしている。

それは、本決定が判示しているように、Ｘに「現職に残すか出向に出すか、どの職種に出すか、どの会社に出向に出すのかなど会社の人事権が広く認められ」ことを前提として、Ｘが従業員の意向を打診しながら出向先を決定するという方法を採るならば、従業員の協力がない限り、出向対象者全員のために合理的な解決を図ることは困難であること、とくに、Ｘが出向先を開拓し、これを出向対象者に提示することは、その者の利益のためでもあること、したがって、或る従業員がそのような協力をしなかった場合には、その者が結果として不利益を被ってもやむをえないという考えを基礎としている。多数の労働者の出向を短期間の間に合理的な処理しなければならないとするならば、Ｘにはかなり広範な裁量を認めるとともに、Ｙに対しても、これに誠実に対応すること、少なくとも、自分の利益だけを固執しないことを求めることができると考える。この意味において、右の論旨には賛意を表する。

これに対し、Y_1・Y_2については、Ｂ３で述べたように、出向先が同人らに退職を余儀なくさせるおそれがあるとして、出向先としては不適当であるとしただけで、Ａが出向先として決定した経過には触れていない。しかし、Y_1・Y_2についてもY_3について述べたと同様のことがいえるのではなかろうか。すなわち、もし、Y_1・Y_2が出向について積極的な希望や意見を表明し、かつ自己の主張を譲るなど妥協を図る態度を採っていれば、同人らが支障なく勤務できる出向先が得られたであろうと思われたのに、そうしなかったために、その出向先としてはＡしか残っておらず、しかもＸにそれ以外の出向先の開拓を要求することを期待できないならば、ＸがＡへの出向を求めたことを非難することはできないのではなかろうか。

もっとも、Y_1・Y_2の症状が本決定が認定した程度のものであれば、客観的には同人らに出向を義務づけることはできないから、休職などの措置は採りえても、出向拒否（業務命令違反）を理由として懲戒することはできないと考える。付言すれば、Ｙに責むべき事情がないのに、Ａで勤務することができないとして退職したとすれば、Ｘのつごうによる退職の扱いをするのが適当である。本件では、旧定年でＸを退職する者について、特別の優遇措置を講ずることが協定されているから、Ｙに対してもその協定の適用を認めるべきであろう。

これは、使用者が、労働者に対して、労働契約の重要な内容（実質的労働条件）の変更を申し込み、これを承諾しない労働者を使用者が解雇し、または使用者の申し込みに起因して労働者が退職した場合には、使用者による解雇と見做し（イギリス法にいうconstructive dismissal）[52]、またはそれと同様のものと評価して、解雇に対すると同様な救済（不当解雇を理由とする復職または金銭的補償）を与えるという法理に基づくものであり、実務のうえでも、たとえば、人員整理の場合行う異業種、異職種への出向を拒否した労働者に対しては、希望退職者に対すると同様に、会社のつごう退職の場合の退職金を支給している例が多いようである。

(51) 前著「出向・移籍の要件」九五頁以下。

(52) G.Rideout, Principle of Labour Law 5th ed (1989), p.134 ~ 139. 野田進・労働契約の変更と解雇(一九九七年)八二頁以下。

第三　勤務地の変更

一　概　説

勤務地も労働契約の要素をなすものであるから、その変更を伴う出向においては、勤務地の変更そのものについても、職種などにおける同様に、それに固有の要件をみたすことが要求されるといわなければならない。とりわけ、勤務地については、特定の事業場の要員として募集し(労働契約の申込の誘因)、これに応募したものを採用した場合(通常、現地採用という)などには、「勤務地が特定している」と解されている。この場合には、その変更は原則として変更解約告知によるべきであるとの判例(東京地決平成七年四月一三日・労民集四六巻二号七二〇頁、アエロトランスポルト[スカンジナビア航空]事件)もあるから、この法理も考慮にいれる必要がある(本節第一**五**[一九五頁]参照)。

また、労働協約や就業規則に「会社は業務上の必要がある時は、従業員の勤務地を変更する(転勤させる)ことができる」旨の規定がある場合には、使用者はその一方的意思表示によって勤務地を変更する権利を取得するが、「転勤、特に転居を伴う転勤は、一般に、労働者の生活関係に少なからぬ影響を与えずにはおかないから、使用者の転勤命令権は無制約に行使することができるものではなく、これを濫用することの許されないことはいうまでもない」（最判昭和六一年七月一四日・判時一一九八号一四九頁、東亜ペイント事件）とか、「人は居住の地に一定の財産を有し、多くの人と関係を結び、その土地に離れ難い愛着を感じながら生活をするものであるところ、「遠隔な地にある他の事業場への」転勤や出向の命令を受けた従業員にとっては、一般に生活上の不利益を受けることは必至である」から、使用者の権利は内在的制約に服する（つぎに述べるセントラル硝子事件）とされている。

二　勤務地変更の当否

このような考え方を基礎として、判例は具体的なケースにおいて、どのような判断をしているかを考察しよう。

前掲【判例二二】セントラル硝子事件（一二四頁）の2

Ａ　事実の概要

１　ソーダ工業を基盤とする化学品および肥料など製造販売を目的とするXは、北海道における肥料市場を確保するため、Xの宇部工場で製造する原料を使用して配合肥料を製造するAを、Xが全額出資して、苫小牧に設立した。Xは、Aの要員を二〇名とし、うち一七名は、原則として宇部工場の従業員を出向させてこれにあてることとし、Yを含む三名を同工場エネルギー課に所属していた電気関係の技術者から選んだ。Xは妻の同伴を求め（後に暫定的に単身赴任を認めた）、出向期間は明示することができないとの主張を続けた。

２　Xは、昭和五一年二月二六日Yを含む一六名に出向を内示した。その後、内示を受けた者のうち八名［後に二名増える］が退職したため、Xはさらに第二次（六名内示し、うち四名が退職）、第三次の内示をし、同年六月八日、出向を発令した（Yとともに出向を内示された電気関係技術者二名は退職したが、その後任は出向者によっては補充されていない）。

３　Yは、地元の中学校を卒業してXに採用され、宇部工場で二八年間電気工として勤務していた。Yは地元に家屋敷と六反五畝程度の田畑を所有し、妻、両親、次男と同居していた。Yは左腎結石症と本態性高血圧症に罹患していたが、おおむね健康体で、勤務に支障はなく、重労働も担当していた。

妻は小学校の教員として勤務しながら家事を担当しており、出向内示後苫小牧地区で教職を求めたが得られなかった。両親は軽度の農作業に従事していたが、同人らには健康上の不安があった。

B　判決の要旨

1　A3の事実のもとでは、X一家が揃って苫小牧に赴くことは困難である。妻と次男が同地に赴くとすれば、妻は長年勤務した教職から離れざるをえないので、耐え難いであろうし、現地に残った両親だけでは農作業はもとより、生活の切り盛りにも難渋を来たし、健康上の不安が強く、この面でY家族の受ける不利益は甚大である。Yが単身赴任をしたとすれば、肉体的欠陥を持つYが慣れない厳冬の季節を持つ同地で一人生活することの精神的、肉体的不安は相当高いと思われる。現住地に残る家族についてみると、両親の不安が和らぐであろうが、その分職を持ちながら両親と円満に暮らしていかなければならない妻に大きな負担をかけることになる。このように、Yが妻に対する同居と扶助の義務および父母に対する扶助義務を果たしえない不利益は甚大である。また、農作業への大きな影響と、所帯を別にすることから受ける経済的負担も免れない。

加えて、XはYを現在の職場に戻すまでの期間を明示しないので、Yやその家族は、右に述べたような困難に耐えるための時間的な展望を持ちえないので、その精神的苦痛は大きい。

2　Xの本件出向をなす業務上の必要とYのこれによる不利益はともに肯認されるが、後者が極めて高いと判断されるのに対し、前者については、他の方法を講ずることによって業務の円満な遂行をそれほどの困難を伴うことなくなしうると認められる。

3　XはAの人員捻出と具体的な人選に当たって、専ら会社の業務のつごうを優先せしめ、長年Xの発展に功績のあった従業員を遠隔な地に出向させた場合の犠牲に十分考慮を払うことなく、これを遂行しようとしたため、一六人の捻出のために一四名の退職者を出し、他にも採りうる方策があるにもかかわらず、いわゆる幹部あるいはその候補者ではないYにも前記の苦痛・犠牲を強いようとするものであって、長期にわたる継続的な労働契約の特質に照らし、著しく信義誠実の原則に反する。

C　コメント

1　本判決は、Aは、Xの一工場と同視しうるから、本件出向命令については、転勤命令としての効力の存在を判断すればたりるという考えを採っているが、結論としては出向命令の効力を否定している。したがって、そのポイントは、勤務地の変更の効力にあるということができる。その場合に基礎となるのは、労働契約上Yの勤務地が「将来に向かってそのまま継続する」ものとして法的保護に値するという態様で、特定していると解釈されるか否かということである（本節第一**二**〔一九二～一九三頁〕）。本判決は直接この問題には触れていないが、本件出向が信義誠実の原則に違反すると判断した過程において採りあげている事実（B3）を仔細に検討すると、無意識のうちに勤務地の特定を前提として論旨を展開していると思われる。

2　本件において出向を命じられたYは、地元に家屋敷を持ち、妻子などの家族も同居していて、転勤し難い条件下にあり、また、地元工場の現場作業に従事する労働者であって、幹部あるいはその候補者ではないのであるから、通常であれば、転勤しなくて済むものである。この意味で、Yは宇部工場で勤務を継続することについての期待利益を持ち（このことは、Yと同様に出向を命じられた工員二二名のうち一四名が退職した事実によって裏づけられよう）、その利益は、本節第一**四**〔一九四～一九五頁〕で述べたように、「勤務地が特定されている」として法的に保護されるに値するといえるであろう。

3　このように勤務地が特定している場合には、その変更は変更解約告知によるのが相当と考えるが、根拠規定があれば使用者に形成権を認めるという通説的見解に従うとしても、変更解約告知の要件として考えられる正当事由（社会的相当性）や形成権の要件である業務上の必要性があると認められるためには、勤務地の特定によりYが確保している利益を考慮してもなおかつ本件出向を行わざるをえないという事情があり、しかも、その出向によってYが受ける不利益を軽減する措置を講ずることが要求されるといえよう。

本判決は、これを主として信義則違反の項で論じているが、Yの家庭生活についてのいささか感傷的な論述を別にすれば、実務上この種案件の処理について参考となることもあると思われるので、そのポイントをつぎに指摘しよう。

⑴　本件で、Ｘは出向を内示した従業員に対し、出向命令に応ずるか退職するかを求めているから、その意思表示は一種の変更解約告知と解釈することができる。なぜならば、Ｘは、Ｙとの契約内容（契約の当事者および勤務地）を変更して、Ａのために、苫小牧に移転して労務を提供することを求め、それに応じなければＹとの雇用を継続する意思がないことを表示しているからである。そうしてみれば、本件は、変更解約告知の法理に従って、Ｘの意思表示の効力を判断するのが適当と思われる。

話は横道にそれるが、このような方法を採るときは、出向の条件いかんによっては、本件におけるように、出向に応じられないとして、退職する者が多数生じ、Ａへの出向者およびＸの工場の人繰りに支障を来すという事態も発生するのであるから、手段の選択については、このことも十分考慮にいれなければならないであろう。その意味で、この手段の選択は、出向の正当性・合理性の問題ともいえる。

⑵　本判決が信義則違反の根拠の一つとして、出向者の決定につき、Ｘの業務のつごうを優先させ、従業員を遠隔の地に出向させた場合の犠牲に十分考慮を払わず、家族同伴を強く求め、従業員の個人的事情の斟酌が少なく、Ｙからの申し出の後も、出向の態様や人選を再検討して柔軟な措置を採らず、また出向期間の大枠すら明示しなかったことをあげている。

たしかに、ＹがＸのために労務を提供することの契約をしたからには、一般的には、Ｘの事業活動に寄与するように勤務する義務を負っている。しかし、他面、Ｙのようにいわゆる現地採用で、現業の業務に従事している従業員は、契約上「勤務地が特定されている」ということができ、同種の従業員と同じく、現在の勤務地で継続して勤務することについて期待利益を持っていることは、さきに述べたとおりである。そして、

①　特定の勤務地で勤務している期間が長くなる、

②　同居して扶助する家族が増える、

③　高年齢となって、身体的条件が低下し、または環境適応性が乏しくなる、

などという状況の推移に伴い、転勤を困難にする条件が進んでくると、その期待利益を保護する必要も強くなってくる。本件ではこれらの条件がすべて具わっている。これに加え、本件は宇部から寒冷地である苫小牧に転居するというケースである。この意味でも、Yの家族は、環境適応性に乏しいといえる。そうしてみれば、Yの勤務地の継続に対する期待利益を保護する必要は強く、勤務地の変更を強く制約する要素となるということができる。

したがって、このような勤務地の特定についての利益を超える程度に強度な転勤の業務上の必要性が要求されることになる。この場合に、XがYの転勤によって受ける不利益をいくらかでも緩和する措置を採るならば、これを考慮にいれて転勤の業務上の必要が判断されることになる。その措置として、出向期間の限定とか、単身赴任を認めるとともに、これに伴う不利益に対する配慮などが行われているのが通例である。そうしてみれば、本件においては、Xとしては、この程度の措置を採るべきではなかったかと思われる。Xがこのような措置を採ったが、Yがその家庭の事情でどうしても転任できないというのであれば、それもまたやむをえないことなので、Yを責めること（たとえば、懲戒解雇をすること）はできないであろう。しかし、Xには契約条件を変更してYを出向させる業務上の必要があり、その必要に応えるため、できるだけの利益の調整を図ったのに、Y側の事情によってその同意が得られず、その結果、XはYをAに出向させてその事業に寄与させるという目的（それは、X・Y間の労働契約の内容に含まれる）を達成することができなくなったことになる。そうしてみれば、そのような状況下で、Yとの契約の継続をXに求めるのは妥当ではなく、XはYとの労働契約を解約することが是認される。これが変更解約告知にほかならない。すなわち、Xの責に帰すべからざる、Y側の事情によって、労働契約に基づく義務を履行することができないとすれば、これによる危険はYが負担しなければならない。

4　なお、信義則に関連し、本判決は、Xは、すでに宇部工場から他の事業所に出向している電気関係の従業員が多数いるのに、これらの者を出向の候補者としなかったことに疑問の点があるとして、人選の妥当性を問題にしている。しかしながら、出向者については、特別の理由がある場合を除けば、余人をもって代え難いということはありえないから、どの範囲の従業員から、どのような基準をもって人選するかについて、使用者には幅広い自由裁量の余地が残されている（東京地判昭和四五年三月三〇日・労判速七〇九号六頁、日本ペイント事件）と解すべきであろう。

本判決は、宇部工場から他の事業所に出向している電気関係の従業員からの出向も検討すべきであったというが、それにはつぎのような問題がある。すなわち、そのような人選を行うならば、出向者をさらに出向させることになるが、このように或る者にだけ重ねて負担を負わせることは、公正な人事はいえない。のみならず、その者がＹのような現地採用者であれば、Ｙについておこったと同様の問題が生じてもおかしくはない。これに加え、別の事業場から出向者を選んだとすれば、その後任者の補充という問題も生じ、既存の要員配置体制の安定（法的安定）を害するおそれもある。Ｘが労働組合とＡの要員一七名は、「原則として宇部工場の従業員を出向させてこれにあてる」と協定したのは、人事の公正と法的安定の配慮に基づくものといえる。それにもかかわらず、本判決が右のように述べているのは、協定の趣旨にそわないのみならず、人事の公正と法的安定に反することにもなる。

三　出向により受ける不利益の程度

前項において、特定された勤務地の継続について、労働者が法的保護に値する期待利益を持っている場合（判例が「勤務地が特定している」という場合）に、それが出向をどのように制約するかという問題について述べた。そこで採りあげたケースでは、労働者が強度の期待利益を持っているということができるものであった。したがって、そのこと自体が、出向を制約する要素として、重要な意味を持っている。これに対し、同じようなケースであっても、転勤を困難ならしめる事情がそれほど強くない場合とか、出向が要員対策のためであるように転勤により労働者の得る利益が大きい場合など、勤務地の継続についての期待利益を保護する要請が二のケースほど強くない場合には、個々の具体的事案で、出向により出向者が受ける社会生活上の不利益の程度が問題となることがある。以下において、このようなケースを考察しよう。

前掲【判例二六】日本ステンレス事件（一三五頁）の2

A　事実の概要

1　Xは、新潟県直江津市（工場をNという）において、ステンレス鋼材の薄板、厚板、鋳物などの製造加工を業としていたが、需要の伸びに対応し、また新製造方法開発のため、茨城県鹿島市に工場としてA会社を設立した。

2　Xは、業界の不況に当面し、企業の存続を図るための合理化施策を実施してきたが、Nでは慢性的余剰人員を抱えていたので、希望退職を募集したところ、応募者がNは少なく、Aなどは多かったので、N・Aなどの間で人員調整が必要となった。そこで、Xは労働組合との合意に基づき、Nで勤務していた従業員Y_1・Y_2・Y_3に対し、Aへの出向を命じた。

3　Yらは組合や地区の加盟団体の役員をしていることや家庭の事情を理由に出向を拒否したので、XはYらを懲戒解雇した。

B　判決の要旨

1　Xにおいては、大量の人員整理後、N・Aなどの間で大幅な人員配置上のアンバランスに当面し、雇用確保の手段として、出向・配転により、人員調整を図らざるをえない客観的な必要性があった。出向者などの人選は一定の基準（①本人の希望を優先する、②転勤・出向の経験者を除く、③家庭の事情、とくに独身者・社宅入居者を優先する、④技能職を指定してきたところは、未熟練者を除く）に基づいてなされているなど、出向の理由も手続も正当である。

2　Y_1（独身）は年老いて脳溢血・脳血栓などの重篤な病気に罹患し、身体障害者である両親を抱え、両親と同居して看病の必要があるという家庭事情を考慮すると、Aへの出向は酷に失し、同人に対する出向命令は人事権の濫用として無効である。

3　しかし、Y_2は将来は両親の面倒をみるべきものとしても、両親の病気は本件出向当時さほど重くはなかったと推認され、Y_3については、本件出向が家庭生活に著しい支障をもたらす事情は認められないから、同人らに対する出向命令は人事権の濫用とは認められない。

４　Xの従業員の組織する労働組合は、N支部が中心となっていて、N支部の役員が本部役員を兼務し、N支部の役員でなければ本部役員に立候補できない状況にあったので、YらがAに出向させられることにより、Yらの組合本部での組合活動に支障を生ずるであろうことは推認できる。

しかし、現実の組合活動をみると、Aにある組合支部からNに交渉員などとして出席しており、他方、A支部の組織・活動も充実してきており、支部の役員の多くは、Nからの出向者で占められている。そうすると、Yらの本部における組合活動に支障を来すことがあるとしても、そのことから直ちに、XがYの組合活動を嫌悪し、組合活動が活発でないAに出向を命じたとは推認できず、本件出向は不当労働行為とはいえない。

C　コメント

１　本件における出向者Yは、いわゆる現地採用者であり、形のうえでは、セントラル硝子事件（［判例二一］の２）と違いはないといえよう。しかし、本件においては、まず、Yらは独身者か社宅居住者であって、家族持ち、家屋敷持ちの従業員よりも異動しやすい条件下にある。また、直江津から鹿島に転居した場合に、環境適応性に難点があるとは思われない。しかも、Nにおける余剰人員をAに転勤させるというのであるから、これにより、出向した者は、Nに残っていたならば、人員整理の対象となるかもしれない危険の負担を除かれることになり、それだけYらに利益をもたらす結果になる。そうしてみれば、いわゆる現地採用者であるということだけを理由として、勤務地の変更につき、前記［判例二一］の２の場合ほど強い保護を与える必要はないということになろう。ここに、出向を求められた者の個人的な事情がクローズ・アップされてくる。

２　この場合でも、家庭生活や家族の事情をどのように考慮するかは、前記［判例二一］の２のCコメント３⑵（二一五〜二一六頁）で述べたとおりである。この場合に変更解約告知の法理を適用するにしても、Y_2・Y_3のように、通常転勤に障害を与えるような事情がない場合は、承諾拒否の自由を認めるとの立場を採るにもせよ、その結果としての解雇は、使用者のつごうによる解雇とは評価されない（この意味に関しては、本書二一〇頁を参照されたい）。

第四　雇用の継続に由来する特別の利益

労働関係が継続的な法律関係であることはいうまでもないが、いわゆる終身雇用を志向し、しかも年功序列を基幹とした待遇がこれに結びつくときは、雇用の継続を要件ないしは要素として、労働者の労働条件または従業員たる地位の得喪に関する条件などが決定され、とくに、社内経歴の積み重ねにより職位の上昇が期待されているると解される。このことから、復帰を前提とする出向・移籍であっても、この期待利益を害するのではないかという問題が生ずる。このことを考慮にいれたつぎのような判例がある。

［判例四三］　一畑電鉄事件（松江地判昭和四七年四月八日・判タ二七九号三四七頁）は、業績の悪い系列会社の立て直しのため出向を命じたというケースにつき、つぎのように判示している。

出向人事は、通常は傍系会社の経営の建て直し（生産、販売、金融、人事などの管理）というかなり重要な使命を帯びて行われることが多く、この場合将来出向元会社へ復帰できるとしても、復帰の際に、出向先での成績不良を理由に昇進が遅らされるとか、責任を問われて詰め腹を切らされるとかいった事態もないわけではなく、また終身雇用制のもとでは出向労働者が冷遇されることも十分予想できるところである。

Ｙに対する本件出向命令には業務上の必要性があり、Ｙに経済的な不利益を与えるものではないが、一般に更正タイヤ業界に不安があり、生産性が悪く、低率の利潤しかあがらず、企業にとってすでに重荷となっている零細工場に出向し、これが再建を命ぜられたことに危惧を抱き、この出向が将来自己にさまざまの不利益をもたらすのではないかという不安を持ったＹに対し、出向期間、出向元への復帰保障などにつきなんら明確な示唆を与えず、業務上の必要性のみ説いて出向命令を強行したことは人事権の正当な行使とはいいがたい、というのである。

判決は、出向に伴って、出向者が不当な責任を追及されるおそれがあるとか、冷遇されるおそれがあるなどと推測したり、予想したりしているが、判示のごとき結論を導き出すための立論と思われ、これにはたやすく組しかねる。しかし、もしYがそのような見解を表明していたとするならば、出向によって経歴上の不利益を被らないよう制度的に配慮していることを示して説得することが要求されると考えたい。補足すれば、XにAを再建する業務上の必要性があるならば(本判決は、これは認めている)、Xとしては、その従業員の誰かをAに出向させざるをえないのであるから、そのことを踏まえて説得すればよいのであって、Yが承諾しないからといって、とくに優遇措置を講ずる必要はない。

第五　不利益取扱(差別待遇)の禁止

一　序　説

多数の労働者を組織的に使用して事業を営んでいる企業においては、平等取扱いの原理が妥当する。その原理は、狭義においては、性別・国籍・信条・社会的身分などのほか、労働組合への加入・組合活動などを理由とする労働契約上の不利益な取扱い(差別的取扱い)の禁止をその内容とすると解されている。すなわち、私的自治を基本とする労使関係においては、相互に対立・相克する使用者と労働者の権益について自律的調整が認められる。しかし、その自律的調整が許容されるのは、労使の当事者がそれぞれ労働関係における自己の権益を確保する必要性があり、かつ相手方の基本的権益を不当に制約・侵害しない限度においてである。それは公正の原理に基づき合理的な労働関係を形成するという法の目的に由来する制約である。

そこで、労働者の出向・移籍を決定する場合には、通常その判断の基礎となる、XおよびAの業務上の必要性と経営の実態ならびに労働者の適性・能力、就業に伴う本質的制約、生活事情などを理由とする人選は認められるが、これらとはかかわりなく、生来的な性別、国籍、社会的身分、人格的活動の基礎をなす信条・行動、団体自治の基礎をなす団結と団体行動などを理由として不利益な取扱いをすることは、労働者の基本的権益を侵すことになるので、いかなる場合においても禁止される。その意味でこの禁止は絶対的である。

二　思想・信条を理由とする不利益取扱

特定の思想・信条を持っていることを理由として（それを決定的な原因として）、出向・移籍する労働者を人選することは禁止され、これに反する出向・移籍を強行しえないことは、通説・判例の認めるところである。この類型の不利益取扱（差別的取扱）を認めたものに、つぎの判例がある

前掲**［判例三三］**名村造船所事件（一五四頁）の2

A　事実の概要

Xは造船会社であるが、造船不況による経営の苦況を克服するため、昭和五一年度から同五三年度にかけて人員削減を伴う不況対策を実施したが、さらに業績が悪化したことを理由に、O工場の新造船部門の売却、陸上鉄構部門の強化などを前提とし、昭和五四年一月下旬一〇四名の剰員調整を内容とする要員計画を策定し、従業員が組織する労働組合Uと、出向に関する協定などを締結した。要員計画で、「再三説得しても、会社の認める正当な理由なく出向に応じない者」、「過去三年間に一定の日数を超える欠勤があった者」、「過去五年以内に懲戒処分を受けた者」などを指名退職基準の一つと定め、昭和五三年一〇月以降Yら九名に対して出向を打診・勧奨していたが、Yらはこれに応じなかった。そのほかYらは、いずれかの指名退職基準に該当するので、XはYらに転進援護取扱による退職の機会を与えたが、申出がなかったので、Yらを解雇した。

B　判決の要旨

１　企業が経営危機克服策を講ずる際において、これに協力しないことは一種の信頼関係を破壊するものであり、また解雇防止のため企業に出向の努力を要求しながら労働者においてこれに一切協力しないことを認めるのは公平を欠く。…同意権の濫用にわたる場合には、出向拒否者を整理解雇の対象とする基準を設け指名解雇することは社会通念上相当である。Ｙらは、いずれも指名退職基準のいずれかに該当している。

２　しかしながら、Ｘは、Ｙらが共産党ないしその強い影響下にある集団を作り、集団として会社の企図する合理化策に反対し、その遂行を妨げるものとして嫌悪していた。Ｘは昭和五二年一一月以降実施した希望退職や出向を通じ、一貫してＹらを特に選定して排除しようとしていた。一〇四名の人員削減の必要性については疑問があり、とりわけ直接工については解雇時も余剰が存在しないのに、本件解雇者には直接工ないしは直接工扱いが四名も含まれ、解雇事由の前提となる出向を打診された者は、このほか五名にすぎなかった。

これらの事実を総合すると、会社は経営不振打開のため人員削減を必要とする状況にあることを奇貨として、嫌悪するＹらを排除することを主たる狙いとして、Ｙらを被解雇者として選定したものと認めるのが相当である。

Ｃ　コメント

本件は、造船不況に対処するため、Ｘが実施した要員調整の施策に対して終始反対を表明し、出向に応じなかったＹらを解雇したというケースである。この出向は、解雇を回避するために行われたものであり、Ｙらがこれに応じていれば、解雇されることはなく、期間は一年と定められていたが、人員過剰の事態が解消すれば、出向復帰することが期待されうる性質のものである。この場合に、Ｙらが独自の見解のもとに、労使の協定にもかかわらず、右のような対応を選んだのであるから、このことによる危険もまた負担しなければならない。

判決がＢ１で述べていることは正しいと考える。平易な表現を用いるならば、自分のつごうだけを考えて、出向に応じるか否かを決めるのは、信義則に反すると解したい。とくに経営危機を乗り越えなければならない時期にあっては、協調性までは求めないにしても、エゴイズムは排除されなければならない。

また、技能などの点からみても、Ｙらは昭和五二年末の人員削減の際にも、残存工場の要員とされなかったのであるから、Ｘの事業の運営に不可欠との評価を得るほどの能力と実績を持っていたとは思われない。そうすれば、多数の人員削減を含む要員対策を実施する必要がある以上、出向の対象とされることはやむをえないのではなかろうか。そうだとすれば、Ｙらにとって解雇を回避する方法としては、出向に応ずることだけが残されているのであり、Ｙらは出向を拒否することにより、Ｘで雇用を継続するチャンスを自らの危険の負担において放棄したことになると考えたい。

［判例四四］ 大塚鉄工事件（宇都宮地栃木支判昭和六三年一〇月一三日・労判五二八号二八頁）

Ａ　事実の概要

１　Ｘは、鉱山用機械の製造・販売を目的とする会社であり、従業員は約一三〇名で、唯一のＴ工場にその大部分が勤務している。Ｙは、昭和五六年大学卒業とともにＸに採用され、Ｔ工場で、実験課、設計課（設計業務）、生産管理課購買係（資材購買業務）で勤務していた。

２　Ｘは昭和五九年度に四億七〇〇〇万円の損失を計上し、累積損失も六億四〇〇〇万円に達した。Ａは大阪に本店を置き、空気圧機器・油圧機器の製造販売などを目的とする会社であるが、Ｘに資本参加し、以来ＸはＡグループの一社として位置付けられた。その結果、Ｘの各地にあった営業所とＨ出張所は、ＡのＸ機械事業部営業所などとしてＡへそのまま移管され、同所に勤務していた従業員は、Ａへの出向の形になった。
Ｈ出張所は、もと従業員が一人で勤務していたが、Ｘは昭和六一年七月Ｙに対し、Ｈ出張所へ出向することを命じた。

３　Ｘの従業員が組織している労働組合Ｕでは、労使協調路線を受け入れるかこれに抵抗する姿勢を採るかということで意見が分かれ、後者の立場を採ったＹらは代議員にも選出されず、組合役員の地位を失った。ＸがＡグループに入って以来、Ｕが共産党員ないしはその支持者である活動家グループによって支配されているとの観点から、そのグループに属すると認められる従業員を排除する方針を採ってきたと認められる。Ｙは、そのグループに属するものとみなされていた。

Ｂ　判決の要旨

以上の事実を総合すると、Ｙに対する本件出向命令は、Ｘの労働組合対策の一環として、特定の政治的信条を持った活動家グループに属するとみなされたＹをＸの主要事業所から排除することを意図して採られた措置であるとみるのが相当である。

Ｃ　コメント

この判決は、Ｘが主張した出向の必要、人選の基準と経過などを認定しないで、右のごとき結論を出しているところに際立った特徴がある（このような論旨の展開は、近時の判例としては極めて珍しい）。というのは、正当な理由に基づいて出向が行われた場合（人選の妥当なことも含めて）には、その人事は不利益取扱とはいえず、その効力を失わせるような救済を与えることは許されないと解されるからである。多くの学説・判例は、使用者になにほどか労働者の思想・信条を嫌悪している事実が認められ（組合加入・組合活動についても同様）、これに由来する差別的取扱の意思が認められる場合でも、使用者が行った解雇その他の措置に、それに相応する理由があると認められる場合には、その差別的取扱の意思と相当な理由に基づいてその措置を行う意思とのいずれが決定的原因であったかという観点から、その措置の効力を判断している。(53)

本件に即していえば、Ｘ（Ａ）がＨ出張所を維持し、その強化を図る業務上の必要性がある限りは、Ｘは、その従業員の誰かをＡに出向させて、Ｈ出張所で勤務させなければならないことに相違はない。そして、Ｘには出向についての根拠規定があると解されるから（Ｘの就業規則）、人選が妥当であれば、Ｙは出向に応ずるべき義務があり、これに対応するＸの権利は、Ｙの思想・信条（組合加入・組合活動も同様）いかんにかかわらず保障されなければならない。そうしてみれば、この点に関する判断をしないで、判示のごとき結論を出すことは妥当ではない。(54)

(53)　柳川他・全訂判例労働法の研究（下巻）（一九五九年）一三二八～一三四一頁、東大、注釈労働組合法、三四八～三四九頁、岩村正彦「『動機の競合』における不当労働行為の成立基準」（外尾健一編）『団結権侵害とその救済』（一九八五年）一七三頁以下。C.J.Morris ed.,The Developing Labor　Law Vol. 1（1983）, P.188 ～ 196, 264 ～ 266.

(54)　なお、この問題に関しては、アメリカの全国労使関係法（タフト・ハートレイ法）一〇条ｃが、「従業員が正当な理由に基づいて就業を停止されまたは解雇された（suspended or discharged for cause）場合は、全国労働関係委員会は、その労働者の復職または賃金の遡及支払（reinstate or back pay）を命ずることはできないと規定していることに留意する必要がある。すなわち、このような場合には、原状回復の救済は与えられるべきではないのである。

三　組合加入・組合活動を理由とする不利益取扱

出向・移籍が不当労働行為に当るかという問題である。理論的には二で述べたところと同じように構想することができる。主な判例について考察しよう。

［判例四五］　大有社事件（大阪地決昭和四九年九月一七日・労判二一三号七八頁）

Ａ　事実の概要

１　Ｘは大阪に本店を置く広告代理店であって、名古屋にＡ会社を設立している（初めは支店を設置する予定であったが、Ｘと同名の会社があったので、Ａを設立した）。

Ｙは昭和四六年Ｘに入社し、翌四七年一二月から営業専門の部局に勤務していた。

２　Ｙら数名の従業員は、昭和四七年三月地区労組に加入して分会を結成したが、昭和四八年六月単組に組織替えし、公然化の機会をねらっていた（組合大会は同年一〇月に開催された）。この間、Ｙは中央執行委員教育部長となった。

３　Ｘは、昭和四八年九月二一日Ｙを含む全社八二名に及ぶ大幅な人事異動を行い、Ｙに対しては、Ａ社に出向じて内勤のデスク業務（女子営業社員の指導・監督）につくことを指示した。

Ｘがこの人事を行ったのは、不動産業界に関する広告についての政策転換の必要性などから、営業部門の再編成を中心とした全社的な組織機構の改革とこれに伴う管理職責任体制の確立に迫られたことを背景とし、Ａ社においては、営業課のデスク一名が空席となっていたので、営業関係の中堅部員をＸに求めていたことによる。Ｘは、営業関係の中堅部員で、外勤よりも内勤のほうが適当であると判断され、さらにＹは名古屋の大学の出身でその地理に詳しいことなどから、Ｙに出向を命じた。

4　Yは、妻（精神衛生相談員としてT保健所へ通勤）の実家に居住してXに通勤しており、また職務が内勤となると、外勤手当一万円がなくなって減収となる。

B　決定の要旨

1　Xには一貫して労働組合を敵視嫌悪する傾向があり、従業員が組合を結成し、かつこれが公然化されるのを極力阻止しようとし、また組合公然化後もこれを容認せず、なんとかしてこれを弱体化しようとする意思を持っていた。そして、本件人事発令の時点で、Xは秘密裏に組合が結成されていることを知っており、組合公然化の時期が近づきつつあったことに危惧の念を抱いていた。

2　Xは、Yが中央執行委員教育部長として活発な組合結成行為をしていたことを知っており、かつYがAへ転勤することは、家庭事情からも、また組合活動上からもきわめて不利益になることから、Yがこの命令に素直に服することはほとんどあり得ないであろうことを十分承知のうえで、敢えてYに対し本件発令をしたことは明白である。

3　本件命令を含む一連の人事異動が、XおよびAの業務上の必要性から実施されたことが明らかであるが、Yの本件人選についてのXの判断は、果たして純粋に、Xの業務上人事管理上最適のものであったかどうか若干疑問なしとしない。またYがAへ行った場合に被る家庭的経済的不利益が大きいことからも、人選の妥当性が問題となる。

4　以上の諸点を総合すると、本件命令は、Xの不当労働行為意思に基づくものと認めるのが相当である。

C　コメント

ここでまず問題になるのは、出向・移籍が不利益取扱になるか否かということである。労組法七条一号にいう不利益な取扱とは、基本的には、使用者が労働契約関係において権利・権限を持っている事項についてなされた処分、すなわち、労働契約上の人事の決定または労働条件に関する取扱をいう。そして、人事異動についていえば、その異動に通常伴う不利益は含まれず、また、異動先が好ましいポジションであるか好ましくないポジションであるかということも、不利益性の要素とはならない。というのは、好ましくないポジションにも誰かが就かなければならず、また長い目で見れば、好ましいものと好ましくないものとに就くことになり、結局平均化されるからである。

そうしてみれば、職種、担当業務、勤務する土地または事業場が特定しているといわれているケース（正確にいえば、その変更が行われないことが契約されているか、またはその期待が保護されるべき状況下にあるケース）（このようなケースでは、そもそも使用者の一方的な意思表示による人事異動の効力が否定されるのであるが）を除けば、人事異動を不利益取扱ということは困難であろう。

また、人事異動の不利益性については、本決定のように、組合活動または家族生活・社会生活に及ぼす影響を重くみる考え方もある。しかしながら、労働者は、使用者のために、一定の条件で労務を提供することを約定しているのであるから、人事異動が業務上の必要に基づき、労働者の適性・能力を勘案し、その条件の範囲内で行われる限りは、その結果労働者が右のような活動ないし生活のうえで不利益を被ることがあっても、それをもって不利益取扱ということはできないと考える。

ただし、使用者が、労働者を異動させることにより、組合活動を抑圧することだけを目的としたような場合には、目的論的に構想し、たとえ栄転といえるようなケースでも、不利益取扱に当たると解するるのが適当である。(55)

この種のケースは、不当労働行為意思の認定に帰するが、要するに、Ｙが組合員であったり、その主張するような組合活動をしていなかったならば、Ｘが主張している事実（ここでいえば、従業員を出向させる業務上の必要性があるという事実）があったとしても、Ｙは出向させられなかったであろうと認められる場合に、その意思が認定されることになる。本決定は、Ｘの不当労働行為意思をＢ１を前提として、Ｂ２のように認定しているが、出向の正当性・合理性（これはＢ３で論じているが）を考えないでこのようにいえるかは疑問である。

(55)　東大・注釈労働組合法（上）、三八〇～三八一頁。

第五章　出向・移籍元企業と出向・移籍先企業との関係

第一　序　言

出向・移籍は、すでに述べたように、出向・移籍元企業Xと出向・移籍先企業（A・B）の合意に基づいて、Yの承諾を得たうえで、Yの使用者を変更するという効果を発生させる法律行為である。それは、通常は、XとA・Bの間に、いかなる場合に、どのような条件をもって、Xの従業員をYをAまたはBに出向または移籍させるかという一般的な取決め（出向または移籍協定という）が締結されていて、これに準拠して、個々の具体的場合に、特定の従業員Yを出向または移籍させることが決定され、それが実行に移されることになる。その過程において、Xによる出向・移籍の対象者の人選が行われ、すでに述べたようにYに対する関係でその妥当性が問われるが、AまたはBに対する関係でも問題となりうる。なぜならば、このXとAまたはBとの出向・移籍についての協定は、これに基づいてYとAまたはBとの間の法律関係が形成されるという意味において、出向・移籍後の法律関係の基礎をなし、とくに、Yに対するXとAまたはBの権利・義務の配分も、この協定で決定されることがあるからである。これに加え、XとAまたはBとの間の協定いかんにより、Yの行為について、XとAまたはBが、相手方に対してなんらかの責任を負うことも考えられる。

第二　出向・移籍に関する企業間協定

出向・移籍の条件および出向・移籍後の労働条件をその契約当事者間でどのように決定すべきかは、すでに述べたところである（第四章第一節〔一七二〜一九一頁〕）。このことは、出向または移籍を行う企業間でも重要な関心事である。そこで、出向・移籍に関する企業間協定のなかでも、これらについての定めをしている。理論的には、まず企業間協定で定めたうえ、これをYに提示することになる。

もっとも、わが国における実務上の取扱では、出向・移籍によりYに不利益を与えないようにすることに重点が置かれ、出向・移籍前のYの労働条件を維持する結果となるようにするために、たとえば、賃金については、出向前の収入をYに得させるため、出向元基準によることを前提として、XとAがどのようにこれを分担するか、労働時間については、出向先基準によることを前提として、一日または一週間の所定労働時間が長くなった場合に、これをどのように調整するかなどが中心的課題となっているようである。それも、契約上いかにあるべきかというよりも、過去における実例を基礎としながら、実情に即応するよう修正してゆくというのがわが国の実態といってよいであろう。学説も、そのような趣旨で作られている企業間協定の解析を主としているといってよい。それであるから、出向者に対する賃金は、XまたはAのいずれが払ってもよいなどといわれているのである。

しかし、本来労働条件などは契約の当事者がこれを決定すべきものであるから、その一方の当事者がYであることに相違なく、その相手方の当事者たるべき者は、移籍の場合にはBであるが、出向の場合は、主として、XまたはAのうちのいずれのために出向するかによって決まる。そして、その労働契約で労働条件が決められ、それによってYが不利益を被るならば、それがやむをえないものと認められない限り、第二の段階でその調整を図るという方法を講ずる必要が出てくるのである。企業間協定は、出向または移籍によりYが不利益を被らないように、どのような基準で労働条件を決定し、またはこれを調整するかということをXとAまたはBとの間で取り決めたものにほかならず、それが当然に労働契約の内容となるものでない。

この協定では、さらに、AまたはBがYに対していかなる権利（たとえば、指示権・命令権）を持ち、いかなる義務（たとえば、保護義務、安全配慮義務）を負うかが確認的に規定されることがあり、そのほか、出向・移籍に関し、XとAまたはBがどのような責任を負うかも規定されのが通常である。

出向・移籍の当事者である企業の責任の範囲・分担などについては、第二編第九章（五一五頁以下）で詳述するが、その理解を助けるために標準的な協定の要綱を例示しよう。

第三　出向に関する出向元・出向先間の協定の要綱

主として、出向先企業のために出向し、したがってA・Y間に労働契約関係が成立するケースを例に採る。

一　出向者の決定

1　Xは、Aの技術部門（総務部門…）の管理職員その他の要員に充てるため、Xの従業員を、本協定で定めるところに従い、Aに出向させるものとすること。

2　AがXに対しその従業員の出向を求めようとする場合は、いかなる部門の要員を何名求めるかを明らかにして、Xに通知するものとすること。

3　Xが前項の通知を受けた時は、適当と認める者を人選し、その経歴と考課の概要をAに通知する（その人数は、Aの求めを超える数であってもよい）ものとすること。

4　Aは、その人選について意見を述べることができるものとし、Xは、これを斟酌して、出向者の人選を行うものとすること。

［コメント］

主としてAの事業のためにする出向は、それがXの業務上の必要性と関連するものであるにせよ、Aにとっては従業員の採用にほかならない。とくに、復帰が予定されていない出向の場合には、その性格が顕著である。そうしてみれば、出向者の決定については、少なくとも、Ａに意見を述べる機会を与えるのが適当であり、とくに、復帰が予定されていない者の出向、Ａにおいて重要な地位につくことが予定されている者の出向などについては、ＡにＹと面接する機会を与えることが妥当と考える。このことは、人選についての危険をＸ・Ａで分担する結果となる。

二　出向元と出向先の責任の分担

１　ＸがＡに対しＹとの労働契約を譲渡する（ただし、ＸはＹに対し、使用者としての責任を負うことがある）場合のほかは、Ａは、Ｙと労働契約を締結するものとすること。（この労働契約が締結されない場合は、出向は行われないものとすること）。（Ａの役員として出向させる場合は、Ａにおける役員の選任とＡの承諾を停止条件として、出向の効力が発生するものとすること）。

２　ＡはＹに対する使用者として、権利を行使するとともに、義務を履行すべきものとすること。

３　その労働契約で定める労働条件については、賃金につき、本書一八三〜一八八頁、労働時間につき、本書一八八〜一九一頁（Ｘ・Ａ間における分担・調整を含む）の例によるものとすること。

４　勤続年数が、或る法律効果が発生するための法律要件となっている場合（たとえば、年次有給休暇の取得、退職金請求権の発生）には、出向の前後の勤務年数を通算するものとすること。

５　ＡはＹに対して保護義務、安全配慮義務を負担するものとすること。

６　Ｘは、とくにＹに指示した場合のほかは、ＹのＡに対する労働契約上の義務の履行について責任を負わないものとすること。

７　ＡのＹに対する債務不履行については、Ｘは、これに関与したものでない限り、原則として責任を負わないが、Ａが履行不能となった場合は、補充的に保証責任を負うものとすること。

8　Ｙの行為がＡにおいて定められている懲戒事由に該当する場合は、ＡはＹを懲戒することができるものとすること（なお、後述三3参照）。
9　社会保障（労働保険・社会保険）についても、原則としてが使用者としての責任を負うものとすること。
10　Ｙの労働条件その他の待遇、安全・衛生、雇用問題などについては、原則として、ＡがＹが加入している労働組合と団体交渉を行うものとすること。

［コメント］
要するに、Ａ・Ｙ間に労働契約が成立し、ＡとＹが権利・義務の主体となり、Ｘは、潜在的、補充的に使用者としての責任を負うという法的構想に基づいて、ＸとＡの法的立場を確認したものである。

三　出向の終了
1　出向期間の定めがある場合は、その期間の満了によって出向が終了し、Ａ・Ｙ間の労働契約は終了するものとすること（ＡまたはＹの解約告知によって終了させるという方法もありうること）。（役員出向の場合は、Ａにおける解任を必要とすること）。
2　出向期間の定めがない場合は、Ｘは、Ｙを出向させた目的を達成するに相当な期間が経過したとき、またはＹをＸのため使用する業務上の必要を生じたときは、一カ月前に予告して、出向を終了させることができるものとすること。
3　Ａは、Ｙに身体的・精神的障害があり、もしくは業務を遂行する適性・能力に欠け、または勤務状態が良好でないなどの理由で、Ｙの出向を受けた目的を達成することができないときは、Ｙとの労働契約を解約し、Ｘに対し、Ｙの出向復帰を求めることができるものとすること。

［コメント］

わが国の実務のうえでは、主としてＡのためにする出向において、契約の存続・終了を含め、Ａ・Ｙ間の法律関係を規律するものは、その間の契約であるということについての意識が明確になっていない。とくに、Ｙに対する懲戒または解雇は、Ｘだけが行うことができるという考え方が有力である。それでは、Ｙに対する使用者であるＡの権利の確保に欠ける結果となる。このことを念頭に置いて、Ｙに対するＸとＡの人事上の権利の配分を規定したものである。

第四　出向・移籍の実施

一　序　説

前述の出向・移籍に関する企業間協定に基づき、Ｘが具体的に従業員のなかから人選して、特定のＹを出向または移籍させることになる。わが国の出向・移籍の実態では、ＸがＹに対してＡまたはＢに出向または移籍すべき旨の辞令を交付し、そのことをＡまたはＢに通知するという方法が採られるのが通常のようであるが、理論的には、ＸとＡまたはＢとの間に、Ｙを出向・移籍させるという具体的な企業間契約が成立すると解すべきであろう。

そして、この契約は出向・移籍に関する基本協定とあいまって、ＸとＡまたはＢとの関係を規定するものであるが、ＹとＡまたはＢとの間に法律関係を発生させたのはＸがＹを人選した結果であるから、ＸはＡまたはＢに対し、Ｙを出向または移籍させたことに由来する責任（たとえば、Ｙの債務不履行または不法行為について生ずることがある責任）を負担することがありうる。他方、この具体的な契約により、ＡまたはＢは、出向または移籍を受諾し、Ｘの特定した従業員を使用する立場に置かれ、そのことに由来する責任を問われることが考えられる。そこで、具体的な出向または移籍の開始に関連して注意すべき事項について考察しよう。

二　主として出向・移籍元のためにする出向・移籍

主としてXのためにする出向（移籍と称するケースでも、その実質は出向と考えてよい）の場合は、AはYの出向を承諾することにより、Aの指示のもとで、YをXのために就労させることを引受ける、つまり、AはXの履行補助者（履行代行者）になるということである。もっとも、AはYをAの事業のためにも使用することができるが、それはXのための勤務に付随するものであって、後者に必要な範囲を超えることはできない。そうしてみれば、Yの行動、とくに過誤について責任を負うべき者は、それがAの指示に基づくものでない限り、Xであると解される。これに対応して、出向者の人選（決定）については、Aは受動的立場に立つことになる。したがって、出向者の人選はXが行い、特段の事情がなければ、Aはこれを受諾しなければならない。

三　主として出向・移籍先のためにする出向・移籍

この場合には、YはA（B）との間に労働契約を締結し（役員出向の場合は、当事者間に委任関係が成立する）、A（B）が負担する企業危険のなかで、A（B）のために勤務する。したがって、YがA（B）の事業の執行につき犯した過誤については、A（B）が責任を負わなければならず、またYの勤務状況ないし勤務実績のいかんは、A（B）の業績に反映する。

このことに着目すれば、出向・移籍する者の決定については出向・移籍先企業の関与を認めるのが相当と考える。本節の第二一で例示した出向者の決定に関するX・A間の協定の要綱は、この趣旨にそって構想したものである。すなわち、右の趣旨で出向・移籍を受けるということは、A（B）がその事業の運営に必要な人材を新たに採用することにほかならないのであるから、多くは事業上の関連を持つXを信用するとしても、A（B）が望む人材を得ることができるようにするのが望ましいからである。

そうはいっても、Yの適性・能力ならびに勤務状況などは、事実上Xが認識していることであるから、その人選についてＡ（Ｂ）が受動的となるのはやむをえない。そうであれば、その人選の結果については、Ｘになんらかの責任を負わせることが考えられる。前記Ｘ・Ａ間の協定の要綱の三**3**は、その趣旨に基づいて構想した結果の一つである。

とくに、要員調整のための出向・移籍の場合には、Ｘの要員として必要な者を除いて出向・移籍者が選ばれ、Ａ（Ｂ）もそれを承知でこれを受けいれていることになるから、或る程度Ａ（Ｂ）の意にそわない者がはいることは避けられないであろうが、それによってＡ（Ｂ）の事業の運営、業務の遂行に支障を及ぼすのであれば、**3**のような出向（移籍）復帰の措置が認められるべきであると考える。

第二編　出向・移籍の法律効果

第一章　出向労働者との労働契約の成否

第一節　学説・判例

第一　序　説

Xと労働契約を締結しているYがAに出向した場合に、YとAとの間に労働契約が成立するか否か、これを肯定するとしても、それにはなんらかの条件があるのか、また、その労働契約の内容ないし効果はいかなるものであるかなどという問題については、確固とした定説はない。もっとも、労働者派遣法の立法趣旨に関連して、出向はYがXとなんらかの関係を保ちながら、Aとの新たな労働契約関係に基づき勤務する形態であり、それゆえ同法にいう派遣と区別されると説明している行政解釈のようなものがあるが、(56)定説として受けいれるにたりるだけの理論的根拠に欠けている。その説は、出向の実務を基礎としていると思われる。しかし、その実務というのは、出向はいかにあるべきかという法理的根拠に基づいたものというよりは、主としてX・A間でどのような取決めをしておけばつごうがよいかとか、紛争が避けられるかという観点から考え出されたものといえる。したがって、このことを十分に吟味しなければ、ここに提起した問題を適切に解決する法理を構想することはできないであろう。

(56)　労働省職業安定局編・改訂新版人材派遣法の実務解説（一九八六年）三九頁。この基礎となったと思われるのは、労働基準法研究会の研究報告書「派遣・出向等複雑な労働関係に対する労働基準法等の適用について」（一九八四年）（労働省労働基準局編『労働基準法の問題点と対策の方向』〔一九八六年〕三七～三八頁）である。

第二　判　例

一　中心となる判例

出向者（Y）と出向先企業（A）との間に労働契約関係ないしはこれに準ずる法律関係が成立するかという問題に直接触れた判例としてはつぎのものがある。

〔判例四六〕 大成建設事件（福島地判昭和四九年三月二五日・下民集三二巻一～四号七四頁）

A　事実の概要

Xは、AからNビルの建築に関して、山留用鋼材・鉄骨の組立などの作業を請け負っていたが、右下請工事とは無関係に、「技術研修のため」Xの従業員YをAに派遣していた。Yは、賃金をXから支給される点を除き、Aの作業員と全く同一の労働条件で就労していた。

B　判決の要旨

Yは、Aに派遣後Xの従業員としての身分を維持し、Xから賃金を支給されながら、Aにおいてその従業員の指揮命令に従って、Aの労務に服していた出向社員であり、出向元であるXおよび出向先であるAとYとの間には、いわゆる使用従属の労働関係を発生せしめる契約という意味での労働契約が二重に成立していたものと認められる。

〔判例四七〕 栃木合同運輸事件

本件については三つの裁判があるが、労働契約の成否に関する裁判所の見解がわかれているので、まず、事実関係を述べたうえで、各裁判の結論を紹介しよう。

A　事実の概要

1　Aは昭和四二年三月X、Tらの出資によって設立され、港湾運送事業、倉庫業などを営んでいる。

2　Yは昭和三六年三月Xに雇傭され、艀船員として勤務していた。Xは艀運送事業の免許を有していなかったので、その所有する三隻の艀を乗組員付でAに提供し、Aとその傭船契約を締結していた。その後、昭和五一年八月二一日、Xは、合理化の一環としてその艀をAに売却し、これに伴い、Yら艀船員をその同意を得てAに出向させた。YはAの指揮・監督のもとで艀船員として他のAの艀船員と同様の労働に従事し、Aから右労働の対価として賃金の支払を受けていた（Xでの賃金は月給制であったが、Aでは日給月給制に変わった）。

3　XからAへの出向社員（Yら）については、つぎのような取扱いがなされている。

(1)　YらはXに在籍したままAに出向する。

(2)　YらがAから支給される給与、一時金の年間総額が出向しなければXから支給されたであろう給与などの年間総額を下回る場合は、その差額分をXが補填して出向者に支払う。

(3)　Yらに対する退職金は、YらのXとAにおける勤務年数を通算し、Xの退職金規定に従って計算した金額を支給すべき退職金総額とし、X・Aが分担して支払う。

(4)　Yらは、XがYらを必要とした場合、またはAの事業の縮少、廃止などの理由によりAが出向者を不要とした場合には、Xに復帰する。（一部省略）

4　YらはAに出向後は、Aの沿岸作業部門や船内作業部門にも応援に行くようになり、Xでの年次有給休暇の使用残をAにおいて行使した。

5　XとAは、いずれもYらが加入していた労働組合U_1とユニオン・ショップ協定を締結していたところ、YらはU_1を脱退してU_2に加入した。

6　昭和五三年三月三一日XとAは、それぞれU_1と締結しているユニオンショップ協定に基づいて、Yらを解雇する旨の意思表示をした。

Ｂ　裁判の要旨

本件については、仮処分決定、本案についての一審判決とその控訴審判決がなされているが、労働契約の存否については、仮処分決定と本案の判決とでは結論を異にしている。

［判例四七ａ］　仮処分決定（名古屋地決昭和五三年七月七日・労判三〇五号一八頁）

Ｙらの出向はいわゆる在籍出向と解するのが相当である。

在籍出向である以上、出向元であるＸとＹらとの間の労働契約（労働義務の免除されたいわゆる地位取得契約）は消滅してはいないものの、Ｙらは現に出向先であるＡの指揮・監督に従って、艀船員として労務を提供し、Ａから賃金の支払を受けてきたのであるから、Ｙらと出向先であるＡとの間には、出向元との労働契約と並んで通常の労働契約が成立しているものというべきである。

ＸとＡがU_1と締結したユニオン・ショップ協定は、U_1を脱退してU_2に加入したＹらには及ばないから、Ｙに対する解雇は無効であり、ＹらはＡに対し労働契約上の地位を有する。

［判例四七ｂ］　本案一審判決（名古屋地判昭和五六年一二月二五日・労民集三二巻六号九九七頁）

Ｙらは昭和五一年八月二一日以後は、Ｘの従業員としての地位を保有しつつ、Ａの指揮・監督のもとにＡに労務を提供するようになったものであって、同日付をもってＡに在籍出向したと認めるのが相当である。

以上によると、ＹらはＸとの間では、Ｙらを労働者、Ｘを使用者とする、労働契約締結の当事者としての関係（基本的在籍関係）、Ａとの間では、Ｙらを出向労働者、Ａを右出向労働者に対し労務指揮をし賃金支払をする者とする、出向労働における指揮・従属の関係（出向労働関係）が複合的に成立し、右出向労働関係は、基本的在籍関係を前提として成立する関係にあったとみるのが相当である。出向労働関係成立後、ＹらとＡの間で労働契約が成立したことを認めるにたりる証拠はない。

Ｙらは、出向後Ａの指揮・監督を受けて、艀船員としてＡに対し労務を提供し、Ａから右労務提供の対価として賃金の支払を受けてきたが、これらは出向労働関係の内容をなすものであり、右事実があるからといって、ＹらとＸとの間の労働契約（基本的在籍関係）と並んでＹらとＡの間にも出向と同時もしくはその後に労働契約が二重に成立したものと認めることはできない。

Ｙらに対する、ユニオン・ショップ協定に基づく解雇は無効で、ＹらはＡに対し出向労働者としての権利を有する地位にある。

［判例四七ｃ］ 本案控訴審判決（名古屋高判昭和六二年四月二七日・労民集三八巻二号一〇七頁）

［在籍出向の］なかには、出向先企業と出向労働者との間に、単に日常の労務指揮の服従関係（これが通常出向労働者と出向先との関係である）以上の関係たる雇用契約関係の存在することが、出向元、出向先、労働者の三者の実態関係に即して認められる場合もありうるかもしれないが、これを一般の場合に常にそうだとすることは、出向労働者にとって出向元・出向先間の通常複雑な権利義務の分担にかんがみ、自己の権利義務がかえって不明確になるおそれもあるし、多くの場合出向の実態とも添わないこととなろう。

むしろ通常の場合は、出向労働者と出向先との関係は、出向元との間に存する労働契約上の権利義務が部分的に出向先に移転し、労働基準法などの部分的適用がある法律関係（出向労働関係）が存するにとどまり、これを超えて右両者間に包括的な労働契約関係を認めるまでにはいたらないものといえる。

［判例四八］ 古河電気工業事件（東京地判昭和五二年一二月二一日・労民集二八巻五・六号六九八頁。控訴審の東京高判昭和五六年五月二七日・労民集三二巻三・四号四〇〇頁も、原判決を支持している）

Ａ　事実の概要

１　Ｘはその原子燃料製造部門を独立させ、Ｚの同種部門と合併してＡを設立し、右部門の従業員全員をＡに在籍出向させた。

２　Ａは将来構想としては、Ｘ、Ｚから拠出された物的、人的施設を有機的に統合し、重複部分を合理化して、独立の企業としての実態を具備することが期待されているが、当面はＸ、Ｚの原子燃料製造部門の物的、人的施設とも従来のままＡに引継がせることとした。

３　出向の条件はほぼつぎのとおりである。

出向者の給与はＡの定めるところによるが、発足当時はＡの支払能力が十分でないことを考慮し、給与、賞与の支払いはＸが行い、Ａは同社の基準により計算した負担分をＸに支払う。退職金はＡへの出向期間も通算しＸがその基準により支払う。社会保険のうち、健康保険、厚生年金保険、失業保険はＸが取扱い、労災保険はＡが取扱う。

Ｘは、Ａの人員調整を行うことがある。

Ｂ　判決の要旨

在籍出向は、出向元との雇用関係を維持しながら、出向先の指揮・監督を受けてその業務に従事するものであるが、出向により出向者と出向先との間においても雇用関係が成立するのか、単に日常の労務指揮の服従関係が存在するのかは、一義的に決定することができない。当該出向がそのいずれに属するかは、第一次的には当事者間の明示の合意によるが、（それがなければ）出向の目的、形態、出向にいたる交渉経過および出向後の賃金支払関係、労務指揮関係の実態などを総合して判断しなければならない。

本件出向が、当面はＸ、Ｚの核燃料製造部門の物的、人的施設とも従来のままＡに引継がせ、核燃料専業企業として発展することを期して新会社を設立し、これに伴ってなされたものであることに照らせば、少くとも将来新会社が独立の企業基盤を備える時点においては、出向者とＡとの間に独立の雇用関係を成立させるべく予定したものとみなければならない。しかしながら、Ａが右のように独立の企業基盤を未だもつに至らず、それまでの過渡的措置として、出向者に対する給与など支給関係、社会保険取扱いの関係、人員調整などの理由による復帰をＸにおいてなしうる関係など、賃金請求権、労務指揮権両面の関係において出向者とＸとの間に極めて緊密な関係が維持されていることに照らせば、出向者とＡとの間に別個に独自の雇用関係が成立したものとは未だ認め得ないものとみるべきであろう。

後述【判例九二】国際開発事件（四九二頁参照）の２

Ａ　事実の概要

１　Ｘは旅行業を行う会社であるが、Ｂ病院と共同出資で、シンガポールに診療所を設置して在留邦人に対する医療サービスを行うＡを設立した。ＹはＸの大株主で、代表取締役を務めていたＭと共にＸの設立に参加し、従業員兼取締役に就任した。

２　昭和六〇年ＹはＡの代表取締役に就任し、シンガポールに赴任してＡの業務に従事したが、ＹはＸに辞表を提出した。

３　Ｙは、従業員退職金と役員退職慰労金の支払いをＸに請求した。Ｘは、ＹはＡに転籍出向しており、退職金請求権はないと主張した。

Ｂ　判決の要旨

１　従業員が出向元に在籍のまま出向する場合、当該従業員が実際に労務の提供を行うのは出向先であるのが通常であり、出向元においてなお業務を継続するものではなく、出向先における労務の提供が同時に出向元に対する関係においても、労務の提供となると解するのが相当である。

２　このような出向が行われるには種々の理由があるが、例えば子会社や関連会社の経営などを理由とすることもあり、また給与の支払いをどのように行うかは、出向元と出向先との合意によって決まるものであり、実際に労務の提供を受けない出向元が給与の支払いをしているからといって、それが形式的なものに過ぎず、労務の対価ではないとはいえないからである。

前掲【判例一〇】住友化学工業事件（五七頁）の２

Ａ　事実の概要

Ｙは Ｘに雇用され、Ｘの軽金属事業部門のＮ工場で勤務していた。Ｘは軽金属事業部門を別会社化するため、Ａを設立し、同事業部門のすべてをＡに営業譲渡をし、Ｙを含む同事業部関係の全従業員を出向扱いとした。Ｙの労働実態は変わりはなく、ＸとＡの就業規則は同一で、Ｙの身分、労働条件、勤続の年数と成績などはＸからＡにそのまま継続し、以後の人事上の扱いは、Ａが独自の判断で行い、Ｘにおいては、出向元としての立場から右判断に従い、同一の取扱いしていた。

Ｂ　判決の要旨

Ｙの右出向は、出向元との雇用関係も継続するいわゆる在籍出向というべきであり、ＹとＸ・Ａ両者の間にいずれも雇用契約関係が存在していたと解するのが相当である。

二　判例についての若干のコメント

詳しいことは後に学説と併せて論ずるが、これまでに列挙した判例を整理して、判例は、出向の場合にどのような労働（契約）関係の成立を認めようとしているかを中心に、その特徴を指摘しておこう。

１　いわゆる在籍出向の場合に、出向後もＸとＹとの間に労働契約が存続していることについては、判例は一致している。しかし、出向後、ＸがＹに対する使用者として、一切の権利を行使し、義務を負うかということは、必ずしも明確には述べていない。したがって、Ｘ・Ｙ間に具体的にどのような権利・義務が成立すると構想しているかは、各論的考察にまたなければならない。

２　そこで、ここでは、Ｙ・Ａ間に成立すると構想している労働（契約）関係について整理してみよう。

Ａ・Ｙ間にも通常の労働契約が成立すると述べている判例としては、［判例一〇］［判例四七ａ］のほか、理由は付さないが、「出向の場合、被用者は使用者との間の雇用契約を存続させながら、労務の提供場所を出向先に変更し、または右雇用契約の効力を一時停止して、その間出向先の使用者との間に、雇用契約を締結する」（後述［判例七二］小太郎漢方製薬事件［四二二頁参照］）と述べているものがある。このうち、［判例一〇］と［判例七二］とは、いずれも出向先企業が出向元企業の一事業部門または一事業場が独立の会社として分割されたものであり、それ故に、出向が恒常的なものと考えられるケースであることに注意する必要がある。

3　多くの判例は、YとA間に労働契約が成立するか否かを、すべての場合に一律に肯定しまたは否定するという立場を採らず、一定の場合に労働契約の成立を認めようとしている。

この場合、X・Y間には通常の労働契約関係が存在していることを認め、かつこれを基礎として、YがAの指揮・命令のもとで労務を提供するとか、使用・従属の関係がAとYとの間に発生する（それに相応する法律関係が形成される）と述べている。

4　このように、A・Y間の労働関係は、X・Y間の労働契約を基礎とし、これに依存しているかのように考えると、出向者Yが主として出向先Aのために労務を提供する場合でも、［判例九二］が述べているように、「Yの出向先Aに対する労務の提供が同時に出向元Xに対する労務の提供となる」との構想をうむことになる。

5　話を戻して、労働契約の成立についてみれば、判例の主流は、A・Y間に使用・従属の関係が発生しただけでは、YとAの間に労働契約が成立するものではないという見解を採っており（たとえば、福岡高判昭和五八年六月七日・判時一〇八四号一二六頁、サガテレビ事件は黙示の労働契約の成立も否定している）、この論旨は今後も維持されると思われる。そうすると、労働契約の成立については、その他の条件、とくに当事者の契約意思、これを推測させる労務の提供の態様とか賃金を支払う者および支払の態様などが考察されなければならないが、これをどのような角度から採りあげるかは、判例によりまちまちである。それは当事者に明示の契約意思が認められない場合でも、その当事者間に契約の成立を認めてよいか、またいかなる場合に契約の成立を認める条件、とくに契約の当事者たりうる条件が具わっているかとの問題とも絡んでいる。［判例四八］はこの問題に着目している意味で興味がある。

６　しかし、いずれの判例も、出向の場合に、労働者と誰との間に労働契約が成立すべきか、という sollen の問題には触れていない。とくに、［判例四六］大成建設事件以外は、労働者Ｙが専ら出向先企業Ａの事業のために労務を提供し、しかも、出向復帰がほとんど考えられないケースである。このようなケースにあっては、むしろ、Ｘ・Ｙ間に、出向前に存在していた労働契約を存続させる実質的な理由はないといえるであろう。

７　この意味で、ＡとＹとの間に成立する労働契約関係の性質は、ＸとＹとの間のそれとは異なることを理論的に解明しようとしている［判例四七ｂ］［判例四七ｃ］杤木合同運輸事件判決は、傾聴に値するものといえる。しかし、そのなかに示されている、ＹとＸとの間に存する労働契約上の権利・義務が部分的にＡに移転するという考え方は（この判例が出されたころには、労働者派遣事業法が施行され、出向後の法律関係についての学説がいくつか現れてきた）、その法的構想が成熟しているとは思われない。なぜならば、第一に、労働契約上の権利・義務を部分的に他人に移転することが可能かどうかを吟味しなければならないし、第二に、いわゆる出向労働関係が指揮・従属の関係に尽きるかどうかも問題だからである。

８　これらの判例は、出向者の労働契約上の権利・義務の総論的考察に関するものであるが、そのなかで有力な考え方は、Ｘ・Ｙ間の労働契約が、出向者の労働契約上の権利・義務、とくに従業員としての身分関係を決定するうえで第一次的な役割を果たしているとするものである。このことは、のちに述べる各論的考察のなかで、労働者たる地位の喪失（解雇・退職を主とする）または身分上の処遇（たとえば懲戒）は、Ｘ・Ｙ間の問題として構想する説が多いことと相通ずるといえるであろう。ただ、その事案は、ＸがＡの親会社である場合に関するものが多く、このことに由来する業務上の関連の特殊性（とくに、Ａにおける業務の遂行がＸの事業の成果・業績ないしはＸの信用・名誉の維持に緊密に関連する）に着目して右に述べたような結論が導き出されていることに留意する必要がある。

第三　学　説

一　序　説

出向の場合、常に出向先企業Aと出向労働者Yとの間に労働契約関係が成立するかという問題については、これを肯定する説（複合契約説）、②否定する説（単一契約説）、③労働契約関係が成立する場合としない場合があるとする説（相対説）があるが、そこにいう労働契約関係とは、全面的なものであることを要するか、部分的なものでもたりるかについても説がわかれる。

二　複合契約説

複合契約説と思われるのは、注(56)で指摘した労働省職業安定局の解説書であろう。その執筆者からすると行政解釈の性格があるとも思われるが、昭和六一年六月六日基発三三三号によれば、出向者と労働者との間に労働契約関係が存するか否かは、右両者間の実態により判断すべきものとされていることに注意をする必要がある。

なお、その基礎となったと思われる注(56)掲記の研究会報告書は、出向先との間に部分的な労働関係が成立することをもってたりるという考えを示しているとも解される。すなわち、出向の場合には、XおよびAの双方とYとの間に労働契約が成立しているとみられるが、労働契約の締結と終了は、Xの権限に属する。労働時間の設定、使用者としての責任の負担などは、X・A・Yの三者間の取決めによるなどとされる。(57)

出向の場合に、Yの労働契約はXのみならずAとの間にも存在する（すべきである）とする構想は、Yは、出向してもXの従業員たる地位（身分）を保有するものの、休職となって、X・Y間にはこのような身分的取扱の関係だけが残り、Yが他人のために、ないしは他人の指揮・監督のもとで労務を提供するということから生ずる関係は、Ａ・Ｙ間に形成され、実務上Ａの就業規則がＹに適用されるなどという取扱いがなされているので、この実態にふさわしい契約論を構成しようとすることからうまれるものと思われる。それは、近代法のもとでは、他人の指揮・命令のもとで労務を提供するという関係は、契約を媒介とすることなしには生じえないという基本的視点に立つといわれているのであるが(58)、また、契約当事者以外の者の指揮・監督のもとで労務を提供するという関係は、典型的な雇用ないし通常の個別的合意に親しむものではないという考えに由来するとも推測される(59)。

この学説の根底には、他人の指揮・監督のもとで労務を提供するという就業の形態に由来し、不確定な状態に置かれた労働者の適法な利益を擁護するために、出向先に契約上の主体性＝責任能力を認めるという目的論的思考がある(60)。

なお、二重の労働契約の成立を認める考えを採るとしても、出向元と出向先との間に、出向者の労働条件を含め、出向者の派遣・受入れに関しなんらかの合意（出向派遣契約）が成立しているのが通常であるから、出向派遣契約を媒介とし、出向元との間には、労働契約内容の変更たる労働義務免除（休職）の合意、出向先との間には所定の条件で労務に服するという労働契約が複合的に成立するとも解されている(61)。

(57)　労働基準法の問題点と対策の方向、四〇頁。
(58)　高木「配転・出向」一三七頁。
(59)　渡辺裕「労働者派遣事業と事業主の法的責任」信州大学経済学論集二三号四二頁（一九八六年）参照。
(60)　秋田成就「企業間人事異動に伴う法律問題」学会誌労働法六三号二一頁。
(61)　高木「配転・出向」一三七頁。

三　単一契約説

前説に対し、最近の出向時の労働条件、就業規則上の出向規定、労働協約上の出向協定などの実態にかんがみ、

Ｙに対する賃金の支払義務、懲戒権、人事・賃金査定権、社会保険負担義務、安全配慮義務などの労働条件全般にわたり、Ｘの権利・義務が具体的に存在し（たんなる身分的在籍関係があるだけではない）ているから、ＸとＹの間にだけ労働契約関係が成立しており、この点では、労働者派遣の場合と同じであるとする説がある。すなわち、Ｘは、たんなる使用者たる地位にとどまるものではなく、現実の労働契約上の諸権利・義務について使用者たる地位に立つのである。そして、ＹがＡに対して労務を提供している行為も、本質的にはＹがＸに対して観念的に労務提供を行っていると評価することも可能であるとされる。ただし、この説も、特別に明示して二重の労働契約を締結することは認める趣旨と解される。(62)

この単一契約説は、出向者と出向元企業との間の労働契約の存在を説くものである。しかし、欧米諸国で説かれているように、労働契約は労務の提供を求める者と労務を給付する者との間に成立することを要し、かつこれをもってたりると構想するならば、出向についても、主として出向先企業のためにする場合には、完全な効力を持つ労働契約は、ＡとＹとの間にだけ存在する（すなわち、移籍したことになる）という意味の単一契約説もありえよう。それは、契約の基本的構造に忠実な学説と思われる。ただ、わが国で一般に行われている出向は、右に述べた型の出向であっても、ＸはＹに対する使用者たる地位を保有していることが契約上明確に約定されているから、その実態に即し、Ｘについても、なんらかの意味における、使用者としての権利・義務を構想することが求められる。

（62）　渡辺裕・注（59）の論文、四二～四三頁。

四　相対説

出向の場合には、通説的表現を借りれば、労働者Ｙが出向先Ａの指揮・命令のもとで労働するという現象（いわゆる使用・従属の関係）が発生するけれども、それだけでは、ＹとＡとの間には、当事者の意思の合致による労働契約関係は成立したとはいえない（黙示の意思を推定することもできない）ことを前提として、個別的・具体的に労働契約の成否を判断する学説を相対説と名づけることができるであろう。すなわち、YとAとの間に使用・従属の関係のほか、労働契約の要素に着目し、出向元XとAとの間の出向についての約定や労務の提供、賃金の支払いの実態などからみて、YがAに対して労働義務を負担し（これに対応しAは指揮・命令権および人事権などを持つ）、AがYの賃金を決定して、これを支払う義務を負担する旨の明示もしくは黙示の合意がなされたと認められる場合には、AとYとの間に労働契約関係が成立すると解する学説である。

このように労働契約関係の成立を認めるとしても、AとYとの間に部分的権利義務（たとえば、安全配慮義務）を超えて包括的な労働契約関係が認められるか否かは、Aが取得する権限の実態に即して解決すべきであるとの説が有力である。たとえば、XがYの賃金を支払い、またはYの人事権を掌握している場合には、AとYの間の包括的な労働契約関係は否定される。この場合、YのAに対する労働関係は、「出向労働」を内容とし、労基法の（部分的）適用がある独自の契約関係であり、それは「XとYとの労働契約」関係を前提としたものとされる[63]。また、秋田教授が、提供されるYの労働が出向元企業（使用者）のためになされたと認めるべき場合には、それが形式上、出向先企業の「拘束下」[64]に行われている理由だけで法的に「労働契約」関係とみる必要性はないとされていることに注目すべきである。

(63)　菅野・労働法、四三四頁、和田肇「出向命令権の根拠」労働法学会誌六三号三一頁（一九八四年）は、労務指揮権だけの譲渡を認め、この場合も出向に当たると解されている。

(64)　秋田・注（60）の論文二一頁。労働が出向元のためになされたと認めるべき場合の例として、就労の場所（したがって勤務時間もそれに規定される）が出向先企業であっても、出向者が提供する労働の態様において、出向先の使用者の指示性が出向元に比して弱く、また賃金の決定、または査定がもっぱら出向元でなされることをあげておられる。

第二節　問題の所在

第一　通説について

わが国で行われている出向にあっては、XとYとの間の労働契約がなんらかの意味で存在するといわざるをえない。学説・判例はこれを肯定したうえで、前節で紹介した学説・判例の大勢は、出向先との間では全面否定、全面肯定という立場を採らず、AとYとの間における労務提供、賃金支払いその他の出向者の待遇の実態、これに関するX・A間の取決め（出向協定など）およびこれに基づくX・Y間の取決め（就業規則、出向規定を含む）を重要視し、これに即してYとAとの間にも労働契約が成立しているかを論じているといえる。このことは出向の実態からみても妥当である。

一例をあげよう。Xに採用されたYがAに出向し、Xの従業員たる地位と職責を保有したまま、Aの役職に就き、またはAの役員になり（役員として選任されて就任する）、（たとえば、Xの経理課長として勤務するとともに、Aの経理部長となり、またはAの取締役に選任されて経理を担当する）という例はかなり見受けられる。とくに、XがAの親会社である場合には、その例が多い。このようなケースでも、YはAとなんら契約関係に立たないというのは、法の常識に反するのではなかろうか。

また、たとえば、或る商品のメーカーであるXに採用されたYが、その商品の販売会社Aに出向しているとはいえ、A自体は必要人員を充足していて、YはXの新入社員の教育の一環として、Aの販売に従事しながら商品についての知識やニーズを習得しているというケースもかなりみられる。このようなケースでは、Aの意識はYを預かって教育の手助けをしているという程度のもので、YをAの事業のために使用しているとの意識は、ほとんどないということにもなろう。このような意識を基礎に雇用意思を認めることも、法の常識に反する。

そうであるとすれば、すべての出向の場合に、出向者と出向先との間に、一律に、労働契約が成立するとかしないと解するのは妥当ではなく、具体的・個別的なケースについてその成否を判断するという多数説に従いたい。ただし、その場合でも、労働契約はいかなる当事者との間に締結されるべきものであるか、いいかえれば、労働契約の当事者としての適格を持つ者はだれであるかということが基本となり、これに対応して、当事者間に成立する契約の性質・内容も異なると考えなければならない。

第二　出向における実務の先行

ところで、AとYとの間における労働契約の成立は、当事者の契約意思の合致による。もっとも、意思の合致の態様は一様ではない。A・Y間に労務の提供、賃金、労働時間などについて直接意思の合致があれば、契約の成立を認めることは容易であろう。しかし、出向は、通常Xが主導的立場で（その責任と権限において）行うものであることに起因し、その意思の一致は、Xを介して成立するのがほとんどである。たとえば、X・A間の協定で出向の条件を決め、XがYにそれを提示して、Yの承諾を得た場合のごときである。しかし、X・Y間に意思の一致があり、また、A・X間にも意思の一致があったからといって、それにより、当然に、YとAとの間に意思の一致が認められる（Y・A間に契約が成立する）ことにはならない。すなわち、Xと労働契約を締結しているYが、Aに対し労務を提供し、これに一定の法律効果が付与されるためには、なんらかの形で三者の意思が関与していることを必要とするのであるが、そのすべての場合にY・A間に契約が成立しているとはいえないのである。このことは、労働者派遣業法に基づく派遣を考えればわかることである。

ただ、さきに掲げた出向についての取決めは、当事者がいかなる意思でAを出向させ、その労働条件を決定しようとしているかを表現しているのであるから、労働契約の成否を論ずる際に考慮すべき重要な資料である。また出向の実態は契約意思の解釈に重要な意味を持っているから、これも考慮されるべき要素である。

しかしながら、わが国では出向の実務が先行し、その態様もさまざまであって、学説・判例のうえで、これについての法理が確立しているとはいい難い。しかも、実務のうえでは、当初は、社内規定として、X・Y間の身分関係や待遇（労働条件）を定めたものはあったが、X・A間の出向協定も不明確で、書面化されている例は少なく、まして、A・Y間で明示の取決めがなされるという例はほとんどなかった。(65) このことがこの問題の解決を困難ならしめていた。

最近では、これらの取決めが整備されてきてはいるが、それでも、X・A間の約定や出向の実態は、法理上あるべき姿を必ずしも正しく反映したものとはいえないことがある。たとえば、同じくXがAの事業の運営に必要な人材（管理職員、専門職員、技術職員など）を充足するため、Xの従業員Yを出向させるケースにあっても、X_1の場合は、Y_1の賃金をX_1の賃金基準でX_1が支払うのに対し、X_2の場合は、Y_2の賃金をA_2の賃金基準でA_2が支払っている（ただし、X_2の賃金基準のほうが高いときは、A_2との差額をX_2が補填する）こともあり、さらに、他のケースでは、所定労働時間に対応するY_3の賃金はA_3が、時間外・休日労働に対するY_3の賃金はX_3が支払っているものもある。このような賃金支払の実態について、誰が賃金を支払うかは当事者の自由にまかされているから、X・Aで決めればそれでよいという考えもありえよう。(66) しかし、Yに対する賃金の支払義務者がなにびとであるかは、労働契約によって客観的に決まっている（決められるべき）ことである。とすれば、このような賃金支払の実態があるにしても、本来賃金は誰と誰との間で決定されるべきものか、また賃金支払い義務を負う者は、X・A間の協定をまつまでもなく、法律上Yの契約の相手方と決まっているのではないか（契約の当事者となるべき者は決まっていなければならない）、もし、労働契約上の賃金支払義務者を決めたものとするならば、賃金の支払いがこのようにまちまちになっているのは法律上おかしくはないか（どれかに誤りがあるのではないか）という疑問が出るのは当然である。実態に即して考えるならば、たとえば、賃金に関するこのような出向協定は、Ｙに支払うべき賃金の原資をＸ・Ａがどのように負担するかの定めで、Ｘ・Ａだけを拘束するものであり、Ｙに対する賃金支払い義務者を定めたものではない（Ｙはその協定いかんにかかわらず、契約の法理に従って賃金を請求することができる）といえよう。

注(56)掲記の報告書は、たとえば、賃金の計算基準や支払担当者をＸまたはＡのいずれと決めているかについての統計を表示しているが、[67] それがいかなる法理論的根拠によって決められたかを解明するのでなければ、その取決めを契約意思を解釈するための資料とすることはできないはずである。第二章で述べる［判例五一］茅ケ崎市事件（二八七頁）は、このことを前提として理論を展開したものといえる。

そうであるとすれば、ここでまず解明すべきは、法理上、いかなる根拠に基づいて、どのような法律関係がＹとＸまたはＡとの間に成立すると構想するかということである。この問題は、基本的には、ＹがＸまたはＡのいずれのために（なにびとが負担する企業危険のなかで）労務を提供しているかを基準として解明される。

(65)　このことは、昭和三〇年代の出向は、出向元企業から、経営政策的な観点から、関係会社（子会社、系列会社、提携会社、下請会社など）に対する支配・監督のために行われていた（労働法令協会編・出向制度の実際（一九六四年）一五〜一六頁）ことに由来すると思われる。

(66)　安西・企業間人事異動、二一四頁。

(67)　同報告書、四二〜四三頁。

第三　出向に伴う労働法律関係の特殊性

学説・判例のなかには、Ｘ・Ｙ間には基本的・包括的な労働契約関係が成立し、これを基礎として、Ａ・Ｙ間に出向労働を内容とする部分的な労働契約関係が成立するにとどまる（もしくはとどまることがある）と解するものがあることはさきに指摘した。出向によって形成される労働関係の内容と性質にかんがみ、X・Y間の労働法律関係とA・Y間のそれとをわけて考察することは重要であるが、これと並んで両者の関係を解明することも必要である。YがXの従業員たる地位を保有しているといえる外形に着目すれば、YがXの従業員であることが出向の前提条件となっているから、その意味で、X・Y間の労働（契約）関係が出向先の労働関係の基礎をなすといえそうでもある。

この問題に関連し、出向によりXの権利・義務の一部がAに譲渡されるとか移転するという考え方がみられることもさきに指摘した。(68) それは、XがYとの労働契約により取得した、Yに労務を提供させる権利をAに譲渡するとか、その権利に基づいて、Aに対し労務を提供させる（転雇用ともいえるもの）というような発想によるとも考えられる。その意味が、YがXとの契約の定めに従って、Xのために労務を提供するという枠組みのなかでAに出向させるということであるならば、現象としては、AがXの権利の一部を行使しているといえるかもしれない。

しかし、労働契約に基づいてXが取得したYを使用する権利・労務に服させる権利は、契約の本旨に従った労務の提供を求め、その提供について必要があれば、指示によって給付すべき労務の内容や態様を具体的に決定し、これに従ったYの行為を請求するという方法で行使される。その権利は、Xが自ら企業危険を負担して事業を遂行する権利（経営権）に由来し、Xに固有の、すなわち、Xの経営判断に基づいて、その裁量により行使することができる権利である。そして、XがYと労働契約を締結することにより、当事者の権利・義務に限界を画するために労働条件を決めることにより、その内容がある程度具体化され、さらに、使用者の指示（命令という言葉を使うものが多い）により労務の給付が個別的・具体的に決定され、その契約の本旨やXの指示に従ったYの活動によって、Xは労働契約を締結した目的を達成する。同様のことは、Aについてもいえるのであって、Aが持っている、Yに対し労務の提供を求め、これに関して指示を与える権利も、Aに固有な、しかも具体的なものである。

　このようなXの権利の行使は、YがXのために労務を提供するという労働契約の枠組みのなかで行われる限りでは、Xの危険の負担(責任)で、Xの意思に基づいてなされるべきものである。主として出向元企業Xの企業活動に寄与させる目的で行われる出向はこの類型に属すると解される。この場合においては、出向先企業AがYに対して指示をしたり、それに従った活動を請求することになるが、Aが独立の事業主として権利を行使するものであるにもせよ、Xの労働契約の枠組みのなかで行われる限りにおいては、Aは、Xの履行代行者として、権利を行使していると構想するほかはない。

　これに対し、Aがその企業活動を展開するためにYの出向を受ける場合には、AがXとは独自の企業である限り、YのAに対する労務の提供は、X・Y間の労働契約の枠組みの範囲を超えるものである。すなわち、Yは、本来一定の労働条件をもって、Xのために労働すると者として、具体的内容の義務を負い・権利を取得し、Xは、これに対応する具体的内容の権利を取得し・義務を負っており、これらの権利・義務は、不可分に結びついている。しかも、Xの権利は、Xの企業活動のために認められたものである。しかるに、YがAの企業活動に参加・協力するために出向することは、Aのために労働することであり、Xのために労働するという本来の枠組みを超える。したがって、XのYに対する地位（権利・義務の総体）をAに譲渡することが、この枠組みの全体を包括して変える、いいかえれば、相対的にではあるが、Xの企業危険から離脱して、Aの企業危険のなかで労務を提供させるというものであるならば、可能であるかもしれない。しかし、Xが企業危険を負担していることを根拠とし、Xのために行使されるべきXのYに対する指示権（いわゆる指揮・命令権）だけを切り離してAに譲渡し、Aのために行使させるということは、論理的に不可能である。

　例を［判例四七］栃木合同運輸事件（二四〇頁以下）に採って説明しよう。

　Xは、その営んでいた艀による港湾運送事業に使用するため、Yを雇用したのであるから、XのYに対する指示権は、Xが企業危険を負担してその事業を営んでいるがゆえに、Xに固有の権利として存立し、X・Y間の労働契約に基づき、Xの事業を遂行するために必要な権利として行使される。つまり、Xの指示権は、Xの経営権を基礎とし、このような具体的内容を持ったものであって、これを離れた、抽象的な指示権というものはありえない。ただ、このケースでは、出向先のAも艀による港湾運送事業を営む者であるから、AのYに対する指示権も、形のうえでは同じようなものであるかもしれないが、Aは、独立の企業として固有の指示権を持っており、具体的には、Yとの労働契約に基づき、Aの事業のために行使される。Aの指示権はXのそれを根拠として存立するわけではない。したがって、かりに、指示権の譲渡ということを認めるにしても、本件は、実質的には、経営主体の交代に伴う契約の包括的譲渡（Xの経営権から離脱して、Aのそれに服する）と解するのが適当であろう。このことは、**〔判例四九〕**日立電子事件（東京地判昭和四一年三月三一日・労民集一七巻二号三六八頁）などYの担当業務が変わるケースをみればいっそうはっきりする。

本件は、電子機器製造販売を業とするXに技術者として雇用され、設計業務に従事していたYをXの親会社であるAの九州営業所に出向させ、Xの製品の販売に従事させるという事案である。その販売業務がAの業務であることはもちろんある。したがって、Yが出向後従事する販売業務は、Aの営業方針・営業計画に基づいて行われ、Aは、このような観点からYに対して指示を与えることになる。AはXの親会社であるから、Aの指示権が独自のものであることは明白である。そして、Xは、Yとの労働契約に基づき、Yに対して、設計業務に関して指示を与えることはできても、その担当業務を変更しない限り（たとえ、その変更がXの形成権によって行われうるとしても）、それに付随し、またはこれに関連する以外の指示はなしえない。そうしてみれば、Yに、Aにおいて販売業務を担当させ、Aの指示に従わせるためには、X・Y間の労働契約をそのような内容のものに変更してAに承継させるか、そのような内容の労働契約をA・Y間に成立させる（それによって、AのYに対する指示が具体的に可能となる）ほかはない。

なお、出向復帰が全く予定されていない異業種の企業への出向（その典型的な例としては、企業整備の結果発生した余剰人員について、形の上では解雇を避けるため、全く異業種の企業に出向させるケースがある）にあっては、実質的には、ＡはＹをその職員として中途採用し、ＹもＡに再就職したという規範意識を持っていると解することができるのであって、少なくとも、このよう場合には、Ｙに対するＸの指示権はＡに固有のものといわざるをえないであろう。

（68）和田・注（63）の論文、三一頁。

第三節　労働契約関係の成立の要件

第一　基本的構想

労働契約は、労働者が使用者のために労働し、使用者がその対価（賃金）を支払うことをその基本構造とするから、その契約が成立するためには、右の構造に相応した意思の合致が当事者間に認められることが必要であると解するのは、当然の理である。そこで、Ｘ・Ａ間およびＸ・Ｙ間の約定や就労・賃金支払いの実態などからみて、ＹがＡのために労働するという義務を負担し（これに対応し、Ａは指揮・命令権および人事権などを有する）、ＡがＹの賃金を決定して、これを支払う義務を負担する旨の明示もしくは黙示の合意がなされたと認められる場合に、Ａ・Ｙ間に労働契約関係があると解する学説が構想される(69)。

このように出向の実態に着目して当事者の意思を解釈することは重要であるが、その際に考慮にいれるＸ・Ａ間の約定や出向の実態は、すでに述べたように、法理上あるべき姿を必ずしも正しく反映したものとはいえないことがあるから、本来労働契約はいかなる者を当事者として締結されるべきであるかということを考察する必要がある。

(69) 菅野・労働法、一〇一～一〇二頁参照。

第二　労働契約の当事者となるべき者（契約当事者適格）

労働契約は使用者（企業その他の経営主体）と労働者との間で締結される。すでに述べたように、企業は、独自に一定の企業目的を定め、固有の財政・経理（多くは自己の出資による）を基礎とした自己の計算において、その経営判断に基づき、これに伴う危険（企業危険）を負担し、企業目的を達成するための活動（企業活動）を営む。この場合、自己の活動だけではその目的を達しえないならば、他人の労働による役務（労務）の提供を求め、その協力にまたざるをえない。その労務を提供する者のなかに労働者があるが、労働者は自ら直接企業危険を負担することはなく、専ら企業が負担する企業危険のなかで、その企業活動に参加・協力するという受動的な態様で（これを「他人のために」という）労働する。この場合、労働者も使用者と対等の立場で労働条件を決定し、自主的に労務を提供する限りでは主体性・対等性を持つが、その労務の提供は、企業危険のなかで、企業目的の実現に向けてなされ、労働者は直接企業危険（とくに、経済市場におけるリスク）を負担しない。これに対応し、労働者の労務の提供は、労働契約の範囲内では、使用者の判断に基づいて行われ、その態様も使用者によって規定される。この意味で、使用者は、労働者の労務の提供に関し、その経営判断に基づいて指示する権限を認められるとともに、労務の提供の条件についても、一定の限度で（たとえば、一定の労働時間の延長）、その危険の負担においてこれを決定する権利を認められ、反面、これに対応する義務を負担すべき地位にある。

このように、労働契約は、『労働者』と、その労働者に対して「自己のために」労務の提供を求め、その労働条件の決定および契約の履行について危険を負担する者（『使用者』）との間において締結されるべきであり、このことは出向の場合でも変わりはないはずである。そうしてみると、出向者と出向先企業との間に労働契約関係が成立するか否かという問題を解決するためには、まず、出向先企業は出向者と労働契約を締結すべき立場にあるか否かを検討しなければならない。

出向者と出向先企業との間の労働契約の成否に関して、「近代法のもとでは、他人の指揮・命令のもとで労務を提供するという関係は、契約を媒介することなしには生じえない」とか、とくに第三者の指揮・監督のもとで労務を提供する関係は、典型的な雇用に親しまないという学説があることはさきに指摘した（本章第一節第三二〔二四九頁〕）が、これらの学説は、労働契約は本来なにびとの間で締結されるべきであるかという問題を前提としたものと考えられる。これらの学説は、労使間に通常現れる「他人の指揮・監督」という現象に重点を置いて解明しようとするものであるが、さらに、そのような現象を発生させる根拠としての、「他人のために」労働するという言葉に置き換えようというのが私の考えである。

ところで、出向先企業は、出向者をなんらかの形でその事業のために使用しうることに相違ないから、その意味では、出向者と出向先企業との間に労働契約の成立を認める根拠があるともいえそうである。しかし、出向のなかには、出向者が主として出向元企業のために労務を提供する場合があることはさきに述べたとおりである。この場合には、出向は出向者と出向元企業が負担する企業危険の範囲のなかで行われ、出向先企業は、出向の目的・趣旨にそって、出向者をその事業のために使用できるにとどまり、その限りにおいては、出向元企業を補助して、出向者に対応すると考えることができる。したがって、出向先企業については、このことに着目して、出向者といかなる立場に立つかということを検討する必要がある。

第三　契約意思の問題

つぎに契約意思の観点から考察する必要もある。企業活動を営む過程において、その活動のために必要な労務の提供を求める意思を持つ者が、これに対する対価を負担する意思を持つ場合に、その意思を基礎として労働契約が成立する。すなわち、労働契約はこれを締結すべき者の契約意思に基づいて成立するのである。

しかるに、この契約意思は必ずしも明示されるとは限らず、その内容が法理的に正確でない場合もありうる。それは、出向については実務が先行していること、すなわち、出向についての法理が確立していて、これに準拠して出向が行われるものでないことに由来するのであって、これはすでに指摘した。そこで、この場合に当事者の意思内容の確定(契約の解釈)が問題となるが、契約の当事者を確定し、その内容を合理的に解釈するためには、労働契約の当事者となるべき者は誰であるべきかを念頭に置き、これに適合するように構想すべきであろう。

たとえば、現象面では、Aの事業に必要な人材として、XがYをAに出向させ、YのAにおける賃金（それがXにおける賃金よりも高額でなければ）をYに知らせずに、XがYとの間で決めた賃金を支払っているケースが少なくない。このような場合に、AとYとの間では、賃金についての合意もないし、YはAから賃金の支払を受けていないから、A・Y間には労働契約が成立しているとは認められないともいえそうである。しかし、労働契約は、その事業のために労務の提供を受けこれに対して賃金を支払う者と、その相手方である労働者との間に締結されるべきであるとするならば、そのような実務上の取扱いがなされるにいたった理由を探究し、理論の組立(YがAと直接対面していなくても、労働契約の譲渡のほか、たとえば、第三者Yのためにする契約が締結されたとか、Yを代理して契約が締結されたというような組立）により、YのAに対する労務提供の対価はA・Y間で決定され、Aが支払うべきものをXがAに代わって支払っていると構想することができるならば、或いはそのように構想することが当事者の意思に反しないならば、Ａ・Ｙ間の労働契約の成立を認めるのが妥当と考える（後述、第五章第一節第一項第一**四1**〔三五三～三五七頁〕参照）。

第四　出向先の企業危険の負担

第二で述べたように、出向者Ｙと、Ｙに対し労務の提供を求めることにつき企業危険を負担する者との間に労働契約の成立を認めるべきであるという観点から、出向の場合の労働契約関係の成立とその責任内容について考察するならば、つぎのようにいうことができるであろう。

1　出向元企業Ｘと出向先企業Ａの事業の間に組織上・機能上の関連がない場合に、ＹをＡに出向させることが「Ｘのために」労働させるという本来の枠組みを超えるか否かを基準とするのが適当であろう。すなわち、出向はＸとＡとの業務上の利害が一致した場合に行われ、Ｙは、なんらかの意味でＸおよびＡの業務を行うのが通例であるから、ＸまたはＡの事業活動のいずれに寄与させることを主たる目的とするかにより、Ｙの相手方として契約危険を負担すべき者を決めるのが適当である（この問題については、本章第二節第二〔とくに、二五五～二五六頁〕を参照されたい）。

これに加え、ＸとＡとの間に、とくにグループ企業関係（中核企業による統一的人事が行われている場合）または縦もしくは横の共同事業関係がある場合には、それに基づいて使用者として、何らかの責任を負うべきものとされることがある（第一編第二章第三節第三**五**〔九四～九六頁〕）。このような企業間の組織的・機能的関連は、出向に由来する企業危険の負担の必要的要因ではないけれども、右のような関連がある場合には、当事者間に雇用関係がない場合にも、企業危険を負担させる要因となる。

２　このように「雇用ないし労働問題について企業危険を負担すべき者」との間に労働契約の成立を認めるべきであるとの法理に徹するならば、「主としてＡのためにする出向」においては、労働契約は、Ａ・Ｙ間に成立することを要し、かつこれをもってたりる（Ｘ・Ｙ間に存することを要しない）という考え方もありうる。ＥＵ諸国において、Ｘに雇用されたＹが、Ｘのために労働することをやめ、長期にわたり継続してＡのために労働する場合には、ＸがＹとの間に締結した労働契約は、Ａに譲渡されるか、Ａ・Ｙ間に新たに労働契約が締結され、Ｘ・Ｙ間には労働契約は存在しなくなると構想されているのはその現れであると解される。この構想のもとでは、主としてＡの事業活動に寄与させるための出向は、移籍と異ならないことになる。

わが国でも、最新の情報によれば、従来グループ企業間で行ってきた出向、本社から関連会社に対する出向などを転籍によって行う兆しが見えている（鉄鋼業界、住友金属工業、王子製紙など）。すでに述べた契約観に基づくものとは思えないが、あるいはこれを契機に、意識改革が促されることになるのではないかとも思われる。

３　これに対し、わが国では、出向は労働者が使用者（出向元）との間の雇用契約に基づく、従業員たる身分を保有しながら第三者（出向先）の指揮監督のもとで労務を提供するという形態をいうと定義され、このことに特質があると理解されている。これを「雇用ないし労働問題についての企業危険の負担」ということに関連させて、目的論的に構想するならば、つぎのようにいうことができよう。

わが国においては、出向は、ＹがＸに雇用されていることを基礎とし、Ｘの業務上の必要性に基づいて（Ａの業務上の必要性と符合ないし調和する場合に）行われる。その結果、Ｘは、Ａ・Ｙ間の法律関係について、直接・第一次的に権利・義務の関係に立たないけれども、出向の目的やＸとＡの企業組織や業務運営の関連いかんでは、Ｙの遂行する業務がＸの負担する企業危険に間接的な影響を及ぼす場合がある。たとえば、①企業グループ全体の経営の充実を図るために、その中核会社Ｘの管理職員を系列会社Ａの幹部として出向させ、②子会社Ａや下請企業Ａの技術を向上させて、親会社Ｘの生産を効率的なものとするため、ＸからＡに技術者を出向させるがごときは、積極的にＸの利益の増進につながる。このような場合には、企業危険の負担という見地からも、ＡとＹとの間の法律関係と調和する限度において、ＹにＸの従業員たる地位を認め、ＸにＹに対するなんらかの責任を負わせることに合理的理由があるということができる。

また、出向には、出向元企業の要員調整のための人員削減を回避するために行われるものがあることは、しばしば述べたとおりである。この出向も、これを行うことにより、企業の存続に対する危機を避け、出向元企業およびその従業員に対する企業危険を緩和するという消極的利益をもたらすものである。したがって、この類型の出向についても、企業危険を負担する出向元企業に、出向者に対する使用者としてのなんらかの責任を認める根拠があるということができる。

４　これらの出向においては、Ｘ・Ｙ間では、労働契約の本来の機能は停止するとしても、最小限「ＹはＸとの労働契約を基礎として出向したものである」ことと、Ｘが「Ｘのもとでの雇用の継続を期待していたＹをＡに出向させた」ことに由来する法律効果を認めてよいと思われる。とくに、ここにいう雇用継続の期待は、わが国のいわゆる終身雇用の意識に由来するものであり、使用者側にも、従業員を他社に出向させたが、出向先企業が使用者としての責任をとれない事態が発生したならば、出向から復帰させるとか、出向元企業の定めている定年までは、出向者もその従業員として取り扱い、その利益を保護するという意識があり、それが一つの柱となっていると考えることができる。また、契約の内容およびその展開ならびに履行過程の面においても、労働者が出向によって不利益を受けないようにするという意識も根底にある。それは、出向先の労働条件が不利益に決められるならば、それを調整し、不利益を補填するというがごとき担保的効果を認める根拠ともなる。これらの意識が出向というわが国に特有な制度をうみ出したものともいえる。そうすると、このような見地から出向元企業と出向者間の労働契約の意味と機能を理解し、出向元企業の責任の内容を構想することが妥当と思われる。いいかえれば、出向元企業と出向者間の労働契約は、出向先との労働契約を基礎づけるほか、調整的・担保的機能が主となると考えられる。

第四節　主として出向元のための出向

第一　意味と特徴

Xがその事業を合理的に運営するための一環として、その従業員を比較的短い期間、Xの事業と緊密に関連する事業を営んでいるAのもとで勤務させるために行う出向である。

出向先Aは、独自の企業組織を具え、必要な人員を充足して、独自に事業を営んでおり、Xからの出向者は事業運営上不可欠の要員ではないが、Yの出向はAの事業の運営にもプラスとなるので、これを受けいれるという点に特徴がある。そうすると、Xは、その負担する企業危険を克服するため、YをAに出向させているということができる。このことに着目すれば、Yの雇用の継続または労働条件の決定および契約の履行などについては、Xにその危険を負担させるのが妥当であり、Aにこれを負担させる根拠に欠ける。したがって、YのAのもとにおける勤務は、Aの就業規則の定めによるとされている場合であっても、それは、この類型の出向の特質に由来し、専らX・Y間の労働契約と出向に関する約定でそのような取扱がなされるにいたったものであり、そのほかに、A・Y間に労働契約が成立するものではないと構想するのが妥当であろう。

ただ、Aは前述のごとき出向の趣旨にそう限り、その範囲内においては、Xとの間の出向協定に基づき、YをAの事業活動のためにも使用することができる。そして、XがYをAに出向させてAのもとで勤務させるのは、主としてXの企業活動に寄与させる趣旨であるから、これを承諾したAは、Xのために、かつXに代わってYの労務の提供を受ける者、すなわち、AはX・Y間の契約に基づくXの債務の履行補助者（Aは独立した経営主体であるから、正確には履行代行者）たる地位を保有するといえるであろう。この意味で、ＡはＹの就業について義務を負うとともに、Ｘもまたその責任を免れないことがありうる。

付言すれば、この型の出向はＡ・Ｙ間に労働契約が存在しないという意味では労働者派遣法にいう派遣と同様である。しかし、派遣の場合には、派遣元はその営んでいる事業（労務供給事業）の一部としてその従業員を派遣させるだけで、派遣元の事業は、派遣先が独自に展開しいる事業の運営となんら関連していない。そうしてみば、派遣先は派遣元の履行補助者とはいえないから、これに関して形成される法律関係は、この型の出向について形成される法律関係とは異なるということができる。

なお、この型の出向でも、Ｘは、出向の実務上の取扱いの例に従って、Ｙを休職としているのが通常のようである。この取扱いは法理的には適切ではないが、それは、ＹがＸの事業場において労働する義務を負うものではないことを確認する意味を持つに過ぎないと解すれば、つじつまがあうのではなかろうか。

第二　学説・判例の考察

この型の出向については、さきに指摘したように、秋田教授が、それは「出向元企業（の使用者）のためになされるもの」と述べて、出向先との労働契約の成立を消極に解しておられるほかは、とくにこれを解析した学説・判例はないようである。付言すれば、秋田教授は、この型の出向は、むしろ「出張と呼ばれる就労形態に属するといえよう」と述べておられる(70)。しかし、この型の出向にあっては、出向先企業Ａも、付随的であるにもせよ、Ａの事業のためにＹを使用することができるところにその特徴がある。そうしてみれば、Ｙは、Ｘの企業危険のなかだけで労務を提供しているとはいえず、それに対応して、少なくとも、要件の点からみれば、企業内の人事異動とは異なり、出向と同様に取り扱うのが妥当と考える。

そして、判例の採りあげた事例にはこれに属するものがある。たとえば、前掲【判例四六】大成建設事件（二四〇頁）の2は、ビル建築につき鋼材・鉄骨の組立などの作業を請負っていたXが、右下請工事とは無関係に、技術研修のためXの従業員YをAに派遣していたケースにつき、これを出向と認定し、YとXの間においてのみならず、Aとの間にも労働契約関係の成立を認めている。

前項で述べた法理によるならば、技術研修のためAに出向させたXの従業員YとAとの間に労働契約の成立を認めることは妥当ではない（安全配慮義務については、後に述べる）。もっとも、本判決は、YとAとの間には「いわゆる使用従属の労働関係を発生せしめる意味での労働契約」が二重に成立しているという表現を用いているが、使用従属の労働関係が発生していたとしても、このことから直ちにその当事者間に労働契約が成立しているとはいえないから、この論旨には論理の飛躍があると思われる。

なお、このケースにおいては、Yの賃金はXが支払っている。XとYとの間にだけ労働契約の成立を認める立場からすれば当然の帰結である。これを当事者の規範意識に即して考えるならば、Yの賃金をXにおいて支払うことをX・A間で協定したとすれば（判文上明確ではないが、その旨の協定があったと思われる）、X・Aとしては、XがYの雇用、とくに、賃金の支払いについて危険を負担すべき地位にあると意識していたということができ、それはここで述べた法理によって、正常なものとして是認されることとなる。すなわち、当事者の意思に着目すれば、YはXでの勤務に必要な技術を習得するためAのもとで勤務し、Xはこれに対応し、Yに賃金を支払う意思であったと解釈することができる。

直接出向者と出向先との間の労働契約関係の成否を論じたものではないが、判例に現れたところをみると、主として、出向元の事業活動に寄与させるために行われると認められる出向につき、出向者の賃金は、出向元が支払うとされている例がほとんどであり、なかには、その出向を社内の人事異動と理解している判例があることにも留意すべきであろう。

たとえば、

１　前掲［判例一八］安川電機製作所事件（一一八頁）の２は、電気機械・器具の製造・販売を業とする会社Xが、製品の技術サービスをより迅速・的確に行うため、従来は本社・支店に配置していた技術サービス員をモデル代理店Aに配置した、というケースにつき、「Xが積極的にサービス体制を強化したこと自体、それがメーカーの責任であるとの自覚に立つと同時に、これによって需要者の要求に応え、その信用を獲得し、もって自社製品の販路拡大、同種メーカー間の企業競争の有利な展開を図ること、すなわちX自身の利益を目的としたものである。（中略）Yが技術サービス員として行う業務は、Xの、Xのための業務である。（中略）したがって、XのYに対する命令は出向ではなく、職種の異動・勤務場所の変更に該当する」と述べている。

この判決は、Xが経済市場において負担する企業危険に着目し、これに対処するため、Yを代理店Aに常駐させることは、Xの社内の異動であるとするものであって、着眼としては、本論文と軌を一にするということができる。しかし、Yは、Aにおいて、出向の目的の範囲内において、付随的であるもせよ、Aの業務を行うことないしは行わせることが認められるから、YをAの指示に従わせるという意味においては、純然たる社内の人事異動とは異なると解すべきであろう。ただ、この判決の論旨に従えば、YはXとだけ労働契約関係に立ち、Aとの労働契約の成立は否定されることになる点に注目する必要がある。

２　また、技術を習得させるための出向に関し、

前掲［判例一三］高木電気事件（一〇八頁）の２は、通信機器の販売、施工、保守などを業とするXが、請負主電電公社からの要求に基づき、従業員Yに、ボタン電話直営工事の技術を習得させるため、下請業者Aの業務のなかで技術研修をさせることにしたというケースにつき、前記［判例一八］安川電機製作所事件の２と同様の表現で、Xが積極的にボタン電話部門を強化したことは、市場の信用を獲得し同業他社との企業競争の有利な展開を図ることを目的としたものと推測しながら、Aは独自に営利を追及する企業であり、Yは技術の習得に従事

するものの、Ａの業務のなかに組み込まれその従業員と一体となり、その指揮命令下でボタン電話直営工事に従事しつつ技術を新しく習得するものであるとすることからすれば、Ｙが行っている業務はＡの業務であって、Ａに労務を提供しているもので、少なくとも直接的には、ＸのＸのための業務ではない。そして、Ｙに対する労務指揮権は、実質的にはＡに移転しているから、ＹはＡに出向したものである」との結論を出している。

この決定は、「労働者は労働契約により、使用者の労務指揮権のもとに所定の労務を提供する関係に立つ」としたうえで、ＸはＹの休職措置を採らず、賃金をＸの規定に従って支給し、Ａにおける作業日報をＸに提出させる予定になってはいたが、Ｙに対する労務指揮権は、実質的にはＡに移転していると認定している。この論法を進めて行くと、Ａ・Ｙ間に労働契約の成立を認めることになるのかもしれない。しかし、ＡがＹに対し労務指揮をしていたとしても、労働契約の成否を判断する場合には、それがＸとの契約の趣旨に基づくか否かを検証する必要がある。本決定も、Ｘが経済市場において負担する企業危険に着目している点では、［判例一八］安川電機製作所事件の2の判決と同様であるので、このことに着目すると、なにびとに労働契約の当事者としての危険を負担するのが妥当であるかという観点からの構想を期待できるのではなかろうか。

なお、この二つの事例においては、いずれもＸがＹに対して賃金を支払っている。ということは、Ｘ・Ａ間においては、ＸがＹの雇用、とくに賃金の支払いについて危険を負担すべき地位にあると意識していたことの現れである。このことは、ＡとＹとの間には労働契約が成立していないとすること一つの根拠となるのではなかろうか。

3　これに対して、前掲**［判例一五］**東京エンジニアリング事件（一一一頁）の2は、やや異なっている。

このケースでは、各種機械の設計、製図、写図を目的として設立されたＸが、独自に建設事業のコンサルタント業務や各種機械の一括受注を行うようにすることを企図し、Ｙに設計以外の技術、知識も習得させるためにもＡに出向させ、Ａまたはその系列会社が施行する工事、実験などの一部をＡの指導のもとに担当させたという事実が認められている。この事実に基づき、「出向者は、出向期間中でもＸの従業員たる身分を保有し、賃金はＸから支給を受けるが、労務提供についての指揮命令はＡに服していた（したがって、Ａにおける労務提供がＸに対する雇用契約上の債務の履行にあたり、その対価としてＸが賃金を支給する）」と述べている。

要するに、Ｙは、どのように労務を提供するかについては、Ａの指揮・命令に服するとしても、それは、そのような態様で労働することにより、Ｘの従業員として必要な技術を習得するという労働契約上の義務を履行することにほかならないというに帰する。しかし、本件は、ＸがＡからその研究所の事業の運営に必要な実験要員の出向を求められ、それに応ずることが主たる目的であったと解されることは、さきに述べたとおりである（一一三頁）。そうであれば、この出向は、ＹはＡが企業危険を負担している事業（研究所の実験業務）のために勤務することを主たる目的としたものにほかならない。この企業危険の負担という観点からすれば、主としてＸのためにする出向とはいえず、したがって、Ａ・Ｙ間に労働契約が成立すべきであり、Ｘ・Ｙ間の労働契約は、なんらかの意味で存続するとしても、本来の機能を停止する（休職の状態となる）と解すべきものと考える。

ただ、本件では、ＸがＹの賃金を支払っているという事実があるので、裁判所はこのことを重視して、労働契約は、Ｘ・Ｙ間にだけ存在しているとして、判示のごとく理論構成をしたのではないかとも思われる。しかし、Ａの研究所の実験業務を行うことがＸ・Ｙ間の労働契約の内容であるというのであれば、それは一種の労務供給契約であって、本件のＸ・Ｙ間の契約をこのようなものと解釈することは、Ｘの業務の実態からみて無理である。したがって、ＹがＡの研究所の実験業務を行うことの対価として、ＸがＹの賃金を支払う義務があると構想することはできない。

(70)　秋田・注（60）の論文、二二一頁。

第三　補　足――教育・研修名義の出向について――

一　問題点

これまでに述べたように、従業員の教育・研修を目的として行う出向は、主として出向元Xのために行う出向であって、労働契約関係は、出向元Xと出向者Yとの間に存続するというのが、本書の見解である。多くの学説は、出向の場合には、一般に出向先Aと出向者Yとの間に労働契約が成立すると解するから、この見解に従えば、従業員の教育・研修のための出向の場合も同様であるといわざるをえない。しかし、最近の判例をみると、従業員の教育・研修のために行われる出向については、これを、主として出向先Aの事業活動に寄与するために行われる出向と区別するという考え方が現れているように思われる。これを解析することは、本書の見解の理解に役立つと思われるので、このことに触れよう。

二　出向（派遣）の費用の負担

［判例五〇］　富士重工業事件（東京地判平成一〇年三月一七日・労判七三四号一五頁）

Ａ　事実の概要

１　Xには、社員を海外の企業に派遣して研修させる制度がある。その目的は、国際的な企業活動の場で十分活躍できる人材を育成することであり、研修員は、派遣先の海外の企業において、派遣先企業の従業員と同じように働いて実務を経験しながら、販売管理、ディーラー管理、アフターサービス、技術開発、生産管理、資材管理などについて研修するのであって、派遣先は主としてXの海外関連企業とするとされている。研修期間は二年であり、研修中の賃金は派遣先の基準に従い派遣先企業が支給するが、その額が一定額に満たない場合は、Xがその差額を支給することになっている。そして、研修員が研修期間中または研修終了後五年以内に退職する場合は、Xが負担した費用の全部または一部を返済させせることがあると規定されている。

２　Xの社員Yは、昭和六三年四月より海外企業研修員として、アメリカ合衆国に赴き、Xが四九パーセントの株式を所有し、Xの製造する車などの輸入商社であるAに派遣された。

３　Yは、Xから、当時経営状態が悪化していたAの経営内容を調査してXに報告するよう指示され、通常の研修員（一ケ月はAに、残りの一一ケ月はディストリビューター［中間卸業者］に派遣されることになっている）とは異なり、研修期間中ずっとAの財務部に派遣され、Aにおいて本来の研修のほかに、右の調査および報告を行い、ときには、Xの指示で、Aの業務を離れ、アメリカ合衆国内のXの業務に従事したこともあった。

４　Yは、Xの指示で、平成二年一月に急遽帰国した（通常の研修期間より、三ケ月短い）。

５　Yは平成二年七月ころX人事部長に退職を申し出たところ、XはYに対し派遣費用約四五〇万円（Yと妻の赴任・帰任時の航空代、荷造運送費、トランクルーム賃借料など）を請求した。これに対し、Yは、ほかの研修生と異なる事情や、一括弁済の困難を訴えた結果、Xは、Yに対し、約三五〇万円に減額し、平成一〇年一月末日までに分割弁済する案を提示し、Yもこれを承諾して、提案どおり合意した。

６　Yは、アメリカ合衆国赴任はXの業務命令に基づくもので、たんなる研修ではなく、Xのために労働したものであるから、赴任のための費用はXが負担すべきもので、Xは、Yに対し、その返還を求めることはできない。前記５の合意は、賠償予定の禁止に抵触し、また退職を求める労働者の足止めをしようとするものであるから、無効である、と主張した。

Ｂ　判決の要旨

本件研修は、Xの関連事業において業務に従事することにより、Xの業務遂行に役立つ語学力や海外での業務遂行能力を向上させるというものであって、その実態は社員教育の一態様であるといえるうえ、Yの派遣先はAとされ、研修期間中にXの業務にも従事していたものであるから、その派遣費用は業務遂行のための費用として、本来Xが負担すべきものであり、Ｙに負担の義務はないというべきである。そうすると、右合意の実質は、労働者が約定期間前に退職した場合の違約金の定めに当たり、労基法一六条に違反し無効であるというべきである。

Ｃ　コメント

１　一般に、企業の行う社員の教育・研修は、その社員がその企業において業務を遂行するために必要な能力を習得・向上させることを目的とするものであるから、その企業がその危険の負担において実施するものであり、それに要する費用はＸが負担すべきであるという本判決の論旨は、当然のことをいったものである。したがって、教育・研修のために社員を出向させた（派遣した）場合は、出向元企業が出向社員の賃金などを支払うとともに、出向に要する経費を負担すべきものである。

２　しかし、本件はただそれだけの論旨によってだけ解決されるものではないと思われる。若干本筋を離れるかもしれないが、この問題に触れたいと思う。

社員の教育・研修は、使用者の事業の業績の向上に寄与するものであるとともに、その社員自身の知識・技術などの習得・向上に資するものであることはいうまでもない。社員はそれによって、会社の中における地位の向上を図りうるのみならず、機をみて他に転職し、さらには自営業者として独自の活動を展開することもできる。そこで、主体性・自主性に富む社員は、使用者の教育・研修とは別に、自らの努力により知識・技術などの習得に努める。この趨勢に着目して、使用者は、本件のように、希望する者を募集・選考のうえ、他社に出向させて、特別の教育・研修を実施することもある。この場合、使用者は、その危険の負担（したがって、その経費を負担して）において特別の教育・研修を行うにもせよ、その社員が研修によって習得し・向上させた特別の知識・技術を生かして、出向復帰後相当期間は会社の業務の運営に寄与するため勤務するであろうことを期待している。そうであれば、使用者がこの趣旨を表示し、社員がこれを了解して特別の教育・研修のために出向したのに、その社員が、特段の事由がないのに、出向復帰後短期間で退職した場合には、使用者の期待利益を侵害したことになる。研修終了後五年以内に退職する場合はその社員に費用の全部または一部を返済させるとの規定は、暗に使用者の期待を表示したと解釈することができるのではなかろうか。とすれば、その趣旨を了解して出向した社員は、早期退職により使用者が侵害された期待利益を賠償する責任があるといえるであろう。そうであれば、右の規定は労基法が禁止している損害賠償の予約には該当しない。ただ、その損害額の算定が問題となるが、本件でXがYに請求した社員の赴任に要した費用が損害額に当たるというのは、いかにも単純に失すると思われる。

第五節　主として出向先のための出向

第一　意　味

これは、或る事業活動を営む企業Aのために労務を提供させる趣旨で、他の企業Xが、その雇用している従業員YをAに出向させるという型である。Aがその事業活動に必要な人材（役員または従業員）を求めるに際し、なんらかの理由で、Xが雇用しているYがAの人材として適しているが、Xとの雇用を断つことができないとか、YをAに出向させることがXの利益にも適合するという事情がある場合に行われる。そのいずれであるにもせよ、YはXの事業活動から離脱し、X・Y間の本来の労働義務に代えて、Aのために労働する義務を負うことになる。これには、Xがその要員対策として行うものと、それ以外の業務遂行上の必要に基づくものがあるが、Aのために労働する義務を負う点では変わりはない。

第二　基本構想

Aのために労務を提供する人材を確保することは、本来Aが自己の危険の負担においてなすべきことである。

すなわち、どのような人材を必要とし、これをどのような方法で求めかつ人選するか、また、Ｙをどのような条件をもって採用し、いかなる態様・方法で労務を提供させるかは、Ａは、その責任で決定しなければならず、これを誤ったことによる危険を負担せざるをえない。その反面、Ａが企業危険を負担する領域に属する事項については、Ａがその経営判断に基づき、その責任においてこれを処理する権利・権限（契約および団体的自治による自律・調整を含めて）が認められるべきであるということになる。

通常、Ａは他人に雇われていない労働者（雇われていてもそこを退職した後に）を雇用する。それは、その労働者との信頼関係を深めるとともに、Ａの業務に専念することを求め、また企業の秘密やノウハウなどを確保することの必要などに基づくといえよう。それにもかかわらず、ＡがＸからＹの出向を求め、Ｘの従業員のまま、Ａのために労務を提供してもらうのは、そうすることがＸとの関係において、Ａが事業の運営上必要な人材または要員を確保するために適切であると判断したからにほかならない。Ａはまた、Ｙの労働条件や勤務態様などをＡの危険の負担において決定することを求める。たとえば、ＡがＹの労働条件や服務規律をＡの就業規則などの定めるところによらしめている（よらしめようとしている）ことから、契約内容を自律しようとするＡの意思を認識することができる。それは、自らの危険の負担で営む事業のために、Ｙに労務の提供を求めるＡの正当な要求である。

他方、出向するＹの立場からすれば、ＹはＸとの労働契約を基礎として出向するとはいえ、Ｘのために労務を提供するという本来の枠組みを超えて、Ａのために労務を提供することになるから、このこととその条件を自らの意思に基づいて決定・変更することを求めるのは、私的自治の原則からみて当然の要求であり、法的にもこれを是認せざるをえない。

このようなＡおよびＹの双方の立場を考えるならば、主としてＡの事業活動のための出向については、ＡとＹとの間に労働契約が存在すべきであり、その内容は、労働契約の譲渡によるほか、Ａ・Ｙ間で決定されるべきであると解すべきであろう。

第三　二つの労働契約関係

出向者Yは、少なくとも形のうえでは、Xの従業員であるとの地位を保有しながら(その限りにおいては、Yは、Xの企業危険のなかにいるともいえる)、その地位を基礎として、Aのために（Aの企業危険のなかで)、通常はAの指示・命令に従って労務を提供する。出向によりYはXのために労務を提供する義務は免れるようにも解されるが、X・A間に存する事情に由来し、A・Y間の労働契約関係はX・Y間の労働契約関係を基礎とし、出向からの復帰が予定されていると考えられるならば、これらの二つの労働契約関係の内容はどのように決定され、またその契約関係の関連をどのように構想すべきかという問題が生ずる。とくに、XとAとが組織的または機能的に関連し、YはAに出向しても、Xの企業危険のなかにもいるといえるならば、出向後のYの労働条件について、その内容の決定とか、契約内容の実現（契約の履行）に関し、Xにはいかなる責任があるか、またYの義務の履行(不履行）について、AまたはXにいかなる権利が認められ、それが相互にどのように関連するかなどが問題となる。

この問題の重要性を指摘しておられるのは秋田教授である。すなわち、労働契約はXとAのいずれについても併列的に成立するが、その内容については、YがXとの間において取り交わした取りきめを基に、それぞれの企業における出向についての就業規則などによって規定されるが、どちらの企業が主体となってYの労働条件が形成されるかなどによって、各契約内容の配分が決まるとされる。(71) これらは、次章以下でに逐次考察する。

ただここで指摘しておきたいのは、すでに触れたように、この型の出向のなかにも、主としてAのために労務を提供するということの程度に強弱の差があるということである。たとえば、Xへの出向復帰が事実上予定されていないと認められる出向（前掲［判例一］新日本製鉄事件［一八頁以下］、前掲［判例一〇］住友化学工業事件［五七頁以下］、前掲［判例四〇］川崎製鉄事件［一七九頁以下］にみられるように、実体は移籍でありながら、名目的にXの従業員として残されているようなケース）にあっては、X・Y間の労働契約といっても、その契約に基づく法律関係は、極めて限定されたものとなるであろう。これに加え、XとAとの組織的・機能的関連に由来する効果が交錯することにも注意しなければならない。

(71)　秋田・注(60)の論文、二二一頁。

第四　判　例

主としてAの事業活動に寄与させるためなされたと認められ出向はかなり多く、前掲の［判例一〇］住友化学工業事件の2（二四五頁）、［判例四七］枋木合同運輸事件（二四〇頁）、［判例四八］古河電気工業事件（三四三頁）は、直接これに触れたものである。そのほか、

①　出向先での取締役の任期が満了したことを理由に、出向元との雇用契約を解約した後掲［判例五六］ザ・チェス・マンハッタン・バンク事件（三一五頁）

②　Aの就業規則やAにおける永年の慣行の出向者Yに対する適用を認めた後掲［判例五八］［判例五九］商大八戸ノ里ドライビング・スクール事件（三二九・三三二頁）、

③　出向期間中のYに対する給与・賞与の支払につき、出向時の合意として、Xとは法律上別個の法人であるAがこれを負担するとの合意を認定した後掲［判例六二］日本製麻事件（三四九頁以下）、

④　Aに出向しているXの社員Yが、Aの指示に従わなかったこと、Aにおいて背信行為をしたこと、Aにおける上司に対して侮辱的な言動をしたこと、その他懲戒事由に当たる行動をしたことを理由に、AがYに対

し懲戒をしたことを是認した、後掲［判例七一］小太郎漢方製薬事件（四三三頁）以下の各判例などは、A・Y間の労働契約の成立を認めたものということができるが、これらの判例は、逐次、次章以下で検討する。

第六節　ま と め

第一　出向と労働契約関係の成否

叙上のところを要約すれば、出向者Yと出向元企業Xとの間の労働契約は、出向後もなんらかの意味で存続するが、出向者Yと出向先企業Aとの間に労働契約が成立するか否かは、

① YがAのために(Aの企業危険の負担において)労務を提供し、AがYにその対価を支払うべき関係にあると認められ、

② かつこのことについてY・A間に合意が成立している、

か否かによって判断されるべきであるということになる。そして、法律論がないまま実務が先行していたというわが国の実情のもとでは、①に重点を置き、これが肯定されるならば、すなわち、Yが、主として、Aのために労務を提供していると認められるならば(このことは、とくにAがその事業を営むために必要な要員を求めていて、その必要をみたすためにYに出向してもらったという事実によって裏づけられる)、A・Yの意思が明らかにこれと相容れないと判断（解釈）されない限り、Y・A間に労働契約の成立を認めるべきであろう。この場合、問題となることが予想されるのは、Yに対する賃金の支払いの態様(主として、出向協定などで定められている額と支払義務者)である。なぜならば、このことは労働契約の要素に関するものではあるが、理論的な根拠よりは、実務上こうしたほうがよいのではないかという考慮に基づくものだからである。したがって、右に述べた解釈をするについて

は、企業危険の負担という観点から、①の要件についての見直しを行い、これに即応するように、なぜそのように定めたかを探り、それによって当事者の合理的な意思を認識することが必要である。

そこで、このような観点から、これまでにとりあげた判例について、総括的な考察を試みよう。

第二　判例の総合的考察

一般に、或る使用者Xと労働契約を締結している（Xに雇用されている）労働者Yが、第三者であるAの指示に従って（指揮・命令のもとで）、労務を提供するという現象（いわゆる使用・従属の関係）は、さまざまな契約に基づいて発生するのであって、出向もその一類型である。このような場合に、「労働法は使用・従属の関係にある者を保護するための法律である」という理論に基づいて、A・Y間に労働契約関係ないし労働関係の成立を認める考えもありうる（第一編第二章第三節第三三［九一〜九二頁］参照）。しかし、たとえば、XがAから或る仕事を請負い、その仕事を完成するため、Aの事業場において、Aの従業員とともにYに或る作業をさせるケースは、Xの企業危険の負担において、YにAの指示に従って作業をさせているのであるから、Yの労務を提供すべき義務は、Xとの労働契約に基づいて発生するのであって、YがAの指示に従うのも、Xとの労働契約に基づくものである。現在の判例の主流はこのような見解を採っているが、それでもいわゆる使用・従属という現象面に重点を置いた法律論を構成する傾向があることは否定できない。

出向においては、YがAの指示に従って労務を提供することがその特徴であるといわれているのであるが、「誰のために」労務を提供するか、ないしは「いかなる根拠に基づいて」そのような態様で労務を提供するかを吟味することなく、その事実に基づいて、A・Y間における法律関係を判断しようとする傾向がある。たとえば、［判例四六］大成建設事件（二四〇頁）は、請負業者Xがその従業員Yを工事の発注者であるAの指揮・命令のもとで就労させた事案について、それが「請負工事とは無関係に」、つまり、Ｘがその危険の負担において行う工事の履行補助者としてではなく（履行補助者であれば「Ｘのため」に労務を提供することになる）、Ｙの「技術研修のため」として、一応目的を区別しており、その意味では正しい。しかし、「技術研修」は、Ｘとの労働契約に基づきＸのために行われることを認識するならば、Ａ・Ｙ間に労働契約の成立を認めるのが妥当でないことはすでに述べたとおりである。

これ対し、［判例四七］杤木合同運輸事件（二四〇頁以下）のケースについて、判決ｂ・ｃは、出向によりＹがＡの労務指揮のもとで労働しＡが賃金を支払うということだけでは、Ａ・Ｙ間には「出向労働関係」が成立するにとどまり、その間に労働契約が成立していると認められるためには、他の要素を必要とすると解している。というのは、出向労働関係成立後Ａ・Ｙ間に労働契約が成立していると認められる証拠がない（ｂの判決［二四二頁］）とか、日常の労務指揮の服従関係以上の雇用契約関係が存在することもありうる（ｃの判決［二四三頁］）と述べているからである。ただ、どのような事実が存する場合に労働契約の成立が認められるかについての解明はしていない。しかし、出向が行われた諸般の事情を基礎として、当事者の意思を合理的に解釈し、ＡとＹとの間に、ＹがＡのために労務を提供し、Ａがその対価を支払うことについて意思の合致が認められるならば、労働契約の成立を認めうることは、すでに述べたとおりである。

しかるに、このケースは、Ｙを艀の乗組員として雇用していたＸが、Ａと傭船契約をしていたところ、合理化の一環として、その艀をＡに売り渡すとともに、ＹをＡに出向させ、賃金はＡが支払うが、Ｘにいた場合の収入よりも少ないときは、その差額をＸがＹに補償するというものであった。すなわち、Ｘは艀を使用しての事業は廃止したので、艀をＡに譲渡するとともに、その乗組員ＹをＡに出向させたのであるから、Ｙは専らＡのために艀の操船などをするのであって、しかも、ＹのＸへの復帰は考えられない。このことはＸもＡもＹも十分了解していたものと解される。それであるから、ＡがＹに対する賃金のみならず、退職金の支払いについて責に任ずるのは当然のことといえる。約言すれば、XはYの同意を得て、Yとの労働契約に基づく法律関係を包括的にAに譲渡したということができる。これを移籍ではなく、出向という方法によったのは、YをXに在籍させることにより、たとえば、Yの責に帰すべからざる事由により、Aにおける勤務ができなくなったような場合には、XがYをXに復帰させるとか、XがYの賃金を補償するなど、Yに対し担保責任を負う趣旨と解することができよう。とすれば、A・Y間に労働契約の成立を認めるのが妥当と考える。

［判例四八］古河電気工業事件（二四三頁以下）は、AがYとの労働契約の当事者と認められるための一つのファクターとして、「独立の企業基盤を具えていること」をあげている。労働者の相手方として労働契約の当事者となるべき者は、企業危険を負担して企業活動を営み、その活動のために他人に労務の提供を求める者であると解する見地からは、このファクターは重視されなければならない。ただ、問題はいかなる場合に「独立の企業基盤を具えている」と認めるかということである。本判決は、「出向者の給与はAの定めるところによるが、Aの支払能力が十分でないことを考慮し、その支払いはXが行い、退職金はAへの出向期間も通算しXがその基準により支払う。社会保険のうち、健康保険、厚生年金保険、失業保険はXが取扱い、労災保険はAが取扱う。XはAの人員調整を行うことがある。」との事実を認め、「賃金請求権、労務指揮権両面の関係において出向者とXとの間に極めて緊密な関係が維持されていることに照らせば、出向者とAとの間に別個に独自の雇用関係が成立したものとは未だ認め得ない」と述べている。しかし、AがXとZの核燃料製造部門を承継したとはいえ、独立の法人として人的・物的組織体を形成し、独自の企業目的を追求している以上、その支払能力が十分ではないとしても、法的にも独自に企業危険を負担すべき地位にあるのであるから、労働契約の当事者たりうる資格は十分に具えており、判例のあげているような事実は、労働契約の成立を妨げないと考える。XがAへの出向者の賃金などを支払っている事実があっても、出向者が対価を得てAのために労務を提供する意思であり、Aもこれに対応する意思を持っている以上（出向者の賃金はAの規定によるとしていることからも、このように認められる）Aに賃金支払義

務があるのは当然であり、Xによる賃金の支払いは、これを前提とした立替え払いの措置にほかならないからである。このような立替え払いの約束をしているのは、Xがその責任において、YをAに出向させたものであるから、少なくとも、Aが十分な資力を整えるまでは、Yに対する賃金の支払いは、Xが保証する趣旨であると解するのが相当である。

要するに、「出向者とXとの間に極めて緊密な関係が維持されている」かどうかが問題となるのではなくして、出向者の雇用ないし労働問題についてAが企業危険を負担すべき地位にあるか否かが問題となるのである。このことは、子会社Aが、実質的にみて親会社Xの一事業場と認められる場合であっても同じである。

第三　出向元または出向先のためにするファクター

出向は、①Xの事業ためにする要素と、②Aの事業ためにする要素とが含まれているが、その両端に、①の要素が極めて大きいものと②の要素が極めて大きいものとがあり、その間に、①の要素が減少し、それに代わって②の要素が増加する（その中間に併任・兼任という形態がある）という現象がみられ、これに対応して、労働契約の成否と機能の態様が決まり、さらにXまたはAの責任の程度・内容が決定される。この場合に、労働契約がなにびととの間に成立し、どのように機能しているか（機能の一部が停止しているか）、A・Y間に労働契約が成立しない場合でも、その間になんらかの法律関係が成立しないか、またXはどのような責任を負うか、労働契約が併存している場合には、それが可分か・不可分か、などということが問題になる。YがAとの間で契約関係に立つと同時に、Xとの間でも契約関係に立つか、これに関連して、Yは、Aに対してのみならずXに対しても、賃金ないし退職金を請求することができるかという問題に触れたものとして、［判例九二］国際開発事件（四九二頁）がある。この判決の論旨ははっきりせず、XがYに対し給与という名目の金員を支払っているという事実に重きを置いているようでもある。しかし、X・Y間に労働契約が成立していて、しかもそれに基づき賃金請求権などが発生するといいうるためには、その金員が労務の対価と認められるにふさわしい実体がなければならないと解すべきであろう。その意味において、この判決は根拠があいまいであるといわざるをえない。

X・Y間にいかなる法律関係が成立しているか、またそのように評価されるかは、契約に関する問題であるから、YとXまたはAとの間に契約が成立しかつそれが機能していると認められるならば、その契約の解釈・適用によって解決するのが妥当である。この場合に、XとAとの事業上の組織的・機能的関連、とくにそれらが縦または横の共同事業関係を形成しているかなどを考慮にいれる必要があると考える。また、労働基準法や労働組合法などの適用については、その法の目的にかんがみ、なにびとが使用者としての責任を負うかということも問題とされているのであるから、このような観点からの考察も無視できない。そこで、ここに述べた考察方法に準拠して、出向の場合に、出向者に対し、なにびとがその相手方当事者(使用者)として、いかなる権利を持ち、またいかなる義務もしくは責任を負うかという問題を順次考察しよう。

第二章　自治体職員の派遣をめぐる問題

本書の冒頭で、最高裁判所の茅ケ崎市事件の判決（平成一〇年一月二四日判決・労判七三七号七頁）が出向の目的論的考察に重要な示唆を与えていると述べたので、若干本論から離れるかもしれないが、やや詳しく考察しよう。

第一　問題の所在

地方自治体において、その職員を、地方公務員たる地位を保有させたまま、その自治体が出資しまたは自治体の業務と緊密な関連のある事業を営んでいる団体などの職員とし、その業務に従事させ、その際、地方公務員としての職務専念義務は免除するが、給与はその自治体が支給するという方式で、「派遣」と称する人事が行われている。それは外形上これまでに述べた出向に倣った人事の運用ということができるであろう。しかし、職務専念義務を免除された公務員の存在をたやすく認めることもさることながら、公務を行わない者に地方公共団体の住民の租税負担などによって賄われる給与などを支給すること（派遣職員は公務員たる地位を保有しているにもかかわらず、派遣先との間でその職員の給与は派遣元の地方自治体が支給するとの協定があることを理由とする）の妥当性が問題とならざるをえない。

それは、派遣ないし出向において「在るべき」法律関係と関連する。すなわち、出向（本件のごとく、市職員を在籍のままほかの団体の業務を行わせるものも含めて）は、出向元と出向先の協定（出向協定）の定めるところにより、自由に行うことができ、しかも、出向者は、市の職員たる地位を保有しているのであるから、市がその給与を支払うことはなんら差し支えない、というはまさにseinの論理である。これに対し、出向協定そのものの当否と出向者に対する市の給与の支払いの当否を論ずるのは、sollen の論理である。

第二　判　例

一　リーディング・ケース

[判例五一] 茅ケ崎市事件

A　事実の概要

1　X市（市長N）は、A商工会議所との間で、Xの職員をAに派遣することにつき、派遣期間は三年とするが協議の上これを延長または短縮することができること、Aは派遣された職員をAの職員に併せて任命し、双方の身分を併有させること、派遣職員に対する給与の支給、休暇、分限、懲戒および福利厚生については、Xの関係規定を適用し、Xが行うことなどを定めた協定（本件協定）を締結した。

2　Nは、昭和六三年四月一日、市立病院事務長であったXの常勤職員Yに対し、市長公室付としたうえ、Aへ派遣する旨の命令を発し、Xの「免除条例」に基づき、一年間の職務専念義務免除をした。

3　Yは昭和六三年四月一日Aの専務理事に任命され、会頭および副会頭を補佐し、所務を掌理していたが、Xは、同年一〇月三一日をもって本件派遣を取りやめた。Yは、その間、計七回Xの政策会議に出席したほかは、Aで勤務していた。Xは、その間の給料および期末・勤勉手当合計五四〇万円余をYに支給した（本件給与支出）。

4　Xの住民は、Aに派遣されたYに対する本件給与支出が違法であるとして、地方自治法二四二条の二第一項四号に基づき、Nに対しては支出給与相当額の損害賠償を、Aに対しては同額の不当利得の返還を求めた。

B　判決の要旨

a　一審（横浜地判平成五年四月二八日・労判六五二号七七頁）

1　職員の職務専念義務は、全体の奉仕者たる公務員としての最も基本的な義務の一つであるから、みだりにこれを免除して職員を派遣するようなことがあってはならない。

２　商工会議所は、地域総合経済団体としての性格を有する私法人であり、地方公共団体の行政組織に属さず、その行う事業は地方公共団体の事務と同一視できない。そして、商工会議所の専務理事としての職務をもって、地方公共団体がなすべき責を有する職務であるということはできず、本件派遣は、Ｙの職務専念義務との抵触を生じさせることになる。

３　地方公共団体の職員をＡに長期にわたり派遣する方法として、職員の申出による職務専念義務の免除が予定されていたとは考え難く、長期間地方公共団体の職務に従事しないことになるような職務専念義務の免除を許すものと解することはできない。

４　商工会議所の公共性などを考慮しても、本件派遣にあたり職務専念義務を免除したことおよびこのような手段をもってなされた本件派遣には、地方公務員法三五条、免除条例二条に違反するというべきである。

５　本件支出はＸの職員であるＹに対して行われる給与などの支払であり、当然のことに見えなくもない。しかし、Ｙは、派遣期間中主としてＡの職員として職務を行っていたものであり、本件支出は、かような職員に対してなされる給与などの支払である。法律は、給与は常勤の職員に対して支払う旨、および職員の給与は、その職務と責任に応ずるものでなければならないと規定しているところ、Ｙは、主としてＡの専務理事として職務を行っており、これを常勤の職員ということはできず、また、本件派遣が違法である以上、その間、Ｘの職務に従事しなかったことを正当化する根拠もなかったのであるから、右規定と一般的なノーワーク・ノーペイの原則により、Ｙに給与等を支給することはできないというべきである。

６　Ｘは、本件支出により、Ｙに支払った給与などに相当する損害を被り、Ｎには故意・過失があったから、これを賠償する責任があり、Ａは、給与など相当額を不当に利得したので、その返還義務があるとして、原告の請求を認容した。

ｂ　控訴審（東京高判平成六年八月二四日・労判六六四号四七頁）

１　一審の２は認めた。

２　地方公共団体が、その行政の的確な遂行を図る見地から、関係諸団体との密接な連携を保つため、これに職員を派遣する必要性があるが、この場合、派遣される職員の身分・処遇の保障をも考慮しなければならないから、その必要に基づき職員を外部の団体に派遣し、その間、右職員に給与を支給することを目的として、派遣される職員の同意のもとに同人から申出させて職務専念義務を免除するという方法を採用することは、一概にすべて違法として否定されるべきではない。

３　本件派遣は、Xが市内の商工業の発展、活性化を図るための施策の一環としてされたものであり、その派遣先は、X市内において高度に公共的な性格を有するAであって、[別記のごとく］派遣の必要性、合理性が認められるものであるから、派遣自体については特段の問題はない。［X市は中小企業庁により商業近代化地域計画策定地域として指定されたので、その計画はAが作成主体となるが、Xの行政と緊密に関連するので、その策定及び実施には、Xとの緊密な共同体制を必要とした］。他方、身分・処遇の保障の観点から、Xの職員としての身分を留め、かつ、Xが給与を支給する必要性があった（YのAの給与の方が低い）。このような事情の下に、Xは職務専念義務を免除するという方法を選択したことは、市長の裁量権の範囲を逸脱し、またはその濫用にわたるものとまでは断じ難い。

４　YはXの職員として採用され、X市長によって職務専念義務を免除されており（勤務をしないことにつき任命権者の承認があったときには、給与を支給すべきことが定められている）、かつ、右の免除が違法であるとはいえないから、本件支出が違法であるということはできない。

５　原判決を取り消し、原告の請求を棄却した。

c　上告審（最判平成一〇年四月二四日・労判七三七号七頁）

控訴審の２以下の判断は是認できないとしてその理由を述べる。

１　地方公共団体の職員の給与は条例で定めなければならないとされている（地方自治法二〇四条三項、地方公務員法二四条六項）ところ、本件給与条例一一条前段は、勤務しない時間に対する給与支給の可否について、「職員が勤務しないときは、その勤務しないことについて任命権者の承認があった場合を除く外」「給与額を減額して給与を支給する」と規定している。また、本件免除条例は、職務専念義務の免除の要件を定めている。Yはその派遣期間中X市自身の事務に従事していないのであるから、本件免除条例に基づく適法な職務専念義務の免除が必要であることはもちろんであるが、これに加えて、XがYに対して給与全額を支給するためには、給与条例一一条前段に定める勤務しないことについての適法な承認を必要とする。

2　本件職務専念義務の免除および本件承認の適否について検討すると(条例は明示の要件を定めていないが)、処分権者がこれを全く自由に行うことができるというものではなく、職務専念義務の免除が服務の根本基準を定める地方公務員法三〇条や職務に専念すべき義務を定める同法三五条の趣旨に違反したり、勤務しないことについての承認が給与の基本基準を定める同法二四条一項の趣旨に違反する場合には、これらは違法になると解すべきである。そして、本件においては、本件派遣の目的、Aの性格および具体的な事業内容ならびにYが従事する職務の内容のほか、派遣期間、派遣人員など諸般の事情を総合考慮した上、本件職務専念義務の免除については、本件派遣のためYをXの事務に従事させないことが、また、本件承認については、これに加えて、Xで勤務しない時間につき給与を支給することが、右条項の趣旨に反しないものといえるかどうかを慎重に検討するのが相当である。

3　本件派遣の目的がAとの連携を強めることにより、Xの不振な商工業の進展を図るためのものであったとしても、本件職務専念義務の免除および本件承認を適法と判断するためには、Aの実際の業務がどのようなものであって、それがXの商工業の振興策とどのような関連性を有していたのか、YのAにおける具体的な職務内容がどのようなものであって、それがXの企図する商工業の振興策とどのように関係していたのかなどの諸点について、十分な審理を尽くしたうえ、Xの右行政目的の達成のために本件派遣をすることの公益上の必要性を検討し、これらに照らして、本件職務専念義務の免除および本件承認が前記各条項の趣旨に反しないかどうかを判断する必要があるといわなければならない。

前記諸点についてなんら具体的な認定をすることなく、本件給与支出の適法性を肯定した原審の認定判断には、原判決の結論に影響を及ぼす審理不尽、理由不備の違法がある。

原判決を取り消して、控訴審に差戻した。

d　差戻後の控訴審（東京高判平成一一年三月三一日・労判七六六号三七頁）

cの判決に従い、つぎのとおり判示する。

1　Aの業務内容とX市の商工業振興策との間には、かなり緊密な関連性が認められるが、AがX市内の商工業者のみを会員として組織された団体であるのに対し、X市は市内の商工業者のみならず、市民全体の福祉を実現すべき責務を負っていることからすると、両者の方針や活動が常に一致するとは限らず、両者が対立することも予測しうるところである。そして、出向者は、Aの会頭の指揮命令のもとに職務を行うものであるから、両者の対立関係が生じた際に、Yの存在により市の意向をAに反映させることは、必ずしも期待できない状況にあった。

2　YのAでの具体的な職務内容は、Xの企画する商工業振興策と直接的な関連性がある諸事業には具体的に関与したとは認められず、これとは直接関連性のないAの内部的事務を中心としたものであった。

3　そうである以上、本件職務専念義務免除および本件承認は、X市の商工業振興という行政目的達成のためにする公益上の必要性があったとは認めがたく、地方公務員法二四条一項、三〇条および三五条の趣旨に反する違法なものである。

二　その他の判例

前掲【判例一七】備前市事件（二一六頁以下）の2

A　事実の概要

1　X市（市長O）は、第三セクターとして設立された株式会社A（遊園地、ゴルフなどスポーツ、レクリエーションの開発整備、経営などを業とする）に、X市産業部開発課主幹として勤務していたYを研修目的で派遣し、その給与は、Xの関係規定によりXが支給するというX・A間の協定により、Xが支給した。YはAにおいて、企画部長の地位にあって、用地取得、地元対策、許認可取得などを主に担当し、その間、Xの事務を担当したことはなく、研修内容を定める別途協定はなく、ＹからＸに対する報告は、出張と休暇に関するものだけであった。

２　Ｚは、Ｙに対する給与などの支給は不当支出であるから、Ａはこれを不当に利得したとして、Ｘに返還することを求めた。

Ｂ　判決の要旨

１　法律が、地方公共団体の本来の事務以外の事務に、地方公共団体の職員がその身分を有したまま従事することについて厳格な態度を採っている以上、他の団体に職員を派遣し、その業務に従事させることは、職務専念義務に反しないか、その問題が生じないような措置を講じた場合にのみ許される。

２　右のことと職員の給与が、住民の税金によって賄われている事実に鑑みると、職務専念義務を免除するについても、派遣先の業務が公益上特に必要であることが明らかであって、「当該地方公共団体がすべき責を有する職務」と同視できる程度のものである場合に限る。

３　本件派遣は、形式的には、黙示的な職務専念義務の免除の措置が採られているとしても、実質的に職務専念義務を免除することができる場合に該当せず、結果的に、地方公務員法三五条などに違反し、違法な措置であった。

４　本件派遣に関するＸ・Ａ間の協定は、公共の利益にかかる行政法規に反する違法な事項を内容とするものであるから、強行法規ないし公序良俗に反する契約として無効である。

〔判例五二〕 岡山県事件（岡山地判平成八年二月二七日・労判六九七号七五頁）

Ａ　事実の概要

１　Ｘ県（知事Ｎ）は、第三セクターとして設立された株式会社Ａ（遊園地の運営および設計ならびに運営のコンサルティングなどを業とする）に、Ｘの職員Ｙを派遣し、Ａの業務に従事させ、その給与はＸ・Ａ間の協定により、Ｘが支給した。

２　Ｚは、Ｙに対する給与などの支給は不当支出であるという理由で、Ｎ・Ａは、共同してＸから違法にに公金を支出させたもの、Aはこれを不当に利得したとして、Xへの返還を求めた。

B　判決の要旨

［基本的には［判例一七］の2（二九一頁以下）と同趣旨］

職務専念義務の免除措置を伴う職員派遣が許されるのは、たとえば、職員の本来の資質および環境などの向上などを目的とする場合、派遣先の業務そのものが地方公共団体の事務と同視し得る場合（土地開発公社など）に限られるものというべきであるが、本件はそのいずれの場合にも該当しないから、職務専念義務の免除措置は無効でり、派遣職員に対する給与などの支給は、法令上の根拠を欠くから許されない。

第三　総合的考察

一　判決の持つ意味

これらの判決はいずれも地方公務員の派遣（実質は出向）に関するものであり、その身分および職務・職責ならびに給与の性質の特異性などにかんがみ、基本的には、地方公務員たる身分を保有させながら、他の団体（とくに、私企業）の事業について、業務を行わせることができるか、かりに、一定の条件のもとでこれを積極的に解するとしても、その職員はどのような地位と待遇を与えられるべきであるかという問題があり、この点では、私企業相互間で行われる出向・移籍と異なった要素を持っている。しかし、これらの判決は、いずれも、地方公共団体が派遣先団体との協定に基づいて行い、かつその協定に基づいて職員に給与などを支払っていることの当否について判断をしているのであって、その意味で、派遣後の当該職員と地方公共団体および派遣先との間に「いかなる法律関係が形成されるべきであるか」を論じているということができる。このことは、先行している実務について、その正当性、合理性を検証しているのであって、本書でこれまでに論じてきた趣旨と同じではないかと思われる。そして、その検証に際しては、派遣にはさまざまな目的・態様のものがあることに着目し、これに応じて正当性、合理性が認められることがありうること（ないしは異なった法律効果が認められるべきこと）を論じている。このことも、本書とその方法を同じくするということができる。

さらにつけ加えるならば、市が実施している「派遣」は、一般私企業で行われている出向をモデルとし、これについての常識的な考え、すなわち、どのような態様で出向を行うかは、出向元と出向先の合意により自由に決めることができ、出向者は出向元の従業員（職員）たる地位を保有しているから、出向元がその賃金を払うことは当然にできる、という考えを基礎としているのではないかとも思われる。もしそうであるとすれば、これらの判決は、右に述べたような出向についての常識的な考えに対する批判そのものといえるかもしれない。

ただ、判例は、地方公務員の特殊性にかんがみ、公務員たる地位を保有させたまま、職務専念義務を免除したり、その給与を地方公共団体が支給することの当否を論じている。したがって、本書の論述と平仄をあわせることとは困難である。そこで、判決の考え方をまとめたうえ、地方公務員の派遣に特有な問題に触れたいと考える。

二　出向により形成されるべき法律関係

ここでとりあげられている事案は、いずれもXにおける事務（地方公共団体がなすべき責を有する職務）とは異なったAの業務を遂行させるためにYをAに派遣した（出向させた）ものであって、［判例五一a］［判例五一c］茅ケ崎市事件は、「Aは派遣された職員をAの職員に併せて任命し、双方の身分を併有させること、派遣職員に対する給与の支給、休暇、分限、懲戒および福利厚生については、Xの関係規定を適用し、Xが行う」とのX・A間の協定にかかわらず、XのYに対する給与の支払の正当性を当然には認めておらず、［判例五一b］以外の判決もそうである。ということは、Yになにびとかに対する賃金支払請求権がある（このこと自体は否定できない）とすれば、協定以外に、別の法理的根拠を求めなければならない。Aが私企業であれば、それは、A・Y間に締結された、有償で役務を提供することについての契約である。

すなわち、［判例五一］茅ケ崎市事件のケースでは、YはA（商工会議所）の専務理事に就任するという契約を、［判例一七］備前市事件の2、［判例五二］岡山県事件のケースでは、YはいずれもA（株式会社）の従業員となるという契約を締結しているのであって、それがYがAに対して役務を提供し・その対価として給与などを得る根拠である。これらの契約に基づき、Yは、主としてAのために役務を提供する。判例はこのことを前提として、Yに公務員たる地位を保有させたまま（職務専念義務を免除し）、この契約に基づいて役務を提供し（その結果、Xのために役務を提供することはほとんどなくなる）、またXから給与などの対価の支給を受けることの正当性・違法性を論じている。

ただ、Xにおける職務の研修のための派遣については、判例はその正当性を認めることを示唆しているが（［判例一七］備前市事件の2、［判例五二］岡山県事件）、それは、主としてXのための出向といえる場合もありうることを想定し、［判例五一］茅ケ崎市事件とはその類型を異にすることを認めたものといえる。つまり、判例も、意識的とはいえないまでも、その相違を感得していると思われる。

三　公務員たる地位の保有

1　判例の問題点

判決は、いずれも、「Yに地方公務員たる地位（身分）を保有させたまま」、私的団体であるAのために役務を提供させる目的でAに派遣したというケースに関わるものである。ところで、地方公務員は、県、市などという地域社会をその範囲として成立する政治団体の職員であって、公共的な政策を遂行するという職務を担当し、当該地域社会の健全な発展と住民全体の利益のためにその職務に専念すべき職責を負う。これに対応して、その給与などは地方公共団体の税収などによって賄われる。このことから、判例は、「職務専念義務の免除が服務の根本基準を定める地方公務員法三〇条や職務に専念すべき義務を定める同法三五条の趣旨に違反したり勤務しないことについての承認が給与の基本基準を定める同法二四条一項の趣旨に違反する場合には、これらは違法になる」との結論を導き出している（〔判例五一 c〕茅ケ崎市事件）。

この地方公務員の職務の公共性は、派遣（出向）先の団体が公益に関係のある事業を内容とする団体であっても、その職員の職務と本質的に異なる。かりに、従事する業務の内容が類似している場合でも、公務員は有機的一体をなす地方公共団体の職務（地方公共団体がなすべき責を有する職務）の一翼を担っているという意味で、高度の公共性を持っている。そうしてみれば、ＹがＸの職務に従事している限りおいては、その雇用ないし労働問題については、任用に基づく法律関係（私法上の労働契約関係に相応するもの）の形成を含めて、Ｘがその危険を負担すべきものであるが、ＹがＡに派遣され、主としてＡの業務に従事するのであれば、これに関する、右のごとき危険をＸに負担させることは公正を欠く。ただ、ＹがＡにおいて従事している職務が、同時にＸがなすべき責を負う職務と緊密に関連する場合などには、それに相応した法律効果を構想する（たとえば、Ｙの賃金はＡが支払うことを前提として、ＸがＡに対しなんらかの補償をすることを是認する）ことができるにしても。

ＹがＡに派遣され、主としてＡの業務に従事するケースについて、判例は、「ＹにＸの職員（公務員）であるとしての地位（身分）を保有させる」ことを前提として、その職務専念義務を免除すること、またはＸの職務に従事しなくても給与などを失わないことを承認することの当否を論じている。その結果、「職務専念義務の免除措置が違法である以上、これを取り消すなどの是正措置を講じたうえでなければ、派遣職員に対する給与などの支給は、法令上の根拠を欠くから許されない」（〔判例五二〕岡山県事件）ともいっている。しかし、職務専念義務の免除を取り消すとすれば、Ｙは本来の職務に専念しなければならないのであるから、Ａの業務に従事しているＹの勤務そのものが違法であり、ＹにＸが給与などを支給する根拠はないということになる。給与支給の根拠がないことの理由付けとしては、考えられないこともないが、Ｙの勤務自体を違法なものということができるのであろうか。

2　派遣（出向）先における法律関係

このような理論構成となるのは、「公務員としての地位を保有させる」ことの法的意味の理解に欠けることに由来するのではないかと思われる。すなわち、派遣（出向）の結果、形成されるべき任用関係ないし労働契約関係に着目するならば、Yの勤務に関しYとAとの間にいかなる法律関係が形成されるかがまず問題となるのであるから、これを前提とし、YにXの職員（公務員）たる地位を認めることが是認されるか、もしこれを認めうるとしても、それはいかなる意味においてであるかという観点から考察するのが適当と思われる。

［判例五一］茅ケ崎市事件では、YはA（商工会議所）の専務理事に就任する旨の契約を、［判例一七］備前市事件の2、［判例五二］岡山県事件では、YはA（第三セクターである株式会社）の従業員となる旨の契約を締結し、これに基づく役務を提供している。そして、Aは、これに関する危険を負担すべき立場にあるから、その限りではA・Y間の契約は、役務提供契約として成立要件をみたし、それに相応する効力を認めるに値する。

3　派遣（出向）の実質

そこで、このことを前提としてX・Y間の法律関係を考えてみよう。形のうえからみても、X・Y間の法律関係がXという政治団体を基盤とする公法関係であるのに対し、A・Y間の法律関係は市民社会を基盤とする私法関係であることに着目すれば、両者の間に同一性・継続性があるということはできないであろう。また、実質的にみれば、前者Xは、後者Aを包容する県、市・町・村の地域社会をその存立の基盤として、その住民と地域社会の利益の均衡・調和を図りながら、地域社会全体として統一があり・調和のとれた健全な発展を期するという公共的使命の実現を目的とし、公務員はその目的に従ってその職務を定められ、これを遂行すべき職責を負う。

これに対し、後者Aは、その地域社会における、市民社会の構成員としての活動を展開するものであり、その従業員の職務・職責は、Aの活動によって限定され、規定される。この意味において、Xにおける公務員としての公共的な職務・職責は、Aにおける職務・職責より高次元のものであって、たとえば、「商工会議所は地域総合経済団体としての性格を有する私法人であり、公法人的性格を持つが、地方公共団体の行政組織に属するものではない」（〔判例五一a〕茅ケ崎市事件）と述べているのは、右の趣旨に則ったものと解される。〔判例一七〕備前市事件の2、〔判例五二〕山口県事件も、Aが営利を目的とする私企業である以上、結果として公の利益にかかわってくる余地があっても、その事業内容が地方公共団体のなすべき事務と同視しえないと判示している。したがって、実質的にみても、両者の間に同一性・継続性を認めることはできない。

このように理解するならば、これらの三つのケースの派遣（出向）は、Yが将来Xの職員として復帰することは予定しているとしても、実質的にはAの職員となる「移籍」であって、最も厳格にいうならば、Yは、Xを辞職して、Aと契約を締結したと構想すべきものではなかろうか。このような厳格な解釈はしばらく措き、実質的な移籍と構想したうえで、YにXの職員（公務員）たる地位を保有させることの法的意味について考察しよう。

4　実質的移籍の効果

右のように、YはXの職員（公務員）としての職務を遂行するものではないから、特別の授権がないにもかかわらず、Yに公務員としての権利・権限を認めることはできないし、それに相応する公務員としての待遇（これには給与などの支給も含まれる）を与える根拠はないといわなければならない。そうしてみれば、XがYをAに派遣する（出向させる）という法律行為には、当然にYにXの職務を行わせない旨の法律行為が含まれていると解すべきである。それは、Yは公務員としての職務を行うべきではあるが、その職務を免除するという趣旨ではなく、そのような職務を認めないという趣旨であり、これを職務免除というのは適切ではないと考える。また、Yの給与にしても、［判例五一a］茅ケ崎市事件が述べているように、一般的なノーワーク・ノーペイの原則によりYに給与などを支給することはできないというのが理論的であり、賃金の控除をしないための要件としての「勤務しないことについての適法な承認」ということを考える余地はないのではなかろうか。

5　派遣（出向）者の利益の保護とその要件

Xがこの類型の派遣（出向）を行うのは、XとAとの組織的・機能的関連により、その実施が、Aの事業の運営に寄与するのみならず、Xが地方公共団体としての行政を効率的運営のためにも、具体的に有効性を持つとの理由（業務上の必要性）に基づく。その必要があればこそ、Xは、Yに対し、その派遣（出向）により不利益を被ることがないように、公務員としての地位を保有させ、給与の支給などについては、Xの関係規定を適用し、Xが行うという条件を提示したのであり、Yは、これを受諾して、派遣（出向）に応じている。そうしてみれば、その「派遣（出向）を行うことにつき業務上の必要があるならば」、さきに述べた公務員の職務と待遇に関する原則と調和する限りにおいては、Xが提示した条件を信頼したYの利益を保護する必要がある。

まず、YはXの職員たる地位とは性質を異にするAの従業員たる地位を保有し、Aのために労務を提供するとともにAからその対価を受けるべきものである。したがって、YにXの職員（公務員）たる地位を保有させるということは、その地位に基づいて職務を遂行するとか、給与などを請求できる地位にあることを内容とするものであってはならはない。そうであれば、Xが提示した条件に対するYの信頼利益を保護する限度で、公務員たる地位を認めることを要し、かつこれをもってたりると考える。

これをYが取得する給与などについていえば、それは、A・Y間の契約に基づき、それによって定められた額をAがYに対して支払うべきものであるが、その額が、Yが派遣（出向）前にXから支払を受けていた給与よりも低額であるならば、XはYに対しその差額を補填する義務（補償責任）を負い、また、Aに債務不履行があった場合には、Xは、副次的にその履行義務（担保責任）を負うというのが、信頼利益を保護することの内容をなすといえるであろう。

そして、その派遣（出向）を行うことについて、業務上の必要性があるといえるためには、YのAにおける職務の遂行が、同時にXの行政の効率的運営に寄与するという具体的な関連がなければならない。このことから、Xに右のような補償責任または担保責任を負わせるのが妥当とされるためには、［判例五一c］茅ケ崎市事件が3で述べているように、Aの実際の業務とXが実現しようする行政目的との関連性、YのAにおける具体的な職務内容とXの企図する政策との関連を吟味し、Xの右行政目的の達成のために派遣をすることの公益上の必要性を検討する必要があるといわなければならない。

付言すれば、XがYの賃金などを補償することは、Aの資力・業績などが劣るので、Xが資金的にAを援助することにほかならないが、その援助もXの税収によって賄われる。したがって、この経費の支出についても合理的な理由が要求されることになる。

また、いわゆる雇用の継続に由来する利益、とくに長期間の雇用を継続してことにより蓄積される待遇についての利益（たとえば、資格・職位に関する利益、退職金、年金などの計算）については、公務員たる地位が継続したものとして、取り扱われるべきであるということができよう。

つぎに、公務員たる地位についていえば、派遣（出向）中は、公務員たる地位を主張できないにしても、特段の事情がない限り、派遣（出向）からの復帰が予定されていると解される。とくに、Yの責に帰すべからざる事由によってAにおける勤務が不能となった場合には、派遣（出向）は原則として終了し、公務員たる地位の回復を求めることができるということができるであろう。

第三章　出向における二つの労働法律関係の帰趨

第一節　二つの労働法律関係――問題の提起――

出向は、使用者Xと労働契約を締結している労働者Yが、その労働契約を存続させたまま（Xの従業員たる地位を保有し）、第三者Aの指揮・命令のもとで労働する労務提供の形態といわれているが、そのなかには、

①　Yが、「主として、Xのために」（「Xが負担する企業危険のなかで」）労務を提供するケース、

②　Yが、「主として、Aのために」（「Aが負担する企業危険のなかで」）労務を提供するケース、および

③　これらの二つが併存するケースとがあり、

②と③のケースではA・X間にも労働契約関係が成立するというのがこれまでの結論である。そうすると、②と③の場合には、X・Y間の労働契約関係とA・X間のそれとはどのように関連するかという問題が生ずる。また、①のケースでも、Yが「Aの指揮・命令のもとで労働する」という事実に基づき、A・X間にもなんらかの法律関係が発生すると解するのが通説であるから、これを前提としても、その法律関係とX・Y間の労働契約関係との関連が問題となる。

その関連は、第一に、それらの法律関係の成立・存続について、とくに、その一方が消滅したときは、他方の存続にいかなる影響を及ぼすかという観点から、第二に、その法律関係に基づいてXとAにいかなる権利・義務が発生し、それがどのように関連するかという観点から考察することを必要とする。これを目的論的に解明しようとするならば、一方では、出向の目的によって企業危険の負担の態様が異なると解されるので、その目的いかんという観点から類型化する必要があり、他方では、XとAとの企業結合の態様いかんによっては、とくに、そ

の間に共同事業関係が認められる場合には、企業危険の共同負担ということも考えられるので、さらに、この要素も加えて、検討しなければならないケースもある。しかるに、判例のなかには、出向に基づいてYとXまたはAとの間に当然に発生する法律関係と、XとAの間に存する組織的・機能的関連（たとえば、親子会社関係、業務提携の関係）に由来して発生する法律関係とを混同しているものがあるので、これを明確に区別し考察する必要がある。

本章では、このことを念頭に置いて、まず二つの労働法律関係の存続について述べよう。

第二節　主として出向元のための出向

第一　特　徴

この類型の出向は、Yが、主として、Xが負担する企業危険のなかで、Xの事業活動のために労務を提供するものであるから、X・Y間にだけ労働契約の成立を認める合理的根拠があることはさきに述べた（本編第一章第三・第四節〔二六〇・二六七頁以下〕）。

しかしながら、YがXの従業員たる地位を保有したまま、Aの指揮・命令のもとで労働するとしても、それが出向とはいえないことがある。たとえば、Xがその責任において遂行すべき業務をAから請け負いまたは受託し、その業務をYに、Aの指示を受けながら、行わせるがごときケースである。この場合は、YはXとの労働契約に基づき、Xに対してだけ労働する義務を負っているのであって、Aの指示を受けて労務を提供するとしても、それはX・Y間の労働契約の枠組みを超えるものでなく、Aのためにも労務を提供すると評価されるものではない。つまり、YがAの指示に従って労務を提供するが、専らXのためにそうするものであれば、それは、XがAとの契約に基づき、Ｘの危険の負担において、Ａのために遂行すべき業務にＹを使用しているのであるから、ＹはＸとの労働契約の枠組みの範囲内において、労務を提供するものに外ならず、出向の概念には当てはまらない。
これに対し、Ｙが出向の目的ないし趣旨にそう限りにおいて、Ａのためにも労務を提供していると認められる場合、すなわち、ＹがＸとの労働契約の枠組を超えて、労務を提供している場合には、出向と評価されることになる。このような観点から、つぎの事案は出向といえるかどうかが問題となりうる。

［判例五三］ 熊本通運事件（熊本地判昭和六〇年三月八日・労民集三六巻二号一五五頁）

Ａ　事実の概要

Ｘは、一般区域貨物運送を業とする会社であるが、自社の車両を従業員である運転手Ｙ付でＡに提供して、Ａの運送業務に従事させ、その対価（傭車料）として、距離と時間などに応じた一定の金員を受け取るという傭車契約を締結していた。

Ｂ　判決の要旨

運転手Ｙは、Ｘに対しては、Ａの業務命令に従うべき旨の抽象的な業務命令に服する関係にあるとともに、Ａに対しては、Ａの具体的業務命令に従うべき義務を負うものであるが、右具体的業務命令が発せられたときは、Ｘの抽象的業務命令もその内容に応じて具体化するものである。

Ｃ　コメント

本件は、ＹはＸとの労働契約に基づき、Ｘが保有している車両を運転してＡに赴き、Ａの指示に従い、Ａの運送業務を行うものと理解されている。このケースでは、まずＸ・Ａ間の契約の内容ないし性質が問題となる。Ａは運送業者として、Ｘから提供を受けた車両と運転手により貨物の運送事業を行っていると認められるから、ＸはＡのために運送を行うものではない。ＸはＹを雇い入れて、これをＸの保有する車両に乗務させてＡに提供し、ＡがＹに指示し、車両を運行に供するという契約、すなわち、車両の賃貸借と労務供給契約の混合契約と解することができるであろう。

そうしてみると、ＹはＡに赴き、Ａの指示に従い、Ａの運送業務を行うとしても、それはＸがＡに対して負担している義務の履行として行われるものであるから、Ｙは、Ｘに対する関係においてのみ、右のような態様で労務を提供すべき義務を負うにすぎない。このように、Ｙの労働契約関係は、Ｘとの間にだけ成立するのである。したがって、ＹがＡの指示に従って運送をするというのは、ＸとＹとの間でそのように契約し、またはＸ・Ｙ間の契約に基づき、ＸがＹに対しそのように指示したからにほかならない。本判決が、「Ａの具体的業務命令が発せられたときは、Ｘの抽象的業務命令もその内容に応じて具体化する」といっているのは、右の意味に解すべきである。

このように解するならば、ＹはＡに出向しているということはできない。

別の判例として、**〔判例五四〕**「Ｘに雇用されたＹがＡに出向し、ＡがＭから請負った業務をＭの工場に赴いて遂行していた」というケースについて、Ｍ・Ｙ間には黙示の労働契約が成立していたと認める証拠がないとして、Ｍ・Ｙ間の雇用関係の存在の確認を求めるＹの請求を却けたもの（東京高判平成三年一〇月二九日・労判五九八号四〇頁、セントランス事件。最判平成四年九月一〇日・労判六一九号一三頁はこれを支持する）がある。

ここで引用するのは必ずしも適切とはいえないかもしれないが、請負業者Ａに出向している者Ｙが発注業者Ｍの指揮命令下で労務を提供しても、それはＹがＡとの間に形成している法律関係に基づくものであること、したがって、ＹがＭの指揮命令下で労務を提供しても、当然にはＹがＭのために労働していることにはならないことを前提としているといえるから、右に述べた論旨と軌を一にすると考える。

第二　出向先のための労務の提供という要素

右に述べたように、ＹがＡに出向したと認められるためには、なんらかの意味でＹが「Ａのためにも労務を提供する」という要素があることを必要とする。

［判例四六］大成建設事件（二四〇頁以下）が、発注者Ａから工事を請負っていたＸが、その従業員Ｙを「その請負工事とは関係なく」、技術研修のためＡの工事現場でＡの指揮命令のもとで働かせていたのであるから、ＹはＡに出向したことになるとしているのは、この意味で正当である。

第三　出向先の法的地位

通説・判例は、出向とは、ＹがＸの従業員たる地位を保有しながら、Ａの指揮・命令のもとで労務の提供をすることで、ここに使用・従属関係が発生し、これに伴いＡ・Ｘの間にある種の法律効果が発生すると説く。その法律関係の内容をなす主なものが使用者の保護義務とか安全配慮義務といわれている。これについては第六章で述べるが、これを肯定する立場から、本章のテーマについて考察する。

出向者Ｙが主として出向元企業Ｘのために労務を提供する場合には、出向先企業ＡとＹとの間には労働契約は成立しないと考えるが、Ｙは主としてＸのために労務を提供するにもせよ、出向の目的ないし趣旨にそう限りにおいて、Ａのためにも労務を提供するという要素もなければならないから、Ａは、ＹまたはＸに対しても、これに相応した法的地位を保有すると考えたい。本編第一章第四節第一（二六七〜二六八頁）で述べた、ＡはＸの労働契約上の義務の履行代行者であるとの構想は、ここに端を発している。このように構想するならば、Ｘは、Ｙの承諾のもとで、Ａを履行代行者としたのであるから、Ａの企業としての独自性が明確であるならば、ＸはＡの選任・監督に過失があった場合に責任を負うと解すべきであろう。[72]

（72）　我妻栄・新訂債権総論（一九八二年）一〇八〜一〇九頁。

第四　契約の存続

この型の出向にあっては、Ｙが労働契約を締結した相手方はＸであって、Ｙの従業員たる地位の得喪は、契約の締結、期限の到来、契約の解除・解約などにより、また労働条件は契約の約定で決まる。そして、ＹがＡに対して労務を提供し、ＡがＹに対して指示・命令をなしうるのは、Ｘ・Ｙ間の契約でそのように定めたからであり、Ｘ・Ａ間の出向に関する取決めは、Ｘ・Ｙ間の契約を補足するものでありうる。Ａ・Ｙ間にいわゆる使用従属関係が成立するのは、このような契約構造のもとで、ＡがＸの履行代行者となるからにほかならない。したがって、Ｘ・Ｙ間の労働契約が終了すれば、出向によってＡ・Ｙ間に形成された法律関係も当然に終了する。また、Ｙの出向を終了させる（出向復帰をさせる）ことができるのはＸだけである。

Ａは、Ｙの勤務状態・勤務成績が不良であるとか企業秩序をみだしたなどという理由で、Ｙに労務の提供を求めたくないと思うときは、Ｙに対する意思表示をもって労務の受領を拒むことができるが、根本的な解決を図ろうとすれば、ＡはＸに対しＹの出向復帰を求めるほかはない。

第五　不可分債権関係

この類型の出向にあっては、ＡはＸの履行代行者となることはさきに述べたが、出向の目的ないし趣旨に著しく反しない限りにおいて、ＡがＸとＹの承諾を得て、Ｙに対し、Ａのために労務の提供を求めることもありうる（たとえば、Ｘの駐在販売員として出向してきたＹに、Ｚ社の製品の販売活動を行わせる）。この場合には、ＹがＡの指示に従って労務を提供することが、同時にＸのために労務を提供することになる（たとえば、Ｘの商品の開発・改良に役立つ）と評価されるならば、YとAとの間に成立する債権関係と、YとXとの間に成立するそれとは、不可分であるということができよう。

このように、Yの労務の給付の不可分性が認められる限度においては、XまたはAは、それぞれの立場で、Yに対し、XおよびAのために労務を提供すべきことを請求し、その不履行についてYの責任を追及することができる。これに照応し、Yは、XまたはAに対して、Yが有する債権全部の請求をすることができ、これに対して、XとYは連帯債務を負うと解される（民法四二八～四三〇条）。

第六　企業危険の問題

Yは X が負担する企業危険のなかで、主としてXのために、Aに対して労務を提供する。このことからつぎのような結論が導き出される。

一　解　雇

労働契約はX・Y間にだけ成立しているから、解雇の禁止・制限、解雇事由の存否はX・Y間の問題として判断されることはいうまでもないが、Xからの解約（解雇）を相当なものたらしめる経営上のさし迫った事由の存否は、Xの企業について判断される。したがって、たとえば、Aが倒産したとしても、それはYを出向から復帰させる事由とはなりえても、当然にはXがYを解雇することを相当なものたらしめる事由とはなりえない。逆に、Xがその事業を廃止すれば、Yとの労働契約は終了し、これを基礎としたAとの出向関係も終了する。

二　休業

使用者の責に帰すべき事由による就労不能（休業）であるか否かも、Ｘの事業について判断される。したがって、Ａの休業につきＡに帰責事由がなくても、Ａの休業がＸにとってやむをえない（その責めに帰することができない）休業事由となると評価されない限り、ＸはＹに対して賃金の全額を支払わなければならないと考える。

第三節　主として出向先のための出向

第一　基本となる構想

この類型の出向は、Ｙが、主としてＡが負担する企業危険のなかで、Ａの事業活動のために労務を提供するのであるから、ＡとＹとの間に労働契約の成立を認めるべきである。（本編第一章第三・第五節〔二六〇・二七六頁以下〕）。しかし、出向は、ＹがＸの従業員たる地位を保有したまま（Ｘ・Ｙ間の労働契約を存続させたまま）、Ａのために労務を提供する就労の形態であるから、Ｘ・Ｙ間にも労働契約が成立していることは否定できない。ただ、この類型の出向では、ＹがＸの事業活動から離脱する場合には（そのために通常ＸはＹを休職とするという措置を採る）、Ａのためにだけ就労することになるので、Ｘのため、Ｘに対して労務を提供するという関係は停止され、その限度において、Ｘ・Ｙ間の労働契約は機能しなくなる。

しかし、Ａ・Ｙ間の労働契約関係は、Ｘ・Ｙ間のそれを基礎として成立し・存続するから、その意味においてはＸ・Ｙ間の労働契約は機能しているといわれている。このような考え方は、意識的であるか否かは別として、従来から一般に行われていた関連企業間の出向を基本として構想されたものということができ、これからつぎのような結論が導き出されるといわれている。

⑴　X・Y間の労働契約が終了すれば、A・Y間の労働契約は、当然に終了する。(73)

⑵　A・Y間の労働契約は、X・Y間の労働契約を基礎として、X・Y間の合意によって成立するものであるから、X・Y間の合意が効力を失う（たとえば、取消による）か、出向復帰の合意が成立すれば、A・Y間の労働契約関係は終了する。

⑶　Aが有効にYとの間の労働契約を解約しても、そのことが当然にX・Y間の労働契約に変動を生じさせるわけではないが、Xは出向の目的を達成することができなくなったから、出向復帰させるほかなく、また解約の理由いかんにより、Yに対し、相当の人事上の措置を採ることができる。

しかしながら、このような法理がこの型の出向のいずれのケースにも妥当するかということについては、疑問がないわけではない。というのは、この法理は、Yの出向が復帰を予定し、将来Xのために労務を提供する可能性を持っていることを根拠とすると考えられるが、或るケースでは、その根拠が極めて希薄と考えられるからである。というのは、たとえば、人員整理を回避するために、余剰人員を異業種の企業に出向させ、Xの定める定年までは、Xに在籍させておくというケースにあっては、Xがその後倒産した場合には、当然にA・Y間の契約関係が終了するとするのは、この類型の出向の趣旨にそぐわないと考えられるからである（このことについてはつぎの第二二［三二五頁］で述べる）。

とくに、欧米諸国におけるように、労働者Yが、その本来の使用者X以外の第三者Aのために、継続的に労務を提供する場合には、移籍（労働契約の譲渡）によるべきであるという考えを基本とするならば（三〜四頁）、この型の出向について、X・Y間になんらかの法律効果を認めるとしても、それは最小限度のものにとどめるべく、X・Y間の契約の存続がA・Y間のそれに従属するケースもありえよう。このことは、後述［判例五六］ザ・チェース・マンハッタン・バンク事件（三二五頁）で問題となっているが、外国の会社が使用者となっているケースについては、ここに述べたような考え方が根底にあることに配慮する必要があるといえよう。

つぎに、Ｘ・Ｙ間の労働契約は出向によりその機能を停止するといったが、その意味は、ＸがＹに対して労働契約で定められた労務の提供を請求し、ＹがＸのために労務を提供するという関係が停止され、これを要件事実とした権利・義務が発生しなくなるということにある。たとえば、Ｙの労働義務の内容は、Ａ・Ｙ間の労働契約によって決まり（ただし、その過程においてＸ・Ｙ間の出向についての合意がその決定に関与することはある）、またはこれに基づくＡの指示によって具体化される。労務の提供に対応するＹの賃金請求権も、Ａに対して発生する。さらに、Ｙが現実に労務を提供するとことを要件事実とする安全配慮義務は、基本的には、Ａについて発生すると解すべきであろう。ただ、これらのことを前提としたうえで、ＸがＹに対していかなる法的立場に立つかという問題を考察しなければならない。この問題を考察する場合に重要なことは、これまでに繰返し述べたように、Ｙがどの程度Ａの企業危険のなかで労務を提供しているかということである。それによって、ＸのＹに対する責任の性質や内容が異なると考えられる。

（73）　菅野・労働法、四三四頁、今野順夫「出向命令の効力と出向中の労働契約関係」季労一二九号五九頁。

第二　労働契約の存続

一　出向復帰が予定されていないケース

Ｘの企業危険との関連が最も希薄なものは、出向の目的に照らし、出向復帰がほとんど予測されないケースで、専らＡの企業活動のために出向するものである。たとえば、恒久的な要員対策（人件費の軽減を含め）として行う出向は、Ｘが特定の事業場Ｍを廃止する代わりに、ＭをＡという独立の会社として設立し、Ｍで勤務していたＹをＡに出向させ、または余剰人員がある場合に、Ｙをこれまでの賃金よりも低額ならば雇ってもよいというＡがあるならば、その賃金でYをAに出向させ、XがYに賃金の差額を支払うというがごとき形態で行われる。これらの場合にはXへの復帰は通常は予定されていない。また、Xに適当なポジションがないので、専ら関連またはグループ会社Aの経営管理の要員として、Yを出向させるような場合も同様である。この型の出向は、実質的には、Xとの雇用関係を断つもの、すなわち移籍である。

そこで、これらのケースでは、YをXの従業員として残しておくことの意味を探究する必要がある。要点をいえば、XはYの労務の提供を求めることはやめたが、YがXの負担する企業危険のなかで生計を継続しうることを期待して、Xと労働契約を締結したことに思いをいたし、少なくとも危険負担に対する信頼利益だけは保護しようとする趣旨で、Xの従業員たる地位を残して置くために、出向という方法を選んだと解するのが当を得ていると思われる。そうしてみれば、XとYの間に存続している労働契約に認められる法律効果は、この趣旨にそったもの、すなわち、XのYに対する責任は、右に述べたような「Yの信頼利益を保障しまたは担保する責任」に限定されるというべきであろう。若干敷衍しよう。

1　A・Yの間の労働契約の消滅

Yは基本的にはAの企業危険のなかで労務を提供するのであるから、Y・Xの間の労働契約の帰趨は、原則としてY・A間のそれに従属し、後者が消滅することは、前者の消滅の理由となり（当然消滅することもあり、後者の消滅を理由として前者を解約することもある）、ただ、後者の消滅がXの責に帰すべき事由による場合（たとえば、XがYを害する意図をもってAの事業を廃止させた場合）には、Y・A間の労働契約はAの事業を廃止により終了しても、Y・Xの間の労働契約は存続すると解したい。この種の案件については、

前掲**［判例一〇］**住友化学工業事件（1は五七頁、2は二四五頁）の3

A　事実の概要

本件は、Ｘがその一事業部門を分社化してＡを設立し、同事業部門のすべてをＡに営業譲渡し、Ｙを含む同部門関係の従業員をＡへの出向扱いとした。

ＹはＡへの出向前、デモ行動に参加して逮捕・勾留のうえ起訴され、有罪判決を受けたが、その間勾留により二三〇日余欠勤したので、出向後、Ａは、Ｙが事故欠勤三〇日以上（普通解雇事由の一つ）に及ぶとして、普通解雇の意思表示をした。これと同時にＸも同様に解雇通告をした。

Ｂ　判決の概要

判決は、ＹはＡおよびＸの間にいずれも雇用契約関係が存在していたと解したうえ、ＡおよびＸがなした解雇はいずれも有効であると判断している。

Ｃ　コメント

本件のＡへの出向は、Ｙのごとき軽金属事業部門の要員にとっては、実質的には移籍であって、出向復帰はまったく予測されていない。したがって、Ａ・Ｙ間の解雇が有効で、その間の労働契約が消滅すれば、Ｘ・Ｙの労働契約を存続させる理由はなくなるわけである。とすれば、ＸのＹに対する解雇は、ＡのＹに対する解雇を前提としてなされたものと解し、Ｙに実質的な解雇理由があるか否かは、Ａとの労働契約について考察し、その解雇の効力が発生したと判断されるならば、Ｘのなした解雇も有効であるといえばたりるであろう。

若干補足すれば、このようにいえるのは、当該事業部門に必要な技術者などの専門職員、その事業部門に勤務するという約旨のもとに雇用された従業員（わが国では、いわゆる現地採用者などに多くみられる）などに限られる。というのは、これらの者だけが出向復帰を予定されていないといえるからである。これに対し、いわゆる管理職要員などで勤務を継続していれば当然他の事業部門への異動が予測されている従業員は、たまたま分社化当時その事業部門にいたためＡに出向扱いとなったといえる。すなわち、その従業員は、分社化が行われなければ、継続してＸに留まっていて、Ｘのために勤務する可能性を残しているといえる。したがって、その者の解雇については、Ｘとの労働契約についても、独自にその正当性を判断する必要がある。

また、A・Y間の労働契約が消滅した場合でも、それがYの責に帰すべからざる事由によるものであるならば（たとえば、Aの倒産によりYが解雇されたケース）、さきに述べたYの信頼利益を保障しまたは担保する責任を根拠として、XにYの被る不利益を補償する責任（YをXに出向復帰させることも、その一つの方法である）が発生すると考える。

2 X・Y間の労働契約の消滅

これに対し、Yの責に帰すべからざる事由（たとえば、Xの倒産）によりX・Y間の労働契約が消滅しても、とくに当事者が反対の意思表示をしない限り、A・Y間の労働契約はその契約で決められたとおりの内容で存続すると解すべきであろう。そうしてみれば、たとえば、A・Y間の賃金がX・Y間の賃金よりも低額であれば、その差額がXによって補償されなくなる結果、その意味でYの収入は減少することになる。もし、Yがこれに不満であれば、Aとの間の労働契約を解約することができる。

また、YがXで定められている定年に達した場合でも、それをA・Y間の労働契約の終了事由としていない限り、A・Y間の雇用は存続すると解される（実務上、Aの定年のほうがXより高年齢である場合［とくに、Aの役員としての定年］に、Xの定年後の雇用の継続を図る趣旨で出向させたと解されるケースが多い）。

3 補　足

一個の企業が三社に分割され、従業員がその会社に出向した後、その三社の一部が破産宣告を受けて事業を廃止した場合に、その会社に勤めていた従業員が、残存会社の従業員となるかということが問題となったケースがある。

［判例五五］ イー・ディー・メディアファクトリー事件（東京地判平成一一年三月一五日・労判七六六号六四頁）

A　事実の概要

1　Xは昭和四七年設立された、出版物の編集、企画およびデザインなどの業務を行う会社であり、Yらは平成三年デザイナー、イラストレーター、編集者としてXに採用された。

2　Xは、平成五年八月X_1およびX_2（以上三社を「ED三社」という）を設立し、企画開発本部の事業はX_1が、企画編集本部の業務はX_2が、ED三社の総務部・経理部の業務は、X_1・X_2の委託によりXが行うことになった。Yらはこの分社化により、X_1に出向させられた。

3　XおよびX_1は、平成六年一二月二七日、平成七年一月三一日付で解雇する旨の意思表示をした。

4　XおよびX_1は、平成七年七月七日破産を申し立て、同年九月一二日両社に対し破産宣告がなされた。

5　Yは、ED三社は実質的に一つの企業であり、経営者の不当労働行為意思に基づき、XとX_1が倒産させられたので、法人格否認の法理が適用され、YとX_2との間に労働契約関係が成立している。また、YはXに雇用されたが、X_2に営業譲渡されたので、Yの従業者たる地位は潜在的・併存的にX_2に移転し、XおよびX_1が倒産した時点で、YとX_2との労働契約関係が顕在化する。

Yは、このような理由で、X_2との間に労働契約が存在すると主張してその確認を求めた。

B　判決の要旨

1　ED三社は法律上別個の法人格を有しており、XおよびX_1とYらとの法律関係がXとの間の法律関係と同一であるとするためには、法人格否認の法理などの適用の有無を判断すべきである。①ED三社は、Xの分社後、それぞれ実質的に業務を行い、営業収入を得ていたから、ED三社の法人格が形骸にすぎないといえない。②XおよびX_1の破産は、同社の経営条件が改善せず、社長が事業継続の意欲を喪失して申立をしたものと推察され、破産宣告後社名を変えて事業を継続していることもない。そうすると、この破産は、会社の正当な営業廃止行為であって、専らED労組を潰すことを目的としたとは認められず、法人格濫用の場合に当たるということはできない。

2　XとX_1およびX_2との間で出向に関する合意がなされ、企画開発部に所属していたYらも、右契約に基づき、X_1に出向して業務を行うことに同意し、XまたはX_1から給与の支払いを受けていたのであるから、YらとX_2との間に労働契約が存在するとは認められない。

C　コメント

本件は、三社に分割された会社X、X_1、X_2のうち、Yの出向元Xと出向先X_1が事業を廃止した場合に、出向者Yが、X_2との間の労働契約の存在を主張できるかが問題とされたケースである。本件出向は、実質的には移籍に該当する性格のものであり、その出向元と出向先とがともに事業を廃止したのであるから、この両者に対するYの労働契約はいずれも失効したものといわざるをえない。また、YとX_2との間には、本来労働契約が成立すべき根拠はない。もし、X_2がYに対しなんらかの法的責任を負うことがあるとすれば、それは、X_2とXまたはX_1との間になんらかの特約があるか、企業組織上もしくは業務運営上の関連がある場合に限られる。しかるに、本件では、それらの特段の事情は認められない。したがって、この判決の結論を支持することができる。

二　Aへの出向要員としてYをXに採用したケース

一の類型に属する例とも解されるが、特殊なケースとして、XがAへの出向要員としてYを採用するという事案がある。それは、XとAとに事業上の関連がある場合、とくにXがAの親会社であるというような関連がある場合にみられるが、その特質は、YをAの企業危険のなかで、Aのために労働させることだけを目的とし、これを前提としてXがYを雇用するということにある。つまり、このケースにあっては、Aの事業のためにする出向が、Xに採用後の事情に基づくものではなくして、当初から唯一の目的とされているのである。この類型の出向については、つぎの判決がある。

【判例五六】 ザ・チェース・マンハッタン・バンク事件（東京地判平成四年三月二七日・労民集四三巻二・三号五〇三頁）

A　事実の概要

1　Xはアメリカの銀行であるが、一九八六年四月YはXと雇用契約を締結して副支配人の資格を取得し、同時にAに出向し、同年六月Aの代表取締役に就任した。

2　AはXと親会社を同じくするBの全額出資により設立された会社で、コンピューターその他の事務用機器のリース事業に参入するに際して、リース事業の経験堪能者をXの名で募集し、採用後直ちにその実質的な責任者（ゼネラル・マネージャー）としてAに出向させる目的のもとで、本件雇用契約を締結した。

その契約締結に当たっては、Yが語学に堪能であり、リース事業を営む外資系企業において営業部長兼財務部長の職にあったことなどが考慮された。

3　Aは、一九八六年一〇月からリース事業を開始したが、八六、八七年は営業収益よりも営業費用の方が多く、いずれも損失を計上した。Yのリース事業の責任者であるKは、八八年も全期で依然として赤字であり、今後五年間の収支見通しでも採算がとれないと判断して、Aの事業の閉鎖勧告書を作成し、これに基づいて八八年九月限りで、Aのリース事業からの撤退が確定した。

4　YのAの取締役の地位は、八九年六月三〇日をもって、任期満了により終了し、XはYを同日限りで解雇する旨通告した。

B　判決の要旨

YがAに出向し、そのゼネラル・マネージャーに就任してリース事業の責任者となることが、本件雇用締結の目的となっているのであるから、Aがリース事業を廃止した場合はもとより、たとえAが存続しても、Yがゼネラル・マネージャーの地位を喪失したような場合には、その結果として、前提となる本件雇用契約そのものの存続に影響を与えることがあるのは避けられない。

Aがリース事業からの撤退を決定した結果、本件雇用契約締結の目的、ひいてはYのAにおけるゼネラル・マネージャーとしての地位存続の意味がなくなったもので、しかもリース事業からの撤退の判断について格別の不合理が認められないから、ＹのＡにおける取締役の任期満了による退任の時期に合わせて、ＸがＹに対して解雇の意思表示をしたことは相当であり、解雇権の濫用ということはできない。

Ｃ　コメント

この判決自体は、本件の具体的事実に基づき、ＹをＡに出向させることが、ＸがＹを雇用する前提条件となっていたと認定し、Ｘ・Ｙ間の労働契約の解約について、その契約の特質に相応した効果を認めたものであって、その限りにおいて、一１で述べた法理に照らしても、その結論を支持することができる。

本来ＹがＡだけの要員であるならば、Ａが採用すればたりるのに、ＸがＹを採用してＡに出向させるという方式を採ったがために、本件紛争が生じたのである。Ｘ・Ｂ・Ａは同一の企業グループに属するものであり、採用を容易にするためＸの社名を使ったというのであれば、Ｘはそれに相応した責任を負えばたりるということになろう。本件では、「Ａにおける事業の遂行は、Ｘの経営方針に従い、且つ、予め一年ごとに予算を立て、これを目標として行うというもので、与信枠等についても、Ｘの決定したところに従［い］、Ａの従業員の人事・給与等の事務はＸにおいて処理し、その費用をＸが負担することになっていた」というのであるから、Ｙのジェネラル・マネージャーとしての業務は、Ａのみならず、Ｘの企業危険に関するものであったというべきである。ただ、前者が主であって、後者はこれに従属するものであるがゆえに、判決の結論が是認されるのである。このような型の出向は、今後わが国でも行われることが予測されるが、右に述べたような観点から慎重に判断されるべき問題である。

三　要員対策としての出向――事業上の関連がない企業間における出向――

１　特　質

出向は、本来は関連企業の間で行われたが、最近では、事業上の関連がない企業間でも行われている。その典型的なものは、Ｘの人員削減を回避するために行うものである。その恒常的なものについては、一で述べた。

その他、事業の運営上Ｘに余剰人員が生じた場合でも、後日業績が回復して人員余剰の状態が解消し、または新規採用を中止すれば、従業員の退職などを理由とする自然減によって、遠からず適正人員数になるであろうことが予測される場合もある。この場合、人手不足ではあるが、必ずしも長期間の雇用でなくてもよいという条件で従業員を求めている企業Ａがあるときは、ＡがＸと全く関連のない事業を営む企業であっても、人員余剰の状態が解消するまでの期間、ＸがＹをＡに出向させることも少なくない。このような態様で行われる出向は、相当の期間後にはＸのもとに復帰させる趣旨で行われる。また、人員整理を必要としないまでも、Ｙが従来の職務について求められる適性・能力を欠くにいたった（たとえば、資格の喪失、身体の障害により）が、当面ＸにはＹを配置替えする適当な職場がないので、Ｙに適した職場のあるＡに出向させるのもこの類型に属する。

2　労働契約の帰趨

この類型の出向にあっては、出向したＹは、Ａの企業危険のなかで労務を提供するが、Ｙは出向復帰を前提としているから、Ｘ・Ｙ間の労働契約が消滅すれば、Ａ・Ｘ間の労働契約は失効し、また、Ｙの責に帰すべからざる事由によってＹがＡのもとで労務を提供することができない事態が発生した場合には、Ｘは、出向復帰を含む対策（たとえば、ＸとしてＹを休業とする）を講じなければならないと考える。

第四節　併任・兼任のケース

第一　併任・兼任関係の成立

ＸとＡの事業の関連いかんによっては、ＸからＡに出向したＹが、Ｘの従業員としての業務を遂行するとともに、併せてＡの従業員としての業務を遂行することもある。たとえば、Ｘの経理課長Ｙが在職のまま、Ａの経理部長として両会社の経理業務を統括するがごときである。その人事は、わが国の慣行では、通常併任または兼任の辞令を交付することによって行われるが、法理的には労働契約の締結またはその要素の変更にほかならないから、ＹとＸおよびＡとの間にこれに関する意思表示の一致が認められれば（もっとも、ＸまたはＡに人事に関する形成権が与えられていて、その行使により行われることもある）、併任または兼任による労働契約関係の成立が認められる。判例に現れたものとして、つぎのごときケースがある。

【判例五七】　ニッテイ事件（東京地判平成一二年一〇月三〇日・労判七九九号八六頁）

Ａ　事実の概要

１　X_1は、主として顧客が投資用に購入するマンションを販売・管理することを業とし、従業員は四〇人ないし五〇人、X_2は、主として顧客の投資用または住居用としてマンションを販売することを業とし、従業員は七名程度とする会社である。

２　Ｙは、昭和六三年四月にX_1に入社し、平成九年六月開発部長に就任し、平成一〇年六月X_2の取締役に就任したところ、X_1はＹに対しX_2の取締役との兼務を命じた。

３　その後、Ｙは、一一年三月までは、X_1から「給与」という名目で金員の支払いを受けるとともに「給与賞与明細書」の交付を受けていた。その後、一一年四月からは一二月までＹは、X_2から毎月「給与賞与明細書」の交付を受けていたが、Ｙは一一年五月分を除いて「給与賞与明細書」に記載された所得税などを控除後の金員ならびにX_2が一二年一月から同年三月分として毎月Ｙに支払うこととしていた金員から所得税などを控除した金員の支払を受けていなかった。Ｙは、X_1とX_2に対し、未払い賃金の支払いを請求した。

Ｂ　判決の要旨

１　Ｙが平成一〇年六月X_2の取締役に就任したにもかかわらず、X_1はＹに対しX_2の取締役との兼務を命じたうえ、一一年三月までは、毎月Ｙに対し「給与」という名目で金員を支払っていたことからすれば、ＹはX_2の取締役に就任した後も、X_1の従業員たる地位を喪失していなかったものと認められる。

２　X_1はＹに対し、X_1がＹに対し支払うべき一一年四月以降の賃金については、X_2がＹの役員報酬として支払うことを申し入れ、Ｙがこの申し入れを了承したことは考えられることである。しかし、ＹはX_2の取締役に就任した後も、X_1の従業員たることからすれば、当時の具体的状況のもとでは、仮にＹがX_1の申し入れを了承したとしても、そのことから直ちに、Ｙの賃金に対するX_1の支払い義務を免れさせ、代わってX_2にこれを負わせるという趣旨で、右のようなX_1の申し入れを了承したとは認めることができない。

Ｃ　コメント

本件において、ＹがX_2の取締役に就任した後も、X_1はＹに対し、兼務の辞令を交付したり、「給与」という名目の金員を支払っていた事実に重きを置いて、Ｙが、X_1に対し賃金を請求することのできる、従業員たる地位を保有していることを認めている。しかし、これらの事実は単純に先例に従った程度のものでもありうるので、それが法的にいかなる意味を持つかについて、労働契約関係の成立の要件（本編第一章第三節［二六〇頁以下］）で述べたように、X_1およびX_2に、それぞれ使用者としての危険を負担させるにたりる実態がＹとの間に形成されているか否かという観点から判断すべきものと考える。

そうしてみると、ＹがX_2の取締役としての業務のほかに、X_1の従業員としての業務（とくに、開発部長の地位を保有しているならば、それにふさわしい業務）を遂行しているか否かを判断すべきものと考える。

なお、さきに引用した［判例九二］国際開発事件（二八四頁以下）の判決も本判決と同様の見解を採っている。ただ、このケースでは、ＸからＡの代表取締役として出向したＸの取締役兼従業員Ｙが、Ａの代表取締役としての裁量がある一方、Ｘの代表取締役として強力な発言権を持っていたＭの意向を受けて業務を遂行していたことを判示している。その具体的内容ははっきりしていないが、その事実関係いかんによっては、Ｙは、Ａの業務のほかに、Ｘの業務を併せて遂行しているという併任関係にあるといえるのではなかろうか。

第二　併任・兼任の法律関係

併任または兼任の関係が成立している場合には、YとXおよびAとの間に、それぞれ労働契約が成立していることはいうまでもないが、この二つの労働契約に基づいて成立する法律関係がどのような関係に立つか問題となる。その解決の鍵は、第一には、債権の可分性・不可分性であると思われるので、この観点から考察しよう。

一人の労働者が複数の使用者と各別に労働契約を締結している場合に、それらの契約関係は原則として可分であるが、その性質上不可分な給付、または当事者の意思表示により不可分とされた給付を目的とする場合は、その労働者と複数の使用者との間の労働契約関係は不可分債権関係となる。(74) たとえば、併任・兼任の場合に、YのXおよびAに対する労務の提供が相互に関連し、時間的にははっきりと分離されず、Yは、Xに対してもAに対しても、フルタイムで勤務する義務を負うが、いずれの時間帯に勤務するかは、XもしくはAの指示によるか、またはYの裁量によって決定されるというのであれば、YのXおよびAに対する労務の給付は、不可分であるということができよう（第一編第二章第三節第二三2C〔八六～八七頁〕）。

(74)　我妻栄・債権総論（一九八二年）三九六～三九七頁。

第三　労働契約の帰趨

もし、二つの労働関係がそれぞれ独立して、格別に成立していると解されるならば、可分な債権・債務関係が併存しているというのほかはない。

しかし、通常は、Xにおける業務とAにおける業務とは関連するものであり、Yは、Xとの労働契約に基づき

Ａに出向し、Ａとも労働契約を締結して労務を提供するのであるから、前者が後者の基礎をなすことはすでに述べたとおりであり、労働契約の帰趨もこれに関して述べた。すなわち、このような基本的な契約構造を前提とするならば、ＹのＸのもとにおける業務の遂行が本来の業務であり、Ａのもとにおける業務は前者との関連で別に担当するか（併任）、前者（本務）に付随して後者（兼務）を担任する（兼任）するということになろう。そのいずれであるにもせよ、前者の終了原因は、原則として後者の終了原因となるということができる。ただ、兼任の場合は、本務が終了すれば兼務は当然に終了することになり、併任の場合は、特別の定めをしない限り、Ｘにおける業務が終了した場合に、Ａの業務を終了させるという別の意思表示を必要とするということになろう。

第四章　出向・移籍関係を規律する規範

第一節　基本課題

第一　出向についての問題の提起

出向労働者Yを一方の当事者とする労働契約の相手方についてこれまで詳しく論じたのであるが、これに関連して、

① Yの労働条件は、誰との間で、何に準拠して決定され、

② Yの就業に対しては、いかなる規範（とくに、労働基準法、就業規則）がどのように適用されるか、

が問題となる。多くの学説は、これらの問題は、XにおけるX・Yの間の労働契約、これを規定するXの就業規則（出向規定を含む）またはYが加入しているZ労働組合とXとの間に締結されている出向に関する労働協約、X・A間で定められている出向に関する企業間協定、Yの取扱いを定めているAの就業規則や労働協約の解釈・適用によって解決されるとの見解を採り[75]、前掲［判例四八］古河電気工業事件（二四三頁以下）の判決も、出向により、YとXおよびAとの間に「二重に雇用契約関係が成立したものと解するとしても、その契約関係は、YとAとの間の別個の特段の合意がなされるものでない限り、出向に関するYとX間及びXとA間の各合意と無関係に成立するものではなく、右各合意の目的とするところの範囲内において成立するのに過ぎないものと解される」と述べている。

たしかに、右の学説・判例が挙示している協約、協定、就業規則などが、ＹのＸまたはＡとの間の労働契約の内容を決定する際の基準または準則となり、そのほかに労働契約において特別の定めをなしうること（ただし、協約については有利原則が認められる範囲内で）[76]は、私的自治の原理にかんがみ当然といわなければならない。しかしながら、すでに述べたように、わが国においては出向に関する実務が先行し、あるべき姿が背後に隠れているといえるから、このことを考慮にいれて、ここに提起された問題を考察する必要がある。賃金、労働時間などの統一的労働条件のみならず、労働者の職種、職務、勤務の場所（勤務する土地、事業場、職場）などの個別的労働条件についてもこの問題が生ずるが、これを決定する態様が異なるので、具体的には、それぞれの労働条件について各別に考察しよう。ただ、ここでは、いかなる規範が出向に関する労働関係を規律するかという観点から、一般的な考察を試み、具体的考察に役立たせたいと考える。

（75）渡辺裕「出向時の労働条件」労働法学会誌六三号四七～四八頁、安西・企業間人事異動の法理と実務、二〇六頁以下。

（76）労働協約を締結した労働組合の組合員の労働条件を、その労働者と使用者との労働契約により、労働協約所定のものより有利に定めることは、労働協約の当事者が予見せず、または予見不可能であった事情（したがって、労働協約を締結する際に、当事者が考慮にいれなかった事情）があり、その事情を考慮にいれるならば、個別的労働契約をもって有利な定めをすることについて、公正かつ合理的理由があると判断される場合に限る。高島「労働関係における統一的労働条件の決定・変更」前著、二三二頁以下参照。

第二　労働基準法の適用

一　労働契約の内容の規律

労働基準法などの労働者保護法は、労働契約の存続ないし終了（とくに、解雇など）、賃金、労働時間などの労働条件の最低基準や労働契約で約定してはならない事項（たとえば、賃金の相殺・賠償予定、強制貯蓄）を定め、これに違反する約定の効力を否定して契約内容を直接規律するほか、使用者が順守すべき契約上の義務を設定し、または使用者の権利の行使を制限し、もしくはその要件を定める（たとえば、解雇保護法）。この意味で、労働者保護法は労働契約の存在を前提としこれを直接規律することになる。(77)

そして、X・Y間の労働契約のほか、出向に伴ってAとの間にも労働契約が成立するとすれば、その内容に関する事項についても労働基準法が適用されることはいうまでもない。しかし、

(1)　主として出向先Aのためにする出向にあっては、本来労働契約はAとYとの間に成立することを要し、かつこれをもってたりるから、その意味では、労基法は、AとYとの間の労働契約に適用され、労働契約の内容に関連して、まず、Aが労働基準法上の使用者としての責任を負うと解すべきことは当然である。

もっとも、この場合でも、X・Y間に労働契約は存続していることに相違はない。しかし、X・Y間においては労働契約はその機能を停止し、それに基づく直接の法律効果は発生しないから（本編第三章第三節第一〔三〇八頁〕）、その限りにおいては、Xは、使用者としての責任を負わされることはないといえる。とくに出向の復帰が予定されていないケースにおいては、その実質は移籍にほかならないから、使用者としての責任を負わせる実質的根拠に欠ける。

(2)　主として、Xのためにする出向においては、A・Y間に労働契約は成立しないけれども、AはXの履行補助者（正確には履行代行者）となるのであるから（本編第一章第四節第一〔三六七〜二六八頁〕）、Aは、「事業の労働者に関する事項について、事業主のために行為をする…者」（労基法一〇条）として、労働契約の内容に関する事項についても、使用者として労基法上責任を負うことはありうる。

(3)　YがXおよびAとそれぞれ労働契約を締結し、それが併任または兼任の関係にある場合には、二つの労働契約がそれぞれ機能しているから、XとAは、それぞれ労基法に基づく責任を負うことになる。

(4)　労働契約の内容に関し、労働基準法がどのように適用されるかについては、それぞれの労働条件に関する考察のなかで詳述する。

(77)　菅野・労働法、一〇三頁。

二　労働契約の履行過程の規律

(1)　意　味

労働者保護法のもう一つの重点は、労働者が現実に労務を提供する過程において、労働者の権益を確保する（労働監督機関の関与、指導・監督、取締などを主な手段として）ことにある。その履行過程は、Yに対して指示（命令ということが多い）をする権利を認められているA（出向にあっては、AとYの間に労働契約が成立していなくても、YはAの指揮・監督のもとでAに対し労務を提供する）が、Yの給付（提供すべき労務）の内容を個別的に具体化して、その履行を請求し、それに応じて労働者が労働することである。したがって、この限りにおいては、労働者がその相手方に対し労務を提供していると評価されうるような態様で労働する過程が労働者保護法の規律の対象となると解することができる。

(2)　履行過程における労働契約の内容の具体化または変更

もっとも、労働契約の履行過程においても、労働契約の内容の具体化または変更という問題が生じないわけではない。それは、主として労働時間について発生する。たとえば、一か月単位の変形労働時間制を採る場合に、契約で定められている一週間当たりの労働時間の範囲内で、特定の労働日の労働時間をどのように割り当てるかということは、具体化の一例である。また、労働条件の一時的な変更の典型的なものとしては、労働時間の一時的な延長（時間外労働）とか労働日の臨時の変更（休日労働）などである。これらは、労働協約もしくは就業規則において定められている制度的な規定（たとえば、「使用者は、業務上の必要がある場合には、労働基準法三六条に基づく協定の定めるところに従い、特定の労働日につき、従業員の労働時間を延長し、または休日に労働させることができる」旨の規定）を根拠として実施し、または労働契約に基づいて付与されもしくは留保している使用者の形成権の行使によって行うことができると解されるが、その形成権は、出向の場合は、Ｙに対して労務の提供を求めるＡ（たとえ労働契約の当事者でなくても）に認められる。そうすると、この問題も契約の履行過程と同様に取扱うことができる。

⑶　労働者災害補償

また、労働者災害補償制度は、労働者の業務上の災害について、危険責任・報償責任・適正補償の原則に則り、使用者にいわゆる無過失損害賠償責任（結果責任）を負わせたものと解されるから、その責任の原因となるのは、他人のために労務を提供していると認められる労働者の労働過程である。

⑷　結　論

そうしてみれば、労働者保護法の妥当する領域においては、その法律効果を認める目的にてらし、出向者と労働契約関係に立たない者との間にも、労働する過程を要件事実として、労基法が適用されることがありうると解すべきであろう。

付言すれば、Ｙの年次有給休暇の請求（これを形成権と解するとしても）と、これに対する使用者の時季変更は、休暇をとることにより事業の運営が妨げられるか否かによって、その効力が判定されるものであるから、その限りにおいては（年次有給休暇の要件については、Ｘ・Ｙ間の契約が考慮されるとしても）、履行過程における問題として、Ａとの間で解決されるべきものであるということができよう（後に述べる［判例五七］は、この見解を前提としている）。

この問題に関しては、派遣労働者を使用して事業を営んでいる事業主Ｅを、労働基準法の或る種の規定の適用については、同法上の使用者とみなしているつぎの規定が参考になるであろう。すなわち、差別的取扱や強制労働の禁止については、ＥはＹの雇用主Ｘとともに使用者とみなされ、また、公民権行使の確保、履行過程における労働時間・休日の規制、年少者・女子の履行過程における労働時間・休日の規制および就業の禁止・制限などについては、Ｅが使用者とみなされる（労働者派遣事業法四四条）。さらに、労働者の職場における安全・衛生を確保するために、その管理体制の維持と安全・衛生確保の措置の実施などについても、Ｅが使用者としての責任を負う（同法四五条）とされている。

三　出向先企業の使用者性について

出向が行われた場合における労働基準法の適用については、あらゆる型の出向について、これを労基法一〇条の適用の問題として理解する学説もある。それによれば、同条は、「労基法上の使用者は、単に事業主だけに限られず、労働者を指揮監督する立場にある者を、それぞれの使用権限に応じて、すべて使用者として労基法の順守義務を課したもの」であるから、出向先と出向元は、「それぞれ使用権限に応じて使用者としての義務と責任を負うことになる」とされる(78)。

しかし、労基法一〇条は、「事業主のために行為をする者」に使用者としての責任を負わせる趣旨の規定である。ここに、「事業主のために」とは、事業活動を営む特定の企業の計算において、反面からいえばその企業の危険のなかで、或る者が一定の権限を持って行動することである。そうしてみれば、出向先が出向元のために行為をすると認められるならば、右のように解することも可能であろう。たとえば、主としてＸの事業活動に寄与させるためＹをＡに出向させ、ＡがＸの履行補助者ないし履行代行者と認められる場合（本編第一章第四節第一〔二六七～二六八頁〕参照）のごときである。これに対し、Ａがその計算と危険の負担において展開している事業活動のために、Ｙを使用している場合には、ＡはＸのために行為をする者ということはできない。この場合の労基法の適用は**二**で述べた法理によると考える。

また、行政解釈は、つぎのように述べている。「在籍型出向の出向労働者については、出向元及び出向先の双方とそれぞれ労働契約関係があるので、出向元及び出向先に対しては、それぞれ労働契約関係が存する限度で労働基準法等の適用がある。すなわち、出向元、出向先及び出向労働者三者間の取決めによって定められた権限と責任に応じて出向元の使用者又は出向先の使用者が出向労働者について労働基準法等における使用者としての責任を負うものである」と（昭六一・六・六基発第三三三号）。それは、X・A・Yの取決めによる権限と責任の配分を労基法適用の前提要件とするものであるが、そのような三者間の取決めが必ずあるとはいえない（取決めがなくても、YがAのために勤務するという関係が成立していることがある）場合に、労基法の適用はどうなるのかという問題は解決されない。すなわち、X・A・Y間の取決めがなくても、出向の場合における労基法の適用はかくあるべきであるとの法律構成がなされていなければならないのであって、かえって、X・A・Y間の取決めは、その法律構成に適合する限りにおいてその効力が認められると解すべきものと考える。要するに、XまたはAは、労働契約の決定およびその履行過程において、Yといかなる関係に立つかが、まず解決されるべき問題なのである。

(78)　安西・企業間人事異動、二〇九〜二一〇頁。

第三　就業規則の適用

一　判　例

就業規則の適用について直接触れた判例としては、つぎのものがある。

［判例五八a］　商大八戸ノ里ドライビング・スクール事件（大阪地判平成四年六月二九日・労判六一九号七四頁）

A　事実の概要

1　Yらは、自動車学校Xから自動車教習所Aに出向し、自動車教習指導員として、稼働している。

２　Ｙらは、Ａにおいては、

⑴　隔週月曜日を休日（時短日）とし、その月曜日が暦日で休日である場合には、時短日を火曜日に振替え、時短日に出勤した時は、休日出勤扱いとし、時間外手当を支給するとの慣行が約一五年継続し、Ａ・Ｙ間の労働契約の内容となっている、

⑵　予約していた教習生が急に欠席して空時間になった場合、予約がなく空時間となる場合、Ａが講習や車両整備を命じ教習業務につけない場合にも、一律に能率給を支給するということが協定または約一五年継続した慣行により、Ａ・Ｙ間の契約内容となっている、

⑶　夏期特別休暇、年末・年始特別休暇は、就労しなくても能率給を支給する約一五年継続した慣行により、Ａ・Ｙ間の契約内容となっている、

⑷　Ｘの就業規則では亡父母の法要を特別休暇と定め、Ａが組合との協定によりこれを承継し、そうでないとしても労使の慣行としてＡ・Ｙ間の契約内容となっている、

と主張して、右の労働条件を根拠に、未払賃金を請求した。

Ｂ　判決の要旨

１　⑴および⑶の取扱いは、Ａと労働組合との合意に基づき、約一六年の長年月にわたり、教習指導員に対しあまねく適用されてきたことにより、労働契約上の労働条件を組成してきたものといわねばならない。

⑵の協定はＹらに具体的請求権を付与するものではなく、Ｙ主張の慣行があったことは認められない。

２　出向社員に適用される就業規則は、出向元会社、出向先会社および出向社員三者間の約定によって決まるが、原則として、出向先の就業規則が適用される。Ａ・組合間の協定は三者間の約定ではないから、Ｙに対してはＡの就業規則が適用される。また、Ｙ主張の⑷の慣行があったことは認められない。

Ｃ　コメント

１　この判決は、Ａにおいて一定の慣行が約一六年の長年月にわたり、出向者Ｙを含む教習指導員に対しあまねく適

用されてきたことにより、A・Y間の労働契約の内容がこれによって決定されていたことを認定しているのであるから、A・Y間における労働契約の成立を認めたことに相違はないが、どのような条件のもとで、いかなる法理に基づいてそうなるのかについての解明はなされていない。就業規則の適用について、X・A・Y間の合意を基礎としていることをみると、その合意によって労働契約が成立するというのであろうか。というのは、労働契約の成立は、その内容の決定と緊密に関連しているからである。そこで、この問題を就業規則の適用と併せて考察しよう。

2　就業規則の適用については、X・A・Y間の合意（約定）を根拠としながら、原則として出向先の就業規則が適用されるという。たしかに、実務上出向は、すでに述べたように、X・A間で出向に関する条件などを協定し、これに基づいて、XがYに対しAに出向することを求め、Yがこれを承諾することによって行われるケースが多い。しかし、このような形で三者の意思がまとまったとしても、ただちに、A・Y間に直接意思の一致が成立している（契約が成立している）ことにはならない（それは労働者派遣事業法による派遣の場合と同様である）。のみならず、適用されるべき就業規則を当事者の約定によって決めること自体に問題があると思われる（後に三で述べる）。

3　契約の成立という観点からみて、X・A間の協定だけでは、A・Y間に労働契約は成立しないといえるが、X・Y・Aの三者間に合意が成立しなければ、A・Y間に労働契約は成立しないといえるであろうか。本判決は、A・Y間において一定の行動様式が長期間反覆継続して行われたことを根拠とし、これを容認する意思（少なくともこれを排除しないという意思）を媒介として、事実たる慣習の成立を認めていると解されるから、A・Y間の合意によってその間に労働契約が成立し、それにより労働条件が決定されることを認めたものといえる。

本件では、YがAの事業ために出向して、その教習指導員として勤務し、AがYに賃金を支払っているので、主としてAのための出向といえるから、この型の出向について、右のごとき見解を採っていると解することができる。

付言すれば、X・A間の合意を根拠として、A・Y間に契約の効力の発生を認めうるためには、またはX・A間でY（第三者）のためにする契約を締結し、Yが受益の意思を表示するとか、XがYを代理してAと契約を締結したと解釈されることが必要である。

4　このようにして、X・A間に成立した労働契約の内容は、Aが作成した就業規則に定められている労働条件の基準よって決定されることが基本となる。しかし、出向の場合には、X・Y間にも労働契約が存在している。そして、就業規則は、各事業所ごとに作成されているのであるから、X・Yの労働契約の内容は、Xが作成した就業規則に定められている労働条件の基準によって決定される。そうしてみると、この場合に、Yに対していずれの就業規則が適用されるかという問題があるように思われる。それは、労働条件は出向先基準によるか出向元基準によるかという形で論じられているので、第五章で詳しく述べることとする。

5　なお、［判例五八ａ］の控訴審である**［判例五八ｂ］**（大阪高判平成五年六月二五日・労判六七九号三二頁）は、つぎのごとく述べ、**［判例五八ｃ］**（最判平成七年三月九日・労判六七九号三〇頁）はこれを支持している。

「民法九二条により法的効力のある労使慣行が成立していると認められるためには、同種の行為又は事実が一定の範囲において長期間反復継続して行われていたこと、労使双方が明示的にこれによることを排除・排斥していないことのほか、当該慣行が労使双方の規範意識によって支えられていることを要し、使用者側においては、当該労働条件についての内容を決定しうる権限を有している者か、又はその取扱いについて一定の裁量権を有する者が規範意識を有していたことを要するものと解される」と。

この理論的根拠に基づき、判決は、出向先Aにおいてどのような取扱いがなされ、そこの担当者がどのように対応したかを認定したうえ、Aにおいて、協定ないし規則に反する取扱いをするという明確な規範意識があったものと認めることはできないと判断した。これは、AとYとの間に労働契約が成立していることを前提とし、これには、A・Y間に定立された規範（慣習を基礎とするものを含めて）が適用されることを認めたものといわざるをえない。

6　さらに、同じドライビング・スクールにおける出向者の労働条件の紛争について、**［判例五九］**（大阪地判平成八年一月二二日・労判六九八号四六頁、商大八戸ノ里ドライビング・スクール事件）も、AとYの間の労働契約に適用される就業規則・慣習や協約の効力について判断している。すなわち、この案件では、五月一日の欠勤については賃金をカットしないというYと労働組合との協定がYに適用されることを認め、また、年末年始の休暇についてはXの就業規則が適用されるというYの主張に対し、そのような協定があったとは認められないから、Yに対しては、Aの就業規則が適用されると述べている。そのほか、YがAに対してなした年次有給休暇の請求に対し、Aのなした時季変更権の行使が有効であったか否かについて判断している。このことも、労働契約の履行過程がY・A間の問題であることを前提としているということができる。

7　なお、主としてXの事業のためにYがAに出向したケースについての判例は見当たらない。

二　学　説

出向の場合には、出向労働者Yと出向元Xおよび出向先Aの双方とそれぞれ労働契約関係が成立すると解する説によれば、Yに対しては、Xの就業規則がそのまま適用されるのか、Aの就業規則によるのか、あるいは両者がダブって適用されるのかという問題がでてくるが、Yの労働条件（就業規則の適用関係）をどうするかということは、原則的には、XとAとYの三者間で合意決定すべきものであるとする説が有力である。そして、就業規則は、使用者が作成・変更する法規範であるから、最終的には使用者において、適用関係を決めてさしつかえないが、この場合使用者とは、XとAの双方をいうから、Yの就業規則の適用は、X・A間で協議して決定しうることとなるとされ、一般的な適用区分について説明している。[79]

これに対し、AのYに対する労務指揮権は、XのYとの間の労働契約に基づくと解する説も、就業規則の適用については、X・A間の出向協定、Xにおける出向規定などによって決まるという見解を採っている。[80]

(79) 安西・企業間人事異動、二一二～二一八頁。
(80) 渡辺裕・注 (65) の論文、六五～六六頁。

三　結論

就業規則は、労働条件その他労働契約の内容を決める基準を定めるとともに、労働契約の履行過程における労働条件の具体的展開（これには、形成権の行使による契約内容の変更、指示権の行使により給付される労務の具体的決定が含まれる）、およびその過程で発生する労使の権利・義務を規定する。そうしてみれば、労働契約は、出向者と誰との間で締結され、その内容（労働条件）が決定されるべきものであるかによって、これに適用されるべき労働条件の基準を定めた就業規則が決まることになる。さらに、その契約内容は、誰がどのようにして展開するか、誰と誰の間でどのような権利・義務が発生するか、ということが決定すれば、どの企業（事業場）が作成した就業規則が適用されるかということも自ら決まるというのが、その論理的帰結である。その要点をつぎにまとめて、次章における考察の出発点としよう。

1　主としてAのために出向するYの労働条件は、その当事者間の労働契約で決定されるべきであるという本書の見解によるならば、Aがその従業員のために定めた就業規則がYに対して適用されることになる。このように解するならば、適用される就業規則を定めた出向協定、出向規定などは、これを確認する効力を持つにとどまることになる。

ただ、この型の出向にあっても、Y・X間にも労働契約が存続し、それはA・Y間の労働契約を基礎づけるとともに、調整的・担保的機能を営むから（本編第一章第三節第四４〔二六六頁〕）、その限りにおいては、Xの就業規則も適用されることになる。たとえば、Xの就業規則の定める時間外労働に対する割増賃金率がAのそれよりも大きい場合には、前者を基準（その限度で、Xの就業規則が適用される）として、Yに支払う割増賃金の補填をするがごときである。

2　主としてXのためにAに出向する場合には、労働契約の内容についてはXの就業規則が、労働契約の履行過程についてはAの就業規則が適用されるのを原則とする。ただし、履行過程における労働条件の変更（たとえば、労働時間の延長）について、Ｘの就業規則によるよりも不利益を受けるときは、Ｘの就業規則を基準として、調整ないし補填が行われることになる。

３　併任・兼任の場合は、ＸおよびＡの就業規則がそれぞれ適用されるのが原則であるが、不可分債務関係が発生することがあるので、それに応じて、調整・補填を必要とする事態が発生することも考えられる。

第四　労働協約の適用

Ｙが労働組合Ｕの組合員である場合に、Ｕが、ＸまたはＡの双方または一方と、Ｙの労働条件または契約の履行過程を規律する労働協約を締結しているときは、その適用の問題が生ずる。ところで、労働協約は、その内容からみて、①個別的労働関係、とくに労働契約の内容をなす労働条件その他労働者の待遇に関する基準や服務規律（懲戒を含む）を定める部分（通説・判例が規範的部分といっているものがこれに該当する）、②経営の組織・制度（たとえば、経営参加、苦情処理の制度）やこれに関する当事者（組合員を含む）の権利・義務を定める部分（制度的部分）、③団体自治の行い方やこれに関する当事者（組合員を含む）の権利・義務、ならびに労働協約の存続・効力になどを規律する部分（団体自治に関する部分）に分類することができる。そこでこのような分類に従って、出向者に対する労働協約の適用を概説しよう。

一　個別的労働関係に関する部分（規範的部分）

労働組合が職種別・職能別に組織され、労働条件その他労働者の待遇の基準を職種別・職能別に協定している場合には、その協約の適用を受けている労働者が、ＸからＡに出向した場合でも、その所属する労働組合U_1が変わらないならば、適用される労働協約に変わりはない。しかし、わが国の労働組合は、企業別に組織されている例が多く、企業の範囲を超えて組織されている組合でも、労働者の待遇に関する基準は、企業別に協定しているのが実態である。この場合には、労働協約に地域的な一般的拘束力が付与されているという極めて特殊なケースを除けば、出向によって労働契約の相手方が変わるならば、これに適用される労働条件の基準などを定めた労働協約は、Aがその雇用する労働者を代表する労働組合U_2と締結したものでなければならない。したがって、YがU_2に加入しない限り、その労働協約の適用を受けることにはならない。同様のことは、労働契約の履行過程における労働条件の具体的展開およびその過程で発生する労使の権利・義務を規定している労働協約についても当てはまる。

また、労働協約は特定の労働組合を当事者として締結されるから、出向により、Yがその所属する労働組合U_1から脱退すれば、U_1が締結した労働協約の適用を受けなくなる。ただし、その労働協約によってX・Y間の労働条件が決定されていたという法律効果は残るから、かりにA・Y間の労働条件が前者よりも不利益に決められた場合でも、後者を基準として、Yの利益の調整または補填が行われるべきことは、すでに述べたとおりである。

もっとも、出向元Xがその雇用する労働者を代表する労働組合と締結した労働協約であっても、出向先AとXとの組織的・機能的関連いかんによっては、Aに出向したYの労働条件を規律することもありうる。たとえば、Aなどを構成員として企業グループを組織しているXが、グループ企業が雇用している労働者に適用される労働条件の基準をXの従業員の組織する労働組合と協定している場合のごときである。

二　制度的部分

これは特定の企業またはその独立した事業場における労働関係に関する制度を定めた労働協約の規定である。この規定は、特定の労働者が、労働協約に定められた特定の企業または事業場に所属する限りにおいて、その制度の適用を受け、これに基づいて自己の権利を主張したり、権利の擁護を求めることができる。したがって、制度的部分は、その労働者がその制度を設置し・運営している企業または事業場に所属している限りにおいて、その適用を受け、出向により、その事業場から離れた場合には、その適用を受けなくなるのは当然である。

三　団体自治に関する部分

団体自治に関する規定は、その基礎となる使用者と労働組合の関係（たとえば、組合員の範囲、ショップ制）、団体自治の展開の条件ならびに態様（たとえば、団体交渉の行い方、争議行為の限界、組合活動の行い方）、労働協約の有効期間・適用範囲などに関するものであって、それは協約の当事者である使用者と労働組合の間の約束として、その間においてだけ効力を持つといわれている。しかし、団体自治の行い方、とくに組合活動に関する労働協約の規定は、組織強制の認められる限度において、組合員の行為を規律するという効力を持つと解される。たとえば、労働時間内における組合活動の制限に関する規定などはこれに属する。ただ、その規定は、労働者がその労働協約が適用される企業または事業場に所属している限りにおいて適用されるから、出向により別の企業または事業場に所属することになれば、その適用を受けなくなる。

第二節　外国への出向・移籍

第一　外国法の適用の問題

現代の企業活動は、雇用の分野においても、一国の国内の範囲を超えて、国外にまで及んでいる。これを渉外的事象というならば、それは、或る企業が国外に事業所を設けて、そこで従業員を勤務させることのほか、外国人をその企業で雇用し、または外国の企業と組織的もしくは業務運営の面で結合または提携して、相互に従業員の交流を行うことなどを包容する。その過程で、従業員を外国にある企業に出向または移籍させるという現象がみられる。この場合に、いずれの国の裁判所が裁判権を行使することができるか、また、その際、その法律関係に対していずれの国の法令が適用されるかなどという問題が生ずる。そこで、以下で、出向および移籍に関し、実務上問題となりそうことがらに絞って、簡単に触れよう。[81]

(81)　参考文献、折茂豊・国際私法・各論（一九七二年）、溜池良夫・国際私法講義（一九九三年）、米津孝司・国際労働契約法の研究（一九九七年）。

第二　国際関係と渉外関係——国際私法——

国家という地域的政治団体は、他の社会集団または団体よりも優れた組織と社会権力（主権）を具え、その構成員（国民）の運命と使命の決定に対し強い影響を与え、国民の実践的活動に強度の共通性と共同性をもたらす。その結果、国家を中心とし、その領域で生活する人によって、まとまった社会生活の単位すなわち「国民社会」が形成され、それが法（国内法）の発生・存立の社会的基盤である全体社会（相対的意味での）となっている。そして、このような国民社会を構成要素として、より広い全体社会たる「国際社会」が成り立ち、それが国際法の存立の基盤となる。そして国境を越えて行われ、合理性を追求する限りにおいて普遍的性格を持つといわれている経済生活関係においても、現代社会にあっては、その国際的事象にひとしく適用される統一法が制定されているのは極めて例外で、通常は、国民社会を基礎として存立する国内法が、国際性を持つ社会関係をもその規律の対象とする。[82]

このような国際性を持つ社会関係には、二つの類型がある。その一つは、右のごとき国家が相互に交渉するところに形成される「国際関係」であり、その二は、或る国民社会の構成員（個人または団体）が、他の国民社会の構成員と交渉するところに展開される「渉外関係」である。この渉外関係は統一法の社会的基盤となることはありうるが、現状では、渉外関係も国民社会を背景として展開され、それぞれの国民社会にはそれに固有の法（実質法といわれている）が制定されているので、渉外関係に対しては、そのいずれの法を適用すべきかが課題となる。その適用の基準を定めた規範が国際私法である。

(82) 恒藤恭「世界法の本質と社会的基礎」法の基本問題、第二版（一九三四年）、二六四～二七六頁参照。

第三　国際私法の原則

わが国では法例が国際私法の一般的な法源であるが、そのなかで労働契約法に適用される原則的条項は、第七条であるといわれている。同条項は、当事者が法律行為の成立および効果について適用される法律を選択しうること（当事者自治）を原則とし（一項）、その意思が明確でないときは、「行為地法」による（客観的連結）（二項）と定めている。そして、ここにいう「行為地」とは「契約締結地」の意味に理解されている。

その解釈・適用には問題点が多いが、結論を要約しよう。すでに述べたように、法は特定の国民社会Mを基盤として存立し、その社会で展開される生活関係を規律の対象にしようとするが、その生活関係には、Mの構成員であるmと別の国民社会Nに属する者nとが当事者となっている渉外関係がある。Nには別の法秩序が形成されており、nはこれを前提（背景）として、mと交渉を持つ（法律行為を行う）。M・Nを領域とするそれぞれの国家は、各自公正かつ合理的と判断した内容の国内法を制定して（これには判例法ないし判例によって支持された法理も含まれると解する）、その実効性を確保しようとし、また、m・nは、その法によってそれぞれの権益の確保を求める。そうすると、「適用される法律の選択」は、国内法を制定・実施する（それによってM・Nの社会秩序とそのうえに形成される文化的・経済的秩序の法的規制を図る）国家（の使命）と国内法の適用を受ける（それによって権益の確保を図る）者ｍ・ｎとの双方の立場から問題となりうる。

ところで、債権行為の基盤となっている経済的生活関係は、一般にその内容が普遍妥当性を持っている（コスモポリタン的である）から、国家の政策的配慮に基づく干渉ないし調整がなされる場合を除けば、これを規律する国内法は、大筋において同じような内容を持っていると理解しても誤りはない。このことを前提とする限りでは、ｍ・ｎがいずれの国内法によって自己の権益を確保するかをその意思にかからせても、ｍ・ｎの処分に委せうる利益の範囲内に属するから、公正かつ合理的であり、それゆえ、国家の立場からしても、これに干渉すべきいわれはない。この意味で、適用される法律の選択につき、まず当事者の自治を認めることは、公正かつ合理的であるといえる。

しかし、国家が私的自治を制約するという形で、法律行為の当事者の一方（労働契約では労働者）の利益を確保するための特別規定（たとえば、労働条件の公正な基準、労働者災害に対するいわゆる無過失の補償責任を定めた法令）を定めており、その適用を認めなければ、当該国民社会において法の企図する正義および目的合理性が実現できない(それは、国家の使命に反する)ときは、当該国民社会において展開される労働契約関係について、その法の実効を失わせる結果となる適用法の選択には効力を認めえないと解すべきであろう。[83]そのことは国際労働契約の正当性と合理性とを保障し、法による利益の確保を求めるｍまたはｎの要求（法律秩序に対する要求）に応えることになる。それは、国際社会を基盤として、渉外関係について、国家の使命（法の使命と表現することもできよう）を達成するとともに、国民社会の構成員の適正な利益を確保するという国際的構想に基づく適用法規決定の原則といえる。

そして、有効な適用法の選択がない場合には、行為地法によるとされているが、その根拠は、国家の使命に由来し、その法律の存立の基盤をなす国民社会において展開される社会生活関係（ここでは労働契約関係）は、本来その法律によって規律されるべきであるということに求められると解したい。そうしてみれば、ここにいう「行為地」とは、目的論的に解釈されるべきであって、「契約締結地」を排除する趣旨ではないが、労働契約関係のように継続的な法律関係については、いわゆる「契約履行地」（複数のときは、基本となる継続的な履行地）に重点を置いて構想するのが妥当であると考える。もっとも、労働契約の履行としての労務の提供は、企業危険を負担する使用者の指示権の行使によって個別化され・具体化されるから、とくに労務提供の場所が移動する場合（たとえば、パイロットとしての航空機の運航や客室乗務員としての機内サービスの提供、各地を巡回しての営業活動）には、終局的な企業危険に基づく指示を与える部署の所在地（前例でいえば、本店・ベース）が行為地の決定に重要な意味を持つということができる。(84)

なお、学説・判例には、適用法の選択につき、明示のものと黙示のものとがあることを認め、明示の選択が認められない場合でも、契約当事者の国籍、本店・事業場の所在地、契約地、義務履行地などを資料として、黙示の選択意思を認定するものがみられる。(85)ここに挙示されているのは客観的な事実であり、「行為地」に当たるものも含まれている。この考えは、X・Y間の労働契約関係につき、認定されたような客観的事実がある場合には、それと関連のある特定の法の適用を認めるのを妥当とするものといえる。しかるに、適用法を決定する基準としては、当事者の意思以外には「行為地法」という文言しかない。しかし、その文言はあいまいなので、その客観的事実を資料として選択意思を認定するという手法により、法例の不備を補ったものと解することができよう。(86)

(83)　一般には、国際労働契約関係において、準拠法の選択により、強行的な労働者保護法によって与えられるべき保護が奪われるべきでない（より有利な保護が与えられる限りで選択は効力を持つ［有利原則の適用］）という問題として論じられていると解してよいのではなかろうか。米津・国際労働契約法、五九〜七〇、一九五〜二一四頁は、この問題を詳細に述べている。荒木尚志「国内における国際的労働関係をめぐる法的諸問題」学会誌八五号九七〜一〇〇頁。

(84)　米津・国際労働契約法、一六九頁以下、荒木尚志・前掲学会誌八五号九六〜九七頁。

(85)　米津・国際労働契約法、一六三頁以下、荒木尚志・前掲学会誌八五号八九～九〇頁。
(86)　渉外労働関係に関するわが国の判例は、おおむね米津・国際労働契約法、一六一～一七八頁で紹介されている。

第四　外国企業への出向・移籍

一　国際的裁判管轄権の問題

これまでに述べた法例の適用についての法律理論は、わが国の裁判所が特定の渉外労働契約関係の事件について裁判権（国際的裁判管轄権）を持ち、これに基づいて裁判をする場合に用いられるものである。判例をみると、**【判例六〇】**ドイッチェ・ルフトハンザ・アクチエンゲゼルシャフト事件（東京地判平成九年一〇月一日・労民集四八巻五・六号四五七頁）はつぎのように述べている。

本来国の裁判権はその主権の一作用としてなされるものであり、裁判権の及ぶ範囲は原則として主権の及ぶ範囲と同一であるから、被告が外国に本店を有する外国法人である場合は、その法人が進んで服する場合のほか、日本の裁判権が及ばないのが原則である。しかしながら、その例外として、わが国の領土の一部である土地に関する事件その他被告がわが国となんらかの法的関連を有する事件については、被告の国籍、所在のいかんを問わず、わが国の裁判権に服させるのを相当とする場合のあることも否定しがたい。この例外的取扱の範囲については、当事者の公平、裁判の適正・迅速を期するという理念により、条理に従って決定するのが相当であり、わが民訴法の国内の土地管轄に関する規定により裁判籍のいずれかがわが国内にあるとき（たとえば、法人の事務所、営業所による裁判籍）は、これらに関する訴訟事件につき、被告をわが国の裁判権に服させるのが右条理にかなうというべきである。

学説も、同様の場合に、裁判の公正、迅速、当事者の公平を著しく害する特段の事情がないこと要件として国

際裁判権を認める傾向にあるといわれている。(87)

この法理に従えば、日本法人（企業）Ｘから、その従業員Ｙが海外に本店のある外国法人（企業）Ｂへ移籍した場合には、Ｂ・Ｙ間にだけ労働契約が成立し・存続することになるから、通常は、原則が適用されるケースに当たり、その外国の裁判所が裁判権を持ち、その外国の法律に従い、適用法を決定することになろう。しかし、ＢがＸの全額出資による外国法人（いわゆる現地法人）で、その実態がＸの一事業所といえるもので、独立性に乏しい場合（第一編第二章第三節第三五〔九四～九五頁〕）には、Ｘの本店所在地などの裁判籍により、わが国の裁判所に国際的裁判管轄権を認めることができるのではなかろうか。また、Ｘから、Ｙが海外に本店のある外国法人Ａに、主としてＡの事業活動のために出向した場合には、Ｘ・Ｙ間の他Ａ・Ｙ間に労働契約が成立し、前者が休職になればその労働契約の機能は停止されるから、労働契約についての訴訟の被告はＡとなる。したがって、移籍について述べたのと同様に理解すればよいと考える。

これに対し、ＹがＸからＡに主としてＸの事業活動のために出向した場合には、Ａ・Ｙ間には労働契約が成立しないから、労働契約についての訴訟の被告はＸであり、したがって、わが国の裁判所が国際的裁判管轄権を持つといえる。なお、出向の結果、ＹとＸおよびＡとの間に労働契約が効力を停止することなく併存する場合（併任・兼任）にも、同様に解してよい。

(87)　荒木尚志・前掲学会誌八五号八三～八五頁。

二　準拠法の決定

このようにしてわが国の裁判所に国際的裁判管轄権が認められる場合に、外国の企業Ａ・Ｂに出向・移籍したＹの労働契約関係にいずれの国の法が適用されるか、とくにわが国の労働法が適用されるかということが問題になり、これを解決するために制定されている実定法が法例で、その基幹となるのが第七条であることはさきに述べたとおりである。多くは、わが国の労基法が出向者または移籍者に適用されるかという形で問題が提起されているので、このような観点から考察することにする。

ところで、わが国の労基法は、労働契約関係における労働者の利益を確保する（労働者を保護するという表現を用いている例が多い）ことを目的とした行政権の発動を定めた、公法的・取締法的な性質を持つとともに、労働契約の存在を前提とし、これを直接規律し、またはその履行過程を規律する私法的な性質を持っていることはさきに述べたとおりである（本章第一節第二〔三二四〜三二八頁〕）。このうち、法例七条一項により適用法規の選択の対象となるのは、労働契約の内容とこれに基づく使用者および労働者の行為の準則を定めた私法的部分に限られる。(88) そして、適用法の選択は、明示の合意のみならず黙示の合意によっても可能であるが、出向または移籍の場合は、YとAまたはBとの契約のほか、XとA・B間の出向・移籍に関する協定、X・Y間の出向に関する約定を総合的に考察して判断する必要があると思われる。というのは、わが国における出向・移籍の実態に着目すると、YとAまたはBの間の直接の交渉で、その間の契約の内容が決定されるケースよりは、出向・移籍について主導的立場を採るXが、AまたはBとの間で決めた協定に基づき、Yと協議して、YとAまたはBの間の契約内容を決めていることが多いからである（本編第一章第二節第一〔二五三頁以下〕参照）。そして、Yを出向・移籍させ、その結果A・BとYとの間に労働契約が締結される場合には、これによってYがXとの間で持っている労働契約上の利益（期待利益を含め）を害しないようにするという配慮から、Xが、A・B間の協定で、Yの労働条件または待遇などについては、労基法による旨を協定し、XがこれをYに提示し、その承諾を得た場合には、労基法によるとの適用法選択の合意があったと解してよいであろう。

このような適用法の選択についての合意が認められなければ、出向・移籍によりA・BとYとの間に労働契約が締結されるケースにあっては、労基法が行為地法として適用されるか否かが問題となるが、その労働契約はA・Bの本店所在地である外国で締結され、Yはそこを本拠として労務を提供することになるから、行為地法と解することは困難であろう。

これに対し、Ｙが、主としてＸの事業活動に寄与するためＡに出向した場合は、Ｙは、国内でＸとの間で締結した労働契約に基づき、Ｘの企業危険のなかで、外国にあるＡの事業場において労務を提供するのであるから、ＡがＹに対し指示を与えるとしても、ＹはＸの履行補助者（履行代行者）にすぎない（本編第一章第四節第一［二六七〜二六八頁］参照）。そうしてみれば、行為地法の概念を契約締結地法に限定しないとしても、わが国の労基法が行為地法に当たると解するのが妥当である。(89)

(88)　荒木尚志・前掲学会誌八五号一〇六頁、野川忍「国外における国際的労働関係をめぐる法的諸問題」学会誌八五号一三一頁。

(89)　野川忍・前掲学会誌八五号一二〇〜一二二頁は、労基法八条にいう「事業」が抵触ルールとして有効であるとするならば、としながら、国外で就労していても、国内の事業への所属を要件として、労基法の適用を原則として認め、または国内の企業活動の一環とみられる海外での就労には、労基法が適用されるという見解をとることもありうる、とされる。

三　出向先法令の適用の問題

海外出向の場合には、労務を提供している国の労働時間法制を前提としていることが多いと予想されることから、原則として労務給付地たる当該外国の法が適用され、日本の労基法の規定が適用になる余地は極めて少ないように思われるとの見解がある。(40)　たしかに、労働時間については、労務提供地で施行されている労働時間制による必要が多いであろうが、その必要に応えるためには、労働契約でその労働時間制に適合するような定めをすればよいはずである。それによって労働者が労基法の適用を受けた場合に比較し不利益となっても、それが労基法の原理に著しく違反するものでない限り、その労働契約の効力を否定することなく、出向元ないし出向先企業に対し、労働者の不利益を補償する措置を採ることを要求する（可能であれば行政権の発動により）というみちを選べばよいのではなかろうか。このことは、出向元企業に、一種の担保責任（後述第五章第一節第一項第一**四1**〔三五三頁〕参照）を認めることとも相通ずるものである。

(90)　野川忍・前掲学会誌八五号一三三頁。

第五章　労働条件

第一節　賃　金

第一項　出向の場合

第一　賃金の決定と支払義務

一　学　説

出向労働者の賃金が誰との間で、どのような額で決定され、誰がその支払義務を負うかという問題を解決しようとする場合に、実務上の取扱い、とくに出向元企業Xと出向先企業Aとの間の出向に関する取決め（出向協定など）、Xとその雇用する出向者Yとの間の出向についての合意またはその基準となる規定（出向規定など）に準拠して結論を出しているものが多い。たとえば、出向社員の賃金の最終的な支払義務は、雇用契約の当事者である出向元会社にあるが、実際の支払いは、XであってもAであっても、X・Aの共同支給であってもよく、出向者の賃金に関しては、X・Aのいずれの規定によるかは自由であり、出向のつど、これを定めて明示しなければならない（明示すればいずれによってもよい）とされる。(91)

とくに、賃金支払の実務に即して支払義務に論及している学説につぎのものがある。賃金はXの基準とする企業が多いが、支払方法は、Aが自社の基準で賃金を支払い、それがXの水準より低い場合に、差額分をXが補填する「差額補填方式」と、Xが自社の水準で賃金を支払い、Aがその水準による相当額を分担してXに支払う「分担金方式」にわかれる。前者ではAが賃金支払義務を負うが、後者ではXが、そして債務引受（重畳的債務引受と解する）によりAが賃金支払義務を負う。Xは、自己の必要性に基づきYを出向させるから、出向中の労働条件を保障する責任がある。差額補填方式でAが支払不能となったときは、Xが連帯して支払義務を負う。[92]

（91）安西・企業間人事異動、二二四～二二五頁。

（92）土田「出向・転籍の法理」一六七、一七〇頁、渡辺裕・出向時の労働条件、五五～五六頁も、賃金支払の方法をこのように分類する。

二　判　例

賃金の支払いに関しては、つぎの判例がある。

【判例六一】ジェッツ事件（東京地判昭和六〇年五月一〇日・労判四五四号七七頁）

A　事実の概要

Yは、Aに出向してAが海外において実施する建設事業の現場監督の要員としてXに雇用され、Aに出向のうえ、その業務に従事した。YはAに対し、右業務に従事中の時間外労働に対する残業手当の支払いを求めた。

B　判決の要旨

Y・A間にAがYに対し直接出向中の給与や残業手当を支払うとの合意が成立していないから、Yの請求は失当である。

C　コメント

本判決は、賃金支払者を定めた特約により支払義務者が決まると解する実務的な見解の典型的なものであるが、労働契約の面から考える必要のあるケースである。なぜならば、本件は、YがAの営む事業のために現場監督として勤務することを目的とした出向であり、それゆえ、Y・A間に労働契約が成立していると認められる可能性があるからである。

付言すれば、本件は、Yが外国に出向してAの事業のために労務を提供するという渉外関係の事件である。判決は、本件につき、わが国の法律が適用されることを前提として立論しているが、このような一時的な派遣の場合には、派遣前の準拠法である日本法を適用することを是認する傾向にあるということができる。[93] その意味ではつぎの判例も同趣旨である。

【判例六二】 日本製麻事件（大阪高判昭和五五年三月二八日・判時九六七号一二一頁）

A　事実の概要

1　Xは、米麦包装用の麻袋の製造、販売を主たる目的とする会社であるが、ジュート（黄麻）の原産地であるタイ国にA_1・A_2の現地法人を設立し、ジュート紡績工場を建設した。Yは昭和五〇年五月この現地法人に出向し、休職扱いとされた。

2　A_1の株式は九九・八パーセントをXが、A_2の株式は七五パーセントをXが、その余をA_1が保有し、その代表取締役、取締役はXの取締役、代表取締役が兼務し、経理・営業・資材購入・技術指導などの担当者はすべてXからの出向社員によって占められ、また、A_1・A_2で製造した製品は全部Xに納入し、それ以外のところへ販売せず、このため、XはA_1・A_2を支店であるかのように取扱っていた。

3　出向者の給与は、出向直前の給与の一八〇パーセントを米ドルで（ただし、タイ国通貨に換算）支給し、定期昇給・ベースアップも国内勤務者と同様の基準で行い、在外給与としてその一・八倍を支給し、賞与も国内勤務者と同様の支給基準に基づいて支給するなど、出向によって、出向者の待遇・労働条件に不利益が生ずることがないよう十分な配慮がなされていた。

４　ただ、その給与、賞与はA_1・A_2がその製品をＸに納入した代金で支給しており、ＸはＹに支給すべき額をA_1・A_2に通知するだけで、その資金を送金していたわけではない。

５　A_1・A_2の工場では、紛争が激化して操業もできず、資産も凍結され、給与の支給も滞りがちとなり、昭和五一年九月以降はこれも全く途絶えたので、Ｙとしても現地にとどまっていることもできず、昭和五二年一月帰国し、同年二月退職した。

６　Ｙには未払いの給与、賞与があったが、帰国直前Ｘの専務取締役は帰国後これをＸで精算する旨言明し、A_1・A_2の経理担当者が支店名で本社（Ｘを指す）総務部宛のＹの給料精算の件と称する文書を作成して、Ｙに持ち帰らせた。Ｘはこれに基づき、Ｙに未払いの給与、賞与の一部を支払ったが、Ｘ・Ｙ間に争いが生じたりしたため、その余が支払われていない。

Ｂ　判決の要旨

１　本件出向期間中のＹに対する給与・賞与の支払義務は、出向に際してＸとＹとの合意によって決まるが、特段の事情のない限り、Ｘとは法律上別個の法人であるA_1・A_2がこれを負担するとの合意があったものといわざるをえない。

２　事実上の支店であるA_1・A_2の支払不能などの事情によって同会社がこれを履行することができなくなったときは、出向社員の待遇・労働条件の維持を保障する趣旨から、その分については、出向元であるＸがＹとの間に存続している雇用契約に基づいてこれを支払うとの暗黙の合意が出向の際にＸとＹとの間に成立していたものと認めるのが相当である。

Ｃ　コメント

本判決は、賃金の決定および支払いについての基本問題にかかわるものであり、とくに、出向元企業と出向先企業との組織的関連が併せて問題とされているという意味で、極めて興味のあるケースである。

［判例六三］ ニシデン事件（東京地判平成一一年三月一六日、労判七六六号五三頁）

A　事実の概要

1　Xはコンピューターおよび周辺機器などの開発、販売を業とし、香港の現地法人として子会社Aを設立し、Aはシンガポールの現地法人として子会社Bを設立している。XがBを設立したのは、Xがシンガポールで同社の事業を行うためには、現地法人の設立という方法を採らざるをえなかったからである。

2　Xは、平成九年、Y_1・Y_2・Y_3を、いずれもAまたはBに勤務させる要員として採用した。Y_1は、採用後ゼネラル・マネージャー（G・M）としてAに出向を命じられ、ついでBのG・Mを命じられて勤務し、Y_2は、Aの営業担当G・MおよびBの営業担当G・Mの兼務を命じられたが、その後前者を解任され、Bの営業次長に降格され、Y_3は、Xでの研修後、Bに赴任して管理本部管理課長として勤務していた。

3　Xは平成一〇年九月一〇日、事業場Bを閉鎖したという理由で、Y_1・Y_2・Y_3を解雇した。ただし、Xは、YらはBに転籍してXには在籍していないから、解雇は誤りであったという理由で、これを撤回している。

4　Yらは、Xに採用され、AまたはBに出向したとして、Xに対し未払賃金などの支払いを請求した。これに対し、Xは、YらはAまたはBに転籍したから、未払い賃金の支払い義務はないと主張する。

B　判決の要旨

1　X・Y間の法律関係

Yらが Xに採用された後、AまたはBで勤務していたのは出向に当たり、転籍に当たるということはできない。

2　賃金の支払

XとYとの間の雇用契約の成立が認められ、それが存続している以上、XはYに対し賃金などを支払う義務を負い、YがBと雇用契約を締結したというだけでは、XはYに対する賃金などの支払い義務を免れないのであって、出向期間中Yの賃金などを負担するのは誰であるかは、出向に際してのXとYの間の明示または黙示の合意によって定まる。

YとXとの間で、Bに出向中のYの賃金をBが支払う（Xが賃金支払義務を免れる）との明示または黙示の合意の成立は認められない。そうすると、ＸはＹらの請求に係る未払い賃金の支払いを拒むことはできない。

Ｃ　コメント

この判決は、ＹはＸからＡまたはＢに出向したものであるとの認定を基礎にし、ＸとＹとの間に労働契約が存在する以上、賃金支払義務の免除に関するＸ・Ｙ間の特約がない限り、Ｘは賃金支払義務を負うと判示している。つまり、本判決はＹとＸとの間に労働契約が残っているということだけを理由として、その契約はどのような性質のものであるかとか、Ａ・Ｂとの間に成立している労働契約とはどのような関係に立つかなどということは、全く考慮していないのであって、この点に問題があるということができる。

そこで、次項以下で出向中の賃金を論ずる過程において、随時この判例を採りあげて考察しよう。

(93)　米津孝司・国際労働契約法の研究、一六九～一七〇頁。

三　賃金と労働契約

賃金は労働契約の要素であるから、それは契約によって必ず決定されるべきものである。最小限、当事者間に対価を得て労務を提供することについて意思の合致があれば、労働契約は成立する。たとえ契約締結当時賃金が具体的に決まっていなかったとしても、それは当事者の一方に与えられている（そのように解釈される）形成権によるか、取引上ないし労使の慣行を考慮にいれて、信義則や慣習によって決定される。

これを決定するのはその労働契約の当事者であり、その者が賃金支払義務を負う。これが賃金の決定と決定された賃金の履行義務に関する基本原則であって、出向の場合でも変わりはない。ただ、出向の場合は、出向者Ｙが出向元企業Ｘとのほか、出向先企業Ａとも労働契約関係に立つと認められるケースがある（しかもＹはＸで休職となることがある）ので、その場合、Ｙの賃金はＸ・Ａのいずれの間で決定され、誰が支払義務を負うかという問題が生ずる。また、Y・A間に労働契約関係が成立しないと解される場合もあるとの見解を採るにしても、Aが自己の事業ために Yを使用することができるとすれば、かりに契約の当事者でなくても、賃金の支払いについてなんらかの責任があるのではないかということも一つの問題点である。これに加え、X・A間に企業の組織または運営について特別の関連があるときは、これに基づき、賃金の支払についても特別の法律効果が発生することも考えられる。[判例六二]はこれらの問題に関係しているので、これを参考としながら、逐次ここに提起した問題について考察しよう。

四　賃金の額の決定

1　A・Y間に労働契約が成立する場合

1　問題点

本編第一章第六節（二八〇頁以下）で要約したように、A・Y間に労働契約が成立するのは、Yが専らAの事業活動のために（Aが負担する企業危険のなかで）労務を提供する場合（この場合、XがYを休職とするのが実務上の扱いである）を一方の極とし、YがXおよびAの業務を併せて行う場合（この場合は、通常併任または兼任という措置を採る）を他方の極とすると考えられる。このようにA・Y間に労働契約が成立し、YがAのために労務を提供することが義務づけられている以上、AがYに対して賃金支払義務を負うのは当然である。その賃金は、労働契約の要素として、A・Y間の合意によって決定されるべきものである。ただ、X・Y間にもその間の賃金を決めた労働契約があるので、これとの関係で、賃金の額や支払義務が問題となることはありうる。

[判例六二]は、出向中のYに対する賃金支払義務はX・Yの合意によって決まるというが、これには額の問題も含まれると思われる。A・Y間に労働契約が成立するとすれば、賃金などはその契約の要素として決定されなければならない事項であるから、Aが決定すべきYの賃金などをXはいかなる立場において決定するのか、また

賃金を決めた出向規定はいかなる意味を持つかということが検討されなければならない。

本件はＡがＸの一事業場ともいえる子会社であるから、ＸとＡとの間に存する特別の関係を根拠として、Ｘが決めたことは当然にＡを拘束するといえるかもしれない（あるいは、Ｘ・Ａ間に暗黙の合意があったとして）。しかし、本件は、主としてＡの事業のために、Ｙを出向させたケースであるから、ＡがＸと資本的にも人的にも関係のない独立した会社であるとすれば、このような理論を借りることはできない。そうすると、単純に考えるならば、Ｘは、Ａの授権または承諾がある場合に限り、Ａを拘束するＹの賃金を決めることができるといえそうである（Ａが授権または承諾した場合でも、賃金などの合意はＡ・Ｙ間に成立したと構想されることになる）。

２　労働契約の譲渡

しかし、この型の出向の特質は、冒頭に述べたように、ＸはＹの雇用主であり、しかも、Ｘは、「Ｘ・Ｙ間の労働契約を根拠として」、「業務上の必要性に基づき」、ＹをＡのために労働させるということにある（緒論**五**〔五〜六頁〕）。このことに由来し、欧州諸国においては、この類型の企業外の異動を労働契約の譲渡と構想していることもさきに述べた。そうすると、出向ではＹはＸの従業員たる地位を保有しているが、この類型の出向については、これを労働契約の譲渡と構想すること、少なくとも契約は譲渡されたとしながら、ＹがＸの従業員たる地位を保有させていることに相応しい効力（たとえば、担保的効力）を構想することもできるであろう（第一編第一章第三節第四**一**〔五六〜五八頁〕、本編第三章第三節第一、第二**一**〔三〇八〜三一五頁〕）。

そして、Ｙの個別的・具体的な同意を必要としないで、Ｘ・Ｙ間の労働契約をＡに譲渡するという効果が認められるためには、労働契約の特殊性、とくにその一身専属性にかんがみ、少なくとも、Ｘ・Ｙ間の労働条件がＸ・Ａ間においても維持されることが要件とされると解され、現に、労働契約が譲渡された場合には、従来の労使間に締結されていた労働契約は、新しい使用者との間でも効力を持つとの立法がなされていることは、すでに述べたとおりである（第一編第一章第三節第三**二**〔三七頁以下〕）。そうしてみれば、主としてＡのためにする出向については、一般に、根拠規定があれば、XはYとの間で決められた労働条件をもって、Yとの労働契約をAに譲渡する場合に、有効に出向させることができると構想したうえで、XのYに対する権利・義務を考えるのが一つの方法と思われる。

そうすれば、AがYに対し特別の労働条件を契約しなくとも、A・Y間の労働条件は決定されることになる。したがって、そのほかに、XとAとの間で、Yの賃金をX・Y間の賃金よりも低額とし、その差額はXが負担するというような約定をしても、それはYに対しなんら効力を及ぼすことはない。すなわち、A・Y間の賃金は譲渡された労働契約に定められた額で決まり、Aがその支払い義務を負うことになる。ただ、Xは、Yの使用者であるという地位を留保していることを根拠として、Yに対する賃金の支払いについても、なんらかの責任を負うとの法理を構想することができよう。たとえば、ドイツ民法六一三条二項は、XはYの賃金について、労働契約譲渡後一年間はAと連帯して支払い義務を負うという担保責任を認めている。そうすると、出向の場合には、XがYの使用者たる地位を留保しており、しかも出向はXの業務上の必要に基づいて行われるものであることに着目するならば、YがXの従業員たる地位を保有している限りにおいては、XはYの賃金の支払いについて担保責任を負うと構想するがごときである。

3　A・Y間の新契約の締結

出向は、必ずしも労働契約の譲渡という方法によることを要せず、X・Y間の労働契約を基礎としながら、A・Y間に新しい労働契約を締結するという方法によることも可能である(第一編第一章第三節第四三[五八〜五九頁])。この場合、賃金に関する事項もA・Y間の契約として決定されるべきであるが、実務のうえではそのような形が表に現れず、たとえば、X・A間の協定でこれを決め、Yにはこれを告知せず、X・Y間では、その間で定められている賃金以上の額をYに支払う旨を約定するなどして、XがYに従前の賃金を支払っているというケースも決して少なくない。

そこで、X・A間のような取決めの効力が問題となりうる。とくに、A・Y間のものとしてX・A間で定めた賃金の額がX・Y間のそれよりも低額である場合（Xが要員対策として、または人件費削減の目的で、Yを関連のない異業種のAに出向させるケースでは、このようなことが通例である）は、それらの取決めをどのように解釈したらよいであろうか。

この設例では、Aは、Yの賃金はX・A間で協定された額で認識し、かつこれを意欲しているのに対し、Yはそれを知らされず、ただX・Y間で約定されている額の賃金が支払われることだけを認識し、これを基礎として出向を承諾したのである。とすれば、このような外形的事実に着目する限りでは、厳密には、A・Y間ではX・Y間で決めた額の賃金が決められたとはいえないかもしれない。

しかし、自分の事業活動のために他人に労務の提供を求める者は、その危険の負担においてかつその権利として、Yの賃金を決定し、支払いの責に任ずべきであるとするならば、右に述べた外形的事実を基礎とする場合でも、実質的に考察して、AがYの提供した労務の対価を支払っている（そのような意思である）と認められるならば、A・Y間に労働契約の成立を認めるべきであろう。このような契約の基本を生かすように構想するならば、つぎのようにいえるのではなかろうか。

すなわち、

(1)　このようなケースで、AのもとにおけるYの賃金W_2がX・A間で決められていて、XはYと約定していた賃金W_1をYに支払うが、AはXにW_2相当額を支払うというのは、

i　XはYの雇用主であり、しかも、Xは、「業務上の必要性に基づき」、「X・Y間の労働契約を根拠として」、YをAに出向させた（緒論**五**〔五～六頁〕）ので、AにおけるYの労働条件が不利益とならないように、その決定についても一半の責任を負う趣旨で、Aと約定した、

ii　W_2の額がW_1よりも少ないので、Xはその差額を補填する意味で、W_1の額をYに支払っている（つまりXはA

の支払うべき賃金の立替払いをしている）、

iii　AがXにW_2相当額を支払うのは、XがYにAの業務を行わせたというXに対する報酬の趣旨ではなく、AがYに支払うべきW_2をXが代わって支払ってくれたので、これをXに償還する趣旨である、と解釈することができる。

⑵　そして、Yに対してはW_2とXが補填する差額が不可分的に提示され、Yがこれを承諾したと解釈するならば、Yの賃金債権は、Aとの間においても、X・Y間で定められた金額をもって、不可分債権として成立するということができるのではなかろうか。つまり、このような方法でA・Y間の賃金を決めたとするならば、AとXは、X・Y間で決められている額の賃金について、不可分債務を負うことになる。もし、XとAが、Yの賃金（差額補填を含め）について可分債務を負うにとどめたいと欲するならば、A・Y間の賃金をYに提示し、これによってA・Y間に労働契約を成立させ、差額補填はX・Y間で別に契約するのほかはない。同様のことは、Yに併任・兼任ではあるが、XおよびAの業務を可分的に遂行させ、その賃金を一括して決める場合にも当てはまる。すなわち、Yの賃金をAとXが格別に約定した場合に限り賃金債務は可分となる。ただし、Yの労務の提供が不可分であれば、賃金債務が常に不可分となることはさきに述べたとおりである（本編第三章第四節第二〔三三二頁〕）。

⑶　XまたはAは、この趣旨をYに説明してその了解を求めるのが本筋であるが、右のような支払い方をすればYの利益を害することはないので、とくに問題がなければ了解を求めるまでもない（説明をすれば、たやすくYの了解を得られたであろう）と考えたからである。

このように構想するのが、実態に即したものと思われる。そうすれば、XがYと約定した賃金をYに支払っている事実はA・Y間の労働契約の成立と矛盾しないといえる。

2　A・Y間に労働契約が成立しない場合

主としてXの事業活動のために、YをAに出向させた場合には、労働契約はX・Y間にだけ存立すると解するならば、Yの賃金は、その労働契約で決定される。なお、この類型の出向について、YとX・A間に不可分債権関係が発生することがありうることは、すでに述べたとおりである（本編第三章第二節第五［三〇六〜三〇七頁］）。

3　賃金差額の補償

出向は、YがXの従業員であること、すなわち、X・Y間労働契約が存在していることを基礎とし、Xがその経営判断に基づいて、その責任において行う法律行為であり、しかも、Yの勤務の相手方とか態様とか契約の重要な要素の変更をもたらすものである。ところで、Yは、Xとの労働契約に基づき、その契約で定められた労働条件（Xのために就労していたならば、そのように変更されるであろうと判断されるものを含めて）をもって、労働契約が継続することについて期待利益を持っている。そこで、Yの出向によりA・Y間に労働契約が成立しても、YがXの従業員たる地位を保有しているからには、Xとの間で出向に関連して特別の合意をしない限り（どのような特約を要求することができるかについては、一定の限界があるにしても）、Yは右の期待利益が保障されると信ずるのが通常であり、かつそのように信ずることに合理的な理由がある。そうしてみれば、Yを出向させるXは、その出向の目的などにより、程度の差はあるにもせよ、Yの右のような期待利益を保障する責任（一種の担保責任）を負うと解すべきであろう。たとえば、Yを出向させることにより賃金について不利益を与えないようにするため、X・A間の賃金がX・Y間の賃金よりも低額である場合（たとえば、人件費削減または要員対策として行う出向の場合はほとんどそうである）には、YのX・Y間の賃金との差額を支払うのが通常である（なお、このようなXの担保責任は、そのほかの労働条件の決定・履行、その他AのYに対する契約上の義務の履行ならびに雇用の継続についても発生すると考える）。仮に、賃金差額を支払うことについて特別の合意がない場合でも、賃金を低額に変更せざるをえない重大な事由（たとえば、解雇を回避するためにはそうせざるをえなかったというような事情）がない限りは、この担保責任を認めるべきであろう。(94)

4　出向元の賃金基準によるという意味

文献によれば、出向者Yの賃金は、出向元Xの賃金基準で支払っている例が多いといわれている。(95)それをたんなる事実（sein）とみるだけでは、その法的意味は解明されない。すでに述べたように、主としてXの事業活動のために出向させる場合は、賃金はX・Y間に継続している労働契約で決定されるから、当然Xの賃金基準によることになる。また、主としてAの事業活動のために出向させる場合でも、Yの賃金についての期待利益を保護するために、Xは、特段の事情がない限り、YがXの賃金基準によって得ていた収入が得られるように担保すべきであり、したがって、XはYに賃金に不利益変更をもたらす条件での出向を義務づける（通説の表現を借りれば出向を命令する）ことはできない（第一編第四章第一節第四［一八三頁以下］）。それであるから、Yの個別的・具体的同意によらないで、出向を義務づけるためには、A・Y間の契約で決める賃金は、Xの賃金基準で定められるものと同額とするか、または、それよりも額が少なければ、その差額を補償することが定められなければならない。この意味で賃金は出向元基準によるというのであれば、ここで述べた法理にかなうということができる。

学説のなかには、出向者の賃金については、出向元の就業規則によるか出向先の就業規則によるかは自由であると説くものがある。(96)しかし、出向の場合でも、賃金は労務提供の対価として労働契約により決定されるべきであるから、これに適用されるのは、その労働契約の当事者である使用者（XまたはA、併任・兼任の場合は双方）が定めた就業規則に定められた賃金の基準でなければならない。いうまでもなく、主としてXの事業活動のためにAに出向させる場合でも、Yは通常Aの事業場で労務を提供するので、その限度では、その事業場のAの就業規則が適用されるが、YがXの就業規則所定の賃金基準によってXと労働契約を締結し、それがAの就業規則の定めよりもＹに有利であるならば、その労働契約の賃金の定めが優先する。

(94)　同旨、土田「出向・転籍の法理」一七〇、一七二頁は、出向元には労働条件を保証する責任があるとされる。

(95)　注(92)の文献参照。

(96)　安西・企業間人事異動、二一五頁。

五　賃金の支払義務者

1　使用者

賃金の支払義務者は労働契約の当事者たる使用者であって、それ以外の者は、特約をしない限り、賃金の支払について義務を負うことはない。

［判例六二］ないし［判例六三］は、賃金の支払義務者の決定も出向元の当事者（ＸとＹ）の合意に求めているが、その合意によって決められるのは、出向元または出向先が本来の労働契約上の賃金支払義務者でない場合に、その者がＹに対する賃金の支払債務を引受けるという限度においてであって、本来賃金支払義務のない第三者に支払義務を負わせるためには、その第三者の授権または承諾を必要とすること、その効果はその者とＹとの間に生ずることは、**四1**（三五三頁以下）で述べたと同様である。以下、さきに掲示した判例を参考としながら、この問題を考察しよう。

1　［判例六二］のケースでは、Ｙは「出向先Ａのために」現場監督として就労するのであるから、Ａ・Ｙ間に労働契約が成立し、したがって、ＡがＹに対し賃金などの支払義務を負うといわざるをえない。ＸとＹとの間の契約（覚書）で賃金の支払者がＸと定められていたとしても、それは、ＡとともにＸも賃金の支払について責任を負うことを約束したと解釈するのが適当である（後述**4**(1)）。そうしてみれば、Ａに賃金支払義務を負わせるとの合意が成立していないという理由で、Ｙの請求を棄却したのは適当ではないと考える。

2　［判例六二］は、X・Y間に、Xとは法律上別個の法人であるAがYに対する賃金支払義務を負担するとの合意があったと認定しているが、AがYとの労働契約の当事者であれば当然賃金支払義務があるから、このような構成をする必要はない。もっとも、本件はAがXの一事業場ともいえる子会社であることを理由にして、XにYに対する賃金支払義務を認めるような考え方もありうる（たとえば、法人格の否認を根拠として）ので、そのように考えるべきではないことを述べたとすれば、それなりの意味はあるといえよう。

3　この意味の使用者で賃金支払義務が問題になるのは、形の上では労働契約の当事者ではあるが、Yがその者のために労務を提供しない場合である。その典型的なものは、YがXのために労務を提供することをやめて（これを休職にするということが多い）、専らAのために労務を提供する場合のXである。この場合YはXのために労務を提供しないが、それはXの責に帰すべき事由に基づくものではない。その意味で、XはYに対して、その間の労働契約所定の賃金支払義務を負わないと解すべきである。この点で、［判例六三］が、X・Y間に労働契約があるというだけの理由で、Xに賃金支払義務を認めている（しかも出向先との間に労働契約が成立しても、その義務を免れないとする）のは、妥当ではない。

4　以上は、主として出向先のためにする出向の場合であるが、主として出向元のための出向の場合には、労働契約はXとYとの間にだけ存在しているから、賃金支払義務を負うのはXだけである。もし、Aが支払うことを約束したというならば、Aが右の賃金債務を引受けたと解すべきであろう（Xに対し免責の効果を得させるためには、Yの承諾を必要とする）。

このような特約がない場合においても、AはXの履行補助者（厳密には履行代行者）であるのみならず、Aのためにも労務の提供を求めることができる（それゆえに出向となる）と解するならば（本編第一章第四節第一［二六七〜二六八頁］）、労基法一〇条の趣旨に則りAにも賃金支払義務を負わせるか、少なくとも、共同事業関係の成立を認めて、これに基づく責任を負わせることができると思われる。

2　賃金支払についての責任

賃金支払者について、学説は、出向社員の最終的な支払義務は、雇用契約の当事者である出向元会社にある[97]とか、「Xが労働条件の格差の調整的負担を行う今日の出向制度の実情から考えるとき、［Aが賃金支払いの懈怠・不能の場合］のXの賃金補償義務（より端的には、いわばXの最終的な賃金支払義務）を認めるべきではないか、と考える」とされ[98]、また、賃金の実際の支払いは、X・Aのいずれが行ってもよく、共同支給でもさしつかえなく、この点についての原則はない、とも説かれているので、この問題についてふれよう。

この問題は、本来の賃金支払義務者である労働契約の当事者以外の者が、いかなる根拠で賃金支払について責任を負わされるかということである。これについては、いくつかの根拠が考えられる。以下順次述べよう。

(1)　当事者の合意

本来の賃金支払義務者（たとえば、A）のほかに、XがAのYに対する賃金債務を引き受ける（重畳的債務引受）旨の合意がX・Y・Aの三者間、もしくはX・Y間に成立したとき、またはA・Y間に成立した同趣旨の合意をXが承諾したときは、Xも賃金支払義務を負う。これに対し、免責的債務引受（前例で、Aに代わってXだけが賃金支払義務を負うことにする）の場合は、Yの承諾がなければ、その効力を生じない。

賃金の実際の支払いは、X・Aのいずれが行ってもよいというのは、このような合意が成立していることを前提とし、出向者と労働契約関係に立たない第三者であっても「賃金支払義務者に代わって」賃金を支払うことができ、それにより弁済の効果が発生するという程度の意味を持つに過ぎない。

(2)　出向元の担保責任（出向者の信頼利益の保護）

この法理は本項第一**四3**（三五八〜三五九頁）で述べたとおりである。

(3)　出向元と出向先の組織的・機能的関連

その一般論は、第一編第二章第三節第三（八八頁以下）で述べたが、とりわけ共同事業者の法理（同項**五**［九四頁以下〕）を援用することを考えたい。すなわち、YとAとの間に労働契約が成立する場合においても、XとAとの間に縦または横の共同事業者関係が認められる場合には、Aが賃金債務を履行しない場合には、Xは、債務なき責任を負い、Yに対し賃金相当額（ただし、横の共同事業関係の場合には、並列的に結合している企業の負担割合に応じて）を支払う責任が生ずることになる（なお、このようなケースで、法人格否認の法理を援用する学説があることもすでに述べた）。

3　賃金支払いに関する協定について

出向に関する法律関係を構想する場合に、出向元企業と出向先企業との間の協定、出向元企業が出向者の労働条件や待遇を定めた規定、または出向者が加入している労働組合との間で締結した出向に関する労働協約を検討する必要があることはすでに述べたとおりである。しかしながら、わが国では出向に関する実務が先行し、これらの規定も、問題が提起されてから、必要に応じ徐々に整備されてきたというのが実情であり、それは賃金支払者についての規定をみてもわかるであろう。そこで、これらの規定や協定については、これまでに述べたような法律理論を基礎として、これを合理的に解釈する必要がある。このような観点から二、三指摘しよう。

(1)　出向先による賃金の支払い

判例に現れた事例をみると、主として出向先Aのための出向と認められるケースでは、Aがその定めた賃金体系による賃金をYに支払っているものが多い。とくに、要員対策として行う出向は、出向元Xの人件費の節減が目的であるから、実務上そうなるのは自然の成行きである。またこの場合は、YはXの事業とはかかわりなく（その事業とは無関係でも）、Aのために労務を提供するのであるから、Aから支払を受けるYの賃金はその対価である性質がはっきりしている。この意味でA・Y間に労働契約の要件である労務の提供とこれに対する賃金の支払についての意思の一致を認めることが容易である。

もっとも、わが国の出向の実態に即してみると、Ａ・Ｙ間の契約内容や服務の条件などは、ＸとＡが出向の条件として協定し、これをＸがＹに提示して出向を求め、Ｙがこれを承諾するという方法（Ｘの形成権の行使によることもあるが）が採られている。これもＸを介してＡとＹの間に合意を成立させるための一つのテクニックと解釈するならば、Ａ・Ｙ間に契約の成立を認めることが可能である。

⑵　出向元による賃金の支払い

Ｙが主としてＡの事業活動のためＡに出向している場合においても、ＸがＹと約定した賃金をＹに支払っている事例はかなり多いが、この事実がＡ・Ｙ間の労働契約の成立と矛盾しないことについてはさきに述べた（本項第一**四１**３〔三五五～三五七頁〕）。

４　〔判例六二〕について

本判決は、事実上の支店であるＡの事情により、Ｙに対する賃金などの支払が履行不能となった場合に、出向元であるＸがＹとの間に存続している雇用契約に基づいて、これを支払うとの暗黙の合意が成立したと認定しているが、この問題は二つの観点から論ずることができる。

⑴　その一は、ＡがＸの一事業場ともいえる子会社であることに由来するＸの縦の共同事業者としての責任としてである。このことはすでに述べたが、Ｘは、ＡのＹに対する賃金などの支払債務について、民法の組合の規定に準拠し、補充的に責任（債務のない責任）を負うことになる。

⑵　その二は、⑴で述べたような縦の共同事業関係がない場合においても、２⑵で述べたようなＹのＸに対する信頼利益を保障するため、Ｘに認められるべき一種の担保責任を根拠として、ＸにＹに対する賃金支払などについての補償責任を認めるという考え方である。

本判決も、その基底においては、⑴ＡがＸの一事業場ともいえる子会社であることと、⑵出向員の待遇・労働条件の維持を保障する趣旨の出向規定があったことを認め、これを暗黙の合意を認める理由としているのであるから、その意味では、その考えに賛意を表したい。

(97) 安西・企業間人事異動、二一四頁。

(98) 渡辺裕・出向時の労働条件、五六頁。土田「出向・転籍の法理」一七〇頁も、出向元に出向中の労働条件を保証する責任があるという理由で、同様の結論に達している。

六 付加的給付

出向の場合でも、労務の基本的な対価として支払われる賃金のほかに、交通費とか弁当代などの名目で、付加的給付が支給されることがある。その給付の種類・内容の決定および支払義務者は、基本的には賃金について述べたところと同様である。

しかし、主としてXのため、Xの従業員YをAに出向させる場合には、問題がないわけではない。というのは、この型の出向では、労働契約はX・Y間に存在し、賃金などはこの契約で決定されるべきであるが、付加的給付は、YがAの指示に従って勤務する過程で支給されるので、事実上、Aによって決められるという現象がみられ、このことから、このような付加的給付を決定する権利はAにあるかのように思われるからである。たとえば、Xの社員教育の一環として、YがAに出向している過程において、Aが主催する商品の展示会または販売会にYが参加してその業務を行ったような場合に、AがYに対し、帰宅が遅くなったことに対してタクシー代を支給したり、弁当代を支給するがごときである。もし、その付加的給付が、契約上の義務に基づかない恩恵的なものであるならば、そのように考えてもよいであろう(YはAに対して請求権を持たない)。

しかし、その付加的給付が法的請求の対象となるとすれば、それは労働の対価にほかならず、労働の対価は、労働契約の当事者であるXがYと決定すべきものであり、しかも、その種類・内容は、付加的給付を含めXがその雇用する労働者全員の待遇の公正を期するという観点から、他の労働者の賃金とのバランスがとれるように決定すべきものである。この意味では、付加的給付もXが決定すべきものであるといえるが、それがAのもとにおけるYの勤務の種類・態様などに応じて決められることに着目すれば、その付加的給付については、X・Y間では、その支給がなされること(できうれば一定の枠を決めて)とその具体的な決定はAに委ねることを決めるのが適切と思われる。なお、このような定めがなされていなくても、これまでに述べた法理によるならば、XはAに対して、付加的給付の具体的な決定を委ねたと解釈することができるのではなかろうか。

第二　昇給、昇格・昇進

一　問題点

昇給は、法的には、本項第一**四1**（三五三頁以下）で述べた当事者（XまたはAとY）の間の契約で決定された賃金を、通常は一定の基準に従い、当事者の合意によって（多くは、その合意に基づきXまたはAに認められた形成権の行使によって）増額することである。

ところで、わが国では、いわゆる終身雇用を志向し、しかも年功序列を基幹とした待遇をこれに結びつけた考えが有力で、雇用の継続を要素として、昇給の基準を含め、労働条件や労働者の地位・待遇が決定される傾向がある。勤務年数が永くなるに応じて、職能資格・職位上の地位を上昇させる昇格・昇進もそのような傾向を持つ。このことから、労働者が同一企業内で永く勤続するときは、特段の事由がなければ、昇給、昇格・昇進することについて、なんらかの期待利益が生ずるともいわれている。

もっとも、その期待利益の程度には業種、職種などによって濃淡の差があり、一方には、賃金が年齢や勤続年数ないし経験年数とほとんど関係なく決定される例もある。その反対の極にある最も典型的なものは、定期昇給といわれているものであって、一定期間（通常は一年）が経過したときは、特別の欠格事由がない限り、成績査定による額の多少はあるにもせよ、一定の基準による昇給が行われる例が多い。もっとも、単純な年功序列による待遇には、能率主義・業績主義の観点からの批判が加えられ、とくに、定年延長による従業員の高年齢化に伴い、若年労働者との利益のバランスを図ることも強く要請されるようになった(99)。

このことを考慮にいれて年功を見直すならば、労働者がすでに習得していた知識・技術を、永年の在職による教育・訓練と経験を通じて高め、より優れた技能とか指導・管理の能力を持つようになれば、それが正しく評価され、その評価に相応した待遇（賃金を含む）を得られるであろうことについて、期待利益を持つことは、是認されるであろう(100)。昇給、昇格・昇進についての期待利益もその一つである。

この期待利益は、わが国の現状では、原則として、労働者が同一の企業内で継続して勤務しているという条件下で発生するということができる。そこで、勤務する企業（使用者）の変更という事態が発生する出向・移籍の場合に、この期待利益をどのように保障すべきかという問題が生ずる。昇格・昇進は人事処遇上の問題であり、昇給は賃金の額の問題であって、その要件は異なるが、右に述べたように、勤続の継続に由来する期待利益に関するものとして同じ性質を持つので、併せて考察しよう。

(99)　終身雇用・年功序列を基本とする従来の雇用形態をそのままにしておいて、高年齢者の雇用を促進すれば、その従業員の適性・能力（とくに高年齢化による労働能力の減退・労働能率の低下）にもかかわらず、高年齢の役付者が増えて若年の従業員の雇用や昇進の機会が少なくなり、若手従業員の活力を妨げ、また高額の給与所得者の増大を招いて人件費の増大をもたらすのみならず、能力・業績に相応した報酬という点から見ても、必要生計費の充足という点から見ても、若手従業員の待遇との不均衡という問題も生じてくる。

(100)　野田進「労働移動に伴う労働条件の変更」学会誌八四号四七～四九頁は、「労働者の地位や身分に関する利益」のなかには、出向元企業に「長期間の在職期間を重ねたことにより蓄積された利益（社内キャリア）」があることを指摘されている。

二　昇　給

すでに述べたように、昇給は当事者の合意による賃金の増額であるから、それは賃金決定の一つの態様にほかならなず、右第一**四**で述べたことがそのまま当てはまる。その昇給は、労使間で協定され、または賃金規定に定められた一定の基準に準拠して行われるのが通常で、多くは出向元基準による。その意味も**4**（三五九～三六〇頁）で述べたとおりであって、Yを、主としてAまたはXのいずれのために出向させるかによって異なってくる。

ところで、Yを主としてAの事業活動のために出向させる場合には、Aが労働契約の当事者として昇給を行い、XはYの昇給を行わない。しかし、出向に際し、Yが出向により賃金面で不利益を被らないようにするという特約がX・Yに成立している場合は、Xのもとで勤務していたならば行われたであろうと認められる昇給による利益（期待利益）をYに与えなければならない。また、そのような特約がなくても、Xは、その業務上の必要に基づき、Yを出向させたのであるから、そのことによる不利益をYに与えてはならないということができる。すなわち、Xとの雇用の継続を前提とするYの昇給についての期待利益を保障しなければならない。Xが負っている一つの担保責任である。

もっとも、昇給のつどそのような保障をしなくとも、YがXに出向復帰した際に、X・Y間の労働契約についても、出向期間中も出向元基準により昇給したものとして賃金を増額するとか、それまでのAの行った昇給が、X基準に満たないものであれば、その差額を補填するという方法を採っても、保障の趣旨にそったものといえる。

これに対して、Yを主としてXの事業活動のために出向させる場合には、Xだけが労働契約の当事者として昇給を行う。なお、併任・兼任の場合には、XとAがそれぞれ昇給を行うことになる。

三　昇格・昇進

昇格は、労働者の職務遂行能力によって決定される資格制度上の地位（資格）を上昇させることであり、昇進は、労働者の経営または業務の統括・管理能力によって決定される管理・監督の職制上の地位（職位）を上昇させる人事上の措置である。資格または職位を与えられるための要件となっている労働者の右のごとき適性・能力は、労働者が就職前に取得している知識・技術を基礎とし、同一企業内での永年にわたる勤務（教育・研修も含めて）のなかで培われ、評価されるものである。その意味で、労働者は同一企業内で勤務し、しかも、勤続期間が長期となれば、適性・能力が減退しない限り、昇格・昇進することについて期待利益を持っているということができる。

そうすると、使用者の交替を伴う出向については、この期待利益に対する配慮が要求されるといえよう。しかし、労働者を昇格・昇進をさせるためには、労働者が右に述べた適性・能力を持っていることが要件となる。しかるに、その要件を具えているか否かは使用者の合理的な裁量的判断に委ねられている。このことに着目すれば、出向者が出向から復帰した場合に、使用者の合理的な裁量的判断を無視して、機械的に一定の資格または職位を保障するというような形で、その労働者の利益を擁護することはできないといえる。とくに、注（99）で述べたように、終身雇用・年功序列をそのままにしておいて、高年齢者の雇用の維持を考えれば、若年の従業員の雇用、昇格・昇進を妨げるなど、労働者相互間の利益の配分のバランスを害する結果となる。そうしてみれば、出向者について、単純な年功序列によって昇格・昇進させることを使用者に求めることは妥当ではない。現実の高年齢の労働者の待遇をみると、一定の職位にある高年齢者がその適性・能力に欠けるにいたったか、またはその者より優れた適性・能力を持った若年者がいれば、高年齢者を職位からはずすという人事が行われているようである。すなわち、近時、とくに定年の高齢化（いわゆる定年延長）に伴い、年功序列に由来する期待利益は変わりつつあるから、このことを考慮して、出向者の期待利益を考える必要がある。

また、或る程度の期待利益が認められるとしても、それが使用者の裁量にかかるものであることに着目すれば、労働者は、右のような期待利益を害するおそれのある出向は、これを拒むことができるにしても、これを承諾したならば、その出向によって不当に不利益な取扱を受けることはないという形での利益の擁護を求める（不利益を受けたときは、金銭による補償を求める）のほかはないと考える。

四　適性・能力および業績の査定——人事考課——

適性・能力および業績の査定は、従業員の適性・能力がどのように向上もしくは減退し、またはそれが労務の提供にどのように現れ、事業活動の業績にどのように寄与しているかを評価し、これを基礎として、その労働者の職務遂行能力によって決定される資格制度上の地位（資格）および管理・監督の職制上の地位（職位）を決め、業務を割当て、勤務する事業場および職場を指定し、かつこれらを変更するという、いわゆる人事上の措置の基礎となるものである。そして、これらの人事上の措置は、労働契約の内容を決定もしくは変更するか、または労働契約の内容を個別化し・具体化することにほかならない。そうしてみれば、勤務成績ないし業績の査定をなすべき地位にある者（その権限を持つべき者）は、その労働者と労働契約を締結している使用者であるといわなければならない。

すなわち、出向の場合には、Ｙの勤務成績ないし業績の査定（いわゆる人事考課）を行う者は、Ｙの労働契約の相手方であるＡ（主としてＡの事業のための出向の場合）またはＸ（主としてＸの事業のための出向の場合）であり、ＡまたはＸのいずれが行ってもよいというわけではない。ただ、Ｙは通常Ａの事業場で労務を提供するから、Ｘが人事考課を行う場合には、その資料の提供をＡに求めざるをえない。それは、Ｘが従業員の人事考課を行う場合に、その資料の提供を管理職員でないＹの上司（たとえば、係長。同人は人事考課を行うものではなく、資料の提供者にとどまる）に求めるのと同様である。[101]

昇格・昇進を行うについては、人事考課は不可欠であるが、昇給（後述の賞与額の決定も同様）をＹの勤務成績ないし業績の査定に基づいて行う場合には、その評価は、現実にＹが労務を提供している相手方（通常はＡ）のもとにおける資料に基づき、労働契約の当事者（XまたはA）が行うことになる。

(101) 安西・企業間人事異動二二二頁は、Aに人事考課を委ねるという方法もあるとするが、Xの出向であれば、人事考課は、Xの危険の負担において行うべきものと考える。

第三　休業手当

使用者の責に帰すべき事由により労働者を休業させたときは、使用者は平均賃金の一〇〇分の六〇以上の手当（休業手当）を支払わなければならない（労基法二六条）。休業手当は、使用者の負担において、労働者の生活を右の限度で保障する趣旨で定められたものであるから、その「使用者の責に帰すべき事由」とは、民法五三六条二項の「債権者の責に帰すべき事由」よりも広く、「使用者側に起因する経営、管理上の障害を含」み、使用者として不可抗力を主張しえないすべての場合が含まれると解されている（最判昭和六二年七月一七日・民集四一巻五号一二八三頁）。

そして、Yは、主としてXもしくはAの事業活動のために、または双方のために労務を提供するから、これに対応して、XもしくはAの一方または双方が、Yの労務の提供についての危険を負担し、それによって休業手当の支払が決まる。すなわち、

1　主としてXの事業活動のために出向させる場合は、Xの事業について休業の事由が発生した場合に、Xに休業手当支払義務が発生する。もっとも、YはAの事業場において、Aに対して（Aの指示に従って）労務を提供するのであるが、Yがそのような態様で労務を提供できなかったときは、Xが不可抗力を主張しえない限り、Yに休業手当を支払わなければならない。たとえば、Aが倒産した場合においても、XはYの出向を取消してXのもとで労務を提供させることが可能であるから、それが不可能であるとの特段の事情がない限り、Xは休業手当

の支払を免れない。

ただし、ＸがＹをＡに出向させることだけを目的として採用した場合には、Ａが事業を廃止したならば、これによりＸ・Ｙ間の契約を存続させる理由はなくなったから、ＸはＹに対し休業手当を支払わなくてよいと解するか、少なくとも、即時にＹを解雇することにより（［判例五六］［三一五頁］参照）、その支払を免れると解することができる。

また、ＡはＸの履行補助者であるから、Ａの責に帰すべき事由は、Ｘの責に帰すべき事由となる。

２　主としてＡの事業活動のために出向させる場合は、Ａの事業について休業の事由が発生した場合に、Ａに休業手当支払義務が発生する。

第四　賞　与

賞与も、一定の基準に従って定期的に支払われる限りにおいては、賃金の後払いとしての性格が強いから、賃金について述べた理論に準拠すればよく、また、勤務成績ないし業績について査定する場合については、昇給のための査定と同様に考えてよい。すなわち、主としてＸの事業活動のためにＡに出向させた場合には、Ｘ・Ｙ間にだけ労働契約が存続しているのであるから、Ｘが定めた評価基準により、Ａのもとにおける資料により、成績・業績の査定をして、賞与の額を決定することになる。

これに対し、主としてＡの事業活動のために出向させる場合は、ＡがＹとの労働契約に基づき、Ａの判断で賞与の額を決定することになるが、ＸとＹの間に、Ｘの賞与の基準によるとの合意があるか、またはＸ基準による賞与を担保する義務があると認められる場合には、Ａの基準により算定された賞与が、Ｘ基準による額に比べＹに不利益であれば、Ｘはその差額を補償すべき義務があるということになる。もっとも、賞与には、賞与算定期間におけるAの事業の業績を反映した利益の配分という要素もあるから、Aの事業の業績がよい場合には、Yがこれに貢献した程度によって、その利益の配分を受けることができるが、このことについて一定の基準が設けられていない場合には、Aの裁量に委ねられると解するほかはない。

また、賞与については、その支給日に在籍していることを要件とすることが是認されるといわれている（最判昭和五七年一〇月七日・労判三九九号一一頁、大和銀行事件）。それは、賞与に将来の労務の提供に対する報奨としての性格を付与することを意味するのであるから、支給基準日以前の労働関係の終了が労働者の責めに帰すべからざる事由によるものであるときは、支給日在籍の要件は適用されないと解されている。[102] 賞与算定期間内の出向または出向復帰について問題となりうるが、Yがそれにより不利益を受けないように調整すべき課題の一つである。

(102) 和田肇・労働契約の法理、一〇五頁。Richardi, Hrs. Münchener Handbuch, Bd.1, S.1095ff.

第五　解雇予告手当

解雇予告手当については、つぎの判例がある。

前掲【判例六三】ニシデン事件（三五一頁）の2

A　事実の概要

Xは、コンピューターなどの製造・販売を業とする会社であり、その事業を行うため、子会社である現地法人として、香港にA、シンガポールにBを設立し、それらの会社の要員として採用したYらをBに出向させていた。XはBを閉鎖したので、Yらを解雇した。

B　判決の要旨

かりに、出向者Yの賃金は出向先企業A・Bが支払うとの合意が成立していたとしても、出向元企業XがYを解雇したと認められる場合には、Xは未払いの解雇予告手当を支払うべき義務がある。

Yらは、Xの子会社であるAやBで勤務する目的で、Xに雇用されたものであり、採用後A・Bに赴任しているのであるから、Yらの解雇がBの事業上の都合によりされたものである場合には、XがYらを雇用し続けるべき理由はなく、XがYらを解雇することになると考えられるが、解雇予告手当が突然の解雇による労働者の生活の困難の救済にあり、労働の対価として支払われるものであることからすると、X以外に賃金支払義務を負うものがいることは、Xの解雇予告手当支払義務を否定する理由にはならない。

C　コメント

本件は、Xが子会社である現地法人として設立したA・Bの要員として採用したYらを、Bに出向させたというケースで、出向先のため出向であるから、X・Y間に労働契約が存在しているほか、B・Y間にも労働契約が成立し、後者に基づいてYがBに対して労務を提供し、これに対しBが賃金を支払うべき義務を負っていることは、すでに述べたとおりである。したがって、Bが事業を廃止した場合には、BはYとの労働契約を解約（解雇）せざるをえないが、この解雇について予告手当を支払うべきものであるとすれば、その支払い義務を負っているのは、解約する労働契約の当事者のBであって、Xではない。

しかしながら、本項第一**五2**(3)（三六二頁以下）で述べたように、まず、X・B間に共同事業関係が認められるならば、これを根拠として、Xも、BのYに対する解雇予告手当の支払いについて責任を負うということができるであろう。このような観点からみた場合、XがBを設立したのは、製造業者であるXがシンガポールで営業活動を行うためには、同国内で支店を開設することはできず、現地法人を設立するほかはなかったからである。XとBとの組織的関係は判文上明確ではないが、B設立の趣旨からすれば、共同事業関係の成立を認めることもできるのではないかと思われる。

また、出向者の信頼利益の保護という観点からみると、賃金についてではあるが、XがYらの賃金額を決定し、XからYらの預金口座に振り込まれていることなどを勘案すると、賃金については、その支払い義務者が本来はBであるのに、その支払いについてはXも責任（担保責任）を負う意思であると解されるから、解雇予告手当てについても、Xに担保責任を認めてよいのではないかと考える。

右に述べたところは、B・Y間の労働契約の解約について、Bが支払うべき解雇予告手当に関するものであるが、X・Y間の労働契約の解約についても予告手当の問題がある。本判決が述べているように、YらはBへの出向要員として採用された者であるから、Bが事業を廃止したならば、XがYらを解雇することは合理的であるが（その理由については、〔判例五六〕Cコメント〔三一七頁〕参照）、必ずしも、「天災事変その他やむをえない事由のために事業の継続が不可能になった」場合に該当するとはいえないから、Xとして予告手当を支払うという問題が生ずる。しかしながら、XはYとの労働契約に基づいて賃金を支払っていないから、その意味で、予告手当を支払う義務を負わない。ただし、Bが支払う賃金がXのそれよりも低額で、Xがその差額を補償している場合には、解雇予告手当についても、XはB・Y間の賃金を基準として算定されたものとの差額を補償すべきである。

第二項　移籍の場合

第一　序　説

移籍の場合には、移籍先企業BとYとの間にだけ労働契約が成立し、存続するのであって、賃金はB・Y間で決定されることになる。ところで、移籍は、X・Y間の労働契約に基づき、これと牽連した労働契約関係が、B・Y間に成立することにその特色があるが、それは、B・Y間における労働契約関係の成立を停止条件として（または、その不成立を解除条件として）X・Y間の労働契約を解約する方式と、XがYとの間の労働契約関係をBに譲渡する方式がある（第一編第一章第三節［三一頁以下］）ことに対応し、賃金の決定についても二つの方式が考えられる。その方式は、労働契約の内容として統一的に決定されるべき労働条件の決定に共通するものであるから、ここでまとめて考察することにしよう。

第二　労働契約に基づく法律関係の譲渡

一　概　説

これはX・Y間の労働契約で賃金、労働時間などの統一的労働条件を約定し、これに基づいて発生する権利・義務の関係をXからBに譲渡する（債務は引受ける）方式であって、Yがこれを承諾すれば、X・Y間の法律関係は、その同一性を保有してB・Y間の法律関係として移転し、BがXに代わり、Yに対する使用者として権利を取得し・義務を負うことになる。つまり、B・Y間で新しく労働契約を締結する必要はない。

さらに、労働契約関係が当然包括的に承継される要件が具わっている場合には、Yの承諾を必要としないで、労働契約が承継されることも、第一編第一章第三節第三三（四二頁以下）で述べたとおりである。

移籍によりXの従業員YをBが承継した場合に、すでに発生しているXのYに対する賃金債務をBが引受けたことになるかということが問題となる、このことが争われたものとしてつぎのケースがある。

［判例六四］ テラメーション事件（東京地判平成八年六月一七日・労判七〇一号四五頁）

A　事実の概要

1　XおよびBは、コンピューターによる図形処理ソフトウェアシステムの開発などを業とする会社であり、共同してKから図形データの作成を請負い、YらはXに雇用されて、Xの作業に従事していた。

2　平成七年一〇月BはXのKに対する業務を全面的に引継ぎ、YはBに移籍して雇用され、Kから請負った作業に従事した。

3　B・X間の合意を記載した「債務引受承諾書」の未払債務一覧表に「アルバイト、コンピューター訓練給与」の一項がある。これにより、BがXの未払賃金を引受けたといえるかどうかが争点となった。

B　判決の要旨

1　Bは、平成七年九月当時、Kから請負ったデータ入力作業を担当する従業員のためのトレーニングを担当していたことが認められるから、右「債務引受承諾書」の記載は、Yらを含むXの従業員のうちBに移籍した全員に対する未払賃金の額を示すものと認められる。

2　このXとBとの間の合意は、合意当事者であるXとBとの関係では第三者の立場にあるYらのためになされた契約であるが、Yらは右合意を承認しているから、BはYらに対して、未払賃金を支払う義務がある。

C　コメント

労働契約に基づく法律関係を譲渡した場合に、労働契約によって生ずる基本的な法律関係（YがXのために労務を提供し、XがYに対しその対価を支払うなどという法律関係）は、そのままB・Y間に存続することになるが、すでに発生しているYのXに対する賃金請求権は、これと不可分なものではないから、特約がない限り、Xに対してだけ行使しうるにとどまる（賃借権の譲渡の場合につき、大審判昭和一〇年一二月二八日）。したがって、Bに未払賃金の支払義務を負わせるためには、本判決のように構想するほかはない。

二　分社化のケース

Xがその一事業部門ないし一事業所を、Xが全額出資して独立の会社Bとして設立（分社化）し、BにYを移籍させるケースについては、第一編第一章第三節第三二3（三九〜四一頁）で述べた。

そのなかで、とくにXがBに役員を派遣するなどしてその事業を統括する態勢を整え、Bの独立性が希薄である場合には、Xは、Bの親会社として、かつ共同事業者たる関係に立ち、その意味で、Bの事業の運営について、なんらかの形で企業危険を負担すべきであると解される。それであるから、移籍後のYの労働条件の問題についても、Xになんらかの責任（たとえば、共同事業者としての責任［第一編第二章第三節第三五〈九四～九五頁〉］）が認められることがありうる。しかし、このように分社化されたBであっても、逐次成長し、独自にマーケットを開拓したり、独自の技術、ノウハウなどを背景とした企業活動を展開するにいたれば、B・Y間の労働条件も、Bが独自に決定し、これについてXに責任を負わせることについての合理的な理由がなくなることもあるであろう。

三　企業グループのケース

つぎに、企業グループとして、その中核をなしている企業Xがグループに属する企業B_1・B_2などに共通する労働条件の基準を統一的に決定し、B_1・B_2などの人事を統一的に行い、その一環として、Xが一括して採用したY_1・Y_2らを移籍という方式でB_1・B_2などに配属し、またはその配属の変更を行うケースも、労働契約関係の譲渡と構想しうる場合が多いと思われる。このような企業グループのケースでは、XはBにおける労働条件の決定に積極的に関与していることが多いから、移籍後の労働条件の問題について、Xになんらかの責任が認められる可能性があることは、分社化の場合とほぼ同様と解したい。とくに、グループ内の企業に共通する労働条件の基準をXが主導的立場で決定している場合には、その決定について、Xはグループ内の企業の労働者が組織している労働組合に対して、団体交渉義務を負うことがありうる。

なかでも、Xがその信用を背景として労働者の募集を行い、かつX名義で採用したうえで、B_1・B_2などに移籍の形で配置し、さらに、企業グループ内の人事は実質的に企業内の配転と同様であるなどとして、XとB_1・B_2の企業の一体性を主張すると（このような主張は、たとえば、［判例四］興和事件の2［一二三頁］にみられる）、Xが採用したYをBに移籍させた後においても、YとXとの間に労働契約が存続していると認定されるか、少なくとも、エストッペル（禁反言）の原則ないし信頼利益の保護を根拠として、労働条件に関しても、XにYに対する使用者としての責任（たとえば、担保責任）が認められることはありうる。なお、［判例一二B］船井電機事件（九二頁）が、親会社Fが子会社Tを設立した当初、Tの従業員をFの名義で募集し・採用し、F宛ての誓約書を提出させていたことをTの法人格を否認する一つの根拠としていることにも留意すべきであろう。

四　移籍先企業の主体性

BがXに対して主体性・自主性を持つ企業であるときは、移籍後のB・Y間の労働条件は、BとYとの協議によって決定され・変更されるべきであって、その条件に従った契約の履行については、BとYだけがそれぞれ責任を持つというのが原則である。たとえば、分社化のケースであっても、Bが経営の収益性を確保するための施策を自主的に決定し・実施する場合には、この原則に従うことになる。

第三　新労働契約の締結

一　概　説

この場合には、B・Y間に新しい労働契約を成立することを条件として、X・Y間の労働契約を解約するものであることはさきに述べたとおりである。B・Y間の労働契約の内容は、その当事者が決定すべきものであるが、移籍は、X・Y間の労働契約を基礎とし、Xの業務上の必要性に基づいて行われることに由来し、Xがこれに関与するケースが多い。それゆえ、出向（出向先のために労務を提供する場合）について述べたところとほぼ同様に解してよいであろう。すなわち、多くの場合、XとBとの間で、Yの労働条件の基準を協定し、これをXがYに提示して移籍を求め、Yがこれを承諾するという方法が採られた場合でも、B・Y間の労働条件は、その基準によって決定されたと解釈するのが妥当である。なお、Xは、このようにして決定されたB・Y間の労働契約の履行については、責任を持たないことを原則とするが、第一編第二章（七三頁以下）で述べた法理により、責任を認められることはありうる。

このようなケースについて、つぎの判例がある。

［判例六五］ 国武事件（東京地判平成九年七月一四日・労判七三六号八七頁）

A　事実の概要

1　Xは0を頂点とするKグループの一社で、ゴルフ場の経営・管理などを業としていたところ、平成三年九月ころから海南島でのゴルフ場開発のプロジェクトを進め、B社を買収した。

2　Y_1・Y_2は、Xに雇用されていたが、平成五年四月一日付でBに移籍し、同年七月その取締役に就任した。

3　Bの事業は予想以上の経費を要したが、会員権の販売もはかばかしくないなどの事情も重なって、平成五年末ごろから資金繰りが苦しくなり、Xらから資金援助を仰いだりしたが、平成七年四月ごろその事業は頓挫するにいたった。その結果、同年五月から六月にかけてY_1・Y_2はBを退職したが、Y_1については七八〇万円余、Y_2については一一九五万円余の、Bからの未払賃金があった。

4　Y_1・Y_2は、Bへの移籍後もXとの雇用契約は継続していた。かりにそうでなくとも、Y_1・Y_2は、右移籍後も実質上Xの指揮・命令に服して業務に従事してきたものであるから、XはY_1・Y_2の事実上の使用者であるとして、未払賃金の支払を請求した。

B　判決の要旨

Y_1・Y_2がBに移籍後もXとの雇用関係が継続していたと認めることはできない。

XとBの間には、資金的にも人的にも緊密な関係があったことは否定できず、Bが分離独立した後も当初はXに稟議・決裁を仰いでいたことが窺われる。しかし、これらの事実があるからといって、Bへの移籍後、Y_1・Y_2がXの指揮・命令に服して業務に従事していたと認めることはできないし、XとBが実質上同一の法人格であるとみなすこともできない。

C　コメント

本件では、Y_1・Y_2はBに移籍したと認定されているのであるから、かりにY_1・Y_2がBの指揮・命令に従って業務に従事していたとしても、同人らに対し、Xが使用者として賃金支払義務を負うということにはならない。

しかしながら、Xは、ゴルフ場開発のプロジェクトを進めるため、B社を買収したうえ、Y_1・Y_2をその役員として移籍させ、Xは、Kグループの一社として、そのゴルフ場の経営・管理などをしていたというのであるから、Kグループの各社の代表者がTまたはその実弟がであることなどに着目すると、BとXとの間に共同事業者関係の成立を認め、Y_1・Y_2のBに対する賃金債権につき、Xに補充的な責任を認める余地があると思われる。

しかし、Yの移籍先Bにおける不就労が、Yの責に帰すべきもので、Bがその責任においてYに賃金を支払わなかった場合には、Xになんらの補充的責任が発生しないことは、いうまでもない。たとえば、

【判例六六】　日鉄商事事件（東京地判平成九年一二月一六日・労判七三〇号二六頁）

A　事実の概要

1　Yは元Xの従業員（管理職員）であって、平成三年二月一日から、Bに出向していたが、Yが五五歳となる同年九月Bに転籍するよう説得された結果、YはXに退職願を提出してBへの転籍に応じ、Xに在籍当時の賃金の約七割をBから支給されることになった。それは、Xの定年は元五五歳であったが、同年四月一日定年を六〇歳に延長したものの、管理職定年は五五歳とし、給与については五五歳以前の七割程度を支給し、出向している従業員については、五五歳到達を機に、極力出向先に転籍を推進実行するとしたことによる。

２　しかし、Ｙは、Ｂにおける待遇が不満であるとして、Ｘから提案された解決案に対し、Ｘへの復帰を固執してＢでの勤務に就かなかったため、ＢはＹに対して平成四年一一月二五日付で雇用契約解除の通知をしてＹの就労と賃金の支払いを拒否している。

３　Ｙは、①(a)Ｘに対する退職願いの提出は、要素の錯誤に基づくものである、(b)ＸとＹの間に平成四年一一月二六日以降Ｘで再雇用される旨の合意が成立した、としてＸに対し同日以降の賃金の支払いを求めるとともに、②ＸとＢとは、Ｙの転籍について十分な連絡をとらないで決め、Ｙを不安定な地位に置き、結局平成四年一一月以降定年の平成八年九月にいたるまでの賃金の支払を受けられないという損害を被った、としてその賠償の請求をした。

Ｂ　判決の要旨

①の(a)と(b)については、その事実は認められないとし、②についてはつぎのように述べている。Ｂは、平成四年一一月以降Ｙの就労と賃金の支払いを拒否しているが、Ｂにおいても同年七月に勤務態度不良を理由にＸ対し引取を要請する以前は、Ｙを転籍してきたものとして取り扱っており、ＢのＹに対する対応は、同社の判断に基づくものであるから、これをもってＸの不法行為と評価することはできない。

二　契約の同一性・継続性

ただ、ここで問題となりうるのは、移籍は労働契約関係における使用者の交替の一つの形態であるから、移籍前と移籍後の労働関係に同一性・継続性が認められる。その結果として、具体的には、年次有給休暇の取得の条件または退職金の受給資格およびその額の計算についての「勤続年数の通算」などが行われる。本来の意味の移籍はこのようなものでなければならないが、その実態からみて、移籍前の雇用関係が移籍の時点で一旦打ち切られてもやむをえないと認められる事情がある場合、たとえば、Ｙは解雇されてもやむをえなかったが、これを回避するために、契約を更改して（一度退職したこととして）移籍させた場合には、継続性を認めなくてよいであろう。また、新使用者による採用という形で行われ、実質的には、再就職の斡旋と認められるような場合もそうである。

第二節　労働時間・休日・休暇

第一　労働時間・労働日（休日）の決定と配分

一　基本となる理論——出向元・出向先基準の意味——

文献をみると、労働時間については、出向先の規定ないし基準によるとする扱いが多く（約九割）、この場合出向元基準との間に労働時間格差が生ずるときは、これを調整する必要が生ずるとして、その実務上の取扱いについて説明しているものが多い(103)。しかしながら、それは実務上の取扱いを事実として説明しているに過ぎないのであって、その実務上の取扱いを法理的に評価することがまず必要である。

労働時間および労働日（これを限界づける休日・休暇）は、時間の長さという観点から、使用者の側からすれば、業務を適正かつ効率的に運営するため、労働者に対し職務の遂行に必要な労務の提供を求めることができる時間および日であり、労働者の側からすれば、その日のその時間中は精神を集中し、身体の活動により業務に専念すべき義務を負うけれども、それ以外の日および時間はその拘束を免れ（提供する労務に限界を画する）、自由に私人ないし社会人としての活動を営むことができるという利益を持つ。しかも、労働時間は賃金を決定するための基礎となることが多い。このように労働時間および労働日は使用者および労働者の双方にとって重大な利害を持つ労働契約の重要な要素である。このことに着目し、労働法は、とくに労働者の健康保護（Gesundheitsschutz）を中核とし、労働者に健康で文化的な生活を営むにたりる日時を確保するという目的のために法的規制を行っており、労働契約の当事者は、それを順守して、契約において労働条件として約定すべきである。そうすると、労働時間などに関し、労働契約で約定されるべき事項は、一日の労働時間の長さ（休息［休憩］時間を含む）、一定の期間（通常、一週間を基本とする）における労働時間数と労働日（結果としてこれを決めることになる休日）の日数、労働日のなかで労働義務を免除される日（休暇）の日数などである。これを「実質的な労働時間・労働日など」という。このことは出向の場合でも変わりはない。そして、それらが労働契約の当事者によって決定されるべきことは、賃金について述べたと同様である。

このように、実質的な労働時間・労働日などは労働契約の当事者が労働契約において決めるのであるが、実務上は、労働協約または就業規則でこれらの基準を定め、それによって労働契約の内容が決まることになる。そこで、ここでも出向元基準か出向先基準かということが問題となる。

そして、実質的な労働時間・労働日などが決まった場合に、さらに、使用者は、その契約の定めに抵触しない限度で、その営む事業活動のいかなる時間帯に・何時間労務の提供を求めるか（始業・終業の時刻を決定することなどを含む）、交替制を採るか、いつを休日、休暇とするかなど、労働時間および労働日（休日）を配分し（労働時間の割振り＝労働時間制の決定）、これを各労働者ごとに決定する（労働日・労働時間の割当）。それは労働時間、労働日を具体的に展開し、かつ、労働者の労働時間、労働日を個別的に具体化することにほかならない。したがって、それらは、労働協約や労働契約でとくに定めていない限りは、使用者がその権利（指示権）に基づいて決定することができる。しかし、労働時間および労働日（休日）の配分は労働者の利害に関係するので、法的安定の要請から、就業規則に規定されるべきものとされている。したがって、この段階にでも、出向元基準か出向先基準かの問題が生ずる。

さらに、使用者が業務遂行上の必要に基づき、労働者に対し、所定の労働時間を延長して勤務すること、または所定の休日に勤務することを求めることもある。それは労働契約の一時的な変更の問題であるとともに、その展開の問題でもあり、その条件などは、労働協約または就業規則で定められており、ここでも出向元基準・出向先基準の問題がある。

このように、出向元基準か出向先基準かの問題は、実質的な労働時間・労働日の決定という労働契約の面と、労働時間・労働日の個別的決定という労務の履行過程の面で問題となる。しかるに、出向の場合は、労働者の労働契約の相手方は、重複することがあり、また、契約の労務提供の相手方とは異なることもあるから、このことを念頭に置いて考察する必要がある。なお、年次有給休暇については、別に述べる。

(103)　安西・企業間人事異動、二一三〜二一四頁、渡辺裕「出向時の労働条件」五〇〜五四頁。

二　主として出向元のための出向の場合

この場合は、労働契約はX・Y間にだけ成立しているのであるから、実質的な労働時間・労働日は、この契約によって決定される。しかるに、Yの出向先であるAは、その事業活動を有効かつ能率的に営むために、その雇用している従業員Zとの労働契約で労働時間・労働日を約定し、これを展開する労働時間制（労働時間・労働日の割振り）を定め、これに従って労働時間・労働日をZに割当てている。そして、Aは、その事業活動を組織的・統一的に営むという要請に基づき、Yに対してもその労働時間制に従って勤務することを求めるが、特段の事情がない限り、その要求を是認するのが合理的である。

この場合、XがYと約定した労働時間・労働日（休日）とAがZと約定したそれとが同一であるならば、Aによる労働時間制の定め（配分）と労働時間の割当は、X・Y間の実質的な労働時間・労働日の約定の枠内で行われるから、それはX・Y間の労働契約の具体的な展開にほかならず、このことについて特別の条件ないし制約が定められていなければ、Aの裁量に基づいて実施することができると考えたい。もし、労働時間・労働日は「出向先基準による」ということを、それらの具体的展開の局面に限定するならば、X・Y間の実質的な労働時間・

労働日とA・Z間のそれとが同一であることを条件として、一般的に認められることになる。もっとも、労働時間・労働日の具体的な展開も、近時の事業活動が多様化し、複雑となっていることに対応し、さまざまな労働時間制として構想されている。たとえば、通常の勤務時間制のほかに交替勤務制を採り、または、変形労働時間制、フレックス・タイム制を導入することなどである。このことによってYの利益が影響を受けることがありうることは否定できないが、その労働時間制が公正かつ合理的なものである限り、労働者としてはこれに従わなければならず、ただ、利益の補償が問題となることがあると考える。

これに対して、X・Y間の実質的な労働時間・労働日とA・Z間のそれとが異なるときは、別に考えなければならない。

たとえば、YがAによる労働時間制の定めと労働時間の割当に従って勤務したとすれば、YがXと約定した一日もしくは一定の期間（多くは一週間）内の労働時間数、または一定の期間（たとえば、一年間）内の労働日数を超えて労働することになる場合である。この場合には、X・Y間の労働契約を変更しなければ、Yに右のような勤務を義務づけることはできない。とくに、Xの一方的意思表示（形成権の行使［通説のいう出向命令］）によってYを出向させる場合には、このような義務づけが前提条件となる（第一編第四章第一節第四二［一八八～一九二頁］）。その契約の変更には、X・Y間の実質的な労働時間・労働日の数をAにおける右のような勤務を可能にするように増やすという方法もあるし、X・Y間の定めは従来のままにしておいて、Aによる労働時間制の定めと労働時間の割当に従って勤務した結果、X・Y間の定めを超えた場合には、これに相応した補償を与えるという方法もありうる。後者の方法については、［判例三二］神鋼電機事件（三四頁）においてコメントした。

同様のことは、Aにおける時間外・休日労働についても当てはまる。すなわち、時間外・休日労働は、一時的に増加した業務を、限られた数の労働者で（臨時に必要な労働者を補充することが事実上不可能なので）、組織的・統一的に遂行するという必要に基づいて行うものであるから、その業務上の必要性がある限り、当該業務に従事している労働者に対しては、出向者を含めて、一定の条件をみたすならば、時間外・休日労働を要求することが是認される。その一定の条件とは時間外・休日労働についての労使間の協定（労基法三六条協定、労働協約）と労働契約の約定に従うということである。そうしてみれば、Xからの出向者YにAの指示（形成権の行使という構想もありうる）によって時間外・休日労働をさせることを可能ならしめる労働契約の定めを必要とするのである。

このように、Aにおける労働時間制のもとで、時間外・休日労働を含む労働時間の割当に関するAの指示に従って、Yに労務を提供させること（これを、狭義において「出向先基準による」という）は、原則として公正かつ合理的なものとして是認される。しかし、それをYに義務づけるためには、X・Y間で、①「出向先基準による」旨の定めをするとともに、②それを可能ならしめる労働時間についての定め（これには時間外・休日労働に対する割増賃金の定めも含まれる）のある労働契約を締結していることが要件となる。もっとも、①が定められているときは、X・Y間の労働契約もそれに対応するよう変更されたと解釈することも可能であろうが、理論的には別個の問題である。たとえば、時間外・休日労働に対する割増賃金の定め（それが契約の内容を規定する）が、Yにとって AよりXの方が有利である場合には、「出向先基準による」と定めても、X・Y間の割増賃金の約定は、変更を受けることはないと解釈されるからである。この場合、割増賃金の支払義務者がXであることはいうまでもない。

出向に伴う労働時間・労働日についての定めは、個々の労働契約のなかで具体的に決めるほか、出向規定で決めて、これに準拠させるという方法を採ることも可能であり、通常は、後者によっている。

三　主として出向先のための出向の場合

この場合は、労働契約は、X・Y間のほかA・Y間にも成立し、前者がその機能を停止する限度において、実質的な労働時間・労働日は、A・Y間の契約によって決定され、これを展開する労働時間制（労働時間・労働日の配分［割振り］）および労働時間・労働日の割当も、時間外・休日労働を含めて、企業危険を負担するAによって行われる。労働時間制に関する協定や時間外・休日労働に関する協定が、Ａとその雇用する労働者の過半数を代表するものとの間に締結されるべきであることはいうまでもない。この意味において、出向者の労働時間および労働日は、労働契約のうえでも、その具体的な展開の局面においても、「出向先基準による」べきものといえる。

そうしてみれば、この型の出向は、労働契約の内容の変更を伴うものであるから、とくにその変更が労働者に不利益である場合には、原則として、そのような出向を行うことについて労働者の承諾を必要とするといわなければならない。そうしてみれば、いわゆる出向の根拠規定がある場合においても、Ｘの一方的意思表示（形成権の行使）によってＹを出向させることができると認められるためには、少なくとも、ＸがＹに対し、Ｙの受ける不利益を補償もしくは調整する措置を提供することが必要であるということになる。その理由は、賃金について、「出向元基準による」ことの法的意味として述べたところと同様である（本章第一節第一項第一**四４**〔三五九～三六〇頁〕）。

すなわち、ＹがＡの事業活動のために出向する場合には、労働時間などについても、出向先基準によることが是認されるのは右に述べたとおりであるが、Ｙは、本来Ｘとの労働契約で定められた労働時間・労働日の約定の範囲内で労働する（それを超えて労働させられない）ことについて利益を確保し、その継続を期待しているのであるから、出向の場合にもこの期待利益を保障する責任をＸに認めるべきだからである。Ｙが出向先基準によったことにより受ける不利益の補償もしくは調整は、金銭による（たとえば、出向元基準によるよりも多く勤務した時間数もしくは日数に応じて、それに相応する賃金を支払い、または「出向手当」などという名目で、定額もしくは基本給に定率を剰じた金員を支払う）のが通常であるが、特別の休日・休暇の付与による（たとえば、より多く勤務した時間数もしくは日数に応じて休日・休暇を与える）ことも可能である（なお、この二つの方法を用意し、Ｙにそのいずれかを選択させるという解決策もありうる）。

四　移籍の場合

移籍の場合には、労働契約はB・Y間にだけ成立しているのであるから、実質的な労働時間・労働日は、その契約によって決定され、これを展開する労働時間制の定め（労働時間・労働日の割振り〔配分〕）および労働時間・労働日の割当も、時間外・休日労働を含めて、企業危険を負担するBによって行われる。ただし、移籍がXからBに対する労働契約の譲渡によって行われる場合は、包括的承継の要件が具わっている限り、X・Y間の労働契約はB・Y間に承継されることは、すでに述べたとおりである（三七六頁）。

BがYと新たに労働契約を締結した結果、Yが労働時間・労働日に関して、移籍前よりも不利益な条件下に置かれることはありうるが、Yが移籍とそれに伴う労働条件の変更を承諾しているならば、それもやむをえない。ただし、XがYに対し、そのような不利益を与えることはない旨を保障したと解釈されるときは、金銭的に補償する責任を負わされることはありうる。たとえば、実質は移籍であるけれども出向という形式を採った場合（〔判例一〕新日本製鉄事件（一八頁）、〔判例一〇〕住友化学工業事件の2（二四五頁））には、Xがその補償を約束したと認められることがありうる。なお、Xがその従業員Yを実質的にはBに移籍させた場合でも、Xが定めた定年に達するまでは出向の取扱とするとした場合（このようなケースは、役職定年に達した高年齢社員の出向や人員削減のための出向に多くみられる）には、右のような補償は、出向期間中に限られる。

第二　年次有給休暇

一　問題点

年次有給休暇は、一定の間隔を置いて労働者を労働から解放するほかに、労働の継続によって累積した疲労を回復し、またよりいっそう健康で文化的な生活を享受することができるように、かつそれにより労働の効率があがることを期待して、労働者に与えられる休暇であり、継続して労働したことに対する報償としての意味も持つ。したがって、労働者が或る年度に一定の日数（勤務日数）労働したことが、その翌年度に年次有給休暇を取得するための要件となっており、また勤続年数が長くなるに従って、休暇日数が増える（一定の限度があるにしても）ように定められている。しかるに、労基法では、この勤務日数と休暇日数は、同一の使用者のもとにおける雇用を単位として計算される。そこで、出向または移籍により使用者が交替したと認められるか、またそのように認められるならば、勤務日数と休暇日数とをどのように算定すべきかということが問題となる。

学説は、出向元企業と出向先企業の一体性という観点から、勤務継続性を肯定すべきであるが、移籍出向、転籍の場合には使用者間の一体性は否定せざるをえないとするものが有力である。(104) しかし、その学説は、年次有給休暇の要件について、出向元基準によるのか、出向先基準によるのかということには触れていない。(105)

(104)　東大・労働時間法、六一四頁。

(105)　渡辺裕「出向時の労働条件」で引用されている調査結果によれば、実務上、「出向先基準による」としている例が三四・八％、「出向元基準による」としている例が六三・三％である（五一頁）とのことである。しかし、どのような型の出向についてそのような定めがなされているかについての解析はなされていないから、調査としては十分なものとはいえない。

二　主として出向元のための出向の場合

この型の出向にあっては、労働契約は出向元Xと労働者Y間にだけ成立しているのであるから、Yが、いかなる条件（年休の計画的取得を含む）により、何日の年次有給休暇を取得し、これに対しどのような賃金（年休手当）を支払うかなどということは、すべて出向元基準によることになる。また、Yの出向先Aの事業場における勤務は、Xのための勤務であるから、それが年次有給休暇取得の条件としての勤務日数に通算されることは当然である。すなわち、出向期間の前後の勤務の年限および日数と出向期間中のそれとはすべて通算される。そして、YはAのもとで勤務し、年次有給休暇の請求があった時の具体的条件のもとで、Yの労働義務を免除すべきか否かはAの判断にまたざるをえないから、年次有給休暇の取得については、AはXの履行代行者として、Yが請求した年次有給休暇に対し、時季変更権を行使するか否かを、その判断において決することになる。

三　主として出向先のための出向の場合

この型の出向にあっては、労働契約は出向元Xと労働者Yの間の他出向先AとYの間にも成立し、前者はYがAとの契約に基づきAに対し労務を提供する限度においては、その機能を停止する（本編第三章第三節第一［三〇八頁］）。前者について休職の措置を採るのはこのためである。このことが年次有給休暇の取得に対しどのような影響を及ぼすであろうか。

Aに出向したYは、Aの事業活動のために（Aの企業危険のなかで）、労務を提供することになるが、それはまた、「Xの業務上の必要にも基づく」もの、いいかえれば、Xが負担する企業危険を克服するためのものである。そうしてみれば、前述のごとき年次有給休暇の目的に着目するならば、少なくとも、Xに対する関係においては、Aに出向した期間は勤続年数として、また、その間の勤務は出勤として通算されるべきである。わが国における大多数の会社が、出向による休職期間は（年次有給休暇の取得、退職金の計算などについて）、勤続年数に通算すると定めているのは、この趣旨にそったものと解される。しかし、YはXのために勤務しているのではないから、すでに述べたように、Yからの請求があったときに、休息の日を与えるか、またはその時季を変更するかを決定すべき者はAであり、その限りにおいて、Yは、Xに対して年次有給休暇を請求する余地はない。

問題は、Yがこのことを Aに対しても主張し、それに相当する年次有給休暇を取得することができるかということである。この場合に解決のキー・ポイントとなるのは、XとAの企業の一体性ないし継続性であろう。たとえば、ＸとＡとが組織的・機能的に緊密に関連していて、縦または横の共同事業関係にあると認められる場合（第一編第二章第三節第三五〔九四～九七頁〕、第四節〔九七頁以下〕）には、一体性ないし継続性を認めてもよいと考える。ただし、ＹはＡの企業危険のなかで勤務しているのであるから、年次有給休暇の取得の条件については、Ａの基準によるが、その結果Ｘの基準によった場合よりもＹに不利益になるならば、それはＸ・Ｙ間で金銭的補償とか出向復帰後の休暇の取得などという方法で調整することになろう。

もっとも、Ｘ・Ａに企業の一体性ないし継続性が認められる場合でも、Ａ・Ｙ間の合意（これを規定する出向規程または出向協定）により、年次有給休暇の取得の条件についてはＸの基準によると定めることは、私的自治の範囲内に属する。

これに対し、たとえば、Ｘにおいて経営上の理由により余剰人員が生じた場合に、業績の回復または従業員の自然減などにより人員余剰の状態が回復することを予測して、Ｘの事業との関連いかんに関わりなく、比較的短い期間、時には従業員をいくつかのグループにわけて輪番で、Ａに出向させるというような場合は、別に考える必要がある。すなわち、この場合には、Ａの立場からすれば、Ｙを使用するのは、Ａの事業には必要であることに相違はないけれども、ＹがＸの従業員であるからというわけではなく（誰に雇われているものであってもよい）、離職している者を新たに採用したに等しいのである。したがって、Ａに対して、Ｘにおける雇用継続の効果を承継させることは妥当性を欠くと考えたい。そうすると、Ｙは、Ａに出向してから六ケ月を経過しなければ、労基法に基づく年次有給休暇を取得することはできないことになる。

これらの問題に関し、出向先の年次有給休暇の付与については、継続勤務年数や出勤率の算定に当たって出向元での勤務を通算すべきであるとの学説が有力であることはさきに指摘したとおりであるが、一律に取り扱うことには問題があるのではなかろうか。

四　移籍の場合

移籍の場合には、X・Y間の労働契約関係がB・Yのそれに変わるのであるから、年次有給休暇の取得の条件についても、移籍前と移籍後の労働関係に一体性（継続性）が認められるか否かが問題となること、有力な学説がこれを消極に解していることは、さきに指摘したとおりである。しかしながら、移籍もXの業務上の必要に基づいて行われ、その延長としてのXへの復帰とか再移籍が行われる場合は、**三**で述べた出向とその性質を同じくするということができるのではなかろうか。そうしてみれば、少なくとも、年次有給休暇の取得の条件については、右のような場合は、勤務年数や出勤状況の算定については、移籍前の企業における勤務を通算すべきものと考える。これに反すれば労基法違反の責任が生ずる。しかし、このような場合でなくても、BとYとがXにおける勤務を通算する旨の合意をすれば、それが有効であることはいうまでもない(106)。

(106)　調査の結果によれば、出向先における年次有給休暇の取得条件につき出向元での勤続年数を通算すると定めている企業は調査企業の九八％であるといわれている。労働基準局編、労働基準法の問題点、四五頁。

第六章　労働契約上の権利・義務に関する諸問題

第一節　概　説

第一　問題の提起

出向はYがXの従業員たる地位を保有しながら、Aの指揮・命令のもとで労務の提供をするという勤務の形態であるといわれ、そのなかには、A・Y間にも労働契約が成立するケースがあり、この場合、現実の就労に関する限りでは、Xとの労働契約は機能を停止するという構想を試みた。このように考えた場合でも、Yとの労働契約が成立していないA、または労働契約が機能を停止している場合のXが、Yに対する使用者としての責任を負わなければならない場合があるのではないかという問題がある。賃金および労働時間に関連しては、前章で述べたが、その他の労働契約上の権利・義務に関して、YがAの指揮・命令のもとで労務の提供をするという実態からAにも安全配慮義務が認められ、また、懲戒の権限は、懲戒の種類によってXとAとがこれを分有しまたは併有する場合もあるとする学説がある。[107] これらの問題は実務上日常おこりうるものであり、判例もあるので、これをいとぐちとして考察しよう。

そして、懲戒は、労働者の義務違反に対して、使用者が企業秩序（経営秩序）を保持し、業務の運営を確保するという観点から認められる制度であるから、それは労働者の義務と深く関連している。したがって、懲戒の問題を詳細に考察しようとすれば、労働者の義務全般にわたって採りあげなければならないが、ここでは、出向に特有な問題として、Yのどのような行動について、XまたはAが、どのような立場から懲戒を行うことができるかということを中心に論ずることとしたい。

(107) 菅野・労働法、四三三頁。

第二　出向元と出向先の労働関係の牽連性――出向先と出向元の責任――

主として、出向先の事業活動のためにYが出向する場合には、X・Y間とA・Y間に労働関係が成立することはすでに述べたとおりである。そして、X・Y間の労働契約がその機能を停止する場合が多いが、そうでなければ、この二つの労働関係が独立して各別に成立し、可分な債権債務関係として併存するか、または、不可分債権関係を形成することになることもすでに述べた。

しかしながら、本編第一章で述べたように、出向は、X・Y間の労働契約関係を基礎としながら、XとAの事業運営上の利益が一致した場合に行われ、それゆえXとAの間に組織上または事業運営上緊密な関連が存する場合が少なくない。このことに由来して、YがAの事業活動のために出向し、Xにおいては休職になるなどして、現実の就労に関する限りでは、Xとの労働契約は機能を停止すると考えた場合でも、XがYに対してなんらかの責任を負う場合があると考えられている。その根拠となる理論はすでに述べたが(第一編第二章[七三頁以下])、本章で述べるAの義務に対するXの責任についても、そのことは当てはまるので、要点を指摘しておこう。

1　まず、出向についてのX・Y間の契約（その基準となる出向に関する規定）で、AがYに対する義務を履行することを怠ったり、履行することができなくなったときは、Xがその履行の責任をとるとか、そのように解釈される文言の約定をしたとき(たとえば、「Aへの出向により、YはXにおけるより不利益な取扱を受けることはない」という条項も、そのように解釈されることもあろう)に、その特約に基づき、XはAの債務不履行について責任を負う。

２　Ｙは、本来（出向をさせられなければ）Ｘとの間の雇用を、雇用の継続を妨げる事情が生じたとか、事情変更の原則が適用される条件が生じたものでない限り、Ｘと約定した条件で継続することができるという期待利益を持っている。そこで、ＹのＸに対するこの信頼利益を保障するという観点から、ＡのＹに対する債務不履行につき、Ｘに補充的にその債務を履行するか、またはＹの被った損害を賠償するという担保責任を認めるという考えが成り立つ。

他方、ＸとＡとの間に、「縦または横の共同事業関係」の成立が認められる場合には、ＡのＹに対する債務不履行について、Ｘは補充的な責任を負うとの構想があることはすでに述べた。そうしてみれば、これらのファクターが重なれば、それだけＸの責任を認める根拠が有力になる。

たとえば、ＡとＸとの間に、その事業の組織または運営について緊密な関連がある場合、Ｙを出向させるにいたった事情とかその際のＸの言動（たとえば、出向をしても不利益にならないとして、出向を要求すること）により、ＹのＸに対する信頼利益を保障するのが相当と認められる場合には、Ｘにも責任が生ずると解すべきであろう。ＡとＸとが縦または横の共同事業者の関係にあり、とくに、企業グループを代表する著名な企業Ｘの名声を利用してＸに採用したＹをグループ内のＡに出向させたというような場合には、Ｘが（場合によっては、使用者として）責任を負わされることがありうる。

３　さらに、ＹのＸにおける業務とＡにおける業務とが、実質的に考察して、併任または兼任という態様で関連し、両社が実質的に同一の企業危険を負担し、それゆえに、ＸとＡにおけるＹの業務が統一的に把握されるものであるならば、ＹとＸおよびＡとの間に成立する各労働契約関係は、そのような統一性を反映したものとして構想するのが適当と思われる。すなわち、そのＹがＸとＡのために遂行している業務は、相対的には独立した内容のものであるにもせよ、同一の企業危険のなかで、これを克服するために行われるものであるから、これまでに述べた共同事業における業務よりは緊密に関連しているものであり、その意味では、不可分と評価することができるであろう。そうであるとすれば、Yの業務の遂行についてはXもAも就業についての権利（とくに、指示・命令権、懲戒権を含め）を持つとともに、Yの対価および就業については、XとAは、連帯して債務を負担すると解するのが適当と考える。ただ、このような連帯債務関係の成立が認められるためには、XとAとの間に、「縦または横の共同事業関係」が成立しているだけでは不十分であり、YがXおよびAで担当している業務が両者に共通する事業上の利益の確保に寄与するものであることを要すると解すべきであろう。

第二節　労働者の安全・衛生

第一　安全配慮義務

一　判　例

XからAに出向し、またはBに移籍した労働者Yに対しなにびと、とくに、Xが安全配慮義務を負うかということに関しては、つぎのごとき判例がある。

1　出向に関する判例

前掲**〔判例四六〕**大成建設工業事件（二四〇頁）の2

A　事実の概要

1　ビル建設の元請業者Aは、その工事の一部をXに下請けさせていた。Xは、「技術研修のため」として、Xの従業員YをAの工事現場に派遣し、YはAの作業員と全く同一の労働条件で就労していた。

2　本件事故は、ビルの地下五階建部分のコンクリート打設工事に従事していたYが、鉄パイプで組み立てられた地下一階から同五階まで突き抜けている資材揚降口（水平切口＝二×一・三メートル）（駄目穴）に転落して死亡したというものである。

B　判決の要旨

1　YとXおよびAとの間には、いわゆる使用・従属の労働関係を発生せしめる契約という意味での労働契約が二重に成立していたものと認められる。

2　労働契約上の使用者が労働者に対して負う義務は、労働者の労務の提供に対する対価の支払（本件において、右対価の支払義務は、出向元たる使用者が負担することになっている）に止まらず、労務の提供に際し労働者の身体・生命に生ずる危険から労働者を保護すべき義務も含まれ、そのために必要な職場環境の安全を図らなくてはならず、この義務を安全保証義務と称することができる。そして、移籍を伴わない出向労働者に対する安全保証義務は、まず、労働に関する指揮命令権の現実の帰属者たる出向先の使用者において負担すべきものであるが、身分上の雇傭主たる出向元の使用者も当然にこれを免れるものではなく、当該労働者の経験・技能などの素質に応じ、出向先との出向契約を介して、労働環境の安全に配慮すべき義務を負うと解するのが相当である。

3　この工事を施工しているA（出向先）としては、従業員が駄目穴の開口部から転落する危険があるので、従業員がみだりに開口部に近接するのを防止し、これに転落しないよう安全施設を設け、またその付近で作業をする必要がある時は、墜落防止のための安全教育をする義務があるが、Aはこの義務を尽くしていたと認定される。また、X（出向元）も、安全配慮義務の態様からみて、特段の事情がない限り、履行されたものというべきである。

C　コメント

本件は、主として、Xの従業員として必要な技術を習得させるという出向元企業Xの利益のために、YをAに出向させたという事案に関するものである。このようなケースにあっては、A・Y間には労働契約は成立しないというのが、本書の見解である（本編第一章第四節第一・第二［二六七〜二七二頁参照］）。しかるに、本判例は、A・Y間にも労働契約が成立していることを理由に、AがYに対して安全配慮義務を負っていることを認めているので、その点に問題がある。

他方、最高裁判所は、「Xの下請企業の労働者がXの造船所で労務の提供をするに当たっては、いわゆる社外工として、Xの管理する設備、工具等を用い、事実上Xの指揮、監督を受けて稼働し、その作業内容もXの従業員であるいわゆる本工と同じであったというのであり、このような事実関係の下においては、Xは下請企業の労働者との間に特別な社会的接触の関係に入ったもので、信義則上、右労働者に対して安全配慮義務を負うものである」（平成三年四月一一日判決・労判五九〇号一四頁、三菱重工神戸造船所事件）と述べている。そうしてみれば、この判決に従うならば、A・Y間に労働契約が成立していなくても、AがYに対して安全配慮義務を負うこともありうる。ただ、この判決が示している「特別な社会的接触の関係」とはいかなるものをいうか、またその関係に入ったならば、いかなる法理的根拠に基づいて安全配慮義務が発生するかは明らかではない。

［判例六七］ 協成建設工業事件（札幌地判平成一〇年七月一六日・労判七四四号二九頁）

A　事実の概要

1　Xは建設運送業を行う者を組合員とする協同組合、Aは土木建設を主な業とする会社である。

2　Yは平成二年Xに雇用されたが、平成七年からAに出向していた（Yは、Xの事業部工事担当部長［休職］、Aの作業所所長の職位にある）。

3　YはAは国から受注した国道拡幅のための擁壁工事の作業所長として工事全般を統括するほか、発注者打合せ、資材見積を担当していた。右工事は平成七年八月から準備にかかり、翌八年三月二〇日に工事完了の予定であったが、電柱移設の遅延と冬期の豪雪のにより工事が遅れたため、Yは発注者と交渉して、工事量を大幅に減少し、工事を三月二五日までに完成した。

4　Yは平成七年一二月以後時間外勤務が急増し、同八年二月および三月には一日平均三時間三〇分を超える時間外勤務をしたほか、平成七年一二月以後、三一日の休日中一六日間休日出勤した。

５　Ｙは同八年一月ごろには体重が約一〇キログラム減少し、周囲の者から顔がどす黒いといわれ、内科医院で診断を受けるようになったが、その際、Ｙは全身の倦怠感、体重減少および不眠を訴え、仕事が巧く進行しないことで悩んでいる旨述べた。医院の診断ではとくに異常所見はなく、不眠を解消するため睡眠薬の処方を受けた。

６　Ｙは家族や周囲の者に対し、本件工事が遅れていることを気に病む言動をしていた。

７　Ｙは同八年三月一〇日Ｘ敷地内で首吊り自殺をしたが、遺書には、「仕事をやっていて何がなんだかわからなくなってしまいました。私の管理能力のなさを痛感しています。」「その他関係各社へご迷惑をおかけして申し訳ありません」との記載がある。

Ｂ　判決の要旨

１　Ｙは、本件工事の責任者として、本件工事が遅れ、本件工事を工期までに完成させるため工事量を大幅に減少せざるをえなくなったことに責任を感じ、時間外勤務が急激に増加するなどして心身とも極度に疲労したことが原因となって、発作的に自殺したものと認められる。

２　Ｘは出向元の組合であり、本件工事に関与しているうえ、Ｙから工事経過報告などを受けているなど、Ｙを指揮命令していたものであり、Ｙの使用者である。

Ａは本件工事の事業主体であり、その社員が本件工事に従事していたうえ、Ｙから工事経過報告などを受けているなど、Ｙを指揮命令していたものであり、Ｙの使用者である。

３　Ｘ、Ａは、Ｙの使用者として、労働災害防止のための最低基準を守るだけではなく、快適な職場環境の実現と労働条件の改善を通して、職場における労働者の安全と健康を確保する義務（労働安全衛生法三条）を負っている。

４　Ａは、本件工事を請け負い、本件工事遂行のためＹを所長として本件工事現場に派遣していたのであるから、適宜本件工事現場を視察するなどして本件工事の進捗状況をチェックし、工事が遅れた場合には作業員を増加し、また、Ｙの健康状態に留意するなどして、Ｙが工事の遅れなどにより、過剰な時間外勤務や休日出勤をすることを余儀なくされ、心身に変調を来し自殺する事がないよう注意すべき義務があったところ、これを怠り、本件工事が豪雪などの影響で遅れているのになんらの手当てもしないで事態の収拾をYに任せきりにした結果、Yを自殺させたものであるから、Aには Yの死亡につき過失が存する。

5　Xについては、Yを在籍のままAに出向させているとはいえ、休職扱いにしているうえ、本件工事を請け負ったのがAであって、Xとしては本件工事の施工方法などについてAを指導する余地はなかったと認められるから、Yの自殺についてはXに責任があるとは認められない。

C　コメント

本判例は、主として出向先企業Aのための出向に関するものであるが、一般論としては、X・Y間にも労働契約が存在し、XがYを監督していることを認め、XをYの使用者であるといい、Yを現実に使用している出向先企業Aとともに、安全配慮義務を負っていることを認めている。この類型の出向にあっては、X・Y間に労働契約が存続しているほか、A・Yにも労働契約が成立することは、本書の採る見解であって（本編第一章第五節第一・第二・第三〔二七六〜二七九頁〕参照）、その限りでは、本判決と異ならない。しかし、この二つの労働契約関係が同様の構造・効力を持つかということについては別に考える必要があることもさきに指摘した。本判決も、Aについては、安全配慮義務違反を認めたものの、Xについては義務違反の成立を否定している。このように、XとAとについて義務違反の成否が異なることが是認されるとすれば、それにはそれなりの理由があってしかるべきはずである。

その理由の一つとしては、X・Y間の労働契約関係の構造・効力とA・Y間のそれとの相違をあげることができるであろうが、そのほかに、安全配慮義務の内容ないしその根拠いかんということも考えられる。そこにこの判決の当否を探るキー・ポイントがある。

〔判例六八〕　三菱電機事件（静岡地判平成一一年一一月二五日・労判七八六号四六頁）

A　事実の概要

1　Xは各種電気機械器具の製造及び販売を業とする会社であり、Yは昭和三二年二月Xに入社し、静岡製作所で、主に動力保全業務を行ってきた。Ｘは昭和五三年一〇月ＹをＸの子会社Ａの静岡営業所に出向させた。Ａの静岡営業所は、Ｘの静岡製作所の寮、社宅などの管理・営繕業務などを目的としている。

２　Ｙは、Ｘの静岡製作所の寮・社宅の管理営繕業務、製作所構内の環境整備（清掃、緑地管理など）のグループリーダーの業務を行っていた。

３　Ｙは昭和六〇年六月七日、業務を終え、自家用自動車を運転して帰宅する途中、非外傷性の脳動脈瘤破裂による蜘蛛膜下出血及びこれに続発ないし併発した急性硬膜下血腫を発症した。

４　Ｙは、Ｘは出向従業員に対し、出向先の業務によって疾病を発症しないよう配慮すべき義務（安全配慮義務）を負っていることを根拠とし、Ｘは、この義務を怠り、①過重な業務を担当しているのを放置した、②健康管理を怠った（Ｘの産業医の過失）との理由で、Ｘに対し、右の疾病によって被ったとする損害の賠償を請求した。

Ｂ　判決の要旨

判決は、

⑴　ＹのＡにおける業務は、業務の内容は一般の就労と比較して決して重労働とはいえず、多忙を極めるといったものではなく、安全配慮義務違反と評価できるほど過重な業務とはいえない。

⑵　Ｙが高血圧症であっても、Ｘに安全配慮義務違反があるとするためには、①Ｙの高血圧症が、業務上の配慮を必要とする状態であり、かつ、②Ｘがこれを知っていたことまで主張・立証されなければならないが、本件では、②は認められない。

⑶　Ｘは、Ｙに対し、産業医による健康診断を定期的に実施したほか、Ｘの複数の産業医は、Ｙに対し、高血圧症であることを指摘し、日常生活上の節煙、節酒などを指摘するとともに、血圧値を繰り返し測定して血圧値に注意するよう指導していたから、ＸのＹに対する健康管理に義務違反があったとはいえない（産業医による健康診断は、労働者に対し、当該業務上の配慮を必要とするか否かを確認することを主たる目的とし、労働者の疾病そのものの治療を積極的に行うことを目的とするものではない）。

との理由で、Yの請求を棄却した。

C　コメント

本件は、Xの従業員であるYが、主としてAの事業を遂行するためにAに出向したケースである。したがって、これまでの構想からすれば、労働契約関係はX・Y間とA・Y間に成立しているが、前者はその機能を停止していると理解されるべきものである。しかるに、Yは、「Xは、出向従業員であるYに対し、出向先の業務によって疾病を発症しないよう配慮すべき労働契約上の義務（安全配慮義務）を負っている」という理由で、Yの健康診断を行っていたXの産業医の過失も付加し、本訴を提起し、Xも、XがYに対しそのような義務を負っていることを争わず、裁判所も、Xにそのような義務があることを前提としているかのように思われる判断をしている。この判断は、XがAの子会社であり、Xの産業医がYの健康診断を行っていたという事実に由来するものではないかとも思われるが、XのYに対する安全配慮義務については、すでに指摘したような観点から、その根拠や内容を検討する必要がある。

2　移籍に関する判例

【判例六九】　オタフクソース事件（広島地判平成一二年五月一八日・労判七八三号四六頁）

A　事実の概要

1　Xは、調味料の製造・販売を業とする会社である。Bは、その実質はXの一製造部門といえる会社であって、Bの製品はそのすべてがXに納入されており、Bの取締役の大部分はXの取締役であり、X・Bの従業員は、頻繁に交流している。

2　Yは大学を卒業後平成五年四月にXに入社し、同年一〇月Bに転籍となり、平成七年九月までBの特注ソース部門で、ソース、たれ、合わせ酢を製造する業務に従事していた。

3　平成七年九月三〇日YはBの工場内で自殺（縊死）を図り、死亡した。

４　Ｙの相続人である母Ｍは、Ｙの自殺はＸおよびＢの安全配慮義務違反に起因するものであるとして、Ｘ及びＢに対して、損害賠償の請求をした。

Ｂ　判決の要旨（安全配慮義務を負うものに関する部分）

１　Ｙは、平成七年八月から九月にかけての悪環境の中での作業が続いたことにより、九月中旬ころには慢性疲労の状態になった。これに加え、職場でリーダー的存在となったＹは、他の二人を指導していかなければならないとの責任を感じていたが、期待通りの働きをしてもらえなかったので、その打開策について思い悩んだ結果、うつ病に罹患した。Ｙの自殺は、このようなうつ病によるうつ状態の進行の中で、衝動的、突発的になされたものと認められる。

２　ＸおよびＢは、これらの事実を予見することが可能であったにもかかわらず、適切な調査を行わず、そのため、Ｙを製造部門から外し、あるいは医師の治療を受けさせるなどの適宜の措置をとらなかったという、安全配慮義務を怠った過失がある。ＸおよびＢは、それぞれ債務不履行・不法行為責任を負い、ＸとＢの関係、本件債務の性質に照らせば、不真正連帯債務の関係にある。

Ｃ　コメント

本件は、ＹがＸからＢに移籍した場合のケースであり、移籍後労働契約はＢ・Ｙ間にだけ存在している。それであるのに、Ｂの自殺につき、ＸがＢに対して損害賠償義務を負うべきものであるとするためには、それに相応する根拠がなければならないはずである。判決は、これをうつ病に罹患したＹの自殺をＸにおいて予見することが可能であったことに求めているが、それだけですむものであろうか。もっとも、判決は、Ｂが実質的にはＸの一製造部門といえる会社であることを一つの根拠としてつけ加えているが、「Ｂの製品はそのすべてがＸに納入されており、Ｂの取締役の大部分はＸの取締役であり、Ｘ・Ｂの従業員は、頻繁に交流している」という事実から、Ｘの責任が発生するといえるのであろうか。

二　総合的考察

これまでに、使用者の安全配慮義務に関連する判例について問題点を指摘したが、以下において、まず、安全配慮義務の根拠に触れたうえで、出向または移籍の場合に、それがXまたはAもしくはBに、どのような根拠ないし法理で認められるかを考察しよう。

1　安全配慮義務の根拠

判例によれば、安全配慮義務とは、「労働者が労務提供のため設置する場所設備もしくは器具等を使用し又は使用者の指示のもとに労務を提供する過程において、労働者の生命及び身体を危険から保護するよう配慮すべき義務」であるといわれている（最判昭和五九年四月一〇日・民集三八巻六号五五七頁）。その根拠を何に求めるかは、別に考察しなければならないが、結論だけを述べよう。

本来、労働者は自己の危険の負担において労務を提供すべきものでり、それが労働者の主体性の一つの内容となっている。それゆえ、労務提供の過程において労働者の生命および身体をその危険から守るのは、まず労働者自身でなければならない。しかし、労働者が他人のために、または他人の指揮・監督のもとで労務を提供する場合には、程度の差はあっても、その活動の目的・態様などを労務提供の相手方（多くは使用者）によって規定され、自らの手で生命・健康を確保することについて制約を受ける。これに加え、現代の企業活動は労働者の生命・健康を害する要因を包蔵しているが、企業は、このような設備と生産過程のなかで労務の提供を受け、利益をあげる。

ところで、労働することは人の人格的活動の展開にほかならないから、その活動による有効な協力を期待することと労働者の安全を確保することとは不可分の関係にある。そこで、前述のような社会生活関係を基盤として企業活動を営む者に対し、安全な労働環境のなかで労務を提供することができるように、労働者の生命・健康を確保するため、予見可能な災害の発生を防止しうる措置・対策を講ずべき作為義務を負わせることが公正かつ合理的であると解される。それが安全配慮義務の内容である。それは、一般規範上の作為義務（不法行為責任の根拠となる）であるが、労働契約と結びつくことによって、債権法上の義務（債務不履行責任の根拠である）として構想される。(108)

このようにして、労働者と労働契約を締結し、または労働者を指揮・監督している相手方当事者は、安全配慮義務を負うということができるが、出向の場合には、出向先企業との間に労働契約が存在しないと解される場合があり、また出向元企業との労働契約が労働義務の履行の限度においてその機能を停止していると解される場合があるので、これらの場合に、出向者に対して安全配慮義務を負うのは誰であるかということが問題となる。そこでこのことを考察しよう。

(108)　拙稿「労働者災害と不法行為」紀要獨協法学一〇号（一九七八年）一六〜一八頁。

2　主として出向元のための出向

1　出向先の法的地位

Yが主としてXのために労務を提供する場合には、A・Y間には労働契約は成立しないと考えるが、Aは出向の趣旨にそう限り、YをAの事業活動のためにも使用することができる。そのために、Aは、Yの行動を指示し・請求して、労務の提供を受けることになるから、これと不可分な関係において、一般規範に基づく安全配慮義務を負う。しかし、A・Y間に労働契約が成立しないとすれば、YはAに対し、債務不履行として安全配慮義務違反を主張できるかが問題となる。なぜならば、Yが労働契約上の責任を追及しうる相手方は、本来Xだけだからである。

おもうに、A・Y間には契約は成立しないけれども、AがYに対して労務の提供を求めうるのは、X・Y間の労働契約とYの同意を基礎とし、A・X間の出向協定によるのであって、直接ではないにもせよ、A・Yの意思がこれに関与し、AはXと同様に労務の提供を求めるのである。したがって、生命・健康の保持という、Yに確保すべき法益の重要性と、これを確保することの必要性（保護の必要性）の強度に着目すれば、直接Aに対するYの権利行使を認める法理的根拠があると思われる。このように、契約が成立していない当事者間でも、右と同様な形で特別な社会的接触の関係に入った場合に、権利を確保する必要に基づき、直接の権利の行使を認めるという法理は、たとえば、賃貸人が、同人と契約関係に立たない転借人に対し直接権利を行使しうることを認めた民法六一三条に現れている。[109] このように解するならば、YはAに対し生命・健康の安全を確保すべきことを直接請求することができ、Aがそれに違反したときは、その請求権に対応する義務を履行しなかったものとして、債務不履行を理由に、それによりYが被った損害の賠償を請求することができると構想することが是認されると考える。

のみならず、Aは、Xの事業活動のために、Xに代わってYの労務の提供を受ける者、すなわち、Xの履行補助者（正確には履行代行者）たる地位を保有する（本編第一章第四節第一［二六七〜二六八］頁）から、この意味でも、AはYの就業について安全配慮義務を負うと解される。

2　出向元の法的地位

AがXの履行代行者となる場合であっても、Xは、Yの承諾のもとで、AがXに代わってYの提供した労務を受領させることとしたのであるから、Xは、Aの選任・監督に過失があったとすれば、X自身として責任を負わなければならないと解すべきであろう。[110] このように解するならば、YがAの指示に従って労務を提供している限りにおいては、まずAに安全配慮義務違反があることがXの責任の前提条件となるから、前者が否定されれば、Xに特別の帰責事由（たとえば、Xによる特別の指示）がなければ、後者もまた否定されることとなる。

3　［判例四六］の2（大成建設事件について）

本判決は、ここで述べた類型の出向の安全配慮義務に関するものである。本判決は、ＹとＸおよびＡとの間にそれぞれ労働契約が成立していることを理由に、安全配慮義務を認めているが、Ａとの間にも労働契約の成立を認めることには疑問がある（本編第一章第四節第一〔二六七～二六八頁〕）。

もっとも、出向先企業Ａについては、「労働に関する指揮命令権の現実の帰属者」であるとして安全配慮義務を認め(111)、また、出向元企業Ｘについては、「身分上の雇傭主たる出向元の使用者も、当該労働者の経験・技能等の素質に応じ出向先との出向契約を介して労働環境の安全に配慮すべき義務を負う」との学説がある(112)。

しかし、この判決が述べている、Ａについての理由づけを前提とするならば、Ｘについて、たんにＹをＡに出向させたという事実ないしＡとの出向契約だけを理由として、安全配慮義務を負うとすることは、論理の飛躍ではないかと考える。本件では、ＸはＹに技術を習得・研修させるというＸの業務上の必要のためにＡに出向させたのであるから、Ｘについては、Ｙの技術研修をＡに委託したことによる選任・監督の責任を考えればよいといえる。そうすると、Ａに安全配慮義務違反の責任がなければ、Ｘに本件事故についての責任が生じないのは当然である。

(109)　我妻栄・債権各論（中二）（一九五七年）四六二頁。
(110)　我妻栄・債権総論（一九八二年）一〇八～一〇九頁。
(111)　土田「出向・転籍の法理」一七〇頁は、安全配慮義務は使用従属関係（労務の管理支配性）にある当事者間で信義則上認められる義務であることを根拠に、出向先は当然この義務を負うことになるとされる。
(112)　渡辺裕「出向時の労働条件」六二～六三頁は、Ｘも出向業務の危険性に応じ、Ｙの事情に応じ安全確保をＹに対し保証する義務を負うとされる。

３　主として出向先のための出向

１　出向先の法的地位

この類型の出向にあっては、労働契約はＸ・Ｙに成立しているほか、Ａ・Ｙ間にも成立し、しかも、Ｙが現実に労務を提供する局面においては、特段の事情がない限り、前者はその機能を停止すると解されるから、その限りでは、Ｙに対して現実に指示し、労務の提供を求める地位にあるＡが専らＹに対して安全配慮義務を負うということができる。実質が移籍と認められる出向、とくに復帰が予定されていない出向については、このことが妥当する。

２　出向元の法的地位

安全配慮義務の根拠を現実に労務の提供を求めることと、労働者の安全を確保することが不可分の関係にあることに求めるならば、Ｙと現実の労務提供関係に立っていないＸは、その間に労働契約があるという理由だけでは、安全配慮義務を負うことはないと考える。

しかし、Ａの安全配慮義務違反についてＸに固有の帰責事由がある場合には、Ｘにも損害賠償義務が生ずることはもちろんである。たとえば、Ａの施設の設置、作業方法、Ａの労務指揮などについてＸが具体的に指示を与え、それに起因してＹが災害を被った場合がその典型的なものである。

そのほか、本章第一節第二（三九五〜三九七頁）で述べた法理により、Ｘの責任が問われることがある。

３　〔判例六七〕協成建設工業事件について

本件においては、まず、Ｙの時間外勤務や休日出勤が、通常であれば、心身に変調をもたらして自殺する原因となる程度に過剰なものであるか、いいかえればＹの勤務状態と自殺との間に、通常の人にとって予見可能な相当因果関係があるといえるかが問題となるわけであるが、本判決では、どのような根拠に基づいてこれを認めたのか判文上不明であって、いささか理由不備のそしりを免れないように思われる。たんに、「災害防止のための最低基準のみならず、快適な職場環境の実現と労働条件の改善を通して労働者の安全と健康を確保する義務」から本判決の認めたような自殺を予見してこれを防止するにたる相当な措置を採るべき義務が発生するものとはいえないと考える（もし、そのような義務が発生するというのであれば、Xについてもその義務を認めながら、損害賠償責任を否定した結論とは矛盾するのではなかろうか）。ただ、自殺についての責任の根拠の問題[113]は、ここで提示した出向先または出向元の責任の根拠の問題とは別であるので、ここでは、Yに過剰な勤務をさせたことが、Yの自殺の帰責原因となることを前提としして論議を進めることにする。

その基本的な法理は、**1**および**2**で述べたとおりである。この法理に従うならば、出向先であるAは、本件道路拡幅工事の請負人として、その工事の進捗状況を初めYの勤務状況や労働過程を認識し、これを統括・管理すべく、かつ統括・管理しうる立場にあるのであるから、現代の科学技術上可能な限りにおいて、労働者の安全・衛生を害しもしくは害するおそれのある要因を排除して、その安全・衛生を確保すべき義務を負うということができる。この意味で、Aにつき、Yに対する安全配慮義務を認めた本件判決は当を得たものということができる。

しかし、Xの責任については、一般論としては、これを否定するのが相当であろうが、本件では、そう簡単に割り切れるものではなさそうである。というのは、本判決は、「Xは本件工事に関与していたうえ、Yから工事経過報告を受けているなど［Aと共に］Yを指揮命令していた」と認定しているからである。XとAとの組織的な関連やYがXからAに出向した理由なども考えのなかにいれると、Xにも責任が認められることもあるのではないかと思われる。

このことは、つぎの判例が、いかなる条件のもとで、直接出向者に対して指示をする立場にないXについて、Yに対する安全保持義務が認められるかという観点から触れているので、併せて考察することにしよう。

4　［判例六八］三菱電機事件について

本件で判例が採りあげているのは、出向元Xが出向従業員であるYに対し、出向先の業務によって疾病を発症しないよう配慮すべき義務を負っているかということであり、これに関連して、Xの産業医がYの健康診断を行っていた場合に、その産業医のいかなる行動についてXが責任を負うかということである。

⑴　すでに述べたように、本件は主としてAの事業のための出向であるから、Yがどのような態様で労務を提供するかは、原則として、Aの指示によって決定されるのであって、特段の事情がない限り、Xがこれに関与することはない。したがって、XがAに出向中のYに対して当然安全配慮義務があるかのごとく解する一方、Aの安全配慮義務違反について言及することなく、YのAにおける業務は安全配慮義務違反と評価できるほど過重な業務とはいえないという理由でYの請求をしりぞけたのは論理的でない。

⑵　また、本判決は、①Yの高血圧症が、業務上の配慮を必要とする状態であり、かつ、②Xがこれを知っていた場合には、Yに対する安全配慮義務が発生するかのごとく述べているが、この点も検討する必要がある。いうまでもなく、Xが事業を行うことは正当な行為であるが、その行為の過程において、またはその行為の結果として、Yの生命・身体に危険の発生を伴う場合には、Xが認識（予見を含む意味で用いる）しまたは認識可能な危険の発生を防止することがXの義務（安全配慮義務）として構想される。

その義務は、認識の可能性も含めて、Xがその事業を行う当時、Xの属する社会において普遍妥当性のある、最高水準の科学的知識、技術、経験などを基準として構想されるべきであり、かつ、正常な規範意識を持つ社会の各人に対し、これに従うことの期待が可能なものである場合に、その義務に違反したことによる責任が「不法行為責任」として発生する。そして、このような基準でXの認識可能性ないし期待可能性の存否を判断する場合、その判断の基礎となる事実は、X（行為者）、その相手方（本件ではY）、ならびに行為を規定する環境的諸条件に関する具体的な事実である(114)。

そうしてみれば、このような基準に従って判断し、XがYの身体的な条件にかんがみ、Aのために勤務させたならば、その従事する業務の内容、程度、量などにより、その生命・健康を害する具体的な危険があることを認識し、または認識することが可能であったにもかかわらず、Aに出向させ、右のような危険の発生を防止する措置を採らず、またはAにそのような措置を採らせなかったとすれば、Xは不法行為責任を免れないことになる。したがって、この基準によって、XのYに対する責任を判断することは可能である。

⑶　この問題に関連し、本件では、Xの産業医のYの健康状態とその健康保持に関する診断・配慮などが問題として採りあげられている。

本判決は、「産業医による健康診断は、労働者に対し、当該業務上の配慮を必要とするか否かを確認することを主たる目的とし、労働者の疾病そのものの治療を積極的に行うことを目的とするものではない。」と述べている。結論としては支持できるが、さらに検討する必要があると思われる。

すでに述べたように、労働者は自己の危険の負担において労務を提供すべきものであるから、労働契約で定められた内容の労務（したがって、その契約の範囲内で使用者によって指示された労務）を提供し得る身体的条件を整えること（そのために健康を保持すること）は労働者の責任領域に属する。本判決が、「高血圧は、一般的に知られている疾病でその治療は、日常生活の改善や食餌療法等のいわゆる一般療法を各個人が自ら行うことが基本にあって、右のような一般療法により改善されない場合には、各個人が自らその治療を目的として病院等で受診することが一般的である」と述べているのはこの趣旨に則ったものである。

しかし、現代の企業における事業活動は、労働者の生命、身体、健康などに対する危害発生の蓋然性を大ならしめている。そうしてみれば、右の危害発生の蓋然性が大きい場合には、その発生を予防し、または災害を早期に発見するなどして、労働者を災害から防止するための特別の健康診断を実施することが、使用者に義務づけられることになる。

これに対し、定期健康診断は、労働者が自ら行う一般的な健康管理を支援する効果があるにしても、「一定の病気の発見を目的とする検診や、何らかの疾患があると推認される患者について、具体的な疾病を発見するために行われる精密検査と異なり、企業に属する［健康な者を含む（筆者加筆）］多数の者を対象にして、異常の有無を認識するために実施されるものである」（東京高判平成一〇年二月二六日・労判七三二号一四頁、東京海上火災保険事件）。それは、本判決のいうように、「労働者に対し、当該業務上の配慮をする必要があるか否かを確認することを主たる目的とするものであり、労働者の疾病そのものの治療を積極的に行うことを目的とするものではない」。

このことから、

① 労働者の症状が投薬を開始することが望ましい状態にあったとしても、産業医がこれを指示しなかったことに過失があるとはいえない、

② その症状が、同人の行っている業務に照らし、業務内容の制限などの業務上の配慮が必要であったと認められない限り、使用者には安全配慮義務は発生しない、

との結論が是認されると考える。

付言すれば、使用者が医師または医療機関に委託して行う健康診断については、

① 「その検診及び結果の報告は、医師が専らその専門的技術及び知識経験を用いて行う行為であって、医師の一般的診断行為と異なることはないから」、その使用者の業務行為とはいえない（最判昭和五七年四月一日・労判三八三号二八頁、林野税務署事件）、

② 検診を行う医師が負う「注意義務の基準となるべきものは、当時のいわゆる臨床医学の実践における医療水準」である（前掲、東京高判平成一〇年二月二六日東京海上火災保険事件）、

③ 大量のレントゲン写真等を短時間に読影するなどという方法で行われる定期健康診断では、その中から異常の有無を識別するために医師に課せられる注意義務の程度には、おのずと限界があるというべきである（同上判決）、

との判例があることに注意すべきであろう。

(4)　つぎに、医師から健康診断の報告を聞いた使用者が、健康管理上問題があると認められる労働者に対して、業務の割当、指導・監督などについてどのように配慮するかは、その使用者の責任範囲に属することはいうまでもない。

(5)　本件は、Yが、専らAの事業を行うため、Xから出向したケースであるから、Yに対して安全配慮義務を負う使用者はAであり、Yの健康診断その他の健康管理に関する事項を行うのはAが選任した産業医である。したがって、本件では、このような観点からXの責任の有無を判断すべきであったということができる。もっとも、AはXの子会社で、その実態はXの不動産管理部門ともいえるもので、Aが選任した産業医はXの産業医であったと思われる。その意味では、XがAの債務不履行または不法行為に加功したことによる責任を負うとか、共同事業者としての責任（本書九七頁以下）が生ずることはありうるが、いずれにせよ、その責任の根拠はAにあるといわなければならない。

(113)　電通事件（最判平成一二年三月二四日・労判速一七二五号一〇頁）は、この問題についてつぎのように判示する。使用者は、その雇用する労働者に従事させる業務を定めてこれを管理するに際し、業務の遂行に伴う疲労や心理的負荷等が過度に蓄積して労働者の心身の健康を損なうことがないよう注意する義務がある。従業員Yが業務遂行のため徹夜までする状態になり、健康状態が悪化し、上司はこれを知りながら、帰宅してきちんと睡眠をとるよう指導したのみで、業務の量等を適切に調整するための措置を採らなかったため、Yは心身ともに疲労困憊した状態になり、それが誘因となってうつ病にかかり、それが深まって衝動的、突発的に自殺するにいたった。このように、Yの上司がYの負担を軽減する措置をとらなかったことに過失があった。

(114)　拙稿・注（108）の論文、三〇～三二、四三～四四頁。

4　移　籍

1　問題点

移籍の場合には、Yと労働契約関係に立つのは、Bだけであって、Xは、特別な法律関係が形成されない限り、Yの労務の提供を指揮・監督する法的立場に立つことはない。したがって、このことを吟味しないで、Xに対しYする安全配慮義務などに基づく生命・身体の安全保持のための作為義務を構想することはできない。また、XがBの債務不履行もしくは不法行為に加功したことにより損害賠償義務を負い、またはBの縦の関係の共同事業者として責任を負うことも考えられるが、それには相応の要件がみたされなければならない。

2　［判例六九］オタフクソース事件について

本件において、Xは、XがYに対して実質的な指揮命令権を有するという請求原因を認めているので、その意味では、XのYに対する安全配慮義務を認めてもよさそうに思える。しかし、安全配慮義務の根拠であるYの労務の提供に対するXの指揮・命令とは、XがYに対して協力を求めうる法的立場にあり、その過程において行使するものでなければならない。このような見地から考察するならば、たとえ、Xの自白と思われるような答弁があったとしても、これを釈明する必要があったのではないかと思われる。

このような見地から判決を仔細に検討すると、つぎのように解することができよう。

⑴　Yが配置されていたのはBの特注ソース等製造部門であり、その生産計画の企画・立案は、Xの生産企画課が行い、Xの生産会議（これには、XとBの製造現場の担当者が出席する）で決定され、各職場ではその生産計画に基づいて具体的な生産計画を決定する。各製品の調合指図書（レシピ）はあらかじめXの研究室で作成され、これに基づいて生産が行われる。この意味では、XはBにおける生産工程を管理しているといえるが、それは技術的な面においてであって、このことだけでは、B・Y間の労働関係そのものが直接Xによって管理されているとはいえない。

(2)　B・Y間の労働関係の事実関係は明確になっているとはいえず、かえって職場の人員配置、仕事の配分・割り当てなどは、Bの管理職員ないし幹部が、その認識した業務および職場の実情に基づいて、これを行っていたことを窺わせる事実が認定されている（本件では、職場における人間関係に起因する心因的疲労がYの自殺の原因とされているのであるが、もしこれを認識することが可能な者があったとすれば、それはBの管理職員ないし幹部となるのではないかと思われる。このことは、Yの上司などが、職場の人間関係がトラブルの原因であろうことを推測し、Yを他の職場に配置替えすることを含む異動を行ったり、計画していることから窺える）。

(3)　そうしてみると、Bに安全配慮義務違反という債務不履行の責任ないし不法行為の責任があるとしても、Xがこれに加功した責任があるといいうるためには、Xに違法行為についての認識可能性と、これを防止しまたは回避する措置を採ることの期待可能性を具体的に認定する必要がある。(115)この意味において、本件判決は、その理論構成が緻密性を欠くと思われる。

(115)　拙稿・注(108)の論文、四七～五五頁。

第二　労働者災害補償

一　学説・判例

労働者災害補償は、労働者の業務上の災害（死亡、疾病罹患、負傷）に対して、使用者に債務不履行または不法行為による責任があると否とにかかわらず、労働者が被った損害を使用者に補償させる制度であり、その補償は、現実には労働者災害補償保険（労災保険）の給付によって行われている。その運用について、労基法の災害補償の規定はAに適用される(116)、労災保険はAが加入するケースが多い(117)のは、これを前提とすると思われるが、Aにおける労働災害に対するXの補償方式は、法定補償を超える上積補償分について、多数の規定例が差額補償方式を採っているにとどまる。(118)これらの考え方を前提として、出向先での業務上災害に当たるか否かを判断している判例があるので紹介しよう。

［判例七〇］　ニュー・オリエント・エキスプレス事件（東京地判平成八年一〇月二四日・労判七一〇号四二頁）

Ａ　事実の概要

１　銀行Ｘに採用されたＹは、約二七年間各支店で勤務した後、四六歳のとき、旅行代理店を営むＡに出向し、総務部総務係長としての業務を担当していた。Ｙは高血圧症という基礎疾患に罹患していたが、昭和五七年一二月三〇日休暇中冷気下で排便をした際、脳動脈瘤の破裂によるくも膜下出血で倒れ、一〇日後に死亡した。

２　Ａにおける Ｙの業務は、給与計算、人事、秘書、税務、福利厚生、事務管理などである。

３　時間外労働の時間は、昭和五七年一〇月が約七〇時間、一一月が約六三時間、一二月が確定できたもの約五八時間で、同月三日から四日間香港に研修旅行に参加し、七日から一〇日までは二、三時間位残業しているが、一一、一二日は休日で休息している。二一日から二四日までは二時間ないし四時間半の残業、半日勤務の二五日は午後八時まで勤務、二六日は休日、二七・二八日も他の日程度の時間（一一時間弱）勤務していたものと認められる。

二九日は午前中期末伝票を作成し、午後会社の大掃除、納会の準備を行い、午後五時三〇分社長の期末の挨拶で終業した。その後Ｙは同僚と歓談しながら酒を飲み、午後八時から九時ころまで一月の仕事の準備をして退社した。

Ｂ　判決の要旨

１　労基法などにいう業務上の死亡とは、当該業務と死亡との間に相当因果関係の存在することをいうところ、本件のような脳血管疾患などの場合には、複数の原因が競合して発症したと認められることが多いことに照らせば、相当因果関係が認められるか否かは、当該業務が死亡の原因となった当該傷病などに対して原因と比較して相対的に有力な原因となっているを要すると解すべきである。なお、労働者が予め有していた基礎疾患などが原因となって傷病などを発症させて死亡した場合であっても、当該業務の遂行が労働者にとって精神的、肉体的に過重負荷となり、それが自然経過を超えて基礎疾患を著しく憎悪させて傷病などを発症させ死亡させたと認められる場合には、右の過重負荷が死の結果に対し相対的に有力な原因になっているとして、相当因果関係が認められると解するのが相当である。そして、右の過重負荷の判断は、業務内容、業務環境、業務量などの就労状況や基礎疾患の病態、程度、予後、発症などの発祥のプロセスといった医学的知見などの諸事情を総合判断してなさるべきである。

２　Ｙは、業種の異なる慣れない職場での業務や残業時間が長いうえ、海外研修旅行後休む間もなく就労し、二五日は半日勤務なのに午後八時まで就労していたこと、片道二時間以上という遠距離通勤などの事情から、或る程度の疲労がたまり、ストレスが生じていたと推認される。しかし、ＹのＡにおける業務は、Ｘと比較して勤務時間に大差がなく、担当職務も銀行と旅行代理店という違いはあっても、総務と総称される内容で異質であるとまではいえないこと、ＸからＡへ出向して七か月を経過していること、一二月には四日の休日を消化しており、蓄積された疲労が解消されないで慢性疲労状態にあり、過度のストレスが生じていたと認めることは困難であることに加え、遅くも昭和五〇年以降高血圧症という基礎疾患に罹患し、降圧剤の服用中断に伴うリバウンド効果も見られたこと、高血圧および肥満による塩分制限、減量を指摘されながらこれを試みた形跡は窺えず、会社では喫煙、飲酒をしていたなど自ら健康管理を怠っていた面があることに照らせば、Ｙに生じた脳動脈瘤は、高血圧症という基礎疾患に加えてリバウンド効果、肥満、喫煙、飲酒、さらには疲労やストレスが共働原因となって憎悪し脆弱化していたところ、冷気下に排便したため、急激な血圧が脆弱化していた脳動脈瘤に加わって破裂して、くも膜下出血を来し結局死にいたったと認めるのが相当であり、業務上の死亡とはいえない。

(116)　安西・企業間人事異動、二〇九頁。
(117)　土田「出向・転籍の法理」一六七頁。
(118)　渡辺裕「出向時の労働条件」六二頁。

二　考　察

1　主として出向先のための出向

この判決は、Yが専らAの事業活動をするためにAに出向した事案に関するものであり、A・Y間に労働契約が成立し、X・Y間の労働契約は、その履行過程の局面では、その機能を停止しているから、もしYの死亡が業務上のものと認められるならば、Aに労働災害を補償する責任が発生することは当然であって、Xにはその責任はない。とくに、出向復帰が予期されない・いわゆる移籍出向の場合を考えれば、このように解することの合理性が明瞭であろう。

しかしながら、Xについてもつぎのようなことが問題となりうる。

(1)　その一は、Xの事業活動のためにも勤務をするという要素がある程度認められる場合（たとえば、併任・兼任）はどうか、ということである。理論的には、YがX・Aいずれの業務のために勤務しているかが責任の所在を決定することになるが、労務の提供が不可分であれば（そのように認められる場合が多いと思われる）、X・Aが連帯して責任を負うということができるであろう。

(2)　その二は、Aがその補償義務を履行せず、または履行不能となったとき（とくに、Aの倒産により）、Xの責任はどうかということである。この場合に適用される法理は本章第一節第二（三九五〜三九七頁）で述べた。

(3)　その三は、Xの従業員に適用される規定（就業規則、労働協約）に、労働者災害に対し、労基法（労災保険法）の給付を超えて特別の給付（いわゆる上積補償）をする旨を定めている場合には、その効力はYに及ぶかということである。上積補償についての規定は、XがYに対して労災補償義務を負うことを前提として、労基法所定の補償（実務の取扱上は、労災保険法による保険給付）を超える補償をすることを定めたものであるから、その規定が当然にはAとYとの間の労働者災害に適用されることにはならない。しかし、A・Y間で、Aが上積補償を支払う旨の合意をした場合（そのように解釈される場合を含む）は、Aはそれに拘束されることはいうまでもない。

また、Ｙに対するＡの労災補償については、Ｘは当然には補償義務を負うことはなく、ただ、ＸがＹに対して上積補償をする旨の契約をすれば、これに基づいてＸの支払義務が発生するし、その他これまでに述べたように、ＸにＹに対する担保責任を認めるべき事情があるときも、その限度で、上積補償をなすべき責任が発生すると考える。多くの出向に関する規定が差額補償方式を採っていることの合理的根拠はここに求められるといえよう。

２　主として出向元のための出向

この場合には、Ｘ・Ｙ間にだけ労働契約が成立しているのであるから、Ｘが労災補償をなすべき義務を負い、Ｘ・Ｙ間に適用される上積補償の規定があれば、ＹがＡのもとで就労したことに起因して生じた労働者災害にもその規定が適用される。また、Ａは、Ｘの履行補助者（履行代行者）として、労災補償についての責任を負うことになる。なお、併任・兼任と認められる場合については、１(1)で述べた。

第三節　服務規律と懲戒

第一　序　説

労働者は、使用者のために労務を提供する義務（労働義務）を負い、その義務の履行に際し、またはその履行に付随しもしくは関連して、さまざまな行為・行動をなし、もしくはなすべからざる義務（作為もしくは不作為の行動義務［Verhaltenspflicht］）を負う。すなわち、労働者は、労働契約に基づいて、企業のなかに組織づけられ、企業秩序を維持しながら、使用者の指示（命令という表現を用いていることが多い）に従って、契約に定められた義務を誠実に履行し、使用者や企業の権益を侵害しないよう行動するとともに、期待可能な限りにおいて使用者の利益を擁護すべきことが要求される。これに関連して、使用者は、労働者が右に述べた趣旨で採るべき行為・行動を定型化して服務規律として定め、その効果（とくに、違反に対する制裁［懲戒］）とともに就業規則のなかで定めているのが通常である。(119)

出向者Yに対し、出向元X、出向先Aのいずれの就業規則が適用されるかについては、さきにも触れたが（本編第四章第一節第三［三二九〜三三五頁］）、XとAとの組織的・機能的関連に着目しながら、服務規律と懲戒に関する就業規則の適用を、具体的なケースに即して考察することにしよう。

(119) 拙著・労働法律関係の当事者、三九〇〜三九三頁。

第二　指示（命令）に従う義務

一　指示の根拠と内容

労働者は、労働契約に基づき、使用者のために労務を提供する（労働する）が、その労働は、程度の差こそあれ、労働者の創意に基づく自主的な行動として行われる。他方、使用者は通常労働者に対して継続的に労務の提供を求めるが、その労務の内容は、企業の業務上の必要性や労働者の適性・能力などの変動に応じて変化せざるをえない。そこで、労働契約は、その性質上、労務提供（給付）の内容や態様を詳細に規定することはできず、具体的な情況・条件のもとで、いかなる労務をどのように提供するかは、企業危険を負担して事業を営む使用者の判断（経営判断）に委ねられる。その判断に基づいて、使用者が労働者に対して「指し示して行わせる」ことが指示にほかならない。この意味の指示は、

(1)　事業の目的に従って、特定の時期における長期もしくは短期の経営の基本方針ないし事業計画を定め、

(2)　具体的な労務の提供の時期ないしスケジュールを決定したうえ、

(3)　労働契約で定められている労働条件の範囲内において、従業員が提供すべき労務の内容を個別的・具体的

に決定し、提供の態様・方法、ならびに労務の提供に関連しもしくはこれに付随する行動を指定する。[120]

使用者は、一般には、労働者との労働契約に基づいて、このような指示権を行使することができるが、出向の場合には、出向先、出向元企業は、ともに出向者に対して指示権を行使することができるか、できるとすればその関連はどうかという問題が生ずる。そして、労働者がこの指示に従わず、これに違反したときは、使用者はその労働者を懲戒することができるが、学説は、主として、懲戒の面から採りあげている。その場合に、実務上、出向元企業と出向先企業がどのように懲戒権を行使しているか（たとえば、懲戒解雇は出向元が行い、労務提供過程におけるその他の懲戒は、出向先が行うなど）、それについてどのような問題点があるかなどが中心的な課題となっている。[121] 懲戒事由は指示違反に限られないが、考察の便宜上、出向元企業と出向先との組織的・機能的関連を考慮しながら、懲戒を含め、ここに提起した問題を考察しよう。

(120) 拙著・労働法律関係の当事者、一六二～一七〇頁。

(121) 菅野・労働法、四三三頁、渡辺裕・出向時の労働条件、五七～六一頁。

二　判　例

［判例七一］ 小太郎漢方製薬事件（大阪地判昭和四五年一〇月二二日・労民集二一巻五号一三八一頁）

A　事実の概要

１　Xは、漢方薬の製造、販売を業とする会社であるが、その製品の販売網の確保、直販体制の強化による営業成績の向上および融資の便宜を考え、ほとんど全部をXが出資し、近畿地区を担当していた営業部門を独立させて、Aを設立した。Xは、日常、本社といわれている。

２　Aの事業の運営は、一定の事項（従業員の任命昇格を含む）についてだけXの稟議・決裁を必要としたほかは、Aの役員の裁量に委ね、営業面については、Xの社長、役員とAなどの系列会社の代表取締役で構成する営業会議において、営業方針の検討を通じて、或る程度の指導・監督を行うにとどまり、XがAを含む系列会社に対し、直接的かつ具体的な方法で関与することはない。

3　Yは昭和三七年Xに採用され参事（課長待遇）となったが、Xは昭和四二年六月YをAに出向させて、その代表取締役に就任させた。

4　Xは、Yに「越権専断の行為があった」こと（Xが決定したAの人事を行わず、Xの稟議を経ないで、出張所を開設したり従業員を新規採用し、またYが営業の無計画な拡大方針で臨んだので、営業方針の変更を指示したがこれに従わなかった）、「職務上の指示・命令に従わなかった」こと（XはYがAの代表取締役として不適任であると判断し、昭和四二年一〇月下旬Yに対し代表取締役を辞任し、Xに新設する商品課長に就任するよう勧告し命令したが、これを拒否した）（いずれも、Xの就業規則に懲戒解雇の事由として規定されている）を理由に、一一月一九日解雇（懲戒解雇とすべきところを、Yの将来のことを考え普通解雇とした）通告をするとともに、Aは株主総会において、Yの取締役を解任した。

B　判決の要旨

1　Yに「越権専断の行為があった」か否かを個別的に検討した結果、その事実は認められないと判断する。

2　「YとXの雇用契約は存続しているのであるから、Aへの出向が雇用契約によって許されるものである以上、右出向およびこれをとりやめてXに復帰を命ずる権限は、その行使が濫用にわたらない限度において、Xに与えられているものと解すべきである」。「YはAの代表取締役として出向し、その在任中積極的な拡大政策を採用した結果、たとえ一時的なものであったにしても月々赤字を計上し、しかもXの役員との間に意思の疎通を欠き、協力関係に障害を生じたものであるから、XがYに対しAの代表取締役を辞任するよう命じたことについては、一応正当な事由があったものと認め［られる］」。Yが右命令を拒否した以上、Aの代表取締役として出向したXの従業員として懲戒事由に該当する行為があったものと認められる。

【判例七二】 守屋商会事件（大阪地決平成元年三月六日・労判五三六号三一頁）

A　事実の概要

1　Xは、産業機械、空調機械、建設機械などの販売および設備工事をその事業としており、そのO支店の電気関係工事部門を独立させて、子会社Aを設立し、Xの管理部を通じ、Aを含む国内関連会社の管理を行っている。その管理に当たっては、子会社に報告と稟議を義務づけていた。

報告は営業、経理、総務、人事について行われ、営業に関しては、営業月報（営業成績・受注残・概況報告の記載欄がある）により、月次の営業成績を報告を求めた。

稟議制度は、子会社が一定の基準に当たる取引を行うに当たっては、親会社であるXの一部門と同様に、管理部へ担当部店（X社内で当該子会社と最も取引の多い部店）を経由して稟議書を提出させ、Xの承認を得るものである。その稟議基準は、①取引先の信用度（新規取引先、与信上問題のある取引先との取引）②取引条件（割賦・延払入金、前払いを伴う取引）③取引品目（新商品などを販売する取引）④大口取引（一件当たり三〇〇〇万円以上）の項目に関し、一件当たり概ね五〇〇〇万円以上の取引が、稟議に該当することになっている。

2　Yは昭和二九年四月Xに雇用され、主として会計および営業の業務に従事し、本店の部長となったが、昭和五五年七月Aに出向を命じられ、以降専務取締役（代表取締役）として勤務していた。

3　XのO支店のK課長は、そのような事実がないのに、SらからXが受注した電気工事をAに発注し、その工事をさらにTに再下請けさせるという取引を仮装したうえで、Yに対しTへの支払を指示したので、Yはその指示に従い、Tに対し合計二億二〇〇〇万円余の支払をするという事件（不正事件）が起こった。Yは、この不正事件に関する取引につき、Aの代表取締役として、親会社であるXに対し、稟議あるいは所定の報告をせず、Tに、その資力、経営規模、支払能力などからみて、一回の取引額が一〇〇〇万円以上にも及ぶ取引能力があるかどうかについて調査しなかった。

4　Xは、Yは社内規則に違反して、Xに対し報告または稟議をなすべき義務を怠り、またTについての調査義務を怠って、その職責を十分に遂行せず、Xに不利益を与えたという理由で、Aへの出向命令を解除したうえ、懲戒解雇の意思表示をした。

B　判決の要旨

Yは、Aの代表者として、本件不正事件に関する取引（取引の開始、取引条件など）について、取引先であるTの実態を調査し、高額な取引の相手方としての信用度を確認すべきであったのにこれを怠り、さらに、Xに対し、稟議をして決裁を得、また取引に関する報告義務があるのに、これを怠ったということができる。この意味で、YにはX主張の義務違反があったといえる。

［判例七三］ 岳南鉄道事件（静岡地沼津支判昭和五九年二月二九日・労民集三五巻一号二三頁）

A　事実の概要

1　Xは鉄道および自動車による旅客ならびに貨物の輸送を主たる事業としており、その傍系会社として、ゴルフ場の経営を主たる事業とするAがある。

2　Yは、昭和四三年二月Xにバス運転手として採用されたが、昭和五〇年一〇月Aに出向を命じられ、管理課主任の地位に就いた。主任は、課長の命を受けて、担当業務（ゴルフコースの芝刈り作業その他のゴルフ場の整備、これに必要な芝刈機の点検整備など）を処理すべきものとされていた。

3　YはAに出向した当初から、出向に際し、「機械の保守管理を命じられた」と主張して（その事実は認められなかった）、ゴルフコースの芝刈り作業については消極的な態度を示し、とくに昭和五一年七月下旬から八月下旬までの間は、毎日のように課長からラフコースの芝刈り作業を指示されても、かたくなまでにこれを拒否したばかりでなく、勝手に機械置場で芝刈機の手入れをしたり、周辺をぶらついたりして、他の従業員の不満をかい、人間関係でも孤立化した。ことに八月一〇日集中豪雨により一四番グリーンに流入した土砂の排出作業を行った際も、Yはこれに従事しようともしなかった。

そこで、Aは八月二〇日Yに反省を求めるため、上司の指示命令に従わないときは厳罰をもって対処する旨の勧告書を手渡したが、Ｙが勤務態度を改めなかったので、Ａは、出勤停止一〇日間の懲戒処分を行った。Ｙは、その後しばらくの間は課長の指示に従って芝刈り作業などを行うようになったが、九月下旬ころからは課長に対し反抗的態度を採るようになり、芝刈り作業に一応は参加したものの、その勤務態度は極めて非協調的であった。

４　一二月一六日Ｙが地上約七・六メートルの檜の枝に上って作業をしていたところ、その檜を支えていたロープの下を小型貨物自動車を運転して通過しようとした作業員Ｓが、運転を誤ってロープを切断するという事故があった。ＳがＹを殺害する意図を有していたと認められる事情がないのに、Ｙはこの事故をＳの殺人未遂事件として告訴したのみならず、Ａは富士市内の街頭において、この事故はＳの殺人未遂事件で、Ｘが会社としてＳにロープ切断事故を示唆したかのように推測しうる内容を記載したビラを三回にわたって配布した。

５　Ｘは、Ｙにつき、３の行為は、Ｘの就業規則に懲戒理由として定められている「勤務怠慢」「業務上の指揮命令に従わず、職場の秩序を乱したとき」に、４の行為は、同じく「道義に反した行為をなし、従業員としての体面を汚したとき」「故意または過失によって会社に不利益を与えたとき」に該当するとして、一二月三〇日懲戒解雇をした。

Ｂ　判決の要旨

１　Ａ３で判示したＹの怠慢な勤務態度および上司の指示命令に従わなかった行為は、出向先であるＡにおけるものであって、出向元のＸが、出向先であるＡに在職中のＹの右勤務態度に対し、Ｘの就業規則あるいは懲戒規程を適用して懲戒解雇を行いうるかということが問題となりうる。

ＹのＡへの出向は、いわゆる在籍出向であって、出向後もＹとＸとの雇用関係は引き続き存続していることが認められ、こうした出向の場合、出向先での勤務態度は、実質的には出向元であるＸにおける勤務態度と同視して評価することが可能であると考えられるから、ＸがＹの前記のような勤務怠慢、上司の指示命令違反行為について、Ｘの懲戒規程を適用し、出向命令を解除したうえで、懲戒解雇をすることは許されるというべきである。

２　Ｙの行為、勤務態度は、Ｘ所定の懲戒解雇理由に該当する。

前掲【判例三一】昭和アルミニウム事件（一四五頁）の2

A　事実の概要

1　Xはアルミニウム製品などの製造販売などを業とする会社である。

2　Yは昭和三二年高卒後Xに採用され、昭和四八年課長になり、昭和五九年関連会社Aに取締役営業部長として出向したが、同六三年Xに復帰し、営業所駐在となった。

3　Yは平成二年三月Bに出向を命じられ、異議を留めて赴任し、社長から営業に回るように要請されたが、これを拒否した。

4　Yは平成三年二月Cに出向を命じられ、主として箔日用品販売業務を担当していたところ、平成六年三月箔日用品以外の開発営業業務につくよう指示されたが、YはCの社長に対し抗議の文書七通を提出し続けた。Yは、同年六月以降Cの指示に従い開発営業業務についていたが、翌七年一月以降Cの社長に対し人事評価に関する抗議、空出張による給与補填の要求、過去の冤罪に対する謝罪要求などを繰り返した。

5　平成七年三月末ころからCの社長、上司の部長などはYに対し退職勧告を行ったが、YはCの社長やXの役員などに対し退職勧奨の理由開示要求、不当人事に対する抗議など多数の書面を送付し、同年一一月にはXに対し、「一方的な冤罪のでっち上げ、度重なる不当人事に対する真相究明、謝罪、名誉回復、損害賠償等々を加味した文書」を要求する内容証明をXに送付した。

6　Xは同年一二月二一日付でYのCへの出向を解き、同時に、Yを平成八年一月三〇日づけで解雇する旨の予告をした。

B　判決の要旨

YはCに出向中、仕事に対する意欲がみられず、社長の業務指示に従わないばかりか、過去の人事が不当であるとして謝罪要求に異常なまでに固執し、その要求や上司を侮辱するような内容の書面を社長やX関係者に送付し、他方、職務に対する意欲は全く見られず、かえって引き合いを断るなどCの業務を妨害するかのごとき投げやりな態度に出るようになった。

これらのYの勤務態度および言動は、常識を超えるもので、管理職としてはいうまでもなく、Xの従業員としての適格性を欠くものと評価されてもやむをえない。したがって、本件解雇は解雇権の濫用には当たらない。

C　四つの判決のコメント

この四つの判例は出向した労働者Yの指示（命令）違反に関するものであるが、その指示の主体と指示の性質・内容は、それぞれ異なっている。すなわち、［判例七三］［判例三一］の2は、出向先Aがその業務についてYに与えた指示に関するものであるのに対し、［判例七一］・［判例七二］は、指示の主体が出向元Xである場合に関するものである。そして、［判例七一］は、その指示がAの業務の遂行にかかるもの（Xにより越権専断と主張されているもの）のほか、出向復帰（その根拠となるAの代表取締役の辞任）に関するものであるのに対し、［判例七二］の指示はAの業務の遂行に関するものである。このように、XがAにおけるYの業務の行い方や行動について指示をするのは、XがAの事業を統括している親会社であることに由来すると思われる。また、［判例七三］・［判例三一］の2で、Yの行動がXに対する関係で懲戒事由または不適格性の理由になるかという観点から論じられているのも、同様の親会社・子会社関係があるからと思われる。そこで、このことを念頭に置いて、冒頭に提示した問題を考察しよう。

三　総合的考察

1　事業の目的・基本方針に関する指示

1　特　徴

すでに述べたように、企業（使用者）は、その経営判断に基づいて、事業目的（労務提供の究極の目的）や経営の基本方針を定め、具体的な労務の提供の時期ないしスケジュール（たとえば、長・中期の事業計画、年度・月間の生産［販売］計画）を決定したうえで、労働者に対し、これらの目的・方針または計画を実現するための労務の提供を求める。労働者は、使用者のために労働することを約定したのであるから、その指示が裁量の範囲を逸脱せず、かつ労働者の主体性と人格の展開（その基礎となる思考・行動の自由および人たるにふさわしい生活）をそこなわない限り、その指示に従わなければならない。この指示は、使用者の経営判断（とくに、事業運営の必要性についての判断）を表明した基幹的指示であって、労働者はこれに対して自己の意見を表明することはできるにしても、使用者がそれを決定したならば、労働者はその行動をその指示によって規定される。

2　出向者が出向先の役員である場合

［判例七一］・［判例七二］はYに対する指示をこの類型のものと理解しているといえそうである。というのは、これらの判例は、この指示に従わなかったことを理由として、Yを懲戒解雇することができるという前提で、立論しているからである。

しかし、この二つのケースに特徴的なことは、YがAの代表取締役としての地位にあるということである。Aが自主・独立の企業であるとすれば、YはAの意思を決定し、Aを代表し、かつAが雇用する労働者に対し、「指示を与える」立場にある。すなわち、Yは、Aの定款や株主総会（社員の総会）の決議および取締役会の決議に従うほかは、業務の遂行について労働契約に基づく指示を受ける立場にはない。すなわち、労働者に対する使用者の「指示」とは、すでに述べたように、使用者が企業危険を負担して事業を営むがゆえに、その事業のために受動的立場で協力する（労務を提供する）者に対し、一定の行動を求めるために認められる法的行為である。とすれば、これらの事件で論じられているXのYに対する指示とはいかなるものであろうか。

これらのケースで、Yに対し、一定の事項について、Xの稟議・決裁を義務づけ（［判例七一］）、またはXへの報告・稟議を義務づけ（［判例七二］）ているが、それは、AがXの一事業部門を分社化して設立した子会社であって、Xは実質的にはAの本社たる立場にあるという組織的・機能的関連を背景とし、一定の限度でAをXの統括・管理のもとに置き、Xを中心とした企業グループの事業を或る程度組織的・統一的に営むために、XがAの事業の運営に関与するみちをひらいたものにほかならない。

そうしてみれば、Ｘが一定の事項についてＡに稟議させ、Ｘがこれについて決裁することは、事業主体であるＸ・Ａ間の関係であって、Ｘがその従業員に対してなす労働契約上の指示ではない。したがって、ＹがＸに報告し・稟議し、またはＸの決裁を得なかった場合には、ＹがＡの代表取締役としての義務を尽くさなかったことについての責任を、ＸまたはＡから問われることはありうるとしても、それは取締役としての職務遂行上の義務違反の問題である。同様のことは、ＸがＡの事業の運営について一定の方針や計画などを示して、その順守を求めた場合についても当てはまる。

［判例七一］が、Ａの事業の運営は一定の稟議・決裁事項以外はＡの役員の裁量に委ね、営業面では、Ｘの社長、役員と系列会社の代表者営業会議での営業方針の検討を通じて、或る程度の指導・監督を行うにとどまっていたとしたうえで、Ｙに越権専断の行為はなかったと述べているのは、右の趣旨を汲んだものと考えられるが、理論的には、Ｘの従業員に対する懲戒事由として検討したことは当を得えない。

もっとも、本判決は、Ｙが積極的な拡大政策を採用した結果、一時的にもせよ月々赤字を計上し、しかもＸの役員との間に意思の疎通を欠き、協力関係に障害を生じたことを理由に、ＸがＹに対しＡの代表取締役を辞任するよう命じたことには、正当な理由があるとしている。その趣旨が、ＸがＡの株式のほとんど全部を保有している株主として、ＹをＡの取締役として選任し、かつＡの事業を現実に管掌しているという実態に基づき、Ｙの職務遂行上の責任を問うというのであるのであれば、これを是認することができる。ただし、Ｘには、Ｙに対し代表取締役の辞任を命ずる権限はないから、ＸはＹに辞任を求め、これに応じないならば、Ａの株主総会の開催を求め、その総会でＹの取締役を解任するほかはない。付言すれば、Ａにおいても、その取締役会がＹの職務遂行上の責任を追及して、たとえば、代表取締役を解任しうることはいうまでもない。

要するに、ＡまたはＸが追及できるのは、Ｙの代表取締役としての責任であり、しかも、ＸはＡの親会社として、Ａの事業を管掌している限りにおいて、このような措置を採ることができるのである。なお、本件では、Ｙ

が代表取締役の辞任を拒否した以上、Aの代表取締役として出向したXの従業員として懲戒事由に該当する行為があったと述べているが、判決は、Yに対する代表取締役の辞任命令は、Xへの出向復帰命令にほかならず、これに従わなかったことが懲戒理由に当たると解しているようにも認められる。すでに述べたように、YがAの代表取締役として不適任であるとして解任されたならば、XがYをAに出向させる理由は消滅したのであるから、XがYに対し出向復帰を求めることは公正かつ合理的であるといえる。そうしてみれば、YがXに復帰してXの業務につくことを拒否したならば、それはYの債務不履行となり、Xから解雇されてもやむをえないということができる。

2　業務の遂行についての指示（出向元に対する責任）

従業員に雇用の場を与えるための出向（これも、消極的な意味では、Xの業務上の必要性をみたすことになる）のほか、Xが、主としてAの事業のためにYを出向させるケースであっても、それがXの事業の運営に寄与するが故にこれを行うものであること、そのことから、根拠規定があれば、Xの一方的意思表示（形成権の行使）によって行うことが是認され、また、たんなる労務供給に対して定められている制約をはずすという立法ないし解釈が行われていることはすでに述べたとおりである（緒論**五**〔五～六頁〕）。とくに、Xが、その従業員Yをその子会社ないし関連会社であるAに出向させる場合がその顕著な例である。そうであれば、YがAにおいてその趣旨に反する行動を採ったときは、Xに対する関係でも債務不履行となることがありうるし、また、Yの行動の態様および背信性の程度いかんによっては、XとAとの組織的・機能的関連にかんがみ、Xの経営秩序をみだし、または業務を阻害し、それゆえXによる懲戒が是認されることもありうる。

［判例七三］はこのような視点から考察されるべき事案の典型である。すなわち、本件はYがXの関連子会社である出向先Aの業務上の指示に従わなかったケースである。この場合、AがYを懲戒できることはいうまでもな

いが、本判決はさらに、「在籍出向の場合、出向先での勤務態度は、実質的には出向元であるXにおける勤務態度と同視して評価することが可能である」という理由で、Xの懲戒規程を適用し、出向命令を解除したうえで、Yを懲戒解雇することが認められると述べている。

この判決は、「出向後もYとXとの雇用関係は引続き存続している」ということだけを根拠に、右のような結論を導きだしているが適切ではない。すなわち、本件は、AはXの子会社であるとはいえ、独立した企業であり、Yは、専らAの業務を行うためにAに出向したものであるから、YはAとの労働契約に基づいてAのために労務を提供し、その対価を取得することを核心として、権利を取得し・義務を負うことは、すでに述べたとおりである。したがって、Yに対して業務上の指示をなし、これに従わない出向者の責任を追及することができるのはAであって、その根拠規定となるのは、Aの就業規則である。この限度で、X・Y間の労働契約は、その機能を停止することになる（本編第一章第三節〔三六〇頁以下〕、第五節〔二七六頁以下〕参照）。その意味においては、XはAにおけるYの行為・行動を理由とし、Xの就業規則を根拠として、懲戒することができると解することは困難と思われる。

しかし、本件では、Aは電鉄会社Xが経営するゴルフ場を運営するために設立されたXの子会社であり、実質的にはXの一事業部門と認められるのではなかろうか。もし、そのような実態にあったとするならば、つぎのように考えることができる。

XがYをAに出向させたことは、ゴルフ場の運営を管理することが、間接的とはいえ、Xの事業の業績を向上させることに役立たせるためである。そうしてみると、YがAの指示に従わないことは、XがYをAに出向させた右の趣旨に反することになる。この出向は、X・Y間の労働契約を根拠として行われたものであるから、YはXに対する関係でも、債務不履行の責任を負わなければならない。したがって、Aは、その指示に従わなかったことを理由にYを懲戒することができ、懲戒解雇をすれば、A・Y間の労働契約は消滅して、X・Y間の労働契約だけが残る。その段階で、XもYを懲戒解雇することができると構想するのが適切と考える。

もっとも、Xは、AがYを懲戒するのをまつまでもなく、出向を終了させ（出向から復帰させ）たうえで、Yを懲戒解雇することも可能である。学説には、Yを解雇することができるのは、出向元のXだけであると説くものが有力であると思われるが[122]、それは、X・Y間の労働契約に関してのみ妥当するといわざるをえない。

これら三つのケースに比べると、［判例三一］の2はやや異なる。というのは、本件は［判例三一］の解説（一四五〜一四七頁）で述べたように、勤務成績が良くないYの再起を促すという、Xの業務上の必要という観点からみれば、消極的意味を持つにとどまるといえるからである。そのこともあって、本件では、懲戒という方法は採られていない。

さきの解説で述べたように、Yの勤務成績が悪かったので、再起を促すため出向させるということは、現状では従業員としての適格を欠くが、解雇することは避けて、再起の機会を与える趣旨である。それであるから、YをAの事業のために出向させる場合であっても、Aに無用の迷惑を与えないように、Yの出向復帰や解雇を含む人事上の処置は、すべてXの責任において行うべきものである。

なお、この型の出向にあっては、A・Y間にも労働契約が成立しているのであるから、AがYに対して人事上の処置を採りうることはいうまでもない。したがって、Yが懲戒事由に当たる行動をしたときは、Aが、Yに対し解雇を含む懲戒を行うこと、または従業員として不適格であるとして解雇をすることができ、これに伴い、XはYを出向復帰させて、従業員として不適格という理由で解雇することができる。

(122)　安西・企業間人事異動、二一〇〜二一二頁。菅野・労働法、四三三頁は、懲戒解雇・普通解雇の権限は出向者が、その他の権限は出向先が保持することが多いがとされる。

第三　誠実義務

従業員は、労務を給付するに際し、または労務の給付に関連しもしくはこれに付随して、使用者の利益を害しないよう行動すべき不作為義務および期待可能な限りおいて使用者の利益を擁護すべき作為義務を負うと解するならば、これを「誠実義務」ということができるであろう。(123) この意味の不作為義務としては、背信行為の禁止、副業（兼業）の禁止、秘密漏洩の禁止義務（秘密保持義務）、競業避止義務、使用者の名誉・信用を毀損しない（保持すべき）義務などがあげられている。以下、出向に関しこれらに触れている判例を中心として、その主なものについて考察しよう。

(123) 菅野・労働法、七八頁、四一三～四一四頁、和田・労働契約の法理、一二〇頁以下、Richardi, Münchener Handbuch, Bd.1, S.812ff.

一　背信行為の禁止

1　判　例

［判例七四］ 松下電器産業事件（大阪地判平成二年五月二八日・労判五六五号六四頁）

A　事実の概要

1　Xは電気・電子機器などの総合メーカーであり、その電子部品製造部門を分離・独立させるため、Xが全額出資してAを設立した。YはXに採用され、工場長代理に就任していたが、Xは昭和五一年二月YをAに出向させ、Yはその技術部長、a工場長、磁気テープ事業部長を経て事業部取締役となった。

2　Yは昭和四四年より同四九年まで、Xからその子会社Bに出向したが、取引先Sの経営者Mと親交を持つようになった。

３　Ａは昭和五四年一一月からａ工場で磁気テープの生産を開始することとし、その一年前から、Ｙを中心として新設する機械設備の選定に当たっていたが、成型機については、Ｎほか二社が納入を争っていた。そのような情勢のなかで、ＹはＭとともに料亭でＮの担当者と会い、Ｎがａ工場への成型機の納入を希望するならば、Ｓを代理店として納入するという形式を採り（成型機の売買はＸとＮの直接取引である）、納入代金の一部を手数料（バック・リベート）としてＳに支払うよう申し入れ、その承諾を得た。その結果、ＡはＮと取引を開始し、四年間に合計九億円余の成型機七一台を購入し、ＳはＮから合計七三〇〇万円余のバック・リベートを受け取った。

４　Ｙは、ＫおよびＴに対しても右同様に働きかけ、右と同様の納入形式を採らせ、Ｋからは合計約一億三〇〇〇万円余の、Ｔからは約一四〇万円余の、バック・リベートをＳに支払わさせた。

５　そのバック・リベートは、Ａとの取引代金に一部加算されていて、Ｎ・Ｋ・Ｔが自らの損失のみで負担したものではない。

６　Ｙは、昭和五七年頃以降Ｓ（Ｍ）から毎月三〇万円前後の金員を収受していた。

７　Ｘの就業規則には、故意または重大な過失により業務に関し会社に損害を与えたとき(四号)、職務を利用して不当な金品をもらったり要求したり…して不正義を行ったとき(七号)、会社または会社内の個人の名誉信用を著しく毀損したとき（一〇号）は、懲戒解雇をする旨の規定がある。

８　昭和六一年二月ＡはＸに統合され、ＹはＸに復帰したが、同年六月ＸはＹを右の就業規則に準拠して、懲戒解雇した。

Ｂ　判決の要旨

１　ＳがＡとＮ・Ｔ・Ｋ間の取引に関し、右三社から多額のバック・リベートを徴していたが、ＡとＮ・Ｔ・Ｋは当初から直接取引を行ったのであり、Ｓが取引に介在したことはなく、同社がバック・リベートあるいはなんらかの手数料を徴すべき合理的理由はなかった。…Ｓが合理的理由もないのに右バック・リベートを徴し得たのは、Ｙの画策によるものと認めるのほかない。

２　ＹはＡ出向当時、職務に関し不正行為を行い、Ａに経済的損害を与えたのみならず、その名誉、信用をも毀損したものであり、ＸとＡの緊密な関係およびＹはＸに在籍出向していたことに照らすと、ＹにはＸの就業規則所定の前記各号に該当する懲戒解雇事由があると認めるのが相当である。

［判例七五］ カプコン事件（大阪地決平成六年一二月八日・労判速一五六五号三〇頁）

Ａ　事実の概要

１　Ｘは電子を応用したゲーム機器、ソフトウェアおよび玩具の企画、開発、製造、販売ならびに賃貸などを目的とする会社であり、ＹはＸに雇用され、経営企画部関連事業部付の地位にあったが、香港にゲーム機器の販売などを目的として設立されたＸの子会社Ａに出向し、Ａの代表取締役となった。

２　Ｙは、

①　Ａの販売先に実際の販売価格よりも単価を低く記載した請求書を送付し、その分に相当する額五〇〇万円余をＹ個人の口座に入金させて、これを領得した、

②　Ｘによって決定されたＹおよびＡへの出向者（Ａの役員）の給与をＸの承諾を得ないで増額して支給した、

③　Ｘの承諾を得ないでＹおよびＡへの出向者などに短期貸付をしたり、仮払いをした、

④　ホテルに宿泊時に個人的な経費をＡの負担とさせた、

⑤　親睦旅行の家族分の費用をＡの負担とさせた、

⑥　出向者Ｂが妻を香港に帯同していたことを知りながらＢの妻の香港への移転費用などを支出した、

⑦　大阪での個人の飲食代をＡの経費として処理した、

ことなどを理由として、Ｘの就業規則に基づいて、懲戒解雇をした。

Ｂ　決定の要旨

①はAの取得すべき売掛金の一部を実質的に着服横領するものにほかならず、「職務に関連し不当な金品・その他の利益を受け、または要求する行為を行ったとき」「故意または重大な過失により、会社に損害を与えたとき」、②の給与の増額支給と③の短期貸付金、仮払金は、「金銭・商品・器具材料・その他会社の所有物を使用に供し、あるいは窃取・詐取したとき」「職務執行に際しみだりに越権・専断の行為があったとき」、④⑤⑥⑦の個人的支出を会社の負担とさせたことは、「金銭・商品・器具材料・その他会社の所有物を使用に供し、あるいは窃取・詐取したとき」「故意または重大な過失により、会社に損害を与えたとき」との懲戒解雇事由に当たる。したがって、懲戒解雇は有効である。

【判例七六】 東京鉄鋼事件（東京地判平成九年一月二八日・労判速一六三三号一一頁）

A　事実の概要

1　Xは、主として鉄鋼建材の製造・販売を業とし、Aはその系列会社である。YはXからAに出向し、当初は建材部長のもとで、下請業者の選定、下請業者に対する発注および技術指導などの業務を担当し、後には製造課長として、生産・販売会議で検討された販売予測および材料手配などに基づき、一社当たり総発注高の三割の範囲内で発注する権限を与えられていた。

2　Yは、O・Tとともに、その地位を利用して、下請業者から五〇〇万円以上のリベートを取得し、また、別会社M・Nを設立して、営業をしていた。

3　YはAを任意退職したが、XはYの2の行為は、Xの就業規則の「不正不義の行為をなし、従業員としての体面を汚した」および「職務を利用し、不当な金品その他を受け取った」との懲戒事由に当たるとして、懲戒解雇をした。

B　判決の要旨

Yには懲戒解雇事由が存在し、この事由は、YのAにおける地位・職務・権限、その事由の重大さなどを考慮すると、本件懲戒解雇は相当であり、合理性を有する。

[判例七七] トヨシマ事件（大阪地判平成七年九月二七日・労判六八八号四八頁）

A　事実の概要

1　Xは自動車部品の製造販売を主たる事業とし、台湾にほぼ一〇〇パーセントの株式を保有する子会社Aを設立している。YはXに雇用されていたが、昭和六年一二月Aの工場長として出向した。

2　YはAに出向中、平成六年六月までの八年六か月余の間に、Aの経理課社員に指示して、二五〇回以上にわたり、一一〇〇万円余を支出させ、これを飲食代、遊興費などに費消して領得し、毎年決算期に仮払金として帳簿に記載させていた。

3　Xの出向規程一〇条には、出向者が出向先において、制裁に該当する行為をした場合には、Xの就業規則に基づいて処分する旨定められており、Xはこれに基づき、Yを懲戒解雇した。

B　判決の要旨

Yの行為は、Xの就業規則所定の懲戒解雇事由である「業務に関し不正を働き、金品その他私利をはかったとき」に該当する。そして、YはXがほぼ一〇〇パーセント出資の子会社であるAの工場長として、工場に働く全従業員を管理・監督すべき地位にあるうえ、Xが派遣した日本人の出向者が現地責任者であるFとYのみであったことからすれば、[Yの行為の態様自体が]、XおよびAの職場秩序を著しく害するものであることは明らかであり、懲戒解雇が重きに失するということはできない。

[判例七八] ダイエー事件（a仮処分、大阪地決平成七年一〇月一一日・労判速一五八六号九頁。b本訴、大阪地判平成一〇年一月二八日・労判七三三号七二頁）

A　事実の概要

1　Xは大型スーパーマーケットを経営し、総合警備保障などを業とするAはその関連会社である。YはXに雇用されていたが、Aに出向し、西日本統括本部業務部次長の地位についていた。

2　阪神・淡路地震対策のため、応援に来た社員の激励会の食事代の仮払金精算をする際、Yは領収書の金額欄を一〇万円多く改竄し、これを利用して仮払金として預かっていた四〇万円の中から精算を行い、一〇万円を着服した。

3　Xは、Yの出向を解き、Yが職務・権限を利用し、不正な手段で利益をむさぼったという理由で、懲戒解雇した。

B　裁判の要旨

本件懲戒解雇は解雇権の濫用とは認められず、有効である。

2　判例の総合的考察

労働者は、労働契約に基づき、使用者（使用者が営む事業）のために労務を提供すべき義務を負うから、使用者の利益にそうように行動すべきであって、労働者が自己または第三者の利益を図り、その業務の遂行過程で職権を濫用し、使用者の財産や財産的利益を領得することは、背信行為の典型的なものである。ところで、出向の場合は、すでに述べたように、出向者Yは、出向元Xとの労働契約を存続させたまま、なんらかの程度で出向先Aのために、その指示に従って勤務するから、その背信性は、XもしくはAのいずれかの一方か、またはその双方に対する関係で問われるかということが問題となる。

1　経営責任者としての出向

［判例七四］［判例七五］［判例七七］は、いずれも、親会社Xの従業員Yが、実質的にXの一事業場と認められるような子会社Aに、経営責任者または重要な経営担当者として出向したケースである。これらの場合、Xは、Aの業績を向上させることにより、Xが統括している企業グループ全体の維持・発展を図ることを目的とし、YはAの事業を指揮・運営する過程において、XのAに対する統括業務を遂行することになる。この意味において、Yの行動の背信性は、同一のものが、Aに対してのみならず、Xに対する関係においても問題となることがありうる。

［判例七五］は、とくに理由を付することもなく、Xの就業規則を適用したYの懲戒解雇を是認している（その意味で十分でない）が、たとえば、［判例七四］は、「YはAに出向当時、職務に関し不正行為を行い、Aに経済的損害を与えたのみならず、その名誉、信用をも毀損したものであり、XとAとの緊密な関係およびYはAに在籍出向していたことに照らすと」、YはX就業規則に定められた懲戒事由に該当すると述べている。この判決のいう「XとAとの緊密な関係」とは、「AはXが全額出資して設立した、実質上、Xの一事業部門たる存在」であることにほかならないが、Yの業務が機能的にXの事業と関連する、とくに、その業務を行わせるためにYを出向させたことに着目すべきであったと考える。

［判例七七］のケースでは、Xの出向規程は、出向者が出向先において、制裁に該当する行為をした場合には、Xの就業規則に基づいて処分する旨定めており、Xはこれに基づきYを懲戒解雇したのであるから、出向者に対するXの懲戒には根拠規程があるということもできる。しかし、問題はそのような出向規程の合理性にある。本判決は、他の箇所において、Yの行為の態様自体が、「XおよびAの職場秩序を著しく害する」ものであることは明らかであると述べているが、このことを仔細に検討するならば、［判例七四］についてのコメントと同様のことがいえるであろう。

2　関連会社への出向

［判例七五］のケースでは、AはXの関連会社であり、YはAの管理職員ではあるが、Aの事業を統括するものではない点で1とは異なっている。すなわち、AがXの関連会社であるということだけでは、AにおけるYの業務がXの業務と直接関連するとはいえない。しかし、たとえば、XとAとが縦または横の共同事業関係にある場合には、Yが担当している業務の内容と態様のいかんによっては、Yの行為がXの業務のためにする行為と評価されることもありうる。業務提携しているXとAとが共同して或る製品または技術の開発を行っている場合に、これを推進するためYがXからAに出向するがごときはその一例である。このような場合であれば、Aにおける

Yの背信行為は同時にXに対する背信行為であり、この行為に対しては、Xの就業規則（服務規律とその違反に対する効果）を適用することが是認される。この意味では、［判例七五］がYの行為に対し、当然のこととしてXの懲戒規定を適用しているのは妥当ではない。付言すれば、主としてXの事業に寄与させるためにYをAに出向させた場合であれば、懲戒については、Xの就業規則が適用されることはいうまでもない。

なお、本件では、YはAに対して退職届を提出し、Aはこれを受理した。それでは、このような場合に、XはYに対しいかなる措置を講ずることができるであろうか。

まず、Yの退職によりAとの間の労働契約は終了したから、XがYを出向させたという法律行為は、その目的が消滅したことになる。したがって、Xとしてはその出向を終了させる（これを通常「出向復帰」という）ほかはない。その結果、X・Y間の労働契約が残るので、その取扱いが問題となる。

この場合、第一に、Yの従業員としての適格性という観点から考えることができる。すなわち、YはXの事業に関してではないが、その地位を利用して下請業者からリベートを取得するなどという背信行為（反規範的行為）を行っている。そうすると、Xがそのような性格の者はXの従業員としても不適格であると判断するのはもっともであるといえる。それゆえ、XがYをその理由で解雇することは是認される。

問題は、XがYを懲戒解雇することができるかということである。まず、YのAに対する背信行為がXの業務を阻害したという事情（たとえば、Yの行動を理由として取引先から取引を断たれた）があれば懲戒は可能であろう。［判例七八］も同様である。そうでない場合には、Aの信用・名誉の毀損という観点から論じられることになろう。

3　出向者の背信性と出向元企業の信用

AがXと構造的・機能的に関連のない企業である場合はもちろん、Yの業務に右に述べたような関連がない場合には、Yの背信性は、まずAに対する関係で問題になる。しかし、大企業である親会社Xから小企業である子会社Aへの出向などでみられることであるが、YがXから出向しているという地位を利用して（Xの威光を背景として)、Aにおいて自己の私益を図る行為をしたとすれば、それは、Xの信用を傷つける行為と評価できるであろう。そうでなくとも、YはXの信用を背景として、すなわち、YはXの従業員であるから、少なくともルールに反する行動はしないであろうとの信頼を受けて出向しているのが通常である。そうであれば、Yの行為によって、Xもその信用が傷つけられるという結果が発生する。したがって、Xも、これを理由としてYを懲戒することが可能である。この理由は1とも重複しうるのであって、[判例七四]もこれを認めている。

4　移籍の実質を具えた出向

右に述べた出向と反対の極にあるのが、移籍の実質を具えた出向である。すなわち、Xと構造的・機能的に関連のない企業Aに、もっぱらその事業の要員として出向させ、Xへの復帰を予定していないケースである。この型の出向は、多くは、人材を求めるAの要望に基づく、Yの事実上の転職として、またはこれに加え、Xの要員対策として行われている。この場合には、XにおけるYの雇用は実質的には絶たれるのであるが、形のうえでYにXの従業員たる地位を保有させているのは、YのXにおける雇用は実質的には終了させるが、YのXに対する信頼利益をなんらかの形で保護する趣旨であると解すべきことは、すでに述べたとおりである(本編第三章第三節第二1〔三二〇~三二一頁〕)。

そうすると、Yの行為の背信性はAに対する関係だけで問題となる。しかし、Aが背信行為を理由にYを懲戒解雇した場合には、A・Y間の労働契約は消滅する。ここにXの担保責任の問題が生ずる余地がありそうである。しかし、Yはその責に帰すべき事由によって、Aにおける雇用を失ったのであるから、YはXに対して、Xにおける雇用の継続という信頼利益の保護を求めることはできない。したがって、形式的に存続しているXとの雇用を維持する理由は失われる。そこで、Xは、Yの行為がXとの雇用の継続を不可能にしたものとして、Yを解雇することができるといえる。

二　副業の禁止

1　副業の違法性

労働者は、特定の使用者と、約定した労働時間に労務を提供し、それに相応する対価を取得するという労働契約を締結することにより、その時間内はその使用者のための業務の遂行に専念すべきであるから、その意味で、時間的に抵触するすべての他の活動を放棄することになる。したがって、フルタイム（労基法所定の労働時間の限界まで）で労働することを約定した場合には、それとは別に他の使用者のために労働する旨を約定すること自体、さきの使用者に対する契約違反になる。それは、その労働者が自営で就業する場合も同様である。

2　本来の労働契約による制約

副業を違法とする根拠は、右に述べたとおりであるから、労働者に許容される副業がありうるとしても、労働者が本来の使用者と締結した労働契約によって負うにいたった労働義務は、その副業に対する決定的な限界となる。すなわち、労働者は労働義務と抵触する、とくに同じ時間に行われる副業をしてはならないのみならず、そうでなくとも、契約によって約定した労務の給付を害する副業のすべてをしてはならない。このような副業は労務給付義務違反を意味する。事由のいかんを問わず、労働契約上の主たる義務である労働義務の履行を妨げる行為は許されない(124)。

(124)　和田肇・労働契約の法理、一三八頁。なお、使用者Mと労働契約を締結した労働者Pが、別の使用者Nと労働契約を締結して、それぞれ労務を提供した場合には、その労働時間を合算して、時間外労働の禁止に抵触するか、また時間外労働に対する割増賃金をいくらに算定するが、論ぜられることを併せて考える必要がある。

3　注意義務違反

かりに、副業によって具体的な労務の給付が害されない場合（たとえば、病気療養中で使用者Mに対する就労義務が免除されている労働者Pが、別の使用者Nのために労働したケース）であっても、労働者Pは、個々の場合の状況に応じて、Mとの労働契約上の注意義務に基づき、労務給付義務を侵害するおそれのある行為をしない義務を負う。ここにいう注意義務は、とりわけ労働者の労務給付の能力を低下させ、または妨げる可能性のあるすべての行為をしないという義務である。病気療養中の例でいえば、病気からの回復（労働力の回復）を妨げるような副業をしないことが要求される。このことから、労働者は労働時間外において、休息と解放の時間をとらなければならないことが義務づけられる。これに対応して、労働者の他の活動は「経営の利益」（Belage des Betriebs）を侵害してはならないと解されている。この見解は、労働者の行動が労働義務違反とならない場合でも、注意義務違反になることを認めたものである。この注意義務は、とりわけ、副業により、労働者の肉体力または精神力の無理な使い方を禁止するものである。(125) 学説の中には、「就業時間外は、労働者の私的生活に属するから、その時間の利用については労働者の自由が保証されなければならない」とするものもあるが(126)、かりに、本来の労働時間外に行われる副業であっても、本来の労務の給付を害する副業は、すべて禁止されるのである。

(125)　Richardi. HandbuchBd. 1, S.870ff.

(126)　矢部恒夫「兼職」労働判例百選第六版（一九九五年）三八頁。

三　競業避止義務

1　判　例

【判例七九】　チェスコム秘書センター事件（東京地判平成五年一月二八日・労判六五一号一六一頁）

A　事実の概要

1　Aは、チェスコム社が開発した転送機および転送元識別機を使用して、電話の取次・書類作成・タイプなどの秘書業務の代行などを業とし、Ｘは、Ａの一〇〇パーセントの子会社であって、Ａの代表取締役がＸの代表取締役を兼任し、人材派遣、各種業務の代行などを業としている。

２　Y_1・Y_2はＸに入社し、Ａに出向し、ＡまたはＸの子会社であるＢにおいて営業活動を行っていた。

３　Y_1・Y_2は、Ａの顧客に対し、Ａとの契約を、Ａと同様にチェスコムの転送機を使用して電話代行業務を行っているＴ社（その経営者はY_1の父親である）に切換えて欲しい旨の勧誘をした。

４　ＡはY_1・Y_2の競業避止義務違反の責任を追及した。

Ｂ　判決の要旨

１　Y_1・Y_2はＸとの労働契約を締結してＡに出向していたのであるから、Ａに対して労働給付義務に付随する義務として、服従義務、誠実義務、競業避止義務を負っている。したがって、Y_1がＸの在職中に、Ａの顧客に対し、Ｔ社に切換えて欲しい旨の勧誘をした行為は、労働契約上の債務不履行に該当する。

２　営業自由の観点からしても、労働契約終了後は競業避止義務を負担するものではないというべきではあるが、少なくとも、労働契約継続中に獲得した取引の相手方に関する知識を利用して、使用者が取引継続中の者に働きかけて競業を行うことは許されないと解するので相当であり、そのような働きかけをした場合には、労働契約上の債務不履行となる。

Ａが行っているような電話代行業務は、代行業務を必要とする顧客を発見し、その顧客にチェスコム社製の転送機を購入してもらうことが重要であるが、ダイレクトメールやテレコールなどの宣伝では、ほとんど顧客を獲得することが困難である。そこで、Y_1・Y_2は、Ａの顧客であって、既に転送機を購入済あることをＡに在職中に知っていたものを訪問をして、Ａより低廉な料金を提示して、ＡからＴへの切替を勧誘する方法をとっていた。しかも、Y_1・Y_2は意図的にＡの営業上の秘密を獲得する目的で、Ａ（またはＸ）に入社したものと推認される。したがって、Y_1・Y_2の行為は、いずれも労働契約上の義務違反となり、その態様は極めて悪質なものである。

2 判例の考察

1 競業避止義務の根拠と内容

労働者は、専ら自己特有の知識および能力をあげて、その企業（使用者）のためにのみ労務を提供すべき義務を負っているから、労働契約の存続中は、前述の副業のほか、使用者の利益を害する競業行為をなすべからざる義務を負うということができる。

2 労働契約終了後の競業

問題となるのは労働契約終了後の競業避止義務である。労働者は特定の使用者のために労働する過程において、知識・技術を習得し、技能などを向上させる結果になるが、それは労働者が自らのために労働したことの成果にほかならない。したがって、その使用者との契約の終了後、労働者がその知識・技術やこれに基づく技能などを生かして自ら事業活動をすることも、また第三者に雇われて勤務することも、原則として自由である。それゆえ、労働契約終了後は、特約がなければ、原則として、労働者に競業避止義務を負わせることができない。しかし、その場合でも、とくにその使用者の利益を保障する特段の必要がある場合に限り、しかも合理的な期間の範囲内で（ときには適正な補償を与えることを条件として）、その効力が認められることになる（大阪地判平成三年一〇月一五日・労判速一四四六号三頁、新大阪貿易事件[127]）。このような特約は、主として、使用者の営業上の秘密をなす技術上・営業上の情報の中枢に関与している従業員については、その効力が是認される場合が多いと考えられる。

3 不公正な競業の禁止

右に述べたような原則があっても、そのような特約がない場合であっても、法の理念ないし目的に著しく反する態様で行われる競業は禁止されるといわなければならない。

その典型的な例としては、不正競争防止法第二条一項七号に該当する場合をあげることができよう。すなわち、労働者が、その保有者である使用者から営業秘密を示された場合において、「不正の競業その他の不正な利益を得る目的で、または保有者（使用者）に損害を加える目的で、その営業秘密を使用しまたは開示する」ことである。［判例七九］のケースは、ＹがＡに雇用されてＡの顧客とその獲得に関する情報という営業上の秘密を探知したうえ、これを利用し、Ｙが経営者に準ずる立場で関与している企業Ｔの利益を図るために、Ａの顧客をＴの顧客にするよう働きかけたというものであって、「不公正（不正）な競業」の典型に当たると解することができるであろう。

また、社員の引き抜きといわれているもののなかにも、これに当たると認められるものがある。たとえば、Ｘの幹部従業員であったＭが、Ｘが独自の技術を使用して開発・生産している主要商品の一つを開発・生産する（競業関係に立つ）Ｐを設立し、その事業を遂行するために必要な技術を持つＭの部下であった多数の技術社員を引き抜くというがごときである。このようなケースでは、Ｐが開業時からその事業を採算が採れるように行おうとすれば、即戦力を持った技術者をかなりの人数必要とする。それをＭの部下であったＸの社員に求めるということは、その社員がＸで勤務する過程で知り得た生産技術上の情報（秘密）を利用しようとすることにほかならない。これにより、Ｐは当初から収益をあげうるのに対し、Ｘは相当数の技術職員を失うことになり、その事業を運営するうえで支障を生じ、損害を被ることは必至である。そうしてみれば、このような態様で競業関係に立つＰを設立することは、Ｘに重大な損害を与えることを承知のうえで行うものであるのみならず、そのためにＸの営業上の秘密を利用するもので、その意味で、事業者間の公正な競争を害するものである。したがって、このような競業は差止の対象となり、またこれを企画・立案・実施した者はもちろん、右のような事情を知って参加した者も損害賠償責任を免れない。

４　出向の場合について

Ｘからの出向者Ｙが、主として出向先Ａのために労務を提供する場合には、その競業避止義務はＡに対する関係で発生する。［判例七九］のケースは、まさにこの型の出向に関するものである。そのＹの行為が、同時にＸに対する関係でも競業避止義務違反になるといえるのは、XもAと同様の事業を営んでいて、しかも、YのAのためにする労務の提供が、同時にXの事業の遂行にも寄与するという場合である。たとえば、商品製造・販売業を営んでいるXの社員Yが、その商品の販売店・代理店Aに、商品の販売を支援するために出向しているというケースがその典型的なものといえる。この条件が整っていない場合は、Xは、背信行為の禁止について述べたと同様な方法で対処することになる。

(127)　山口俊夫「労働者の競業避止義務」(石井先生追悼論文集)四〇一頁、Richardi, Münchener Handbuch Bd1, S.820ff.

四　秘密保持義務

労働者は、使用者の業務上の秘密を保持すべき義務を負う。業務上の秘密とは、経営活動に有効・有用な技術上または営業上の情報であって(情報の有効性)、極く限られた者だけが知っていて(非公然)、かつそのように管理されており(秘密管理)、それを第三者に知られないことによって、事業の運営上利益を得るものとして保護に値するもの(要保護性)をいう。労働者が労働契約の存続中この義務を負うことはいうまでもないが、契約終了後もこの義務を負うか、とくに負わせることができるかという問題がある。この問題についても、競業避止義務について述べたことが当てはまると考えたい[128]。

[判例七九]は競業避止義務に関するものであるが、その事案に着目すれば、Yが意図的にAから取得した営業秘密の不正使用という観点からも、Yの責任を追及できるであろう。

(128)　競業避止義務と併せて、菅野・労働法、七八～七九頁参照。

五　信用・名誉を毀損しない義務

1　概　要

使用者の信用・名誉を毀損することが懲戒事由に当たることは、すでに指摘したとおりである。その信用とは経済的組織体としての企業が持っている経済的価値のある信用をいい、名誉とは企業または経営担当者の個人的な名誉をいう。この意味の使用者の信用・名誉は、無体財産の一つであり、第三者はこれを侵してはならない義務を負うが、とくに労働者は、企業危険を負担している使用者のために行動すべき義務を負っている。しかるに、その企業危険の一つとして、マーケットにおける信用についての危険があり、使用者はこの信用・名声・名誉などを保持することによって、顧客を獲得・維持し、ほかの使用者との競争に勝つことができる。そうしてみれば、労働者としては、その信用・名誉を保持すべきであり、これを害する行為は使用者の業務を阻害することになる。また、この信用・名誉を企業という組織体を構成する要素の一つと考えるならば、これを毀損する行為を企業組織を乱すものと評価される。さらに、それは、企業において従業員相互間に形成される縦または横の協力関係を阻害するということもできる。ここに、その行為を懲戒事由とする判例が現れる。

2　信用・名誉の毀損の態様

最高裁判所は、とくに、企業外で行った行為が懲戒事由たる企業の信用・名誉の毀損となるか否かということに関し、つぎのように述べている。

［判例八〇］　日本国有鉄道事件（最判昭和四九年二月二八日・民集二八巻一号六六頁）

日本国有鉄道職員が、文部省および県教員委員会共催の教育課程研究協議会の開催反対運動に参加した際、警察官の職務の執行を妨害したケースにつき、

「使用者がその雇傭する従業員に対して課する懲戒は、広く企業秩序を維持し、もつて企業の円滑な運営を可能ならしめるための一種の制裁罰である。従業員は、雇傭されることによって、企業秩序の維持を図るべき義務を負担することになるのは当然のことといわなくてはならない。

ところで、企業秩序の維持確保は、通常は、従業員の職場内又は職務遂行に関係のある所為を対象としてこれを規制することにより達成しうるものであるが、必ずしも常に、右の所為のみを対象とするだけで十分であるとすることはできない。すなわち、従業員の職場外でなされた職務遂行に関係のない所為であっても、企業秩序に直接の関連を有するものもあり、それが規制の対象となりうることは明らかであるし、また、企業は社会において活動するものであるから、その社会的評価の低下毀損は、企業の円滑な運営に支障をきたすおそれなしとしないのであって、その評価の低下毀損につながるおそれがあると客観的に認められるごとき所為については、職場外でされた職務遂行に関係のないものであっても、なお広く企業秩序の維持確保のために、これを規制の対象とすることが許される場合もありうるといわなければならない」

〔判例八二〕 関西電力事件（最判昭和五八年九月八日・判時一〇九四号一二一頁）

社宅において、虚構の事実に基づいて、従業員の不平・不満をあおり、職場に混乱を引きおこすような内容のビラを配布したというケースにつき、

「ビラの内容が大部分事実に基づかず、又は事実を誇張歪曲して、X会社を非難攻撃し、全体としてこれを中傷誹謗するものであり、右ビラの配布により労働者の会社に対する不信感を醸成して企業秩序を乱し、又はそのおそれがあったもの」と認め、これを理由とする懲戒（譴責）を是認した。

これらの判例からもわかるように、労働者が使用者の信用・名誉を傷つける態様としては、

(1)　労働者が虚偽の事実を流布し、または事実を歪曲もしくは誇張して報道し、もって企業に対する社会的・経済的評価を誤らせてその信用を傷つけ、

(2)　企業の構成員、とくに経営担当者などの上司を中傷・誹謗して、その名誉を傷つけることなどのほか、

(3)　労働者が反規範的な行為を行って従業員としての体面を傷つけ、ひいては使用者の信用を傷つける、ことなどがある。

(1)・(2)については、労働者の公表した事実が真実に反していても、公共の利益のために公表したものであり、しかもその事実が真実であると信じ、かつそのように信じたことについて相当な理由がある場合は免責されると解される。また、(3)については、反規範的な行為の性質・態様・程度、労働者の地位、企業の性格などを総合的に判断して、信用が傷つけられたか否かを判断することを要するといえる。たとえば、労働者がたんに刑事法令に違反したということだけで、当然に使用者の信用が傷つけられたとはいえない。概していえば、破廉恥な犯罪、とくに不法に金品を領得する行為と評価され、これに使用者の事業の公共性、労働者の地位の重要性（たとえば、管理職員であること）などが加わる場合は、信用を傷つける程度が強いと考えてよいであろう[129]。

(129)　最近の判例につき、太田恒久「職場内外の非行と懲戒解雇」解雇・退職の判例の実務（二〇〇〇年）一七七～一七八頁。

3　出向者による信用・名誉の毀損

さきに出向者の出向先企業における行動により、出向元企業の信用が害されることがある例を考察したが、ほかの従業員を中傷・毀損する出向者の行動については、つぎのごとき判例がある。

[判例八二] 勧業不動産事件（東京地判平成四年一二月二五日・判タ八三二号一一二頁）

Ａ　事実の概要

１　Ｘは不動産の売買・仲介・管理・賃貸・鑑定などの業務を営む会社であり、ＡはＸの営業部門から独立して設立され、その役員もＸの役員が兼任するなどＸの実質上の子会社であって、不動産の売買・仲介・鑑定などを業としてい

る。

Ｙは、Ｘに入社したが、書記を経て主事補に昇格し、係長を命ぜられ、平成二年四月Ｘに在籍のまま、Ａに出向し、営業部課長代理を経て、Ｏ支店の支店長代理となった。

２　ＹがＡに出向中、その上司であるＴ部長に対し、Ｔが裏取引をしているかのように思わせる発言をし、販売物件の案内についてのＴからの相談をばかやろう呼ばわりをして拒否するなど、Ｔに対して侮辱的な言動や誹謗、中傷にわたる言動をしたなどという理由で、Ａは、Ｙに対し支店長代理を免じ、一〇日間出勤を停止するという懲戒をなし、Ｘは、Ｙを主事補から書記に降格し、係長を免ずる処分をし、Ａへの出向を解除した。

なお、Ｏ支店の従業員は三名であり、就業規則が作成されていなかったので、ＡはＸの就業規則を適用してＹを懲戒した。

３　ＹはＸを退社したが、これらの懲戒の違法を主張した。

Ｂ　判決の要旨

１　ＹのＡへの出向は在籍出向であり、ＹとＸとの間の雇用関係はなお継続しているから、Ｘは、出向元会社の立場から、Ａにおける行為について、Ｘの就業規則に基づいて懲戒処分を行いうると解すべきである。

Ａは実質上Ｘの子会社であること、ＸはＡと業務上も密接な関連を有し、Ａの人事・給与などの管理をも行い、他方、Ａは専ら仲介・販売などの営業活動のみを行い、実質的にはＸの営業一部門の体をなしていたこと、ＡのＯ支店のＹを含む三名の従業員のすべてがＸからの出向であったこと、Ａは、社員が一〇名以上いない就業規則作成義務のない会社であって、現に就業規則が存在していないことが認められる。このような事情のもとでは、ＸからＡのＯ支店に出向したＹを含む三名の従業員は、Ａにおいても、親会社であるＸの就業規則の適用についても同意しているものと解されるから、ＡはＸの就業規則を適用して懲戒処分を行いうるものと解するのが相当である。

２　ＹのＴ部長の一連の言動は、たんに穏当を欠くというにとどまらず、いずれも上司に対する侮辱的な言動、誹謗、中傷にわたる言動であって、Ｘ・Ａ（判決は「被告」と表現しているので両社を含むものと解釈する）の職場秩序を乱

告する旨の手紙（本件手紙）を書き、これをMに対して読みあげてほしいといって、Kに渡した。

4　Xは、この手紙は、「他人に対し脅迫を加え、またはその業務を妨害した時」というXの就業規則所定の懲戒事由に当たるとし、その他YにAの支出につき経理上の不当処理があったとして、Yを懲戒解雇した。

B　判決の要旨

1　本件手紙は、Yとの信頼を裏切り、Aの取締役を解任したMやその親族らになんらかの危難が降りかかることを暗示するような内容であり、不当な人事に関する非難の意味を込めたものであって、全くの私信であるとはいえず、また表現に穏当を欠くところがあり、一応X主張の懲戒事由に該当する。

しかしながら、Mらの身辺に危険が差し迫っているような客観的状況はなにもなく、Mらが本件手紙によって畏怖を覚えたとは思えないこと、Yは、信頼していたMから裏切られ、深く失望するとともに気が動転し、Mの宗教的感情に訴えて抗議の意思表示をするべく本件手紙を提出したものと認められ、その動機には同情すべき点があるし、Yは、その後本件手紙を発信したことを反省していること、本件手紙により、Xの業務活動に支障を及ぼしたような形跡は一切認められないことに照らすと、本件懲戒解雇は懲戒権の濫用として無効である。

Aの支出につき経理上の不当処理があったとの事実については、Xの就業規則所定の懲戒事由が認められないか、または解雇権の濫用と認められる。

3　本件のような親会社と子会社間の在籍出向の場合には、出向先での行為は出向元における行為と同視され、懲戒事由の対象となりうる。

C　コメント

1　本件でまず問題となるのは、本件手紙を出したというYの言動がXとAのいずれの企業秩序を乱し、または業務を阻害するものとして評価されるかということであろう。

MはXの社長であることにかんがみれば、Yが本件手紙により、取締役の解任についてMから裏切られたことに抗議したのは、YのX社長Mに対する抗議として、X社内における秩序を乱す行為と評価されてしかるべきであると考える。

そして、Yは、Xの従業員としての地位を保有しているのであるから、本判決が3で述べているような理由づけをするまでもなく、Xの就業規則の適用を受けることになると解したい。

これに対し、Aにおける支出につき、Yに経理上の不当処理があったという件については、それがXの就業規則所定の懲戒事由に当たるといいうるためには、それに相応する理由づけを必要とすることは、すでに述べたとおりである（本節第二三［四二八頁以下］参照）。

2　Yに懲戒解雇に値する事由があったか否かは、裁判所の事実認定にかかるわけであるが、判決の理由を全体としてみた場合に、YがM・Nの派閥抗争に巻き込まれ、YがMを支援したという事実がなかったならば、YがAの取締役を解任されるということもなかったであろうし、また経理上の不当処理といわれていることが問題として採りあげられることもなかったであろうと思われる。そして、取締役の急據の解任が契機となって本件手紙が書かれたことや、その他の認定事実を斟酌すると、判決の結論を支持することができると考える。

第五　管理・監督者の責任

一　判　例

［判例八四］　日本交通事業社事件（東京地判平成一一年一二月一七日・労判七七八号二八頁）

A　事実の概要

1　Xは、広告・宣伝に関する事業、図書の出版・販売などを業とする会社であり、Aは、Xの北海道支店から独立して設立された会社で、役員一〇名程度、従業員二〇名程度である。

2　Yは昭和三九年四月Xに従業員として採用され、主として営業関係の業務を担当していた（経理を担当したことはない）が、平成三年四月Aの設立と同時に、Aに出向し、Aの常務取締役（平成六年六月以降は代表取締役となる）

として営業局長を委嘱され、Ａの事実上の最高責任者であった（出向後はＸの総務局参与となる）。

３　Ｙは、平成八年六月Ａの代表取締役、営業局長を辞任し、Ｘの子会社であるＢに移籍することが内定していたが、Ａに在任中に多額の不明金が発生したことが発覚したとして、Ｘに残ることとなった。

４　Ａにおいては、その仕入先に対する買掛金（広告原価）に残高がある場合に、仕入先から長期にわたり請求されないものについては、これを利益に戻入れるという経理処理をすることがあり、このような買掛金の出納は、Ｙの管理のもとでＭが行っていた。そのほか、旅費の管理、現金の管理も、Ｙの権限に属している。

５　Ａにおいては、平成三年度から平成八年度までの間に合計三〇四八万円余にのぼる本件不明金があることが判明した。この不明金は、現金出納元帳上、買掛金（広告原価）の支払いや、旅費仮払いの名目で支出されていた。

６　Ａでは、毎年一回出資者であるＸ及びＺの経理担当者が会計検査を行っていたが、この不明金は発覚しなかった。

７　Ｍはいったんは本件不明金全額を着服したことを認めたが、後にはその一部約一一八万円だけの着服を認めるにとどまった。帳簿上買掛金名義で支払われたことになっている約八八〇万円については、支払先がこれを受け取っていないことが確認されているが、その他については調査がなされておらず、また、旅費の仮払金として記帳されているものについては、これに該当する従業員は、その支払いを受けていない。

８　Ａは、Ｍを懲戒解雇したほか、本件不明金発覚当時の上司である総務局長、総務部長やその前任者などに対し、停職七ないし一四日、降格、訓告・降格の処分をした。

９　Ｘは、Ｙが買掛金などの管理が杜撰であったために、本件不明金を発生させ、株主、取引先、クライアントから不信感を持たれたのみならず、ＸがＡを独立させて別会社としたのは、利益を向上させて配当を得、また、Ｘの子会社として、北海道地域における更なる進出を計画していたのに、本件使途不明金はこれらのＸの経営方針に重大な支障を生じさせた、という理由で、Ｙに対して、諭旨解雇する旨の意思表示をした。

10　Ｘは、ＹがＡとの関係で委任関係に立ち、善管義務を負っているところから、Ｘとの関係でも同様の義務を負っているという。

11　Ｙは、Ｍの経理処理については十分な注意を尽くしてその職責を全うしたものであるから、注意義務を怠ったという責任はないのみならず、他の職員に対する処分と比較しても、著しく重きに失するとして、解雇の意思表示の無効を主張した。

Ｂ　判決の要旨

1　出向先企業の社員の不正行為と出向元企業の懲戒規定の適用

使用者が労働者を懲戒するのは、企業秩序維持のためと解されるところ、行為者に併せその監督者に対しても懲戒処分を科するのも、企業秩序の維持を図る趣旨と解される。

本件不明金の一部に関し不正を行っていることを認めているＭはＸの社員ではなく、不正事故により直接秩序を乱されたのはＡであってＸではないのであるから、本件は、Ｘの懲戒規定が本来適用を予定している事案であるとはいい難い。そして、間接的にであるとはいえ、Ｘの企業秩序が乱されたとして、Ｘの懲戒規定を適用あるいは準用することが許されるとしても、Ｘの企業秩序に及ぼす影響が間接的なものにとどまることは、本件解雇の有効性を検討する上で、考慮されなければならないというべきである。

2　本件不明金のうち不正があったと明確に認められるのは、Ｍが認めた約一一八万円のみであって、その余の不明金については、不正があった疑いが強いものもあるものの、多くは不正によるものであると認められるには至らないというべきである。

3　ＹはＸから出向してＡの取締役に就任したのであるから、Ａにおける業務は、Ｘとの関係では、Ｘに対する労務の提供として行われたものである。したがって、Ｙは、Ｘに対し、Ｘとの労働契約（雇用契約）の本旨に従い、誠実にＡの取締役としての業務を行う義務を負っていたものである（ＸがＡ10で主張したＹの責任の根拠は認めていない）。

4　一企業の事実上の最高責任者として諸業務を行っていたＹに、関係諸書類を精査して不正がないかをチェックする作業を要求することはできない。もっとも、Ｙが売掛金残高明細書に一通り目を通していれば、Ｐに対する売掛金残が非常に多いことに気づき、不正の存在を発見できるきっかけはあったという意味では、注意義務違反があるということはできる。しかし、その注意義務違反は重大なものとはいえない。
5　就業規則の解釈・適用、不正事故の存否・程度、Yの注意義務違反の有無・程度、X及びAの損害、他の者に対する処分との比較のいずれの点から見ても、Yに対して諭旨解雇という重い処分をすることは、客観的に合理的な理由を欠き、社会通念上相当として是認することはできない。

二　考　察

1　管理・監督者責任の要件

或る使用者が雇用している労働者のうち、労基法四一条にいう管理・監督の地位にある者を含め、他の労働者に対して指示・命令し、これを監督する立場にある者（広義の監督職員）は、管理・監督下にある労働者が、企業秩序を乱したり業務の運営を阻害することがないように、これを防止するために必要な措置を採る義務がある。これが通常管理・監督の義務といわれているところのものである。ただし、この義務に由来する責任は、現代の法律において一般に認められているつぎの三原則に従わなければならない。

⑴　自己責任の原則
各人は、自己の行った違法な行為についてだけ責任を負い、他人の行った違法な行為については、他人と共謀してこれを実行させたか、または他人を教唆・煽動し、もしくはこれを幇助するという態様で関与した場合にだけ責任を負う。

⑵　個別責任の原則
各人は、自分の犯した違法行為の違法性の程度、違法行為を回避することができなかった事情などに応じて責任を負う（責任の個別化）。

⑶　過失責任の原則

各人は、違法な行為とその結果を知って（故意に）その行為を行ったか、またはそれを知らなかったが、よく注意をしていれば、これを知ることが可能であった場合にだけ責任を負う。

これを、広義の管理職員についていえば、その組織下にある職員（部下の職員）が違法な行為を行っていることを知った場合はもちろん、部下に対する管理・監督を、一般に定められている体制のもとで、通常のルールに従って行っていたならば、部下の職員が違法な行為を行っていることを認識することが可能であったのに、不注意によりこれを知りまたは予見し得なかった（したがって、その違法行為の発生を防止することができなかった場合）場合には、その結果の発生を防止することを期待し得ない特段の事情がない限り、その管理職員は、管理・監督の責任を免れない。

２　出向者の出向先に対する管理・監督者責任

ＹはＡに出向し、Ａの常務取締役・営業局長として、Ａの事実上の最高責任者であったから、部下の職員の違法行為につき、監督・管理者責任を負うことは当然である。

しかし、本判決が述べているように、ＹがＡの事実上の最高責任者として、すべての業務を統轄しているからといって（むしろ、そうであればこそ）、Ｙに関係諸書類を精査して不正がないかをチェックする作業を要求することはできない。というのは、企業には、最高責任者の信任に基づき、同人を補佐して、右のようなチェックを行う機関が設けられているからである。現に、Ａの経理については、Ａの経理担当の職員のほか、Ａの共同出資者であるＸとＺの経理担当者が会計検査を行っている。それにもかかわらず、Ｍが行った不正な経理処理を発見することはできなかった。そうしてみれば、Ｍの不正な経理処理について、ＡがＹの責任を問うことはできないといわれても仕方はない。

３　出向者の出向元に対する管理・監督者責任

本判決は、Ｍの不正事故により直接秩序を乱されたのはＡであってＸではないから、本件はＸの懲戒規定が本来適用を予定している事案ではないと述べている。この問題については、本節第三一2 1ないし3(四三九～四四二頁) で述べたが、AにおけるYの行為が、XとAの企業の組織または機能の関連(とくに、共同事業関係の存在)および出向の目的にかんがみ、Yの行動が、Aのみならず、Xの企業秩序を乱し、または業務の運営を阻害する場合に限り、Xはその懲戒規定により、Yの管理・監督者責任を追及することができると解すべきである(ただし、本件では、YはAに対して管理・監督者責任を負わないと解されるから、Xに対してもその責任を負うことはない)。

補　足――出向先企業に対する業務阻害行動――

必ずしも出向者が行うものとは限らないが、出向元企業の労働者が、出向先企業に対し、その業務を阻害するような行動を採った場合には、いかなる責任が生ずるか、とくに出向を推進しようとしている企業がどのような措置を採ることができるかという問題がある。これを判例に即して考察しよう。

[判例八五] 東日本旅客鉄道事件

A　事実の概要

1　Xは日本国有鉄道の分割・民営化の結果設立されたが、当時の社員数は約八万二五〇〇人で約九五〇〇人の余剰人員を抱え、その活用がXが順調に発展するための課題であった。

2　そこで、Xは、関連会社の育成や民間会社での社外教育などの観点から、出向を積極的に推進することとし、昭和六二年五月二六日各労働組合に対し協力を求め、Hほか三組合とは同月二八日出向に関する協定を締結したが、K組合とは五月中に三回交渉したにもかかわらず、合意にいたらなかった。

3　五月二九日の団交でXはK組合に対し、六月一五日以降出向を実施する旨通告し、三回にわたり、T運行部長名で、Ｋの組合員らの出向の事前通知を発した（その第三次出向は、組合員三一名を八月一日付でＡなどに出向させるものであった）。

４　八月一日午前七時過ぎ、Ｔ地本組合員約三〇名は、出向先Ａの正門前に集合し、ハチマキ、腕章を着用し、五〇分にわたりＡの社員にＸの出向を批判したビラを配布し、正門の反対側に駐車していた宣伝カーのスピーカーを使い、かなりの音量で、Ｘの出向などの不当を訴える演説を行い、出向者らが入門する際シュプレッヒコールを五、六回繰返した。

５　同日、Ａの総務部長らは、朝の組合の行動を聞き同社を訪れたＴ運行部次長に対し、今後何かまた起きれば、出向の受入れについて再考することもある、旨を述べた。

６　Ｘは、本件行動は、Ｘの重要な施策である出向制度の遂行に多大な支障を来すおそれがあると同時に、Ｘの信用を著しく失墜せしめたとして、これに参加したＹらを出勤停止にした。

Ｂ　判決の要旨

ａ　一審（前橋地判平成三年三月二七日・労判五八九号七二頁）

本件行動によってＡが少なからぬ迷惑を被り、このためＡのＸに対する信頼が低下したから、本件行動は、Ａの出向受入れに支障を来す行動であった。しかし、Ｋ組合は正当な方法で出向制度反対の宣伝行動を行う権利があること、労働委員会からの勧告にもかかわらず、Ｘは特段の対策もせず出向を実施したこと、出向先敷地内での出向反対の宣伝活動は本件が最初であること、その場所は公道と判断しても無理のない場所であったこと、Ａの業務遂行に具体的な支障を与えなかったものであることなどに照らすと、本件懲戒は、本件行動の非違の程度に照らし不当に重く、Ｙらを不利益に取り扱うことによってＸの弱体化を図ったものと推認され、不当労働行為に該当する。

ｂ　控訴審（東京高判平成五年二月一〇日・労判六二八号五四頁）

労働組合の行う情宣活動は、社会的相当性の範囲内にある限り、何ら違法とされるものではない。しかしながら、企業の経営は専ら企業主体（使用者）の危険と責任において遂行され、ことに企業は第三者との取引（出向も含む）によりその経営の実を挙げようと努めるものであり、他方労働者は賃金を対価として使用者の指揮命令下に労働力を提供するものであるから、労働組合ないし労働者の職場外での情報宣伝活動であっても、その内容や態様が、企業の円滑な運営に支障を来しまたは使用者の業務運営や利益などを不当に妨げ、もしくは不当に侵害するおそれがあるような行為は慎まなければならない。…企業が現に出向の受入れ先企業の開拓などに努力している最中に、その出向制度自体の破壊につながるような行動をすることは、…特段の事情がない限り、企業の円滑な運営を妨害するものである。

本件行動は、これによりAに一定の心理的圧力を及ぼし、Aの側からXに今後の出向受け入れの辞退を余儀なくさせるなどの働きかけをし、もってK組合の立場を有利に運ぼうという目的があったものと推認される。仮にそうした自覚的意図がなかったとしても、本件行動のような行動をとれば、Aの側に前記のような諸々の影響を与えることは容易に予見できたというべきであり、現にAは出向受入れについて再考させてもらうとの意向を示した。加うるに、本件行動のあった時期において、今後出向先の開拓や拡大が予定されている状況下にあり、出向先企業からX社員の出向受入れに消極的姿勢が打ち出されれば、Xの企業目的遂行のため不可欠であったとみられる出向は甚大な悪影響を受け、ひいては適正な人員配置や企業運営の目的達成に著しい支障が生じたことも優に推認される。

そうすると、本件行動が早朝約五〇分間で終わり、当日Aの社員または住民との間にトラブルが生じたり、Aの業務に具体的な実害が生じなかったとしても、Yらの本件行動の影響が軽微であったとは必ずしも認めがたく、これをたんなる一過性の行動として放置すべき事柄とは認められない。したがって、本件懲戒は有効である。

c　上告審（最判平成一一年六月一一日・労判七六二号一六頁）

Yらによる本件行動は、XのT運行部から相当数の従業員が初めて出向した時点において、出向先のAに少なからぬ不安動揺を与えて、Aの側から同様の行動が反復される場合には出向受入を再考したい旨の意向がXに示されるなど、Xの当時の緊急な課題であった出向施策の円滑な実施などの業務運営を不当に妨げるおそれがあったものであって、その余の事情を考慮しても、労働組合の正当な活動の範囲内とはいえず、Xの就業規則所定の懲戒事由に当たるとした原審の認定判断は、是認するに足りる。

C　コメント

１　本件は、出向反対を闘争目的としている労働組合が、出向先企業Aに心理的圧力をかけ、さらにはAにXとの取引（本件では出向）を中止させて、その闘争の有利な展開を図ろうとした行動、いわゆる第二次的争議行為の評価に関するものである。その意味で、bおよびcの判決が本件行動の性質を正確に理解しているということができよう。この種の行動の正当性についての一般論をここで論述することは避けるが[130]、その目的および手段・方法の正当性ないし相当性のほか、当事者および第三者が受ける利益・不利益を総合的に考察して、公正かつ合理的と認められるかという見地から判断すべきである。

２　その場合まず検討されなければならないのは、その出向がいかなる目的で行われ、それがXの事業の運営・業務の遂行およびその従業員Yの雇用問題について、いかなる意味で重要性を持っているかということである。なぜならば、目的合理性は、利益の均衡（公正）と並んで、法的価値判断の一つの重要な要素をなすものだからである。

本件でXが実施しようとしている出向は、要員対策として、すなわち、Xはその本来の事業を営むに必要な人員の数を超える従業員を雇用しているので、関連事業へ移す（それが移籍となるか派遣となるかは別として）要員を出向先企業で育成するとか、将来における余剰人員の解消（または縮小）までの間、短期間でもよいとして従業員を求めている企業に、その要員を提供するという型のものである。しかも、国鉄の分割民営化に伴う出向は、［判例八五b］が述べているように、「XのT運行部では、社員の約二割近い余剰人員を抱えており、これらの人員を有効に活用することが、Xの基盤整備上極めて重要な課題であった。そのため関連会社の育成、関連事業に取り組む際のノウハウの蓄積や社員の民間会社での社外教育などの観点から出向先企業を開拓し、さらにはこれらの企業との信頼関係を維持発展させることが極めて重要な意義を有していた」。

付言すれば、この出向を円滑に行うことは、Xの従業員、とくに当面余剰人員とされている従業員の雇用を確保するための必要条件であることはすでに述べたとおりである。いいかえれば、この出向を阻害することは、労働者が自らの首を絞めるのに等しい結果となる。極言すれば、労働者が出向に応ずる・応じないはその自由意思によると解するとしても、それに応じない場合には、余剰人員として解雇されるか、変更解約告知をされることになる。

　このことを前提とするならば、同判決が述べているように、「労働組合の側において、出向受入先企業に向けて情報宣伝活動を行うことが必ずしも許されないものではないとしても、その内容、方法、態様等は、出向先企業に不当に不安動揺を与えたり、出向先企業の出向元企業に対する信頼を失わせ、もって出向元企業の出向制度の円滑な実施に不当な影響をもたらすものでないことが要求される」と解することができよう。

　なお、本件に関連し、［判例八五ａ］は、Ｋが、この出向につき、Ｇ地労委に対し、不当労働行為を理由として救済申立と審査の実行確保の措置勧告の申立を行い、Ｇ地労委は、出向命令の実施については現在審査中であり十分留意の上慎重を期せられたい旨の勧告を行ったという事実を捉え、労働委員会からの勧告にもかかわらず、Ｘは特段の対策もせず出向を実施したとして、これを出向を不当とする理由の一つに挙げている。しかしながら、「勧告それ自体は、法的効力を有せず、使用者に対して出向の実行の慎重な対応を任意的に促すに過ぎないものである」（八五ｂの判決）。したがって、事態の公正・合理的な解決について危険を負担する使用者が、その勧告を受けたけれども、それによってはその責任を果たせないと考えるならば、その判断に従って行動することが是認されるべきであると考える。そうすると、ａの判決のように、この勧告に重きを置くのは適当ではないと思われる。

(130)　アメリカにおけるＸとＡとの取引の中止を求めるためＸの従業員Ｙの組合がＡに対して行うストライキやピケッティングについては、菅野和夫・争議行為と損害賠償（一九七八年）三一一～三二二頁、C.J.Morris ed, The Developing Labor Law 2nd ed.（1983）, P. 1136-1178.

第七章　出向復帰

第一節　出向復帰の問題点

第一　序　説

出向により、出向者Yは、出向元企業Xの従業員たる地位を保有しながら、①主として出向先企業Aのために労務を提供する場合は、Xとの出向に関する契約とAとの労働契約に基づき、また②主としてXのために労務の提供をする場合は、Xとの労働契約および出向に関する契約に基づき、それぞれ、Aに対して（通説の表現を用いれば、「Aの指揮・命令に従って」）労務を提供するという法律関係を形成する。その法律関係はさまざまな事由によって消滅するが、そのうち、Xの一方的意思表示（形成権の行使）によって出向に関する契約を消滅させることを、通常出向復帰命令といっている。

この出向復帰の意思表示は、出向関係の消滅に向けられたものであって、その効力が発生すれば、Yの労働契約または労務提供の相手方の一方または双方が変更することになる。この意思表示について、前掲**［判例三一］**昭和アルミニウム事件（一四五頁）の3は、つぎのように述べている。

「Aへの出向を解く人事異動は、X以外の企業からXへの復帰であり、それ自体ではYに本来の雇用先の業務に従事させるものにすぎないから、Yに何ら不利益を与えるものではなく、人事権の濫用及び債務不履行の問題は生じない」と。

しかし、出向復帰は、前述のごとき労働契約の要素の変更をもたらすから、これを出向元企業（使用者）の一方的意思表示によって行うことができるか、できるとすればいかなる条件のもとにおいてであるかという問題が提起される。さらに、出向により、AとYの間に労働契約が締結され、またはYがA取締役もしくは監査役として就任するという委任契約が成立していることがあるので、出向復帰の意思表示だけで、出向関係が当然消滅するのかなどという問題も考えられる。

とくに、復帰が期待されていない出向は、実質的には移籍であるから、かんたんにこの判例のようにいうことはできないはずである。

しかし、これらの問題については、出向復帰については、労働者の同意を必要とするかということが、極めておおまかに論じられているだけで、これを論理的に究明したものは見当たらない。そこで、出向復帰に関する学説・判例を概観したうえで、これらの問題について考察しよう。

その場合、出向を終了させる事由のいかんが重要な鍵となりうると考えるが、それは、これまでに述べてきた出向の目的と関連するので、これに対応して類型化したうえ、その特質に着目する必要がある。

第二　学説・判例

一　判　例

古い判例としては、

前掲【**判例七一**】小太郎漢方製薬事件（四二二頁）の2

漢方薬の製造・販売を業とするXが、その近畿地区担当の営業部門を独立させ、Xがほとんど全額出資して設立したAに、その代表取締役として出向させたYを、営業方針の変更を指示したが、これに従わなかったなどという理由で、代表取締役の辞任を勧告し、かつ出向復帰を命じたというケースにつき、「元来勤務の具体的内容および勤務場所を特定して雇用契約を締結した場合を除いて、被用者はこれらの指定についての権限を包括的に使用者に与えているものと解することができる」との法律論を前提として、「出向の場合、被用者は使用者との雇用関係を存続させながら労務の提供場所を出向先に変更し、または雇用契約の効力を一時停止して、その間出向先の使用者との間に雇用契約を締結するものであるが、いずれにしても出向元の使用者との間の雇用契約は存続しているのであるから、右出向が雇用契約によって許されるものである以上、右出向およびこれをとりやめて出向元に復帰を命ずる権限は、その行使が濫用に亘らない限度において使用者に与えられていると解すべきである」と述べている判例があった。

最高裁判所も出向復帰を命ずる使用者の権利を認めたが、その理由はつぎのとおりである。

前掲【**判例四八**】古河電気工業事件（二四三頁）の上告審判決（最判昭和六〇年四月五日・民集三九巻三号六七五頁）

A　事実の概要

1　Xはその原子燃料製造部門を独立させ、Zの同種部門と合併してAを設立し、Yを含む右部門の従業員をAに出向させた。

2　Yは無届欠勤や逮捕・勾留による欠勤があるなど出勤状態が悪く、そのままにしておくのは、Zに対する信義上から妥当でないのと、Xの中央研究所加工室で欠員が生じていたので、XはAと協議して、YをXに復帰させた。

B　判決の要旨

労働者が、使用者（出向元）との雇用関係に基づく従業員たる身分を保有しながら、第三者（出向先）の指揮監督のもとに労務を提供するという形態の出向（いわゆる在籍出向）が命じられた場合に、その後出向元が、出向先の同意を得たうえ、右出向関係を解消して、労働者に対し復帰を命ずるについては、特段の事情がない限り、当該労働者の同意を得る必要はないものと解すべきである。けだし、右の場合における復帰命令は、指揮監督の主体を出向先から出向元へ変更するものではあるが、労働者が出向元の指揮監督のもとに労務を提供するということは、もともと出向元との当初の雇用契約において合意されていた事柄であって、在籍出向においては、出向元へ復帰させないことを予定して出向が命じられ、労働者がこれに同意した結果、将来労働者が再び出向元の指揮命令の下に労務を提供することはない旨の合意が成立したものと認められるなどの特段の事由がない限り、労働者が出向元の指揮監督のもとに労務を提供するという当初の雇用契約における合意自体にはなんらの変容を及ぼさず、右合意の存在を前提としたうえで、一時的に出向先の指揮監督のもとに労務を提供するという関係になっていたにすぎないものというべきだからである（一審判決［判例四八］も同趣旨である）。

C　二つの判例の若干のコメント

［判例七二］の2は、雇用の本質について、使用者は、労働契約で特定されていない限り、労働者の勤務の具体的内容および勤務場所を指定することができるという見解を採り、これを根拠として、出向復帰を命ずる権利も持つと解している。しかし、この見解は労働契約の理解に欠けるものであって、賛成しかねる。すなわち、労働契約は、最小限労働者が使用者のため報酬を得て働くという労使の意思の一致によって成立するといわれている。そうはいっても、契約は、その当事者が、それにより、積極的に自己が取得する利益と、消極的には約定された負担・拘束以上に不利益を受けないという利益を確保するために締結するものである。そうすると、契約締結当時には契約内容が特定していなくとも、たとえば、使用者の辞令の交付（それは契約内容の決定について、黙示に使用者に与えられた形成権の行使と考えられる）によって契約内容が特定した以上、出向についていえば、労働契約の当事者と労務提供の相手方の双方もしくは一方が変更された以上、これを変更するためには、契約を変更しうるための要件（相手方の承諾またはこれに代わる当事者に認められた形成権の行使）がみたされなければならないのであって、たんなる指示によって契約内容を変更することはできないのである。

これに対し［判例四八］の上告審判決は、出向復帰は、それが予定されていれば、それによって本来の労働契約関係に戻ることになるのであるから、使用者の一方的意思表示でこれを行うことができると述べている。すなわち、ＸがＹを出向から復帰させるという形成権の根拠を出向復帰の予見ないしは予見可能に求めている。その趣旨は、出向の復帰によって、使用者の交代という現象が発生することに相違はないが、出向の場合と異なり、労働者の同意を必要として労働者の利益を保護するまでもないと考えているように受け取れる。

なお、この判決は、「将来労働者が再び出向元の指揮命令の下に労務を提供することはない旨の合意が成立したものと認められるなどの特段の事由」がある場合を除外している。出向復帰が予定されていない場合を意識してこのように述べたものであるかどうかはわからないが、心に留めておくべきことと思われる。

二　学　説

学説の多くは、出向復帰についても、出向の場合と同様に、労働者の具体的な同意を必要とするが、その同意は事前の同意(出向規定によるものを含む)をもってたりると解している。それは、出向復帰といえども労働契約の内容の変更を伴うことであることを根拠とする。(131) なお、［判例四八］の上告審判決は、出向復帰が予定されているケースについては、特段の事情がない限り、その同意を必要としないという見解を採っているが、出向復帰が予定されているということは、復帰についても事前に同意を与えているという解釈も可能であるから、「出向復帰が予定されている」ということの意味内容のいかんによっては、学説と異ならないことになるであろう。

(131)　和田・注（63）の論文、四一～四二頁、土田「出向・転籍の法理」一七三頁。

第二節　出向終了の事由と出向復帰の方式

第一　主として出向元のための出向

一　その特質

この類型の出向は、すでに述べたように、Xの従業員YにAのもとで労務を提供させるが、その主たる目的は、それによりXの事業活動に寄与させることにあり、これに付随して、Aもその事業活動のためYを使用することができるものの、A・Y間には労働契約が成立しない点にその特徴がある。したがって、原則として、出向復帰が予定されていて、しかも、その出向期間は短いのが通常であり、ときには、その終期が決まっている場合もある。いずれにせよ、出向の終了は、X・Y間の労働契約に付加された出向に関する特則を併せ、X・Y間の契約上の問題として構想され、Aの意思は直接これに関与しない。

二　出向の終了と出向復帰

1　出向期間の満了

出向（に関する契約）について一定の期間を定め、その満了を期限とする場合には、その期間の満了によって、出向はその効力を失い、Yは、当然に、Aの指示（指揮・命令）・監督のもとで労務を提供すべき義務から解放され、Xのもとで労務を提供すべきものとなる。このことについて、とくにXのYに対する出向復帰の意思表示を必要としない。

これに対し、出向の期間を定めるが、それが一応の目安と認められる場合は、Xは出向を終了させようとするならば、Ｙに対しその旨の意思表示をする必要がある。それが出向復帰にほかならない。ただし、Ｘのための出向について期間が定められている場合には、その期間が経過すれば、間もなく復帰させることがＸ・Ｙ間で約定されていると解し、復帰についてはＹの同意を必要としないと考えたい。

2　出向目的の達成と達成不能

主としてＸの事業活動に寄与させるための出向は、第一編第三章第一節第一（一〇六〜一〇七頁）で例示したような目的を達成するために行われる。したがって、ＹがＡのもとで就労した結果、出向の目的を達した場合（たとえば、特定の技術の習得、特定の製品の販路の開拓の完了）はもちろん、この目的を達成することが不可能となった場合（たとえば、身体または精神的機能の障害による稼働の不能、販売する商品の生産停止）には、出向を終了させる条件が成就したということもできよう。少なくとも、Ｙが出向の目的を明示もしくは黙示に約定している限り（第一編第四章第一節第三二〔一七七頁〕参照）、右のような事態の発生による出向の終了を予測していると解することができるから、Ｘは出向復帰を告知することによって出向を終了させることができ、Ｙの同意を要しないと解する。

3　その他

企業内の人事異動と同様に、出向復帰も、出向先で従事している業務の変動、出向人事の機会均等（出向が一部の従業員にだけ片寄らないようにする）、人心の一新（出向の長期化による業務処理の沈滞を避ける）などの業務上の必要を理由として行われる。これらの事由も出向を公正かつ合理的なものたらしめるものであって、出向の終了を予期しうる理由の一つと考えられるから、原則として、Ｙの同意なくして復帰させることができると考える。ただ、この場合には、出向の目的と相関的に考える必要がある。たとえば、Ｙに特定の技術を習得させる目的でAに出向させた場合は、その目的を達成しうる条件が具わっている限り、YはAで勤務することにつき特別の利益を持っているから、たんにYの業務量が減少したというがごとき事由だけで、Yの同意なしに出向復帰を求めることはできないというべきであろう。もっとも、Yの能力や勤務状態（とくに、Aの経営秩序を乱すとか業務を阻害する行動があること）などにかんがみ、AがYの出向を断るのがもっともであると認められる事情がある場合には、出向復帰は、Yの意思にかかわらず実施することができるといわなければならない。

三　結　論

この類型の出向にあっては、Yと労働契約関係に立つのはXだけで、AはXの履行代行者にすぎない（本編第一章第四節第一〔二六七頁〕）。したがって、Yの出向を終了させうる立場にある者はXだけであり、Aは、たとえYの出向を終了させたいと思っても、Xに対して、X・A間の、Yの出向に関する契約を解約するなどして、Xの意思の発動を促しうるにとどまる。

そして、出向について定められた終期が到来した場合には、出向は当然終了する。そうでなくとも、出向の復帰が予定されているのが原則であるから、Yに帰責事由があり、出向の目的を達しないか、またはAの業務の運営を妨げる場合はもとより、出向の目的に反しない限り、Xの一方的意思表示によって、出向を終了させることができると解すべきである。

第二　主として出向先のための出向

一　その特質

この類型の出向にあっては、YはXの従業員であるという地位を保有したまま（X・Y間に労働契約は存在している）、Ａとも労働契約を締結し（役員出向の場合は、Ａ・Ｙ間に委任関係が成立する）、Ａの企業危険のなかで労務を提供することにその特徴がある。そうしてみると、出向の終了については、第一で述べたＸ・Ｙ間の事象のほかＡ・Ｙ間の事象も考えなければならない。しかも、この型の出向は、一般に比較的長期にわたることが予定され、なかには、出向復帰が予測されない、実質的には移籍に該当するケースもある。このことから、ＹがＡのもとで雇用が継続することについて期待利益を持つようになることがありうる。ここに、第一とは異なった構想が必要となる。

二　出向の終了と出向復帰

１　出向期間の満了

この理由は、本節第一二１（四七一頁）と同様に考えてよいであろう。というのは、一般論としては、出向がこれによって終了することがＸ・Ｙ間の契約によって決まっているか、または、少なくとも決められている期間が経過したならば、出向が終了することがかなり高い確率で予期されているといえるからである。この意味で、出向期間の満了ないし経過による復帰は、それがＸの意思表示による場合であっても、Ｙの同意を要しないと解する。

しかし、この類型の出向にあってはＸ・Ｙ間の労働契約のほかに、Ａ・Ｙにも労働契約が成立しているのであるから、このことを考慮にいれる必要がある。すなわち、これらの二つの労働契約については、その終期を格別に定めることもありうるからである。

たとえば、Ｘ・Ｙ間の労働契約については定年（終期）が六〇歳と定められているが、Ａ・Ｙ間ではその定めがなく、出向は前者による定年後の雇用を可能ならしめるために行われたと認められるがごとき場合である。この場合には、Ｙが六〇歳になったことにより、Ｘとの労働契約は終了するという意味においては、出向は終了したといえるが、出向復帰ということはありえず、A・Y間の労働契約だけが存続することになる。

これに対し、X・Y間に労働契約が存在することを前提としてAに出向させたと認められる場合には、Yが六〇歳になったときは、Xとの労働契約が終了するとともに、A・Y間の労働契約も終了することになる。

一定の出向期間を定め、その満了を期限とする場合には、X・A間でその旨を協定し、これに基づき、X・Y間およびA・Y間の労働契約で同旨の約定をするのが最も論理的であるが、X・A間の協定があれば、Yを含む各当事者はそれによるとの意思であったという理由で、それが各労働契約の内容となっていると解釈される可能性が大きいと思われる。出向期間を一応の目安として定める場合も同様である。

2　出向目的の達成と達成不能

この型の出向についても、その目的を具体的に約定した場合は、第一二2(四七二頁)と同様に考えてよい。ただ、この型の出向は、通常出向復帰が予定され、しかも、主としてAの事業活動のために行われるものであるから、出向目的が達成されたか、またはその達成が不能となったかについての判断は、まずAが行い、これによりA・Y間の労働契約を解約した場合に、これに基づいてXがYに対して出向復帰の意思表示をするのが論理的と考えられる。しかし、XがAの親会社で、実質的には、Yの雇用と就労につきXが危険を負担している場合には、Xが右のごとき判断をして、Yに対し出向復帰の意思表示をすることもありうるが、Aはこれを承認することにより、Yとの労働契約を解約したと解釈することができよう(出向復帰についてYの同意を要しない)。しかし、役員出向であればAによる解任を必要とする。

なお、わが国における運用の実態をみると、AがYに対し特別の意思表示をすることなく、Xに出向復帰の実施を求める例が多いようであるが、この場合でも、理論的には、Aによる意思表示を必要とすると解したい。その意思表示は、A・Y間の労働契約関係をXに譲渡するか、Yとの労働契約を解約する旨の意思表示ということになろう。ただ、実務の運用に即していえば、ＸのＹに対する出向復帰の意思表示に即応して、ＡがＹに対してそれにそうような行動を採った場合、たとえば、出向の労をねぎらったような場合には、Ｙに対し、右に述べた趣旨の意思表示があったということができるであろう。

3　出向復帰が予定されている場合

出向について期間の定めや、具体的な目的の定めがない場合であっても、出向の趣旨や従来の慣習にかんがみ、その出向について、復帰が予定されているケースは多い。それは、いわゆるグループ企業内で、出向の方式で企業間の人事異動を行うような場合を除けば、従業員は、その採用された企業で雇用を継続することを期待し、いわゆる終身雇用は、この期待利益を保護することを一つの骨子として組み立てられているからである。そうであれば、ＹがＡにおいて雇用を継続することについて特別の期待利益を持っていると認められる場合（たとえば、ＹのＡにおける業務が軌道に乗り、Ｙとしてもそれを継続することによって名声を期待し得るような場合）を除き、出向復帰についてはＹの同意を必要としないと解しても、Ｙの雇用上の利益を不当に侵害することにはならないといえるであろう。

まず、出向を終了させる理由が、ＹがＡの従業員としての適格（適性・能力）を欠くとか、従業員としてふさわしくない行動（とくに、企業秩序を乱すとか業務を阻害する行動）をしたということにある場合には、Ａとしては、Ｙを解雇できることは当然であり、Ｙとしては、Ａにおける雇用の継続を求めることはできない。なお、Ｙにこのような理由が発生した場合に、出向がＸからＡへの労働契約の譲渡という形で行われていたものであれば、ＡはＹとの労働契約関係をＸに譲渡する旨の意思表示をすることもできると考えたい。この譲渡の意思表示は、Ｙとの雇用関係を絶つことを目的とするものであるから、Ａの一方の意思表示によってその効力が発生すると解したい。譲渡の意思表示があれば、Ｘ・Ｙ間にだけ、労働契約が存続することになる。また、ＡがＹを解雇した場合でも、YをAに出向させたXの目的は達せられなくなるから、Xとしては、Yの出向復帰を求めるのほかはない。

もっとも、AがYを解雇すれば、それにより、YはAのもとにおける労働義務から解放され、Xのもとで休職している状態になるが、Xの出向復帰の意思表示がなければ、休職が終了しないことになるのではなかろうか。

つぎに、出向を終了させる理由が、XまたはAの業務上の必要性にある場合が考えられる。この場合には、その必要性とYのAにおける雇用の継続についての期待利益との考量の問題が生ずると考える。

このような理由による出向の終了について主導的立場を認められる者は、一般的には、Yの雇用と就労について企業危険を負担するAであると考えられるから、AがYとの労働契約の解約についての意思表示(役員出向の場合には、解任)をなし、これに基づいて、XがYに対して出向復帰の告知をするという方法が構想される。ただし、XがAの親会社で、実質的にYの雇用と就労につき危険を負担していると認められる場合には、XがYに対し出向復帰の意思表示をなし、Aの承認により、A・Y間の労働契約の解約がなされたと解しうること、役員出向であればAによる解任を必要とすることは、**2**で述べたと同様である。また、Yの適格性(行動を含む)を理由に出向の終了を求めようとするAが、Yとの労働契約を解約するという方法を採らず、Xに対しYの出向復帰を要請し、Xがその要請をいれてYに出向復帰を求めるという方法を採る例が多いようである。

4　出向復帰が予定されていない場合

その最も典型的なのは、実質は移籍であるが、出向という方式を借りるものである。たとえば、Xの一事業部門または一事業場を分社化して別企業Aを設立し、Yをその従業員とするに際し、Xの従業員である身分を残したままにしておく(〔判例一・一〇・四〇〕のケース)とか、YをAの要員としてその業務に専念させ、またはXでは余剰となったYをAに採用してもらうが、YをXにも在籍させておいて、休職の扱いとするごときである。この場合、Ｙの雇用ないし労働問題について実質的に一切の企業危険を負担するのはＡであって、Ｘは名目的な使用者といえるもので、ただ、Ｙに対しなんらかの担保責任を負わされることはありうる。したがって、ＹのＡのもとにおける雇用の継続について主導的立場にあるのはＡであり、しかも、その雇用が終了すれば、Ｘが雇用の継続について担保責任を負うべき条件がない限り、Ｘ・Ｙ間の雇用が終了することはやむをえない（本編第三章第三節第二［三二〇頁以下］参照）。そうしてみれば、Ａ・Ｙ間の雇用の終了に伴い、ＸがＹに出向復帰を求めるとしても、それはＸのもとで再雇用をするという実体を持つものであるから、専らＹの利益のための措置にほかならない。この意味で、これについてはＹの同意を必要としないと解する。付言すれば、Ｙはこれを拒むことは自由であるが、Ｘのもとにおける雇用継続の機会を失う結果となる。

このように、Ｙの出向復帰が予定されていないことは、ＹがＸに必要な要員でないことに由来するケースが多いといえるが、そうではなくして、ＹがＡに必要不可欠な人材であるか、少なくとも、そのような人材として求められ、これに対応して、ＹがＡのもとで就労を継続することについての期待利益を持っていることもある。このような場合には、ＡがＹを相当な理由なくして解雇することはありえない。そうしてみれば、ＡによるＹの解雇、またはＡのＸに対するＹの出向復帰の要請を待たないで、ＸがＹに対し出向復帰を求めることは、Ａとの間の出向協定違反となるのみならず、Ｙに対しても、出向の継続に対する期待利益を害するという意味で、効力を生じないと解すべきであろう。

三　出向期間の延長

出向復帰が予定されている出向について、あらかじめ定められている出向期間を出向元企業の意思表示だけで延長することができるかという問題がある。一般には、出向期間が定められている場合には、その期間が満了したならば、出向元企業は出向復帰をさせるべきであり、出向者の同意がない限り、その期間を延長することはできないということができる。ただし、これについての出向者の同意も、具体的な事情のもとでは、事前の包括的な同意をもってたりると認められるケースもある。この問題についてはつぎの判例がある。

前掲【判例二】新日本製鉄事件（一八頁および一八〇頁参照）の3［一審判決］

A　事実の概要

1　Xは、鉄鋼の製造・販売などを業とする会社であり、YらはXに雇用され、N製鉄所の構内鉄道輸送部門で勤務していた。Xは、鉄鋼業界の構造的不況に対応する合理化計画の一環として、構内鉄道輸送業務をAに委託し、これに伴ってYらをAに出向させた。

2　Xと、Yらが加入している労働組合Uとの協定で、出向を含む社外勤務の条件などを定めているが、そのなかで、「出向期間は原則として三年以内とする。ただし、業務上の必要によりこの期間を延長し、またはこの期間を超えて出向を命ずることがある」と定められている。

3　Yらの出向は平成元年四月一五日付で行われたが、協定に定められている三年の出向期間がすでに二回延長されている。

B　判決の要旨

本件出向は、付帯事業である構内鉄道輸送部門の業務委託に伴うものであるため、出向期間の長期化が避けられず、Yらについても三年の出向期間がすでに二回延長されている。

しかし、本件出向がいわゆる転籍出向ではなく、本件出向が長期化することによってYらに相当の不利益が生じたと認めることはできないから、出向期間の延長自体を特に強調することは適当ではないし、またYらに復帰の可能性が全くないと断定することもできない。

C　コメント

本件出向は、昭和六〇年秋のGファイブ以降急激な円高が進行した結果、国内の鉄鋼需要の中長期的な大幅の減少と鉄鋼純輸出量の減少により、粗鋼生産の低下傾向は避けられないと見通される状況のもとで、Xが、昭和六一年度の業績の極度の悪化に対応するため、総固定費の二五パーセント以上の削減（そのための多数の要員の削減を伴う）などを目標とする中期総合計画の一環として行われたものである。本件判決も、

「本件出向は、その背景にある中期総合計画が大幅な要員削減を内容とするものであり、今後、Xに大量の要員補充・の必要性が生ずることは期待できず、また、構内輸送部門を協力会社であるAに全面的に業務委託することを内容とする本件計画に基づくものであり、構内輸送部門はXにとって付帯的事業であって、これを再び直営に戻す可能性はあまり考えられないから、出向期間が長期化する可能性が高かったものである」として、転籍出向にちかいという実質を認めて（ただ、Aの業績悪化などにより就労の必要がなくなれば、当然Xへ復帰することがあるとして、転籍［移籍］と異なるとする）、その必要性や条件の妥当性を検討し、その結果、本件出向の妥当性を認め、本件のような事案については、出向元の一方の意思表示による出向期間の延長を是認している。

ところで、本件出向は、Xの構内鉄道輸送部門を協力会社であるAに全面的に業務委託した結果、同部門の要員一七一名中Xが直営する輸送計画作業および輸送設備管理作業の要員二三名を除く者を対象として行われたものである。その業務委託は、おそらく構内鉄道輸送部門という、それ自体として独立してまとまった一部をXからAへ営業譲渡するという方式で行われ（その意味では、会社の分割に近い）、一七一名の要員の労働関係もそのなかに包容されていたとみることができるのではないかとおもわれる。そうであるとすれば、第一編第一章第三節第三二2（三七～三九頁）で述べたように、Yらは、包括的譲渡の対象となる労働者であって、出向に応じない者は、変更解約告知の法理によって解雇されてもやむをえないことになる。

かりに、営業譲渡の方式を採らなかったとしても、同部門の要員一七一名中Xの直営作業の要員（二三名）に適しない者は、Xにおいては余剰人員になる。そうすると、本件出向は、同部門における余剰人員の解雇を回避するための出向にあたる（ただし、本件判決は、本件出向は、雇用調整のための整理解雇回避の措置とは認められないとの見解を示している）。いずれであるにもせよ、Xにおいては、構内鉄道輸送部門の作業を、右に述べたような方法で営むという

事態が継続している限り、出向期間を延長することは、解雇を回避するための手段にほかならないから、Yらに利益をもたらしこそすれ、不利益を与えるものではない。その意味で、この判決の結論は是認される。

もっとも、Xはその従業員が組織している労働組合Uと、出向期間原則として三年以内とし、業務上の必要によりこの期間を延長する旨協定しているので、その趣旨も考慮する必要があるであろう。この点に関するXの主張は判文上明確ではなく、判決も、本件出向が長期化することによりYらに相当の不利益が生じたと認めることはできないから、出向期間の延長自体を特に強調することは相当でないと述べているにとどまる。しかし、本件出向は、実質的には移籍であり、その長期化は予見されたか少なくとも予見可能であったのであるから、出向期間を三年としたということも、これを前提として、期間が経過した時点で何らかの見直しをし、特別の事態が発生しない限り、同一の条件で出向を継続する趣旨の協定であったと解釈できるのではなかろうか。

第三　移籍の場合

移籍に関しては、つぎの判例がある。

【判例八六】 長谷川工機事件（大阪地決昭和六〇年九月一〇日・労判四五九号四九頁）

Ａ　事実の概要

１　Ｙは、昭和四四年主として梯子の製造・販売を業とするＸに入社し、商品管理部長となったが、昭和五七年Ｘの子会社で、その製造部門であるような立場にあるＡに、Ｘに在籍のままＡの総務部長として出向を命じられた。当時Ｙは五八歳で、Ａの定年五五歳を超えていたが、その適用はないものとされた。

２　昭和五七年一一月ＹはＸ（およびＡ）の社長から要請されてＡの取締役に就任するとともに、Ｘを退社してＡ

に入社した。Yは昭和五八年二月Aの取締役に再任され、昭和六〇年二月任期満了により、取締役の地位を失った（当時Yは六一歳）。

3　Xの定年は六〇歳と定められていたところ、XはYに対し、出向および移籍後も、Xの定年についての就業規則の適用があるとして、取締役の地位を失うとともに、定年により従業員たる地位も失ったと通知した。

B　決定の要旨

Yに対しAの定年についての就業規則の適用を除外したのは、当時Yがその定年を超えていたためであるから、当時YがXよりAに移籍することが具体的に予定されていたとはいえない本件では、右の適用除外を根拠として、YがXの従業員身分を失ってAの従業員となった昭和五七年一一月以降も、YにつきXにおける満六〇歳の定年制の適用または準用を受けるものとすることはできない。したがって、Yの定年が満六〇歳であることを前提とするXの主張は失当である。

また、YがAの取締役に就任（または再任）したころ、Yの総務部長としての従業員たる地位を取締役の任期と一致させる旨を合意したとも認められない。

C　コメント

本件は、出向元会社において定年間際の高年齢者の出向または移籍に関する案件である。高年齢者の労働者が増加する傾向にあることは周知の事実であり、その雇用についての対策が求められ、出向または移籍がその一翼を担っているといわれている。しかるに、高年齢者の労働者は、同じような職歴・経歴をたどった者であっても、その適性・能力、したがって、その将来性に対する期待にかなりの差があるのが実情であり、出向・移籍もこれに対応して実施されることになる。

たとえば、Xの従業員としての適性・能力（とくに、管理職員その他の幹部職員としてのそれ）に欠け、いわゆる窓際族に属する者であるとか、運動神経もしくは注意力を必要とする労働または重筋労働につき、それに適応する能力に欠けるにいたった者などについては、Xでの雇用の継続は期待し難いので、その解雇を避けるために出向させる場合には、少なくとも、Ｘでは、その従業員について定められている定年を限度として、その従業員たる地位を保有させる（したがって、そこまでは、すでに述べたような担保責任を負う）こととしているのが通常である。そうしないと、出向しない従業員の待遇との均衡を欠くことになるからである。

これに対し、Ｘの従業員が事業の企画、管理・統括、遂行の面で極めて優れた能力を持っている場合には、Ｘの役員として選任するという方法が採られる。これにより、Ｘの従業員について定められている定年を超えて、Ｘの経営を担当することが可能になる。

また、その程度にいたらない管理職員その他の幹部職員については、その適性・能力に応じ、年功にふさわしい待遇を与えるため、Ｘが実質的に事業の運営を管理している子会社（Ａ・Ｂ）に出向または移籍させて、Ａ・Ｂの役員につかせるか、その管理職員とする例が多い。これは、その従業員の花道を飾るという意味を持っている。したがって、出向または移籍後も、Ａ・Ｂ所定の定年がＸよりも若年であっても、Ｘ所定の定年によるか、または、Ａ・Ｂにおける役員の任期もしくは定年がＸ所定の定年を超える場合には、そこまでの雇用の継続を認めるのが通常である。このこともまた、Ｘから出向・移籍しない従業員の待遇との均衡を図った結果である。本件は、この類型の出向・移籍にあたると解される。

本件は、ＸがＹを出向または移籍させるとき、右の趣旨であったにもかかわらず、これをはっきりさせなかったために生じた紛争である。したがって、この趣旨を出向（移籍）規定のなかに明示しておくか、出向（移籍）の際Ｙの承諾を得ておくにこしたことはない。なお、本件のように、前述の趣旨で、ＹをＡの役員とするとともにその総務部長とすることは、使用人兼務の役員とすることであり、役員でなくなれば、当然総務部長でもないものとする趣旨（これについてはＹの承諾を必要とする）か、少なくとも、総務部長もやめさせる趣旨と解される。

そうしてみれば、ＡがＹの取締役の任期満了にともない、総務部長の職を解任することは、人事上の措置として是認される。そして、Ｙを出向・移籍させた趣旨にかんがみれば、Ｙが総務部長でなくなれば、Ａの事業に必要な要員ではなくなる。もし出向であれば、出向復帰が問題となるが、移籍であれば、Ａによる解雇の問題が生ずる。後者であっても、とくにYの雇用の継続を要求すべき事情がない限り、その解雇は是認されることになる。もっとも、本件でも、Aは予備的にYを解雇した旨主張しているが、その趣旨があいまいなため、判決ではしりぞけられている。本件は、Aの主張・立証の不明確さもあろうが、判決は、移籍後にはXの定年制が適用または準用される理由がないとか、役員たる地位と従業員たる地位とは全く別個のものであるとか極めて形式的な論理に終始し、事案の実態を正しく把握していないきらいがある。

第三節　出向復帰と不利益取扱

第一　問題点

出向について、性別、国籍、思想・信条、または組合加入・組合活動などを理由とする不利益取扱が禁止されていることはさきに述べたが（第一編第四章第二節第五〔一三二頁以下〕）、同様のことが出向復帰についても問題となるであろうか。というのは、出向復帰が予定されている場合には、出向復帰は、本来の雇用形態に戻ることにほかならないから、不利益取扱とはいえないのではないかという疑問がありうるからである。

また、不利益取扱の成立を認めるとしても、出向させる場合と出向復帰させる場合とでは、労働者がこれによって受ける不利益には差があるはずであるから、このことを考慮にいれて、成否の判断をする必要がある。

第二　判　例

出向復帰に関し不当労働行為の成立を認めたものとして、つぎの判例がある。

【判例八七】 三洋電機事件（札幌地判昭和四二年二月二六日・労民集一八巻一号五二頁）

A　事実の概要

1　Xは電気製品の製造・販売などを業とする会社であり、Yは昭和三七年四月Xに入社し、札幌営業所に配置されていたが、昭和三九年七月より岩見沢市所在のAに出向して、セールス業務に従事していた。AはXの製品の販売を業とする会社で、その役員、従業員一七名中七名がXからの出向社員であった。Xの札幌営業所長はAの社長を兼務し、Aの建物の一階をXの岩見沢サービス連絡所（S連）が使用していた。

2　Aの常務取締役IとXのS連の責任者Mが、昭和四〇年七月三〇日、Yらが居住していたXの社員寮の私室にYらに無断で立ち入ったことがあったので、YらはIに対し厳重に抗議し、同人の謝罪を要求した。

3　同年八月五日YはXの札幌営業所長Kから呼び出しを受け、Kから、YらがIに抗議したことにより、YとIの折合いがうまく行かなくなるだろうから、Yの出向をとき、札幌営業所企画課へ勤務させる旨申し渡した。

B　判決の要旨

Yらの私室に無断で立ち入ったIらの行為は住居の平穏および私生活の自由に対する違法な侵害行為であるから、これに対し抗議したYらの行為は正当であり、右抗議に対する報復としてなされた出向復帰は、権利の濫用として無効である。

C　コメント

本件でYの出向復帰の発端となったのが、IらがYらの私室に無断で立ち入ったことに対し、Yが抗議行動を行ったことであるに相違はない。これらの行為の当否はともかくとして、Yとその上司であるIの間に軋轢が生じたことは否定できない。

ところで、一般に、職場における事業活動（本件ではAにおける営業活動）は、その職場の長の指示・命令に従い、従業員が相互に協力しながら、決められた事業計画の達成に努めるという態様で行われる。そうしてみれば、或る職場への従業員の配置については、その従業員が上司、同僚または部下と相互に協力して勤務することの可能性について配慮する必要がある。もし、その協力を損なうような要因があるとすれば、これを排除するための異動（出向復帰を含めて）を行う業務上の必要も生ずるといえるであろう。本判決が、Ｘが「ＹらがＩに抗議したことにより、ＹとＩの折り合いがうまく行かなくなるだろうから」といって、Ｙの出向を解いたと認定しながら、本件をたんに「抗議に対する報復」とみるのは、皮相な見方といえるのではなかろうか。

［判例八八］ 大阪変圧器事件（大阪地判昭和四二年五月一一日・労民集一八巻三号五八五頁）

Ａ　事実の概要

１　Ｘは変圧器、溶接機などの製造・販売を業とする会社であるが、昭和三四年一〇月そのＦ工場を母体として、Ｋとの共同出資によってＡを設立した。Ｙは昭和三二年四月Ｘに採用され、Ｆ工場に勤務していたが、Ａの設立とともにＡに出向した。

２　Ｙは、Ｘの従業員、後にはＡの従業員が組織する労働組合の書記長、副委員長などを勤め、終始その中心的な活動家として組合活動を続けたが、昭和三八年八月頃まで、ＸやＡの役員、管理職員がＹら組合役員に対し懐柔策を講じたり、組合活動から身を引くように勧告したりした。

３　Ｘは、大型変圧器の製造、修理にも力を注ぐようになり、これまで小型変圧器の製造、修理を主業務としていたＡで大型変圧器の製造に着手することを昭和三八年二月決定し、Ｙを大型変圧器の担当技術者とするため、必要な技術教育をする必要があるとして、同年一〇月ＹにＸへの出向復帰を命じた。

Ｂ　判決の要旨

１　Ｘはかねてから Ｘの意に反する組合活動をしていたＹに組合活動から身を引かせるための色々な手段を考えていたところ、たまたま大型変圧器製造のための教育の問題が生じた機会に、これを利用してＹのＡへの出向を解いたものであり、その主眼とするところは、Ｙの組合活動をやめさせるにあったものとみるのが相当である。

２　本件出向解除これに伴うＸへの出勤命令は、Ｙに対し経済上の不利益を与えるものではないにしても、組合活動の点からはマイナスとなることは明らかであり、これをもって労組法七条一号にいう不利益な取扱いと解するを妨げない。

C　コメント

［判例四四］のコメント（二二四〜二二五頁）で述べたように、XがYに対して大型変圧器製造のための技術教育を行う必要があり、そのために出向復帰をさせなければならなかったとすれば、たとえ、それまでにXにYの組合活動をやめさせる行動があったとしても、その出向復帰を阻止するような救済は与えられるべきではないといえるであろう。

第八章　退職金

第一　退職金の特質

野田教授は、労働者の地位や身分に関する利益のなかには、出向元企業に「長期間の在職期間を重ねたことにより蓄積された利益(社内キャリア)」があることを指摘され、その例の一つとして、その会社における在職年数とそれにもとづく利益と考えられる退職金をあげておられる。(132) すなわち、退職金には賃金の後払いという性質があるにもせよ、長年勤続したことに対する報奨(したがって、勤続年数が長くなるほど支給率が大きくなる)とか、これとも関連して、特定の企業に対する業績の報奨などという性質がある。したがって、退職金はいかに算定されるべきか、またその支払義務者は出向元・移籍元企業もしくは出向先・移籍先企業のいずれであるか、それが決まった場合に、他方当事者である企業はいかなる立場に立つかなどという問題は、賃金と比較すればかなり複雑な要素を包蔵している。これに関連し重要なことは、とくに、出向において、それが実質的に移籍の性質を持っているか、または一定の期間経過後に出向復帰が予定されているかということではなかろうか。なぜならば、前者にあっては、出向者に対して企業危険を負担する地位にあり、実質的に労働契約に基づく出向者の法律関係の当事者となる者は、出向先企業であり、これに即応して、退職金の算定と支払を構想すべきものだからである。付言すれば、退職金は、労働者の期待利益の内容をなしているにしても、労務提供の反対給付としては、賃金ほど重要な対価ではないことも考慮されるべきであろう。

(132)　野田進「労働移動に伴う労働条件の変更」学会誌八四号（一九九四号）四七〜四八頁。

第二　判　例

一　判例の概要

1　出向に関するもの

【判例八九】 アイ・ビイ・アイ事件（東京地判平成二年一〇月二六日・労判五七四号四一頁）

A　事実の概要

1　Xは金融、経済に関する情報サービスおよびコンサルティング業務、金融、経済に関する出版業務などを目的とする会社であり、Aは、B、C、D（Xの関連会社）の合弁契約に基づく出資によって昭和五六年一〇月設立され、商品名、商標および図形商標の考案および企画、商品に関する広告表現の企画および制作などを目的とする会社である。Aの経営には、実質的にXが携わっていたが、営業状況が良好でなかったので、昭和六二年三月三一日をもってXらはその持株をIに譲渡して、Aの経営から手を引くこととなった。

2　Yは昭和五二年七月からXに雇用されていたが、Aの設立と同時に同社に出向し、賃金の支払いはXから受けていた。

3　Xは、昭和六〇年頃からYに対しXへの復帰を促したが、Yはこれに応じようとせず、XがAの経営から手を引いた昭和六二年三月三一日の経過後は、Aを使用者として社会保険の適用を受ける手続をし、X・Y間の雇用契約は終了し、それ以降Yは昭和六三年三月までAで仕事をしていた。この間XがYを解雇する旨の意思表示をしたことはなく、また、YがXに対し退職の意思を明示したことはない。

4　YはXに対し、「やむをえない業務上の都合によって雇用契約が解除された」として、退職金（支給基準率は八～九）を請求した。

5　Xは、

⑴　Ｂ、Ｃ、Ｄの合弁契約書に、「ＸらからＡに出向した従業員に支払われる退職金は、同人の元の会社（Ｘら）およびＡにおける全勤務期間を考慮のうえ、Ａの退職金規定に従って計算される。この場合Ｘらは退職する従業員が各会社に勤務した期間に比例して、上記退職金の支払いにつき負担する」とあるのを根拠に、Ｘは出向時にこれをＹに説明し、その旨Ｘ・Ｙ間で合意したから、Ｘに退職金支払義務はない、

⑵　かりに、退職金請求権があるとしても、自己都合による退職金（支給基準率は四・五〜五・七）を請求しうるにとどまる、

と主張する。

Ｂ　判決の要旨

１　右合弁契約書の規定は、Ａに出向した者の退職金の計算方法、その最終的な負担者およびその割合を定めたものに過ぎず、退職金の支給義務者を定めたものではないことが認められるうえ、合意をしたとの供述は採用することができない。したがって、Ｙは、Ｘの退職金規定に基づき、Ｘに対し退職金を請求することができる。

２　Ｙは、Ｘが昭和六二年三月三一日をもってＡの経営から手を引くことを承知のうえ、Ｘからの復帰の誘いにも応じようとせず、社会保険の関係ではＡを使用者とする手続をとり、右同日以降もＡにおいて仕事をすることとして、右同日をもってＸを任意退職する意思を黙示的に表示したというべきである。したがって、Ｙの退職金の計算については、Ｘの退職基金規定における自己都合による退職の場合の支給基準が適用される。

［判例九〇］　吉村事件（東京地判平成四年九月二八日　労判六一七号三一頁）

Ａ　事実の概要

１　Ｘ（東京）およびＡ（大阪）は、いずれも服飾生地の販売などを主たる業とする会社で、その筆頭株主はＴであった。Ｙは昭和四三年Ｘに雇用され、昭和五七年四月一日からＡで勤務し、同社の営業業務を統括していたが、昭和六三年四月Ｘに帰って就業していた。判決は、これをＸはＹをＡに出向させ、後にＸに出向復帰させたものと認定している。

2　Xは平成三年四月二三日Yに対して懲戒解雇の意思表示をしたが、判決は、その意思表示は懲戒の理由となっている事実について証拠がないから無効であると判断している。

3　Yは、AとXはそれぞれ形式的には別個に法人登記されているが、実質的には同一体であるから、Aも退職金支払義務を負うと主張した。

B　判決の要旨

1　YはXに在籍したまま、Aに六年間出向していたものであるから、XはYの退職金計算についてXおよびAでのYの勤続年数は通算しなければならず、懲戒解雇に理由がない以上、Yの退職金支給率は、「会社都合」によるものとして算定すべきである。

2　XおよびAはいずれも服飾生地の販売などを主たる業とし、その株式はTとその家族が独占し、役員はほとんどの者が相互に兼任し、XとAの日常業務の総括的責任者が置かれているが、これを集約して決定する権限を有しているのはTで、X・Aの営業担当者の売上成績は、Xにおいて一括把握されるなど、XとAは極めて密接な関係を有している。

しかし、これらだけでは、XとAの法人格が形骸化しているとか、法人制度を濫用していると認めるにたりないから、Aも退職金支払義務を負うということはできない。

［判例九一］ 塩釜缶詰事件（仙台地判平成三年一月二二日・労民集四二巻一号一頁）

A　事実の概要

1　Yは昭和二三年八月Xと雇用契約を締結し、同社に勤務していたが、昭和四七年四月Aへの出向を命ぜられて、以後Aに勤務していた。

2　Aは経営不振のため、Xの子会社としてその支配下に置かれ、Xの代表取締役がAの代表取締役を兼務するほか、XからAに社員が出向することもあった。Aは昭和五三年九月三〇日Xから独立したが、それまでXからAに出向していた者は、本人の希望によって、Ｘに戻るかＡに留まるかを選択することになり、ＹはＡに留まることを望んだので、Ｘから出向を解かれて、同社を退職するとともに、以後Ａの社員としてＡに勤務することとなり、昭和六〇年三月三一日をもってＡを退職した。

３　ＡがＸから独立する際、ＸとＡの間で、ＸからＡに出向していた者のうち、以後Ａの社員として勤務することを希望した者については、その退職金のうち、Ｘで勤務していた期間に相当する分はＸが、Ａで勤務していた期間に相当する部分はＡが、それぞれ負担することにし、Ｘの負担分相当額をＡに送金し、その合計額をＡからＡを退職する際に当該社員に支払うとの合意があった、と認められる。

４　ＹはＡを退職後、Ａに対しＸに勤務している期間に相当する退職金を含めて、Ａに対して退職金の請求をした。

Ｂ　判決の要旨

退職金の支払いに関するＸ・Ａ間の［Ａ事実の概要３］の合意により、直ちにＹがＡに対する退職金相当額の請求権を取得するものとはいえないが、右合意は退職金の支払を受けるについて利益を有するＹのために行われたものであるから、民法五三七条以下の定めるいわゆる第三者のためにする契約に当たるものと解されるので、ＹがＡに対し退職金の支払を請求することにより、受益の意思表示をしたので、結局ＹはＡに対し退職金の支払請求権を取得したものというべきである。

［判例九二］　国際開発事件（東京地判平成一一年八月二七日・労判七七七号八三頁）

Ａ　事実の概要

１　Ｘは旅行業を行う会社であるが、Ｂ病院と共同出資で、シンガポールに診療所を設置して在留邦人に対する医療サービスを行うＡを設立した。ＭはＸの大株主で、Ｘ設立当初から平成九年に死亡するまでＸの代表取締役を務め、強い発言権を持っていた。ＹはＭと共にＸの設立に参加し、昭和五六年一旦退職したが、一年後に再入社して、従業員兼取締役に就任した。

2　昭和六〇年Mの意向を受け、Aの代表取締役に就任し、シンガポールに赴任してAの業務に従事したが、役員としての裁量もある一方、Mの意向を受けて業務を遂行していた。Yは Aから給与を支給される一方、Xからも一定の手当を支給されていた。平成九年YはMと意見が対立し、Xに辞表を提出した。

3　MはYに対し、Xの規定に従って退職金を支払う旨通知したが結局従業員退職金、役員退職慰労金のいずれも支払われなかったので、その支払いをXに請求した。Xは、YはAに転籍出向しており、退職金請求権はないと主張した。

B　判決の要旨

1　従業員が出向元に在籍のまま出向する場合、当該従業員が実際に労務の提供を行うのは出向先であるのが通常であり、出向元においてなお業務を継続するものではなく、出向先における労務の提供が同時に出向元に対する関係においても、労務の提供となると解するのが相当である。このような出向が行われるには種々の理由があるが、例えば子会社や関連会社の経営などを理由とすることもあり、また給与の支払いをどのように行うかは、出向元と出向先との合意によって決まるものであり、実際に労務の提供を受けない出向元が給与の支払いをしているからといって、それが形式的なものに過ぎず、労務の対価ではないとはいえないからである。

2　Yは、Aに赴任する際、Mとの間でXとの雇用契約を終了させる合意があったと認めることは困難であり、かえってXがYの給与を支払うというのであれば、実質的にも、XとYとの雇用関係が継続することを前提としていたというべきである。しかも、Aの業務はXの業務と異なるものの、XはAの大株主で、その経営を行っており、設立以来Yがその代表取締役に就任するまで、Mが代表取締役であったほか、Xの従業員であるNもAのロンドン支店に出向する…など、AとXの関係は緊密であったということができ、このような実態に照らせば、YのAにおける業務遂行は、Xに対する関係でも労務の提供とみられるものである。

3　YのAにおける勤務は、形式的にも実質的にもXに在籍したままの出向であり、YにはXに対する従業員としての退職金請求権がある。

2　移籍に関するもの

［判例九三］　東京コムネット事件（東京地判平成五年五月一四日・労判六三四号四四頁）

Ａ　事実の概要

１　Ｘはバックグラウンド・ミュージックの企画・制作・配給などを目的とする会社であるが、その第一営業部門（音楽部門）を分離独立させてＢを設立し、Ｘに雇用されていたＹらをＢに移籍させた。

２　Ｘと設立中のＢは、移籍者の退職金について、ＸとＢの通算勤続年数を基礎として退職金を算出し、各社の在籍年数分を各社がそれぞれ支払うことを定め、労働組合とその旨を協定したが、組合員を含む全従業員に対して、同様の説明を行った。

Ｂ　判決の要旨

Ｘと設立中のＢは、退職金に関する移籍条件として、退職金算定の基礎となる勤続年数を両社の通算勤続年数とするが、その支払については各社が在籍年数の比により支払う旨の取決めをし、ＸからＢに移籍したＹらは、退職金に関する右移籍条件を前提とする移籍に同意して、Ｂに移籍したものである。したがって、ＢがＹらに支給すべき退職金は、ＸおよびＢの通算勤続年数を基礎として算出した退職金合計額に、両社の通算在籍年数に対するＢの在籍期間の比を乗じて得た金額である。

二　若干のコメント

この五つの判例から直ちに判例の動向についての結論を導き出すことは早計であるけれども、これを一読しただけでも、今後の立論についてかなり参考となる考え方が看取できるので、とりあえずこのことを指摘しておこう。

これらの判例のうち、［判例九一］は、出向社員の退職金の支払者および金額の分担に関する、出向元企業と出向先企業との協定を根拠としたうえ、第三者のためにする契約という法理を借りて、退職金の支払義務者を決定している。これに対し、［判例八九］・［判例九〇］は、出向元企業Ｘは、その退職金規定に基づき、Ｙに対し出向期間も通算した勤続年数に対応する退職金の支払義務を負うとしている（とくに、［判例八九］は出向社員の退職金の支払者および金額の分担に関する取り決めのＹに対する拘束力を否定している）。その根拠は、Ｙは、出向後もＸの従業員であるという地位を保有しているということに求めていると解される。

［判例九二］は、さらに、Ｙが当事者となって、ＸおよびＡとの間に成立している労働契約の意味を考察し、出向の場合には、ＹはＡに対し労務を提供しているが、それが同時にＸに対する労務の提供となっているという理由で、ＸはＹに対して退職金を支払う義務があるとしている。

しかも、これらのケースでは、ＸとＡとは実質的に事業を共同に営んでいる会社であり、Ａに対する勤務も実質的にはＸに対するそれと同様に評価しうることに着目するならば、結論として、少なくとも、Ｘについて、Ａへの出向期間を通算した勤続年数に対応する、Ｙに対する退職金の支払義務を認めることは是認できるであろう。

これらのケースと異なり、［判例九一］のケースは、ＡがＸから独立して別個の事業を営むにいたった事案であるから、労働関係の承継という考え方を採りいれるならば、ＹのＡに対する退職金請求権は、理論的に（特約がなくても）認められてもおかしくはない。しかし、それだけでは出向者の退職金の問題を理論的に解決したことにはならない。

［判例九三］は、移籍に関する事案であるが、実質的には、［判例九一］もこの類型に属すると解してよいであろう。というのは、後者でも、Ｙがに復帰することは考えられないからである。それであるのに、二つの判例は、Ｙにとっては、反対の結果となっている。それは出向または移籍の際に、ＸとＡ・Ｂとの間になされた特約について、Ｙがどのような立場にあったかということにも関連しそうである。とすれば、この問題も一つの難問を提起することになろう。

第二　学　説

学説は、概して、出向・移籍した労働者の退職金は、特別の合意（たとえば、移籍に際し、それ以前の退職金を移籍元の企業が支払って清算し、移籍後のものを移籍先企業が支払う旨の労働者との合意）がない限り、出向・移籍の前後の在職期間を通算してこれを算定すべきものとする。そして、退職金の負担の割合は、出向・移籍元企業と出向・移籍先企業の協定により決定されるほかはないとするが、それが直ちに退職金支払義務に結びつくとは解していないといえる。その支払義務者は、原則として、出向・移籍元企業で、それが支払能力を失った場合には、出向・移籍先企業が連帯責任を負うとする。[133]

(133)　野田進・前掲論文、五三〜五四頁。

第三　考　察

一　退職金に関する問題点

出向が行われた場合に、出向者の退職金の額をどのように算定し、誰がその支払義務を負うべきかという問題は、企業危険の負担を根拠とするとしても、賃金の場合とは異なり、かなり複雑な要素を総合的に判断して、これを解決しなければならないと思われる。

第一に、すでに述べたように、退職金には長年勤続したことに対する報奨という性格があるので、出向により、実質的にみて、出向者の雇用についての企業危険を負担する雇用の主体が将来にわたり変わってしまうか否か（とりわけ出向が実質的には移籍であるか否か）が重要な解決の鍵となる。というのは、出向が復帰を前提とする一時的現象（出向期間が或る程度長くなることはあるとしても）である場合には、出向が出向元企業の業務上の必要にも基づくことにも着目し、退職金に関する限り、その算定・支払いの基礎となる勤続は、出向元企業において展開されていると構想することも可能だからである。

第二に、出向は、企業の組織的・事業的関連のある企業間で行われることが多いので、まず賃金について述べたと同様に、企業危険の負担を決定する要因である、出向が出向元または出向先企業に対して持つ意味、両企業の組織的・事業的関連などが退職金支払いについての契約以外の根拠（第一編第二章第三節第三〔八八頁以下〕）となりうる。のみならず、この要因は第一の問題を解決する際に考慮されることでもある。たとえば、持株会社によって統括されている複数の企業（企業グループを形成している単位企業または持株会社と事業会社）相互間の出向にあっては、出向復帰が予定されていなくても、勤務がほかの企業に引継がれたというよりは、企業集団を基盤として勤務が継続するとして構想するのが妥当と思われる。

二　主として出向元のための出向

この型の出向にあっては、出向者Yは出向先企業Aのもとで労務を提供するが、その主たる目的は、出向元企業Xの事業活動に寄与することにあるから、その意味で、Yは、出向の前後を通じ、Xの企業危険のなかで、Xのために労務を提供することに変わりはない。そうしてみれば、退職金はXに勤務したことの報奨の域を出るものではないから、Xが定めている退職金規定に基づき、YがXおよびAで勤務した全期間を通算し、その期に対応する退職金の額が算定され、Xだけが退職金の支払義務を負担することは当然である。

ただ、Aがその退職金の一部を支払うことを出向者Yと特約した場合には、その約束の限度で、Xとならんで退職金の支払義務を負うことはいうまでもない。また、XとAとが共同事業関係にあると認められる場合には、これに基づき、Aが補充的に退職金の支払について責任を負うことが考えられるが、それは出向期間に相応し、かつAの事業活動に寄与した程度に限られるということになろう。

三　主として出向先のための出向

1　出向復帰が予定されている場合

1　原　則

主として出向先企業のために行われる出向で、最も典型的なものは、Xに復帰させることを前提として、YをAに出向させるという型である。それは、その出向がXの事業の運営に役立つとしても（それであるからこそ、XはYに対して出向を要求する［命令する］ことができる）、Yは、本来は、Xのために労務を提供する約束で雇用されたのであるから、出向の目的が達成され、もしくはそれを達成するにたりる相当な期間が経過し、または出向させる必要性がなくなったならば、Yを本来の就労状態に戻すべきであることが要請されているからである。

そうしてみれば、退職金の、勤続に対する報奨という性格に重点をおくならば、Aのために勤務することがXの事業活動にも寄与する（それがYの雇用の本来の目的である）という意味で、退職金については、出向の前後を通じ、YはXに勤務していたものとして、その算出期間を通算し、Xにその支払義務を負わせるのが妥当であると考える。

これに加え、退職金が付加的給付であることに着目すれば、YがAのために勤務するという事実があっても、それが限られた期間のものであれば、Xに加えて、Aに対しても当然にその支払を義務づける根拠は乏しいといわざるをえない。

このような理由で、Xは、Yに対する退職金の支払い義務を負うと解すべきである。

2　出向先が退職金を支払うという特約

1で述べたように解するならば、X・A間の協定で、Aが出向期間に応じて退職金を支払う旨を約定しても、これにより、XはYに対する退職金支払義務を免れるわけではなく、この協定は、退職金の資金の分担を定めただけの効力を持つか、せいぜいAも出向期間に相応するYの退職金を支払うという第三者（Y）のためにする契約をしたにとどまると解したい。

3　出向先の責任

なお、この型の出向の退職金についても、AがYとの特約により、または共同事業者の法理などにより、退職金の支払い義務を負うことはありうる。

4　判例について

［判例八九・九〇・九二］はこの類型の出向に関するものである。したがって、Yの退職金はXおよびAにおける勤続期間を通算して算出し、Xがその支払義務を負うとする結論は正当である。

付言すれば、その分担に関するX・A間の約定は、その当事者間で効力を持つに過ぎないという［判例八九］は、この特約によっては、Xは退職金の支払いを免れることにはならない旨を明らかにしたものとして、その結論に賛成したい。

また、［判例九〇］のXとAの企業組織上および事業運営上の関連をみると、XとAは同族の株主を共通にし、Xに常駐しているTが「社長」と呼ばれてAの業務統括していたこと、X・Aの営業成績がXにおいて一括把握されていたことなどに徴すれば、AはXの管理下において共同事業を営む関係にあったということができ、この意味において、Aに対しては、共同事業者の法理の適用を認め、少なくとも、Aに出向中のYの勤務に相応する退職金については、補充的に、Aに、その支払の責任を認めることができるのではなかろうか（この判例が述べているように、法人格否認の法理によっては、Aの責任を認めることは困難である）。

2　出向復帰が予定されていない場合――移籍の場合も含めて――

1　構想の基本

復帰が予定されていない出向は、実質的には移籍であると述べたが、契約に徹した考え方からすれば、A・Y間に労働契約が恒久的なものとして締結されているということは、Yは、専らAの企業危険のなかで、Aのために労務を提供する（そのような意思である）ことにほかならないから、それ以外に、YとXの間に契約関係を残しておく理由はないということになろう。移籍を労働［契約］関係の譲渡ないし使用者の交替として構想する欧米においては、YがAの従業員たる地位のほかに、Xの従業員たる地位を保有することは考えられないとされている。これに対し、わが国では、実態は移籍であるのに出向という言葉が使われているのは、要するに、終身雇用への執着が、Xの従業員たる地位を残しておくという出向のアイディアをかり、そのように表現したことに由来すると思われる。そうしてみれば、出向ということばに重きを置き、単純に、XとYの間に契約が存続しているということを根拠に、Xに退職金支払義務があるというような結論を導きだすことは妥当ではないと考える。すなわち、移籍という実態に着目するならば、労働契約上の権利・義務は、すでにその効果が発生しているもの（既得の権利・義務）を除き、Aに承継されると解するのが、契約の法理に適合すると考える。

なお、退職金債権は、特定の労働者が退職したときに具体的な権利として発生するものであるから、移籍以前に退職していなければ、退職金請求権は、移籍先企業に対してだけ行使することができる。たとえ、移籍元企業Xと移籍先企業Bとの間で、移籍労働者の退職金の支払いの分担につき、特別の約束（たとえば、移籍までの勤務に対応する退職金に相応する部分は、Xが負担するという特約）をしていても、その特約はYにXに対する退職金請求権を発生させることにはならない。ただし、YはBに対する退職金債権に基づき、Bが右の特約によりXに対して取得する退職金の負担部分の支払いを請求する債権を差し押さえることは可能である。

2　出向・移籍後の法律関係

1で述べたところを前提として、出向・移籍後の当事者の権利・義務について考察しよう。この場合、移籍・出向には、労働契約の承継によるものと、旧労働契約の解約と新労働契約の締結という二つ方法がある（第一編第一章第三節［三二頁以下］）から、これを分けて考える必要がある。

⑴　労働契約承継の場合

まず、労働契約承継の場合を考えてみると、X・Y間の労働契約は消滅し、その効果は、既に発生している権利・義務を除き、XからBに承継されることになるが、Xが特約をもって、Yの退職金の全部または一部の支払いについて義務を負担する旨を約定すれば、それに基づく支払義務を負うことは当然である。その約定はX・Y間でなされるべきものであるが、X・B間でそのような約定がなされた場合は、第三者（Y）のためにする契約と解釈し、Yの受益の意思表示によって、Yはその約定に基づくXに対する退職金請求権を取得する。

［判例九二］は、Yの出向後および移籍後の退職金に関する判決である。その出向期間中の退職金に相当する部分は、出向復帰が予定されていたので、1で述べた法理によれば、Xが負担すべきであり、特約によって出向先＝移籍先がその支払義務を負担した（これは判決の理論構成と一致する）ということもできよう。

しかし、本件では、YはXを退職したが、その時点では退職金を支払わず、後に移籍先を退職したときに、Xと出向先＝移籍先における勤続期間を通算して算出した退職金を支払うことを約束していることに徴すれば、Yの労働契約はXから移籍先に承継したものと解することができる。したがって、Yの退職金の額は、労働契約譲渡前後の勤務が継続しているものとして通算され、その支払者について特別の約定がなされていなければ、移籍先がその支払義務を負うことになる。

［判例九三］は分社化に伴う移籍であって、労働契約の包括的譲渡のケースに当たると解される。そして、本件では、X・B間の特約により、移籍前の勤務に対応する退職金について、Bの支払義務の免責を認めた。その特約は、XとBの通算勤続年数を基礎として算出された退職金を、X・Bがその在籍年数分に応じて支払う旨を定

めたものであって、しかも、Ｘは労働組合とその旨を協定したほか、全従業員に対して、同様の説明を行っている。

判決は、この事実関係に基づき、Ｂに移籍前の勤務に相当するＹの退職金についてＢの免責を認めたと構想することが許されるならば、この判決の結論は是認されることになる。しかし、右のような事実関係のもとで、Ｂの免責を認めたといえるか、ないしは、そのような効果を認めるのが相当かについては問題がある。もっとも、労働組合の関与が、Ｂの免責につき有利に働くことは否定できないであろう。というのは、労使間の協定は、労働組合の合理的裁量に基づき締結されたものであり、したがって、それに相応する効果を認めることが団体自治の原理にかなうと考えられるからである。

しかし、労働契約の承継による移籍の場合には、既存の労働契約に基づく法律関係は、既得権を除き、ＸからＢに承継されるべきであり、とくに本件では、Ｙの退職金請求権は、ＸからＢに及ぶ勤務の継続を根拠として、Ｂにおいて定められた規定またはＢ・Ｙの契約に基づいて発生するのであるから、その支払義務は、第一次的には、Ｂにあると解すべきであろう。

のみならず、この協定に、Ｘ・Ｂがそれぞれ協約所定の条件で、労働者に対し、退職金を支払う義務を負担させたものであるとの効果を認めるにしても、つぎのような問題がある。労働組合が、本件のごとき協定を締結したのは、この協定に従って算定された退職金が、ＸまたはＢによって確実に支払われることを信頼したからにほかならない。そうしてみれば、ＸまたはＢのいずれかが、その支払いをすることができず、または支払いを拒んだ場合には、他方のＢまたはＸが、その退職金の支払いをする義務を負うと解するのが、労働者の信頼利益を保護するゆえんであると考える。

とくに、実質は移籍でありながら、出向という方式を採ったというように、復帰が全く期待されない場合には、信頼利益の保護が強調されなければならない。なぜならば、ＸがＹにＸの従業員たる地位を保有させておくことは、Ｘには、Ｙの雇用についての終局的な危険を負担する意思があるがゆえであると解釈することができ、これを根拠として、これに相応するＸのＹに対する担保責任を構想することができると思われるからである。

⑵　新労働契約の締結による場合

ＹがＸとの労働契約を解約して退職し、新たにＢと労働契約を締結するという方法で移籍した場合でも、新・旧の労働契約に同一性・継続性が認められる場合（たとえば、勤続年数、勤務状況の通算を認めるものであって、これが本来の意味の移籍に当る）には、１で述べたところと同様に解することができる。

これに対し、新契約の締結が、新就職と解釈される場合には、特段の契約をしない限り、Ｙは、その時点で、Ｘを退職したことによる退職金をＸに請求することができ、また、Ｙが移籍した後の退職金については、これを請求しうる相手方は、Ｂに限られる。そして、Ｂは、Ｘにおける勤務に由来するＹの退職金について、責任を負わされることはない。ただし、この場合でも、Ｘ・Ｂ間に共同事業関係があるとか、当事者の意思解釈により、ＸまたはＢがＢまたはＸの退職金の支払いについて責任を負わされることはありうる。後者の典型的な例としては、移籍としての実質を持ち、復帰ということが全く考えられていない出向をあげることができる。

四　退職金の算定について

出向または移籍した労働者Ｙについて、退職金を算定するときには、労働契約の同一性・継続性が認められない移籍の場合を除き、出向・移籍前の企業Ｘと出向・移籍先の企業Ａ・Ｂにおける勤続年数を通算することになるが、ＸとＡ・Ｂの退職金規定、とくに退職金算定の基礎となる賃金a_1・a_2と退職金算定のためこれに乗ずる、勤務年数に対応して定められた係数b_1・b_2とが異なる場合には、かなり難しい問題が生ずることがある。たとえば、「退職金はＸおよびＡ（またはＢ）における勤続年数を通算し、Ａ（またはＢ）が定める退職金規定による」と約定した場合のごときである。このような定めをしただけだと、つぎの二つの解釈がありうる。

(1)　その一は、①まず、Ｘにおける退職金を（$a_1 \times b_1$）として算出し、②つぎに、Ａ（またはＢ）における退職金として、b_2に通算された勤続年数に対応する係数から、Ｘにおける勤続年数を減じた年数に対応する係数を控除して、これをa_2に乗じて算出し、①と②を合算したものをＹの退職金とする。

(2)　その二は、Ａ（またはＢ）で定められているa_2にＸおよびＡ（またはＢ）における勤務を通算した年数に対応す係数を乗ずる。

(2)は文言解釈にすぎず、退職金の前述のごとき性格にかんがみ、(1)の解釈が適当と思われるが、規定上その趣旨を明確にしておくにこしたことはない。

［補足］リストラに伴う退職者と退職金

一　序　説

企業が、その再建策として、特定の事業部門または事業所の分社化などを行ったが、余剰人員が生ずることがある。その場合に、その余剰人員を異業種・異職種もしくは遠隔地所在の企業または事業場に異動（配置転換または出向・移籍）させようとすることが多い。これに対し、労働者がそのような労働条件の変更には同意できないとして、退職する例も少なくない。このようなケースで、労働者は自己都合による退職としての退職金しか請求できないか、それよりも額の多い会社都合による退職としての退職金を請求できるか、という問題が考えられる。この問題については、最近つぎのように相反する結論の判例が現れた。そこで、これを中心として、ここに提起した問題を考察しよう。

二　判　例

［判例九四］ エフピコ事件

一審と控訴審判決とでは結論が反しているので、まず事実関係を明らかにしたうえ、各判決の要旨を述べる。

A　事実の概要

1　Xは合成樹脂製簡易食品容器の製造販売などを業とし、福山に本店（本社）および本社工場を置くほか、関東工場（茨城県八千代町所在）など五工場を含む二一の事業所を全国に有している。Yら六名はXに入社し、関東工場の製造部門に配属されていた。

2　Xは同業他社との競争に生き残るため、平成四年ころから経営の合理化を図るための諸施策を実施してきた。そして、平成八年七月以降、Xは、関東工場の製造部門を分社化し、特別の知識・技術を持たないYら一般従業員のうち必要人員は、同社に移籍させ、余剰人員は、増設を進めている本社工場の要員を確保するため、同工場へ転勤させる方針をたてた。そこで、Xは、同年一〇月二一日以降Yら六名に対して本社工場へ転勤してもらいたい旨要請し、その後話し合いを続けたが、Yらは、同年一二月から翌九年五月の間にXを退職する旨の意思表示をした。

3　XはYらに対して自己都合退職の退職金を支払った。

4　Yらの退職は、Xが分社という形式を利用して余剰人員を作り出し、さらに転勤を脅かしの材料として自己都合退職を迫った結果であるから、それはXの債務不履行または不法行為に基づくものである、との理由で、会社都合退職の場合の退職金、一年分の得べかりし賃金、慰謝料を請求した。

B　判決の要旨

a　一審判決（水戸地下妻支判平成一一年六月一五日・労判七六三号七頁）

1　労働契約関係において、使用者は労働者に対し、労働者がその意に反して退職することがないように職場環境を整備する義務を負い、また、労働者の人格権を侵害するなど、違法・不当な目的での人事権の行使を行わない義務を負っている。

２　本件では、まず、分社の人選に問題がある。そのうえ、Ｙらは、それぞれ現地工場での採用にかかるブルーカラー労働者であって、勤務地が契約上限定されており、転居を伴う配転に応ずる義務を負っていない。しかるに、Ｘは、これに応ずる義務があるように誤信させたり、早くやめろとのプレッシャーをかけ、その他の嫌がらせをして退職に追い込んだ。

３　このようにして、ＸはＹらが有する意に反して退職させられない権利を侵害したものであるから、Ｘは、Ｙに対し、その得べかりし六か月分の賃金と慰謝料を支払うべき義務がある。

４　Ｙらの退職事情は、「人員削減その他やむを得ない業務上の事由」と同視できるから、会社都合事由による退職として、退職金を請求することができる。

ｂ　控訴審判決（東京高判平成一二年五月二四日・労判速一七三五号三頁）

１　Ｙらの本社工場への転勤は、Ｘの経営合理化の一環として行われることになった関東工場の生産部門の分社化に伴って生じる余剰人員の雇用を維持しつつ、新製品の開発・製造のために本社工場に新設された新生産部門への要員を確保するべく、Ｘの組織全体で行われた人事異動の一環として計画されたものであって、Ｘの置かれた経営環境に照らして、合理的なものであったと認められる。そして、Ｙらを転勤要員として選定した経過に、格別不当な点があったとは認められない。

関東工場の近くに生活の本拠を持ち、関東工場の従業員として採用されたＹらが遠方の福山市へ転勤することについては、それを容易に受入れられない各人それぞれの事情があることは、それなりに理解できなくはないけれども、Ｙらが勤務先を関東工場に限定して採用された事実は認められない。

２　ＸがＹらを本社工場に転勤させようとしたことに、人事権の行使として違法ないし不当な点があったとは認められない。

３　ＹらはＸが業務上の必要に基づいて行った本社工場への転勤要請を拒否して、各自の意思に基づいて退職したものであるから、その退職を会社都合によるものと認めることはできない。

［判例九五］ シーアールシー総合研究所事件（名古屋地判平成七年三月六日・労判六八二号一五二頁）

A　事実の概要

1　Xは、情報処理、ソフトの開発・販売などを業とし、国内・国外に十数か所の営業所、研究所を有する。Yは昭和五五年Xに採用され、名古屋支社で、営業、開発、システム運用などの業務に従事していた。

2　Xは、名古屋支社の営業成績が悪化したので、平成五年八月同支社内のリストラを実施し、Yに対して大阪の子会社への出向を内示した。

3　Xの退職金規程によれば、会社の勧奨による退職の場合には、自己都合の退職の場合に比べ、二倍強の退職金が支払われることになっている。Yは、会社の勧奨による退職の場合の退職金が支払われるべきであると主張した。

B　判決の要旨

1　Yに対する出向には首肯するに足りる目的と必要性が認められ、Yとしてはこれに従うべき義務があった。

2　Xの退職金規程にいう「会社の勧奨による退職する場合」とは、Xが、その従業員に対し、解雇という手段を選ばず、任意に自ら退職するようその決意を固めさせる目的をもって退職を勧め、その結果従業員がこれに応じて退職する場合を指す。

Xとしてはあくまでも Yに対して子会社への出向を求めたのであって、Yに不利益な出向を強要して任意退職に追い込む目的があったとは認めがたい。そうすると、Yは、自らの都合によって、退職の道を選んだものというべきである。

三　考　察

1　はじめに

ここに提起された問題は、労働契約の要素の変更に関連して、使用者が労働契約を解約（解雇）し、または労働者が解約（退職）した場合に、これに伴う利益・不利益を労使間でどのように配分し・調整するかということを基本として解決されるべきものと考える。ＥＵ諸国における立法例などを参考としながら、その基本的な考え方を探究しよう。

２　人事異動に伴う解雇について

契約自由の原則によれば、労働契約について期間の定めがなければ、特定の契約の内容がその意に反するようになった当事者は、いつでもその変更を求め、これを拒絶されたならば、その契約を解約することができるというのがその一つの内容となっている（いわゆる変更解約告知）。したがって、使用者が、労働者を出向または移籍させるために、契約の当事者もしくは労務提供の相手方の双方もしくは一方の変更を求め、または、労働者を配置転換せるために、職種、担当業務、勤務場所などの変更を求めたのに対して、それが容れられないならば、契約を解約することができることになる。つまり、使用者が労働条件の変更を伴う人事異動を行おうとして、労働者にその変更を求めたのに対し、労働者がこれに応じなかったならば、使用者は、その労働者を解雇することができるというのが、その結論の一つである。

しかし、この理論を無条件に承認するならば、不公正・不合理な結果となる。すなわち、生計を維持するために雇用の継続を求めざるをえない労働者は、使用者に対し弱い立場に立たされる。このような実態のもとで、解約の自由や解約を背景とした契約条件の変更を無条件で認めるとすれば、労働契約の継続を強く求めざるをえない労働者は、現在の契約内容が不満となっても、解約という手段に訴えることは事実上不可能である。これに対し、使用者は他に労働者を求めうる限り、解約の自由を享有し、または解約の脅威により契約条件の変更について労働者の承諾を余儀なくさせることができる結果となる。

3　ＥＵにおける立法例など

そこで、使用者が労働契約の重要な内容（労働条件）の変更を申し込み、これに起因して労働者が退職し、またはその申込みを承諾しない労働者を使用者が解雇した場合に、特別の取扱をすることが考えられるようになった。すなわち、使用者が労働条件の変更を申し込み、これに起因して労働者が退職した場合は、使用者による解雇とみなし（constructive Dismisal）、またはそれと同様のものと評価して、解雇に対すると同様の救済を与えることである。その救済としては、正当な理由に基づかない解雇として、復職またはこれに代わる補償金の支払を使用者に命ずるとか、その解雇が人員の余剰を理由であるものとして、余剰人員整理手当を支払わせるとことなどがＥＵ諸国で立法化されている。(134)

(134)　イギリス法については、秋田成就編著・労働契約の法理論・イギリスと日本（一九九三年）二一二～二一五頁、G.Rideout,Principle of Labour Law 5th ed.（1989）, 134～139. フランスにおける学説ならびに判例と立法についての詳細な研究として、野田進・労働契約の変更と解雇（一九九七年）八三頁以下、一〇四頁以下。P. Durand- A. Vitu, Traitj de droit du travail, tome II（1950）, p.785～786; G.H.Cammerlynck, Contrat du Travail,2kme jd.（1982）, P.416～428.

4　この制度の意味するもの

契約の自由を尊重する法律思想のもとでは、契約内容の変更の申し入れに対して、これを拒絶する自由（これが契約の自由の最小限の内容をなす）を認める。したがって、労働条件の変更を伴う人事異動を拒否すること自体は、解雇や懲戒処分を正当化しうるものではないと解される。(135)

これに対し、使用者はその労働者を解雇することができ、また労働者が離職したときは、使用者によって解雇されたものとして取り扱われ、予告手当や人員整理手当などの支払いが義務づけられるが、解雇が正当な理由に基づく（その前提である労働条件の変更に正当な理由があればよいとの解釈が有力である）[136]ものであれば、解雇は瑕疵なくその効力を発生する。その限りにおいて、労働者は、復職またはこれに代わる補償を得られないという危険を負担する。

ただし、解雇が正当な理由に基づくと認められる場合にあっても、それが余剰人員の整理という経営上の経済的理由に基づくものであるときは、使用者は特別の手当の支払を義務づけられることがある。それは、使用者側に存する事由によって、雇用の継続に対する労働者の期待利益がそこなわれた場合には、これを補償するという危険を使用者に負担させたものと解される。

(135) 野田進・前掲書、九七頁。
(136) 野田進・前掲書、一〇九頁以下。高島・前著、三一頁。

5　退職事由と退職金の額

退職金はわが国に特有な制度といわれているが、さきに掲げた判例によっても明らかなように、退職事由のいかんによって退職金の算定方式が異なっているのが通常である。概していえば、退職事由は、①使用者側に存する事情によるもの（経営上の必要に起因するもの〔勧奨退職を含む〕と業務上の災害に起因するもの）と、②労働者側に存するものとに大別されるが、②は、さらに、定年による退職と、労働者の都合による退職とに分かれる。そして、労働者の都合による退職の退職金に比べれば、使用者側に存する事情による退職の退職金はその額が大きい（とくに集団的解雇ないし退職希望者の募集を行う場合には、さらに加算する例が多い）。

このように定めている理由は、永年にわたる勤務に対する報奨の意味が強い定年退職の場合を除けば、雇用の継続に対する期待利益を失わせる事由が、使用者の負担する危険の領域で発生した場合には、労働者に対し、それに相応する補償を与えようとすることにあるということができる。それは、基本的には**2**、**3**で述べた立法例などと軌を一にすると解してよいであろう。このように解するならば、労働者がその意思に基づいて退職した場合であっても、それが使用者の経営上の理由に起因して採った措置（ここでは、人事異動）に由来し、労働者が退職を余儀なくされた（それ以外の方法を採ることが期待できなかった）と認められるならば、それもまた使用者の負担に帰する危険の領域のなかで発生した事由による退職に当たると解釈するのが適当であると思われる。

6 判例の事例に対する具体的な適用

1 問題点

［判例九四］［判例九五］は、いずれも企業の経営合理化施策を実施した結果、特定の事業場において余剰となった労働者を他の事業場に転勤させようとしたところ、その労働者が転勤に応じられないとして退職をしたというケースである。もし、その経営合理化施策が行われなかったならば、使用者がその労働者に求めた人事異動も行われなかったであろうという意味においては、使用者の都合による人事異動といえるかもしれない。しかしながら、わが国においては、使用者に人事異動を行う権利を広範に認め、労働者が正当な理由がないのにこれを拒んだ場合には、使用者はその労働者を解雇することができるという考えが有力である。したがって、労働者が人事異動に応じられないという理由で退職するならば、それは、労働者の都合による退職であると解される蓋然性が大きい。そこで、このことに着目して、ここに提示した二つのケースについて考察する。

2 契約条件の特定の意味

労働者の人事異動を、労働契約の要素である職種、担当業務、勤務の場所の変更によって行う場合は、労働者の同意を得る必要があるが、たとえば、「使用者は、業務上の必要がある場合には、労働者の職種、担当業務、勤務の場所を変更することができる」という特約（形成権留保の特約）を締結していれば（なお、このような形成権の留保は、労働協約や就業規則の規定によっても行うことができると解される）、使用者の一方的な意思表示によってその効力が発生するというのが、通説・判例となっている。ただし、これらの契約の要素が「特定している」と認められる場合には、労働者の同意がなければ、これを変更することはできないとも解されている。

ここにいう「特定している」との意味内容は、必ずしも明確ではないが、目的論的に補足するならば、契約の要素が特定された状態が、契約の基礎をなす事情の変更にもかかわらず、かなり長期にわたって継続するであろうと期待できる状況下にあることをいうと考えたい。

3　現地採用の労働者の特殊性

このように考えるならば、[判例九四]のケースの労働者がいわゆる現地採用の現業労働者であったという点に、この事件の特殊性があると思われる。すなわち、ある企業が、特定の地に工場を設置するのは、そこに設置することのメリットを考えてのことであるが、その一つに、その近隣から必要な従業員を求められることがあげられる。このことは、その地域において雇用を創出するという政策とも関連し、企業はこれに応えて事業所を設けるのが通常である。これを基調として、通勤可能な地域に生活の本拠を持つ労働者が、現地採用の工場要員として、雇用されることになる。そうしてみると、この類型の労働者は、勤務地が変わらないことに対して強い期待利益を持っているということができる。

このようなケースでは、その労働者の勤務地を変更する場合には、その同意を必要とすると解するのが、契約の法理に適合する。したがって、労働者が同意しない限り、変更を申し入れた勤務地での勤務を要求することはできない。この限りにおいては、[判例九四]のケースでは、ａの判決（ａの2の前段）のほうが、ｂの判決（ｂの2）よりも当を得ていると解したい。

4　変更解約告知

しかし、勤務地の変更を拒んだ労働者に対して、使用者がどのような法的措置を採り、それがどのような効果を伴うかは別の問題である。

［判例九四］のケースは、関東工場の分社化により、Yらが余剰人員となったので、XがYらに対し本社工場への転勤を求めたものである。もし、Yらがこれに同意すれば、Xとの雇用の継続が可能となるから、Xとしては、解雇を回避するという、Xの責任領域に属する措置を採ったことになる。したがって、Yがこの転勤を承諾しなかったので、XがYを解雇（変更解約告知）しても、その解雇が不公正・不合理と評価されることはない。それは、企業のやむをえない必要に基づく余剰人員の削減といえるからである。

そうしてみれば、XがYらに対して退職を求めたことは、なんら違法ではなく、債務不履行や不法行為に当たるかのように解している判決ａには賛成できない。

5　労働者の立場

この場合でも、勤務地の変更を求められたYの立場も考えてみなければならない。変更を求められたYは、Xの申し入れを承諾して、Xとの雇用を継続するか、その申し入れを拒絶して、雇用の場を失うかのいずれかを選択する立場に立たされる。しかし、さきに述べたような現地採用の実態（これにその労働者の具体的な事情が加われば、それだけ補強されることになる）にかんがみれば、現住地を離れて遠隔地に転勤することを選ぶように期待できないと考える。そうであれば、Yが遠隔地への転勤を拒んだこと、その結果として退職の道を選んだことについての危険をYに負担させることは、公正を欠く。

したがって、Yが退職したのは、Xが行った分社化による経営合理化という企業の存続を図るための施策に由来するものと評価して、会社都合による退職金を請求することができると考える。このような処遇は、また、Yらの退職によって、Xはその存立を維持し、他の従業員は雇用を継続することができるという利益を享受することができたのであるから、これとの利益のバランスを図る意味を持つものでもある。

6　［判例九五］のケースについて

本件は、Xが名古屋支社について企業再建策を講じたことの結果として行われたものであり、その意味では、

Ｘの経営上の必要性に基づくものということができる。しかし、このケースでは、Ｙがかなりの長期にわたって名古屋支社に勤務することを期待できる程度に、勤務地が特定されていたと認めることができるような事情があるとは思えない。そして、このような条件下で名古屋から大阪に勤務地が変わることは通常行われていることである。そうしてみれば、Ｙに存する特別の事情により、その勤務地の変更に応ずることができなかったとしても、そのことについての危険をＸに負担させることは公正を欠くといわなければならない。したがって、Ｙがその勤務地の変更に応じられないとの理由で退職したとしても、これをＸの都合による退職とか、Ｘによって退職に追い込まれたということはできない。この意味で、この判決の結論を支持したい。

第九章　出向者の行為についての関係企業の責任

第一　序　説

出向においては、出向者Yは、出向元企業Xの従業員たる地位を保有するとともに、出向先企業Aと労働契約関係に立つか（主としてAのためにする出向）、少なくとも、Aの指揮・命令のもとで労務を提供する（主としてXのためにする出向）ので、出向先におけるYの法律行為が、Xについてもなんらかの法律効果をもたらすことがあるのではないかという問題がある。また、Yの違法・不当な行為（債務不履行または不法行為）を理由とする、いわゆる使用者責任が、Aについてだけではなく、Xについてもその発生が論じられている。それには、第三者がXまたはAの一方または双方に対して問責する場合と、X・A相互間で相手方の責任を追及する場合とがありうる。とくに後者はこれまであまり論じられなかったように思われるが、それは主として出向が親子会社などの系列企業間や関連企業間で行われ、相互に問責しにくいことなどに起因すると解される。しかし、企業組織の面でも事業運営の面でも関連のない企業への出向が行われるようになると、この種のトラブルも発生するのではないかと予測される。そこで、これまでにみられるいくつかの判例をいとぐちとして、これらの問題に触れよう。

第二　第三者に対する関係企業の責任

一　主として出向元のための出向

この場合には、Yの労働契約はXとの間にだけ存在し、AはXの履行代行者として、Yに対し指示・監督する立場にあることはさきに述べたとおりである。したがって、Ｙが行った法律行為の効果は、原則としてＸに帰属する。また、Ａが指示してＹに行わせ、またはＡの指示・監督のもとで、Ａの業務の執行につき行った行為については、Ａ自身が責任を負うのは当然であるが、Ｘも、Ａを履行代行者として、ＹをＸの事業のために使用しているのであるから、これに由来する責任を負わなければならない。たとえば、Ｘが、その製造した商品の販売を促進するため、ＹをＸの商品を販売している別会社Ａに出向させたところ、Ｙが誤ってＭが注文した商品と別の商品または不良品を売渡し、そのためにＭが損害を被った場合を考えよう。この場合、ＹがＡの店舗においてではあるが、Ｘの社員と表示して商品を販売したとすれば、それは専らＸの販売として評価すればたりるであろう。その売買による売主としての権利・義務はＸに帰属する。しかし、その販売がＡの営業組織のなかで、Ａの信用を背景として行われたと認められるならば（有名なデパートＡに出店しているケースなど）、Ｙの販売行為はＡの指示・監督下の行為と評価され、Ｙの過失についてはＡも責任を免れないこともありうる。いわゆる他社応援[137]もこの類型に含まれよう。ただし、それは、出向に由来する効果ではなく、いわゆる名板貸による責任にほかならない。

つぎに、Ａが商品の選択を誤り、Ｙに不良品を販売させた場合には、Ａ自身の行為としての責任が発生するが、Ｙの判断による行為であっても、Ａの業務執行行為として、Ａに使用者責任が発生するのが通常である。また、ＸはＹをＡに委託して、Ａの指示・監督のもとでＸの事業を行わせるのであるから、第三者に対する関係においては、Ａの指示・監督はＸのそれと同様に評価され、その指示・監督のもとで行われたＹの違法行為については、Ｘに特別の免責事由が認められない限り、Ｘはいわゆる使用者責任を免れることはできない。このことは、ＸとＡとの間に、企業の組織上の関連とか事業運営上の関連（たとえば、業務提携）があると否とにかかわらないと考える。

(137)　安西・企業間人事異動、五〇〜五一頁。

二　主として出向先のための出向

この型の出向の場合には、YとAとの間に労働契約関係が成立し、Xとの労働契約は、Yの労務の提供に関してはその機能を停止することになるので、Yの法律行為の効果がXについても発生するとするならば、第一編第二章第三節（七七頁以下）で述べたような、それに相応する法的根拠を必要とするといわなければならない。

1　法人格の否認

この場合に用いられる法律論としては、法人格否認の法理がある。つぎの判例は、この問題にも言及している。

［判例九六］　世界長事件　（大阪地判昭和四七年三月八日・判時六六六号八七頁）

A　事実の概要

1　Xは、ゴム製品、化成品などの製造販売を業とする会社であって、子会社である製造工場とAを含む直系販売会社を全国各地に所在させていた。

2　Aの資本金の約九〇パーセントはXが出資し、Aの代表者および役員の多くもXからの出向社員によって占められ、順次これが交代させられ、その業務執行のうち商取引を除く重要事項についてはXへ稟議し、Xから直接の監査を受けていた。すなわち、Aは、資本、人事、業務面などにおいて、Xによって支配されていた関係にある。しかし、AはXとは別個の人的、物的組織を有し、Xからの商品の仕入を含む商取引その他の業務執行は、Aの判断と責任においてなされていた（Aの支店の取引については、支店の独立採算性がとられていた）。

3　YはXの従業員であり、Aに出向して、そのK支店長、支配人となったが、その地位において約束手形を振り出し、また為替手形の引受をした。

4　その約束手形および為替手形の所持人であるO（手形割引をした銀行）は、Aに対しその支払を求めるとともに、Xに対しても、左記理由により、手形金の支払を求めた。

(1)　AはXの販売を担当する一部門であって、その法人格は全くの形骸に過ぎないし、またXは自己の債務負担を免れるため子会社形態を悪用し、法人格を濫用しているから、Oとしては、子会社たるAの法人格を否認し、Xに本件手形金の支払を求める。

(2)　Xからの出向社員で、AのK支店長であるYが振出した本件手形を割引いたところ、その回収ができなくなって損害を被ったので、民法七一五条により、Xに対し損害賠償の請求をする。

B　判決の要旨

1　［A事実の概要2］の事実からは、XとAの間にその組織、業務内容、会社財産などに関し、混同のあった事実は認められない。また、XによるAなどの直系販売会社の設立は、X製品の全国的な販路拡張を図り、かつ別会社を設立することによる危険の分散、および企業組織としての責任制による事業の効率的な運用を図らんとしたことによるものと推測され、Xの設立並びにその事業の運営は、違法、不当な目的に当たらない。

2　民法七一五条にいう「他人を使用する者」とは、たんに使用者と被用者との間に雇傭契約その他の契約による身分関係が存するのみではたらず、両者の間に実質上の指揮監督の関係が存在しなければならない。YはXからAに出向した社員であり、X社員としての身分を保有していたけれども、それはたんに形式的なものに過ぎず、専らXとは独立した経営をするAの業務執行に従事していたものである。Xの支配は、Aに対するものであってYに対するものではなく、その給料などもすべてAから支給されていたのであるから、YのXとの間の雇傭契約は、右出向により解消されることなく存続してはいるものの、出向期間中におけるYに対するXの、右雇傭契約に基づく指揮監督関係は休止状態にあり、Yに対する指揮監督権は、形式上も実質上もAがこれを有していた。したがって、XとYとの間には、民法七一五条にいう使用者、被用者の関係がなかったものといわなければならない。

のみならず、Yの本件手形の振出ないし引受は、Aの業務の執行にあたるが、Xの業務の執行にはあたらない。

C　コメント

1　本件では、まず、YがAの支店長・支配人として振り出した約束手形および同様の立場で引受けた為替手形について、なにびとが手形債務を負担するかが問題となるが、手形法の適用範囲内では、それがＡに限られることはいうまでもない。

Ｘが A の資本の九〇パーセントを出資している親会社で、人事、業務の面でＡを管理していたとしても、そのことから当然に、Ａの手形債務についてＸが責任を負わなければならないとの法理が生ずるわけではない。また、本判決が認定した事実関係のもとでは、Ａは、独自の企業活動を展開していると評価することができるから、Ａの法人格を否認してＸに責任を負わせる程度に、Ａの法人格が形骸化しているとか、Ｘが本来負うべき責任を回避するために、法人格を濫用しているということは困難であろう（なお、後述３参照）。

２　つぎに、本件では、Ｏは、Ｙの約束手形の振出などが不法行為にあたり、Ｘに民法七一五条による使用者責任があると主張している。この論点についての判断は、つぎの［判例九七］においてもなされているので、同判例のコメントのなかで、併せて考察することにしよう。

３　このように、これまでに判例に現れた理論では、Ｙの行為の結果について、Ｘに責任を認めることは極めて困難であるが、本判決で採りあげられている事実に興味を誘うものがあると思われるので、そのことに触れよう。

判決によれば、つぎの事実が認められる。

⑴　ＹはＡを振出人とする額面二億六〇〇〇万円（実被害額一億三〇〇〇万円）の融通手形を濫発し、昭和四三年一〇月それが発覚し、Ａは整理に入った。その際、Ａはまず X から異議中立提供金［手形金相当額］の資金を借受けて、手形不渡処分を回避した。Ｘは、昭和四三年一〇月分以降発生した各商事会社の債務をＸ振出の約束手形によって支払うべき旨を通知した。

⑵　ついで、ＡはＸから弁済資金として六〇〇〇万円を借受け、この資金をもって、大多数の手形債権者との間に、額面の四割ないし五割を支払って残債権を放棄する旨の示談を成立させて処理し、解散するにいたった。

⑶　その後、Ｘは、九州地区に直系会社Ｂを設立し、Ａの従業員や販売先を引継いだ。

この事実に基づき、判決は「右は、Ｘが親会社として、いわゆる商業道徳上事態の収拾に尽力せざるを得なかったことによるものであり、従って右のような事実が存することからXに法人格の濫用があったとはいえない」と述べている。法人格の否認という観点から構想するならば、Xの責任が発生する根拠として、法人格を隠れみのにして責任を免れるというような違法性ないし不当性を要求するのも当然であろうから、このようにな結論になるのもやむをえないのかもしれない。しかしながら、Aまたはその組織内で行われた行為につき、Xになんらかの責任を負わせることが公正かつ合理的であると認められる場合に、XがAと別個の法人格者であるとの理由だけで、Xの責任を否定するのは法の目的に反する、ということが法人格否認の法理の実質的根拠と考えるならば、まず、Xに責任を負担させることを相当とする根拠が探究されなければならないはずである。そこで、本判決が認定したさきの1ないし3の事実に着目し、別の角度からこれを考察してみよう。

4　一般に、企業が負担する責任は、その企業の組織および運営について持っている権利・権限に対応し、その権利・権限は企業危険の負担に基礎を置く。この法理は、その企業がいわゆる子会社である場合にもあてはまる。すなわち、或る子会社が企業危険を負担させるにたりる組織・態様で企業活動を営んでいる場合には、その子会社にそれに相応する企業的決定の権限とそれに相応する義務を認めることを要し、かつそれで十分である。親会社は、子会社の株式の多数を所有する投資者として、資金の運用・利益配当などについてはリスクを負担するけれども、当然には、子会社の事業について企業危険を負担するものではない。とくに、子会社がマーケットにおけるビジネス・チャンスおよびマーケットの変動に由来する危険を負担している場合には、企業の組織・運営について、子会社の決定権を認めざるをえない。このような場合に、子会社の株式の大多数を持っているということだけで、子会社のなした行為につき、親会社になんらかの責任を負わせることは、親会社に、自己の決定によって左右しえない危険を負わせることとなる。したがって、そのような責任を親会社に認めることはできない。

2　共同事業者の法理

ここで述べた企業の独自性およびこれを基礎とし、親会社などの責任の根拠となると考えた、縦または横の共同事業者の関係については、第一編第二章第三節第三**五**（九四〜九六頁）、第四節（九七頁以下）で論じたが、本判決がとりあげた(1)ないし(3)の事実が、これとの関連でいかなる意味を持つかを考えてみる必要がある。

外形的な現象として、子会社が事業を廃止するとか、または経営危機に瀕したような場合に、親会社が立替払い、融資、債務保証などの形式で子会社を支援し、または子会社の債権者など（これには、子会社に雇用されている従業員も含まれる）に損害を与えないか、少なくともこれを最小限にとどめようとすることがある。問題は、それがいかなる理由によるかにある。もし、子会社の事業の廃止や経営危機の当面が、親会社の経営判断に基づく決定に由来するか、または子会社と親会社との共同決定に由来するものであれば、親会社は、それによって子会社が負担するにいたった債務について、責任を負うべきと考えるのが、共同事業者の法理である。これに対し、そのような決定が専ら子会社の経営判断によってされたものであれば（親会社は、大株主として、株主総会でこれを承認する議決をしていても、そうするよりほかはなかったと解される）、その決定については、子会社にだけ責任があることになる。

このような観点から本件をみた場合に、3の(3)で認められている「その後、Xは、九州地区に直系会社Bを設立し、Aの従業員や販売先を引継いだ」という事実は、Xが、子会社である製造工場とAを含む直系販売会社を全国各地に所在させていたこと、Aは、資本、人事、業務面などにおいて、Xによって支配されていたこと（「A事実の概要1、2」）を併せ考え、さらに、X・A間の事業の実態を仔細に検討するならば、Aなどの直系子会社は、Xの企業危険のなかでその事業を運営していると認めうる余地もあるのでなかろうか。

3　使用者責任

つぎに、民法七一五条による使用者責任は、つぎの判例でも論じられている。

［判例　九七］　Ａ建設会社事件（東京高判平成九年一一月二〇日・労判七二八号一二頁）

Ａ　事実の概要

１　Ｘは、建築土木など建設工事の請負を業とする会社であり、Ａは、Ｘが一〇〇パーセント出資して設立した子会社で、建築土木に関する商品開発などを業としている。

Ａは独立の企業として独立採算制を採り、平成三年のＡの売上げに占めるＸとの取引高の割合は約二八パーセントであり、Ｘからの出向社員の数は、Ａの社員四五名中五名（内役員は二名）であって、Ａの社員の採用は、Ａが独自に行っている。

２　Ａへ出向を命じられたＸの社員Ｙは、Ｘの社員の身分を有したまま特別休職の形で出向し、Ａの業務に従事し、服務はＡの規定に従い、賃金はＸの基準・方法により、ＡがＹに直接支給するが、その分担はＸ・Ａ間で決める。Ａの日常の業務の遂行について、ＹがＸの指示を受けることはない。

３　Ｙは、Ｘに入社後、Ｘに在籍したままＡに出向し、平成元年四月から、横浜営業所を統括する地位である機電事業部長兼横浜営業所長として勤務していた。

Ｍ（昭和四一年生まれ）は、平成二年五月Ａにアルバイトとして入社し、同年一一月からは、正社員として横浜営業所において、一般事務および製造補助（製品の出荷準備）の業務に従事していたが、平成三年八月三一日Ａを退社した。

４　この間、Ｙは平成二年秋ころから、Ｍの肩や腰に触ったり、頭髪をなぜたりするようになり、平成三年二月一九日午前一一時五〇分頃、横浜営業所においてＭと二人きりになった際、ＹはＭに後ろから抱きつき、作業着のなかに手を入れて胸や腰に触り、無理やりにキスをするなど、わいせつな行動をした。

５　Ｍは、平成三年二月一九日以降、自己に対してわいせつ行為をした当事者であるＹと同じ職場で働くことに苦痛を感じ、Ｙを避けるようになり、他の従業員との関係も良好なものでなくなり、職場にいづらくなってＡを退職するにいたった。

６　ＭはＹを不法行為の実行行為者として、ＡおよびＸをＹの使用者としてのみならず、自らも不法行為に加功したとして、損害賠償請求の訴えを提起した。

B　判決の要旨

1　男性たる上司が部下の女性に対しその望まない身体的な接触行為を行った場合は、それが女性に対する性的意味を有する身体的な接触行為であって、社会通念上許容される限度を超えるものであると認められるときは、相手方の性的自由または人格権に対する侵害に当たり、違法性を有する。［A事実の概要4］の事実は、いずれも不法行為を構成する。

2［Aの使用者責任］

Yは、Aの営業所長などとしてAの事業を執行していた者で、事業の執行に当たっては、Aの指揮・監督を受けていたから、Aの被用者に当たる。YのMに対する［A事実の概要4］の行為は、Yの行為の外形からみて、事業の執行行為を契機とし、これと緊密な関連を有する行為であるから、Aは、このYの行為につき、使用者責任を負う。

3［Xの使用者責任］

Yは、Aの事業の執行に当たり、Aの指揮監督を受けていたが、Xの指示を受けていない。AはXとは独立した企業として経営されていて、Aの事業がXの事業と実質的に同一のものあるいはその一部に属するものであったとみることはできない。なお、Yに対する人事評価・給与査定は最終的にXによって行われ、Aは出向社員に対し減給以上の懲戒処分を単独で行うことはできないとされていたが、それは、Aが指揮・監督権を有することを前提とし、第一次の人事評価・給与査定はAが行い、Xにその調整を行う権限が留保されているものとみるべきであって、そのことからXがYに対する実質上の指揮・監督関係を有していたものということはできない。したがって、XはYの不法行為について、使用者責任を負うものではない。

4［A自身の不法行為責任（AはYの不法行為により部下の労務提供に重大な支障を来しているのを知りながら、労働環境の改善のための措置を講じなかったことによる責任）］

本件においては、Yの行為についてのMとYの言い分は大きく食い違っていて（一審判決は、不法行為の成立を否定している）、Ａは、Ｙの不法行為によって、当時Ｍの労務提供に重大な支障をきたす事由が発生していたことを知っていたものとはいえないし、これを確定しうる証拠を有していたとはいえないから、Ａ自身の不法行為責任は認められない。

５．［Ｘ自身の不法行為責任（４と同趣旨）］

Ａ自身について不法行為の成立が認められないということに加え、ＡはＸとは独立した別個の企業として経営されてきたものである以上、Ｘにおいて、Ａとは独自にＹの行為にかかわる事実を確定しえたとみるべき事情もないから、Ｘについても、Ｙに対し、不法行為責任を負うものとはいえない。

Ｃ　コメント

１　これらの判決は、民法七一五条にいう「他人を使用する者」であるためには、ＸまたはＡとＹの間に労働契約関係が存するのみではたらず、両者の間に実質上の指揮・監督の関係が存在しなければならないという解釈を採る。そのうえで、ＡとＸとはそれぞれ独立した企業として経営されているという事実に基づき、Ｙは、専らＸとは独立した経営をするＡの業務執行に従事し、Ｘの指揮・監督下にはなかったとして、ＡにおけるＹの行為についてＸの使用者責任を否定している。一般論として、ＡがＹとは別個独立の法人格を持った企業であるという点に着目すれば、一応筋が通っているともいえよう。

しかしながら、この類型の出向が、Ａのみならず、Ｘの事業運営上の利益にも適合するがゆえに行われるものであることはすでに述べたとおりである。そうしてみれば、ＸとＡとの企業組織または事業運営の関連の実態いかんによっては、ＡにおけるＹの行為についても、Ｘに使用者責任が生ずることも考えられるのではなかろうか。それは、ＡにおけるＹの行為についてＸが懲戒を行うことと対比しながら考察することも、一興である。というのは、使用者責任はＹがＸの企業危険のなかで（通説の表現を借りるならば、Ｘの指揮・監督下で）Ｘの業務を遂行することによって発生するものであることは判例のいうとおりであるが、ＸがＹに対して懲戒を行っているという事実（さらには、判例がこれを是認しているという事実）は、ＹがＸの指揮・監督下にあるとの意識をＸが持っており、判例もそれに即応した判断をしているると解されるからである。とくに、ＸがＡの親会社である場合には、ＡにおけるＹの行為があたかもＸにおける行為であるように主張し、判例もその主張を認めている例が少なくないこともすでに指摘した。もっとも、ＹがＸの指揮・監督下にあるということは客観的な事実であるから、Ｘがどのような意識を持っているかは徴憑的なものに過ぎないので、このことを考慮にいれて、ここに提起した問題を考察する必要がある。

２　まず、ＡにおけるＹの行為が具体的にＸの指示に基づいて行われた場合には、それがＸへの帰責事由となることはいうまでもない。

３　このような具体的指示に基づくものでなくとも、ＡにおけるＹの行為が一般的にＸの指示に基づくと認められるためには、ＹがＡの従業員たる地位を保有し、ＹのＡのためにする労務の提供が同時にＸの事業の運営にも寄与すること（とくに、ＸとＡとの事業の組織的・機能的関連にかんがみ、実質的にＡがＸの一事業場と認められる場合に、この関係が成り立つ）（本編第六章第三節第二三**2**〔四三二～四三三頁〕参照）と、Ｙの行為がＸの事業に寄与する行為と評価されることが必要である。たとえば、企業グループの中心である親会社Ｘが、子会社Ａの事業を統括させるとともに、子会社間のグループとしての利益の調整を図るために、ＹをＡに出向させ、または機械の製造業者であるＸが、系列の部品のメーカーＡもしくはＸの製品を材料として制作する第二次製品のメーカーＡなどに、Ｘの製造事業の効果をあげることを期待し、かつ、Ａの従業員の技術指導をさせるために、Ｙを出向させ、ＹがＸのためにする趣旨で行動するがごときである。

〔判例九六〕で認められた事実関係のもとでは、ＸのＹに対する一般的な指示を認めることは困難といえる。その限りにおいては、Ｘは、Ｙの約束手形等を濫発してＸの従業員としての権限を濫用し、もしくはＸの業務が阻害したという理由で、Ｙを懲戒することはできないと解される（ただし、Ｙの背信性またはＹによるＸの信用毀損の問題はありうる〔本編第六章第三節第三**五**〔四四八～四五三頁〕参照）。しかし、このような事案でも、Ｘがその責任においてＡの資金の調達を行うことになっており、そのために、Ｙが資金調達の名目で、またはこれを奇貨として、Ａの約束手形等を濫発したというのであれば、それは、その行為の性質上、Ｘのためにする行為であるとの性格がはっきりしているから、

Ｘの指示に従った業務の執行行為と評価して、Ｘに対する帰責事由とすることができるであろう。

これに対し、［判例九七］のケースにあっては、Ｙの行為はＡの日常的な業務を執行する過程において行われる性格のものであり、とくにＸの業務に寄与するために行われたものとは解されないから、一般的には、Ｘへの帰責事由とはならないと解される。

第三　出向者の過誤についての関係企業間の責任

一　序　　説

ＸからＡに出向したＹが、Ａにおいて過誤（債務不履行または不法行為）を犯した場合には、Ａは、民事法の一般原則に従い、Ｘに対して責任を追及しうることは当然であるが、これに関する判例はいまだに現れていない。それは、さきに指摘したように、関連会社とか系列会社間の出向、ことに親会社から子会社への出向が多いことに由来すると思われるが、たとえば、要員対策としての出向のように、右のような関連のない企業への出向が行われている現状では、ＡからＸに対する責任の追及が問題となることがありうる。そこで、若干性格は異なるが、派遣に関するつぎの判例をいとぐちとして、ここに提起した問題を考察しよう。

二　派遣業者の責任

［判例九八］ パソナ事件（東京地判平成八年六月二四日・判時一六〇一号一二五頁）

Ａ　事実の概要

１　Ｘは労働者派遣事業などを営み、Ｙは派遣要員としてＸに採用された。Ａは、土質・地質調査、環境公害調査などの調査研究などを業とする会社である。

2　Aは、総務課勤務で社会保険手続業務を担当していた女子従業員が産休に入るので、その代替要員として、Xに人材派遣を依頼し、Yの派遣を受けた。その際、業務内容は「ファイリング、給与計算、社会保険手続」とされた。Yは、Aにおいて、高額医療費・一部負担還元金・家族療養給付金・高額療養付加金・健康診断補助金・宿泊補助金（各種給付金）の受入れおよび支払い事務を担当した。これには現金取扱業務が含まれていた。

3　Yは、この業務を処理する過程において、健康保険組合から送金された各種給付金につき、同組合から送付された受給者名簿の一部をAの受給者名簿（内訳書）に転記しないという手段を用い、合計二六〇〇万円余を不法に領得した。

B　判決の要旨

1　Yの本件現金取扱業務がX・A間の本件契約に基づく業務内容であること、Yは、Xに雇用されてAへ派遣され、Xから給与の支払いを受けていること、Xの派遣担当のOが定期的にAを訪れ、Yの仕事振りを見て監督していたこと、実質的な派遣料（派遣料からYへの給与を控除した額で、給与の約半額にも及ぶ）は、Xによる派遣労働者の指導監督の対価の意味もあると考えられること、XはAからYの住民票の提出の要請があったのに拒んだこと、本件契約七条で派遣労働者の故意または重大な過失により派遣先に与えた損害についてのXの賠償義務を定めていることなどからすると、Yの本件領得行為は、本件契約に基づく派遣業務としてのXの職務の執行についてなされたものである。

2　XはYの選任およびその職務執行の監督について相当の注意を尽くしているとはいえず、Aに対し損害賠償義務を負う。

C　コメント

本件は、Yの行った不法行為につき、Xに民法七一五条の使用者責任を認めたものである。その意味では、［判例九六］・［判例九七］と同趣旨のものであり、その限度では、そこで述べたことが当てはまる。しかし、派遣業者Xは、派遣先企業Aとの労働者派遣契約において、Aの事業の運営に必要な、一定の労務を提供するYを派遣することを約定したのであるから、YがAに対する労務の提供過程で不法行為を行った場合はもとより、労務の提供が不完全であった場合には、Xは、これに由来する債務不履行の責任を負わなければならないと解される。すなわち、派遣労働者の役務の提供を受けるAは、その事業を営むために、クオリファイされた労働者の労務の提供を求めるが、Xは、Aのニーズに応えられる知識・技術などを持っているYを雇用し、またはXが雇用しているYに、Xの責任においてそのような知識・技術などを習得させたうえ、そのYをしてAが求める労務を提供させることを引受けるという事業を営んでいる。すなわち、Xはこのことに関し善良なる管理者の注意義務を負う。Aは、当然Xが求めている内容・程度の知識・技術を持って労働者が派遣されてくることを期待して、Xと労働者派遣契約を締結する。したがって、Xが派遣した労働者がAの求める内容・程度の知識・技術を具えていない場合には、AはXに対し、その労働者の派遣の受入を拒んで、Aの要求をみたす労働者の派遣を求めることができるし、その労働者の過誤によってAが損害を被ったならば、Xに対し、債務不履行を理由として、損害の賠償を請求することができると解する。

これに対し、出向の場合は、たとえ、XがAが必要とする要員YをAの事業のために出向させるケースであっても、Xは、YをしてAに労務を提供させること自体をその事業としていないから、一般論として、Xに右のごとき債務を負わせることはできないと考える。そこでつぎに出向について別に考察する。

三　出向元企業の責任

1　序　説

出向元企業Xは労務供給以外の事業を営み、要員調整のための場合(この場合でも、人員整理を避けるという消極的意味においては、Xの事業に寄与する)を除いては、Xの事業運営の必要もあって、出向者を求めるAの業務上の利益ないしメリットと一致した場合に、YをAに出向させるものであることは、すでに述べたとおりである。出向が企業間の人事異動といわれているゆえんである。しかも、この型の出向にあっては、AとYとの間には労働契約が成立すると解されるのであるから、このことについては、契約の当事者であるAが危険を負担しなければならない(それは雇入の場合におけると同様である)。そうしてみれば、Xに対して、出向者の人選、知識・技術習得などについて、出向の目的に応じ、Ａの業務上の利益ないしメリットを考慮にいれるべきであるにもせよ、Ｘの従業員の異動について採る以上に慎重な態度を期待することは困難ではなかろうか。そこで、このような観点から、出向元企業の責任を検証しよう。

2　主として出向元のための出向

まず、主としてＸの事業活動に寄与させるために、ＹをＡに出向させる場合を採ってみると、ＡはＹを自己の事業のためにも使用することができるにしても、Ａは、Ｘの履行補助者（履行代行者）としてＹを使用するのであるから、Ｘは、出向者の人選を誤ったことに由来し、Ｘの事業の運営について被った不利益（危険）を一切負担しなければならないが、その反面、その人選について使用者としての権限を保有する。すなわち、Ｘは、ＹをＡに出向させてＡで勤務させることが、たとえば、Ｙの実務教育に必要であるとか、Ｘの事業を拡大し、または必要な情報を蒐集するのに必要なので、その必要をみたすという観点から、Ｙを選任するのであって、Ａの事業活動にどのように役立つかは二の次である。つまり、ＸはＡの求めに応じ、Ａが必要とするＹを出向させるものではない。

そうであるとしても、ＡにおけるＹの勤務振りいかんは、Ａの業務の運営の状況や業績に関係するから、Ａとしても関心事である。したがって、Ｙの行動がＡの指示に違反し、もしくは職場秩序を乱すなど服務規律に違反するものであれば、Ｘに対してＹの出向の取りやめを求め（本編第三章第二節第四〔三〇六頁〕）、Ｙの職務の執行としてなした行動がＡに対する不法行為を構成する場合には、ＡがＸに対し使用者責任を追及することができる。

3　主として出向先のための出向

Ｘの要員対策として行う出向は別に述べるが、それ以外で、主としてＡの事業活動に寄与させることを目的として行う出向は、Ａが必要とする人材（たとえば、経営担当者その他の管理職員、技術職員・営業マン・その他の専門職員）を充足することを主眼とするが、さらに、そうすることによって、ＸとＡとの間の組織的・機能的関連の濃淡による相違はあるにもせよ、Ｘ・Ａなどをもって形成されている企業グループ内で各社相互の連携やグループ全体の発展を図る（とくに、グループ内での人員配置の調整を図る）などというグループの全体的ないし共通的な利益を確保するとか、Ｘの事業の業績の向上に役立たせることなどを志向することはさきに述べた（第一編第一章第四節第三［七〇頁］）。出向はいわゆる関連企業間で行われるといわれているゆえんである。

この意味においては、ＸはＡが求める適性・能力を具えた人材を選んで、Ａに出向させるべきであるということができる。しかし、Ａがその必要とする人材を一般の労働市場に求めず、関連会社の範囲内に求めるにもせよ、従業員の採用であることに相違はない。そうであるからには、その人選については、まず、出向後の労働契約の当事者であるＡが危険を負担しなければならない。もっとも、Ａは、Ｘが適性・能力を具えた人材を選ぶであろうことを期待して、人選をＸに委ねていることが多いと思われるが、Ａが自己の意思に基づいてＸに人選を委ねたからには、その結果については、原則として、Ａが危険を負担しなければならない。ここに「原則として」といったのは、Ｘの人選がいちじるしく不公正・不合理であることが明白である場合を除く趣旨であって、Ｘがその企業内での従業員の異動における と同様に慎重に人選したのであれば、その責を果したことになると解すべきであろう。

しかし、出向者Ｙが、Ａの従業員としての適性・能力を欠くとか、労働契約に違反する行動をした場合などには、Ａは、Ｙとの労働契約を解約（Ｙを解雇）して、Ｘへの出向復帰を求めうることは、すでに述べたとおりである。とりわけ、出向復帰が予定されていない・実質移籍の場合には、解雇についてのＡの裁量は、尊重されるべきであると考える。

なお、Ｙが不法行為によりＡに対し損害を被らせた場合は、それがＸのためにする職務の執行についてなされたものである限り、Xに使用者責任が生ずる。その典型的な例として、親会社（とくに、グループ企業の中核会社）Xから子会社Aの経営担当者として出向し、Xの指示に従ってAの経営管理を行っているYが、その権限を濫用し、賄賂やリベートを受け取るなどして私利を図り、Aに損害を被らせることなどがあげられる。このようなケースは、［判例七四］ないし［判例七八］でみたように、懲戒の問題として論じられ、Yの領得行為がXの懲戒事由に当たるとしていることは、Yの領得がXの職務の執行についてなされたことを認めたものといえるのではなかろうか。

4　出向元の要員調整のための出向

この類型の出向も、基本的には**3**と同様に考えられるが、さまざまな態様のものがあるので、一概に論ずることは困難と思われる。

1　恒久的な場合

まず、この型の出向が、恒久的なものとして行われる場合は、Aは、Xの従業員の個性に着目して出向を受けいれるかどうかを決めるのが当然であるから、**3**で述べたことがそのまま当てはまるということができよう。

2　一時的な場合

これに対し、Aにおいて発生した、短期間ないし一時的な人手不足を補うため、代替性のある職種について労働者を求めた場合には、異なったものになると考えられる。すなわち、XとAとが異業種であるような場合は、Aが求める労働者は、特別の技能を持った者でなくとも、比較的短期間の教育で仕事をこなせることができる者であればたりることが多いと解される。このような場合は、Aとしては、人手が欲しいので、短期間でよいからXの余剰人員を受けいれるという要素が濃い。したがって、出向者の人選についてAは受動的で、Xが出向させた者を受けいれるという立場を採ることになる。そうしてみれば、このような場合には、人選についての危険を

Aに負担させることは妥当ではない。つまり、人選の過誤による使用者責任は、Xが負うべきものと考える。

第一〇章　団体自治に関する問題点

第一節　問題の提起

出向の場合には、出向者Yは、出向元Xの従業員たる地位を保有しながら（その意味でX・Y間に労働契約が存続している）、

①　出向先Aとの間にも労働契約が成立する（主としてAのために出向するか、YとXおよびAのと間で、併任または兼任となる場合）か、

少なくとも、

②　YがAの指揮・監督のもとで労務を提供するという関係が成立する（主としてXのために出向する場合）、ことになる。

併任または兼任の場合は、YとXおよびAの間には労働契約が成立し、かつYはXおよびAに対して労務を提供しているから、XおよびAが、いずれも労働組合法上もYの使用者たりうることはいうまでもない。この場合、基本的には、出向者YがXまたはAの従業員のいずれを代表する労働組合に加入しているかによって、労働組合法上の使用者として行動すべきものは誰であるかが決定する。もっとも、YがXおよびAに対して不可分に労務を提供するなどして、XおよびAが同一の事実に基づいて、それぞれYに対し契約責任を負う場合には、XとAがYに対する使用者と認められることはありうる。

そこで、ここでは主として、それ以外のケースについて考察することにしよう。

ところで、①の場合は、X・Y間には労働契約が存続しているとはいうものの、基本的には、YがXの指揮・

監督のもとで労務を提供するという契約の機能は停止している（通常、ＹはＸのもとでは休職となっている）のであるから、少なくともその限りにおいては、労組法の適用に関し、Ｘに使用者としての危険を負担させる根拠を欠くということも考えられる。

しかし、他方では、ＸとＡの事業の組織的・機能的関連（とりわけ、親会社・子会社または支配的企業・従属的企業の関係）いかんによっては、ＸをＹの労組法上の使用者と構想する考え方もある。

また、②の場合にあっても、ＹがＡの指揮・監督のもとで労務を提供しているという事態に着目し、その限りにおいては、ＡをＹの労組法上の使用者と構想し、また、右のごときＸとＡの事業の組織的・機能的関連いかんによっては、ＡをＹに対する労組法上の使用者とする考え方もある。

そこで、これらの問題を、出向の類型ごとに、以下において考察しよう。

第二節　主として出向元のための出向

第一　学説・判例の動向

一　序　説

この類型の出向については、本書は、労働契約はＸ・Ｙ間にだけ存在し、ＡはＸの履行代行者になるに過ぎないと解する立場を採ったが（本編第一章第四節第一〔二六七〜二六九頁〕）、このような見解は、一般には見当たらない。しかし、Ｙと労働契約のないＡの指揮・監督のもとで、Ｘに雇用されているＹが労務を提供するという関係は、請負業者Ｍの従業員Ｎが、Ｍに対する発注者である企業Ｏの事業場におもむいて、Ｏの指揮・監督のもとで労務を提供する関係（そのなかには「社外工」といわれているものもある）と外形上類似している。そして、このようなNに関しては、かなり多くの学説・判例が発表されているので、その法律理論を参考としながら、この類型の出向について、Aの労働組合法上の使用者性について考察しよう。

二　判　例

いわゆる社外工に関する最高裁判所の判例としては、古くは「油研工業事件」の判決（昭和五一年五月六日・民集三〇巻四号四〇九頁）があるが、その理論構成は必ずしも明確であるとはいえない。これに対し、下請労働者に関する最近の「朝日放送事件」の判決（平成七年二月二八日・民集四九巻二号五五九頁）はこの問題に触れているので、まず、これを考察のいとぐちとする。

［判例九九］ 朝日放送事件

A　事実の概要

1　Oは、テレビの放送事業などを営む会社で、従業員は約八〇〇名である。M_1は、民間放送会社からのテレビ番組制作のための映像撮影、照明、フィルム撮影、音響効果などの業務の請負を事業とする会社、M_2は、民間放送会社、劇場などにおける照明業務の請負を事業とする会社、M_3は、M_1のほか民間放送Oなどからの照明業務の請負を事業とする会社である。

2　Oは、M_1・M_2とテレビ番組制作の請負契約を締結して、継続的に業務の提供を受け、M_3は、M_1と請負契約を締結して、M_1がOから請負った業務のうち、照明業務の下請けをしていた。

3　M_1・M_2・M_3（請負三社）は、右各請負契約に基づき、その従業員NをOのもとに派遣して番組制作の業務に従事させ、右各請負契約においては、作業内容および派遣人員により一定額の割合をもって算出される請負料を支払う旨の定めがなされていた。

4　番組制作に当たって、Ｏは、毎月、一箇月間の番組制作の順序を示す編成日程表を作成して請負三社に交付しているが、右編成日程表には、日別に、制作番組、作業時間（開始・終了時刻）、作業場所などが記載されていた。

請負三社は、右編成日程表に基づいて、一週間から一〇日ごとに番組制作連絡書を作成し、これにより誰をどの番組制作業務に従事させるかを決定することとしていたが、実際には、Ｏの番組制作業務に派遣される従業員は、ほぼ同一の者に固定されていた。

請負三社の従業員は、その担当する番組制作業務につき、右編成日程表に従うほか、Ｏが作成交付する台本および制作進行表による作業内容、作業手順などの指示に従い、Ｏから支給ないし貸与される器材などを使用し、Ｏの作業秩序に組み込まれて、Ｏの従業員とともに、番組制作業務に従事していた。

請負三社の従業員の業務の遂行に当たっては、実際の作業の進行はすべてＯの従業員であるディレクターの指揮・監督のもとに行われ、ディレクターは、作業時間帯を変更したり、予定時間を超えて作業をしたりする必要がある場合には、その判断で、請負三社の従業員に指示をし、どの段階でどの程度の休憩を取るかについても、作業の進展状況に応じて、その判断で右従業員に指示するなどしていた。

請負三社の従業員のＯにおける勤務の結果は、当該従業員の申告により出勤簿に記載され、請負三社はこれに基づいて残業時間を計算した上、毎月の賃金を支払っていた。

5　請負三社の従業員でＯに派遣されていた者の一部は、労働組合Ｕに加入している。

6　請負三社は、それぞれ独自の就業規則を持ち、Ｕとの間で、賃上げ、夏季一時金、年末一時金などについて団体交渉を行い、妥結した事項について労働協約を締結していた。

7　Ｕは、Ｏに対し、昭和四九年九月二四日以降、賃上げ、一時金の支給、下請会社の従業員の社員化、休憩室の設置を含む労働条件の改善などを議題として、団体交渉を申し入れたが、Ｏは、使用者でないことを理由として、交渉事項のいかんにかかわらず、いずれもこれを拒否した。

8　そこで、Ｕは、Ｏを相手方として団体交渉の拒否を理由とする不当労働行為救済の申立をしたところ、中央労働委員会は、Oが「番組制作業務に関する勤務の割り付けなど就労に係る諸条件」について団体交渉を拒否するのは、不当労働行為に当たるとして、救済命令を発した。

9　Oはこの救済命令の取消しを求める行政訴訟を提起した。

B　判決の要旨

a　一審判決（東京地判平成二年七月一九日・労民集四一巻四号五七七頁）

Oは、Uの組合員が従事するテレビ番組の制作に関しては、請負契約などの条項にかかわらず、組合員などを自己の従業員と同様に指揮し、その労務の提供過程で問題となる諸事項、すなわち、勤務時間の割振り、休憩、作業関係などを実質的に決定し、直接に支配しているのであるから、Uの組合員とOとの間には、労務の提供とこれに対する指揮・監督という直接的な関係が存在することになり、したがって、右のような事項については、Oは労組法七条二号の使用者にあたる。

b　控訴審判決（東京高判平成四年九月一六日・労民集四三巻五・六号七七七頁）

1　OのディレクターがMの従業員Nを含めて作業の進行をすべて直接指揮・監督して番組を制作している実態に着目し、Oがディレクターを通じて下請三社を使用従属させていると解するのは、労務の提供自体を指揮・命令して労働者に直接の支配力を及ぼすことと、一定の目的を達成するために提供される労務の内容を指揮・監督して統合する作用とを混同するものである。

番組制作の作業は、一つの目的を達成するため多数人が同時に協同してしなければならない作業であって、そのためには多数人の作業を一つの目的に向けて統合する指揮・監督者を置かなければならないことは作業の性格上当然のことであり、番組制作の作業現場でディレクターが行う指揮・監督は、本来このような統合作用ともいうべきものである。

下請三社が番組制作連絡書によってその従業員に指示した就業命令そのものが、こうした作業の特殊性を前提として、ディレクターの指揮・監督のもとに、番組制作作業が終了するまで労務を提供すべき命令を含むものとみることができ、そうするとそれぞれの従業員の労務の提供につき直接の支配力を有しているのは、下請三社であって、Oではない。

２　中央労働委員会は、「就労に係る諸条件」に関しては、Ｏを使用者と認めて、Ｕとの団体交渉を命ずることが実効性のある措置であるという。

しかし、「就労に係る諸条件」が具体的に何を指すかは当事者間において共通の認識がなく、交渉の対象が不明確であるばかりか、Ｏに対するこれまでのＵの要求のほんの一部ないし副次的なものにすぎない。それに、「就労に係る諸条件」も、全体としての労働条件の一部として決定されるはずのものであるのに、Ｏとしては解決のしようのない賃金や人員配置あるいは労働時間などと切り離して、「就労に係る諸条件」についてだけ団体交渉を命じうるとすると、いろいろな疑問も生じてくる。

以上のことは、基本的な労働条件の決定に関与することができないのに、「就労に係る諸条件」についてだけの使用者なるものを認めることの実効性に疑問を抱かせる。

３　以上判断したところによれば、ＯはＵの組合員との関係で、労働組合法七条二号の「使用者」に該当せず、したがって、Ｏとの間では不当労働行為の問題が生ずる余地はない。

ｃ　上告審判決（最判平成七年二月二八日・民集四九巻二号五五九頁）

１　労働組合法にいう「使用者の意義について検討するに、一般に使用者とは労働契約上の雇用主をいうものであるが、同条が団結権の侵害に当たる一定の行為を不当労働行為として排除・是正して正常な労使関係を回復することを目的としていることにかんがみると、雇用主以外の事業主であっても、雇用主から労働者の派遣を受けて自己の事業に従事させ、その労働者の基本的な労働条件等について、雇用主と部分的であるとはいえ同視できる程度に現実かつ具体的に支配、決定することができる地位にある場合には、その限りにおいて、右事業主は、同条の「使用者」に当たるものと解するのが相当である。

２　請負三社は、Ｏとは別個独立の事業主体として、テレビの番組制作の業務につきＯとの間の請負契約に基づき、その雇用する従業員をＯの下に派遣してその業務に従事させていたものであり、もとより、Ｏは右従業員に対する関係で労働契約上の雇用主に当たるものではない。

しかしながら、…Oは、請負三社から派遣される従業員が従事すべき業務の全般につき、編成日程表、台本及び制作進行表の作成を通じて、作業日時、作業時間、作業場所、作業内容等その細部に至るまで自ら決定していたこと、請負三社は、単に、ほぼ固定している一定の従業員のうちだれをどの番組制作業務に従事させるかを決定していたにすぎないものであること、Oの下に派遣される請負三社の従業員は、このように決定されたことに従い、Oから支給ないし貸与される器材等を使用し、Oの作業秩序に組み込まれてOの従業員と共に番組制作業務に従事していたこと、請負三社の従業員の作業の進行は、作業時間帯の変更、作業時間の変更、作業時間の延長、休憩等の点についても、Oの従業員であるディレクターの指揮監督の下に置かれていたことが明らかである。

これらの事実を総合すれば、Oは実質的にみて、請負三社から派遣される従業員の勤務時間の割り振り、労務提供の態様、作業環境等を決定していたのであり、右従業員の基本的な労働条件等について、雇用主である請負三社と部分的とはいえ同視できる程度に現実的かつ具体的に支配、決定することができる地位にあったものというべきであるから、その限りにおいて、労働組合法七条にいう「使用者」に当たるものと解する。

そうすると、Oは、自ら決定することができる勤務時間の割り振り、労務提供の態様、作業環境等に関する限り、正当な理由がなければ、Uとの団体交渉を拒否することができない。

三　学　説

最高裁判決は、学説の主流に従ったものである。たとえば、菅野教授は、「受入企業（［O］本書で用いた記号による。以下同様）が社外労働者［N］の労働条件その他の待遇について現実かつ具体的な支配力を有している場合には、OはNに対し団体交渉上の使用者たる地位にある。しかも、提供企業［M］が基本的労働諸条件（給与・一時金など）を支配・決定し、Oが就労をめぐる労働条件を支配・決定しているという場合には、『使用者』の地位はこれらの支配力の分有に従って分担されるべきものとなる。（中略）なお、出向労働者の属する組合と出向先企業との関係についても同様の判断がなされてよい」とされ、出向者が組織する労働組合のケースについては、

［判例九九］を引用される。[138]

渡辺教授は、「朝日放送事件」の上告審判決が「雇用主と同視できる程度に現実かつ具体的に支配、決定することができる地位にある」と認定した根拠たる事実には、

⑴「Oの作業秩序に組み込まれて業務に従事していた」こと（組み込みの要件）と、

⑵「Oの従業員の指揮監督下に置かれていた」こと（指揮監督下の要件）と

があるとされ、さらにつぎのように説かれる。

⑴　組み込みの要件

組み込みが認められる場合の使用関係の基本的性質は、つぎのとおりである。

①　期間の継続性（一時的でなく、相当期間にわたる継続的な関係であること）。

②　要員としての定着性（ある範囲の作業を恒常的に確保する補充要員としての関係であること）。

③　事業活動上の要素性（事業活動にとって客観的に重要な一部を構成する部門の業務を対象とする関係であること）。

④　経済的従属性（Oの作業指示があれば、応諾し従うべき基本的ないし包括的関係を基盤とする関係であること）。

⑵　指揮監督下の要件

Nらの作業進行の具体的状態をいい、Mがその従業員Nらに対して、Oのディレクターの指揮監督のもとに、いかなる時間にいかなる作業をするべきかという指示は、労働者派遣のための法定要件であって、Oが就業上行う具体的指揮命令とは異なる。[139]

これらの構想は、労働組合法上の使用者の根拠を「労働契約上の使用者（雇用主）ではなくても、その労働者の基本的な労働条件などについて、雇用主と同視できる程度に現実かつ具体的に支配、決定することができる地位にある」という事実に求めていると解することができるのであって、そのような事実関係が認められる一つの場合として、右に述べたような社外労働者（出向者を含めて）が例示されている。

このような、基本的労働条件に対する支配という要素を重視するのは、学説の主流をなすものであって、使用者の社会的・経済的優位性を背景とした不当な威圧ないし権利の行使を排除して、公正な団体自治の展開を可能にするという労働組合法の目的を考慮にいれたものと解される。

もっとも、学説のなかには、労働契約関係ないしこれに準ずる関係の存在と関係なく、「労働関係の諸利益に対して支配ないし影響を与えうる地位にある者」を労働組合法上（とくに、不当労働行為の制度上）の使用者と解するものがあり、たとえば、親企業・取引先・金融機関などが子会社・下請・系列企業の労働者ないし労働組合の活動に対し干渉・圧力を加えられる場合には、これらの干渉・圧力を加える者も使用者であるとされている。[140]

しかし、多くの学説は、組合運動が労働契約を基盤とした社会生活関係に関して展開されることに着目し、労働契約の現存のみならず、過去における労働契約の存在または将来における労働契約の成立の可能性などを含めて、労働組合法上の使用者概念を構想しているということができる。たとえば、「労働契約の当事者および実際上それに準ずる地位にある者」をもって労働組合法上の使用者とするがごときである。[141]

(138)　菅野・労働法、六五〇～六五一頁。
(139)　渡辺章「派遣労働者受入企業の団体交渉上の使用者性」労働判例六七二号一〇～一二頁。
(140)　岸井貞男・不当労働行為の法理論（一九七八年）一五一頁以下。
(141)　柳川編・判例労働法の研究（下）、八六〇頁、東大・注釈労働組合法（上）、三三六～三四三頁。

第二　考　察

一　使用者概念の要素

労働法上の使用者の概念は、法の適用に関して相対的であり、また、労務提供関係の実態に応じて、労務の提供を受ける者の使用者性が問題となりうるが、労働法上使用者といえるために具えていなければならない要素がある。それは、労働者の概念に対応するものとして、労務の提供を受けることが「その意思に基づく」ことと、その態様が自らの計算と危険（企業危険）の負担において展開する「企業活動のために」労務の提供を受けることである。企業危険を負担して事業を営む者には、これに対応して、その自主的な経営判断に基づき、企業を組織し、企業活動を展開する自由と権利・権限が認められるべきであるが、その権利・権限には、その従業員の組織する労働組合との団体交渉・協議によって、労働条件や雇用問題などを自主的に決定し・調整する（団体自治）ことも含まれている。このように、労務の提供を受け、これを調整・管理することが、その者の企業危険の内容となっていることがその者に使用者性を認めるための核心的要素をなす。

二　団体自治と使用者

団体自治を確保し・擁護する法制（とくに、不当労働行為制度を採りいれた法制）のもとでは、労働組合との団体交渉・協議により、労働関係を自主的に決定・調整しうる権利・権限を持つ企業は、その反面、不当労働行為制度を媒介として団体交渉義務を負わされ、これと関連して（団体自治の基盤をなす労働者の団結を確保するという観点から）、労働者の団結を侵害する行為を禁止されている。

ところで、企業が、労働者との間において、その危険の負担において処理すべき事項には、従業員の雇用に関する制度（たとえば、雇用形態、資格・職務制度）、ならびに労働条件をはじめとして、従業員の雇用や待遇（福利・厚生を含む）および安全・衛生（災害に対する補償を含む）に関する事項があり、それらは、明らかに使用者の専権として確保されるべきものないしは専権として留保することを約定したものでない限り、労働組合との団体交渉・協議によって自主的に決定し・調整すること（団体自治）に親しむ。

このような使用者と従業員間の法律関係は、直接労働契約に基づいて（その当事者の効果意思に従って）発生するか、少なくとも、これを基盤とする社会生活関係について、一定の法律効果が認められる（たとえば、安全配慮義務は当事者の意思いかんにかかわらず認められる）ものとして存立する。したがって、団体自治に関する使用者性の判断に際しては、労働契約の当事者であることを基本とするが、そのほかに、或る企業が、それと一定の関係にある労働者に対して右のような観点からみて、その危険の負担において調整し・解決すべき課題があるかということが探究されなければならない。主として出向元企業Xのため、Xの従業員YがAに出向するケースにおいて、AもまたYが加入している労働組合に対して団体交渉義務を負うかという問題も、まずこのような観点から考察しなければならない。そのほか、X・Aの企業の組織的・機能的関連も問題となるが、それは別個の課題であるので、第四節で述べる。

三　出向先企業の支配の問題

労働者と労働契約を締結している者（雇用主）でなくても、雇用主と同様に、労働者の人事その他の労働条件など労働関係上の諸利益に対し、支配力ないし影響力を現実かつ具体的に有する者も、労組法上の使用者と認めるべきであるとの見解が有力であり、最高裁判所がこれによっていることはさきに述べたとおりである。しかしながら、「労働関係上の諸利益に対する現実、具体的な支配力ないし影響力」という文言は、極めて漠然としたものなので、これを団体自治の助成という観点から、目的論的に解釈する必要があると考える。

1　労働契約の要素とその具体的展開

1　その意味

一口に労働関係上の諸利益といっても、それには、その内容からみて、労働時間、労働日、賃金などの労働契約の要素そのものに関するもの（実質的な、または重要な労働条件といわれているもの）もあるであろうし、決められた労働時間や賃金の約定の具体的展開（たとえば、労働日・労働時間の割振り・割当）、または使用者が留保した権利に基づいて行う労働時間の延長・勤務時間帯の変更または付加的給付の決定・変更に関するものもありうる。前者は労使の共同決定（合意）に関するものであり、後者は契約に基づく使用者の形成権または指示権の行使による契約内容の個別化・具体化の問題である。

2　出向の場合

しかるに、Xが、主としてその事業活動に寄与させるためYをAに出向させる場合は、A・Y間には労働契約は成立しないから、Yの賃金、労働時間などの基本的労働条件（重要な、実質的労働条件といわれている）は、X・Y間の労働契約において決定され、それゆえ、これを決定するための団体自治は、Yが組織する労働組合UとXとの間で展開されるべきである。そのような地位にあるXは、第三者（たとえば、A）からなんらかの社会的・経済的威圧を受けたとしても、自己の判断に基づき、その責任で決定しなければならない。これが団体自治の基礎をなす自己決定・自己責任の原則である。そうであれば、AがYの基本的労働条件がどのように決定されるかについて関心を持っていたとしても、それを決定しうる立場にはなく、その決定への関与（団体交渉の開催ないしこれへの参加）を求められる立場にもない。

これに対し、決められた労働時間や賃金（とくに、付加的給付〔三六五～三六六頁〕）の具体的展開、労働時間の延長・勤務時間帯の変更を行う権利は、X・A間の出向協定およびX・Y間の出向規定に基づいてAに与えられた指示権（いわゆる労務指揮権）または形成権の内容をなすといわれ、出向先企業Aによって行使される（賃金につき、第五章第一節第一項第一三、四〔三五二頁以下〕、労働時間・労働日につき、同章第二節第一〔三八三頁以下〕）。したがって、それはその限りにおいてはAの企業危険の領域に属する。

しかし、そのような事項であっても、労働者の重要な利害に関するものであれば、UがAとの間で行う団体交渉の対象となると解すべきであろう。[142] ただ、それは、UがXとの間の団体交渉によって決めた基本的な労働条件（重要な・実質的労働条件）を前提として、これを展開するもの（たとえば、労働時間の割振り・割当）であるか、少なくとも、これとの関連において決められるもの（たとえば、賃金のほかに、ご苦労賃として支払われるような、タクシー代とか弁当ないし弁当代として支給される付加的給付）である。そうしてみれば、これらの事項について団体交渉を行うとしても、基本的労働条件による制約を受けるのみならず、日常の業務指示による基本的労働条件の具体的な展開を妨げない範囲で行えばたりる（いわゆる団体交渉の深さの問題）ということができるであろう。のみならず、これらの事項については、Aはその決定権を留保することができると解される。[143]

（142）　菅野・労働法、五四三頁は、労働の内容・密度・方法・場所・環境も原則として労働条件となるが、日常的な軽微なことがらで、その性質上使用者の労務指揮権に委ねられているものは、労働条件ではなく、義務的団体交渉事項ではないとされえようと述べている。

（143）　使用者が、その留保した形成権の行使により付加的給付の支給を撤回したことを有効と認めた判決として、東京地判平成九年一〇月一六日・労判七二六号七〇頁、ドイッチェ・ルフトハンザ・アクチエンゲゼルシャフト事件がある。

2　労働契約履行過程における諸利益

これらの、労働契約の締結ないしその内容の決定に関する諸利益とは別に、労働契約の履行過程における、ないしはこれらに関する諸利益もある。そのなかでも、たとえば、労働者が労働する過程に関連して、良好な労働環境を保持し、労働者の生命・健康・安全を確保することに関する利益は、支配の対象となる利益ではなく、むしろ支配からの解放が課題となる。主としてXの事業活動に寄与させるための出向のケースでは、AはXの履行補助者としてYの安全に配慮すべき義務を負い、このことに関し、YはAに対しても直接権利を行使できると解しうることはすでに述べたとおりである（第六章第二節第一二**1**、**2**、**3**〔四〇四頁以下〕）。そうしてみれば、これらの事項については、有効な団体自治の展開が期待されるべきである。

3　いわゆる人的従属

労働者が他人の指揮・監督のもとで労働するという現象に着目して、そこに労働者の利益に対する支配という特徴（いわゆる「人的従属」）を求めるならば（そのような学説・判例が有力である）、それには法的効果が結びつけられることもありうる。ところで、使用者が労働者を指揮・監督することは、労働契約で約定されている職種・職務内容、勤務場所などの範囲内で、労働義務の内容（提供すべき労務の内容）を個別化・具体化し、その義務の履行を求めることにほかならない。この意味においては、それは1で述べた労働条件の具体的展開と同様な性質のものともいえるが、労務内容の具体化は、いわゆる人事管理ないし労務指揮の問題として、業務上の必要性の判断（それについては使用者に広範な裁量が認められるべきである）に基づき、迅速かつ弾力的な運用が要請される。しかも、使用者の指示は、企業秩序を維持し、業務の正常かつ効率的な運営を図るという組織的・統一的要請に応える機能を営む。このことから、指示権には、法的安定を図るため、或る意味の公定力と自力執行力を認めるのが適当と思われる。[144]このように解するならば、かりに、この意味の指示権の行使について団体交渉を認めるとしても、その基準を設定するとか、事前協議または苦情処理の手続を決めるなど、この要請と調和しうる範囲に限定されると解すべきであろう。

そうしてみれば、2および3を通じていえることであるが、ひとしく労働条件の決定といっても、基本的労働条件の実質的内容を決めること（これが本来の団体自治の目的である）とその具体的展開を図る、労働時間の割振り・割当、作業場所・作業内容などの決定（それらは、本来は指示権の領域に属する）とはその性質を異にするから、後者が認められるからといって、「その労働者の基本的な労働条件などについて、雇用主と同視できる程度に現実的かつ具体的に支配、決定することができる地位にある」という結論を導き出すことはできない。

付言すれば、朝日放送事件では、Oのディレクターが、Nに与える指示は、法律構成としては、請負業務の発注者が事業主である請負人M（その被用者N）に対して与える指示である。したがって、それは、論理的には被用者に対する指示ではない[145]。

最高裁判所判決は、「MはNをOに派遣する」という表現を用い、OはNの基本的な労働条件などを「雇用主であるMと同視できる程度に」支配・決定していたと述べている。もし、Mの事業の実態が番組制作（仕事の完成）というに値せず、Oに労働者を供給しているに過ぎないというのであれば、OのNに対する指示は被用者に対する指示の性質を持つといえるかもしれない。そうであるならば、Mは、Oに労働者Nを供給しているに過ぎないことを論証すべきであったと思われる。

Xが、その従業員Yを、主としてXの事業活動に寄与させるためAに出向させ、Aはその事業のためにもYを使用することができる場合にあっては、YをAに使用させる（労働者を供給する）という要素が認められる。そうすると、最高裁判所の判例を派遣に関するものと理解するならば、この型の出向は、同判決の射程距離の範囲内にあるようにも思われるから、注意を要する。

(144)　拙著・労働法律関係の当事者、三六六〜三六八頁。

(145)　独立の事業主に対する指示と労働者に対する指示との相違につき、拙著・労働法律関係の当事者、一五五〜一七一頁。東京高裁判決がディレクターが行う指揮、監督を統合作用といっているのは、それが独立の事業主に対する指示であることに着目したからであると思われる。

第三節　主として出向先のための出向

第一　問題の提起

出向先企業Ａに出向した出向元企業Ｘの従業員Ｙの組織する労働組合Ｕの行う団体交渉について、なにびとが交渉の相手方となるかという問題は、おおむねこの型の出向について論じられているが、ほとんどの場合、ＸがＡの親会社であるケースを想定した立論である場合が多い。というのは、この場合には、ＹはＸの従業員たる地位を保有しているとはいうものの、Ａ・Ｙ間に労働契約が締結され、しかもＸ・Ｙ間の労働契約が機能を停止しているので、Ｘ・Ａ間に特別な関連がない限り、ＵがＹのためにＸに対し団体交渉を求める余地がないようにも思われるからである。しかし、論理的には、Ｘの団体交渉義務は、Ｘ・Ａ間に企業組織や事業運営上の関連がない場合にも生じうるから、本節ではこれを採りあげ、Ｘ・Ａの関連に由来するものは、第四節で考察する。

第二　考　察

一　基本的構想

Ｙが主としてＡの事業活動に寄与するためＡに出向する場合には、Ａ・Ｙ間に労働契約が成立する。その意味で、Ｙの労働契約に基づく法律関係については、基本的にはＡが危険を負担する。ただ、Ｙは、Ａに出向しなかったならば、出向前と同一の労働条件をもって、Ｘとの雇用を継続することができたであろうとの期待利益を持っている。そこで、その利益がＹの責に帰すべからざる事由（たとえば、Ａの倒産または業績の悪化による解雇、労働条件の低下）により損なわれた場合には、Xはその信頼利益を保障する責任（担保責任）を負うことは、すでに述べたとおりである。この意味で、YがXの従業員たる地位を保有しているというわが国の出向制度のもとでは、Yは、なお、潜在的には、Xの企業危険のなかにあるともいえる。

このように理解するならば、右に述べた担保責任の発生・処理に関するものである限り、XとYとの間にはなんらかの法律関係が発生することは否定できない。これに対応して、Xも団体交渉義務を負わされることが考えられる。ところで、この担保責任は、さまざまな根拠に基づいて発生すると考えられるから、これを類型化して考察しよう。

二　出向先での雇用の継続に関するもの

これはAへの出向後、出向者Yの責に帰すべからざる理由によって、YのAにおける雇用の継続が不能となった場合に生ずる問題であって、それは、

①　出向復帰が予定されず、実質的には移籍といえる場合と

②　出向復帰が予定されている場合と

では、区別して考える必要がある。

たとえば、Aが倒産したときには、②の場合であれば、特段の事情がない限り、XはYを出向から復帰させ、Xで復職させなければならないということができよう。

これに対し、①の場合、とくに、Xの一部の事業場を独立の会社Aとし、そこに同事業場に勤務していた労働者を出向させたような場合には、出向復帰は、事実上不可能と考えられる。また、YはXにおいては余剰人員となったので、その恒久的対策として、Aに出向させた場合も同様である。なぜならば、Xには、Aへ出向した労働者に従事させる業務がない（提供された労務を受領することができない）からである。これらの場合には、Aの倒

産についてXに責任を認めうるような事由があるとしても、Xは補充的に、何らかの程度でYに対し金銭的補償をする義務を負うにとどまると解するのほかはないであろう。いいかえれば、これらの場合は、YがXのために、ないしはXの責任のもとで労働するという可能性はないのであるから、その限りにおいては、Xの使用者性の根拠は失われ、したがって、Xを労組法上の使用者と認めることは相当ではないと考えたい。

三　出向先の労働条件に関するもの

つぎに、Yの出向先Aでの労働条件などが、Xがその従業員のために定めた基準（出向元基準）によるとか、出向先基準が出向元基準よりもYに不利益であるときは、XはYに対しその差額を補償すると定めている場合が問題となることがある。

このような協定（出向協定）がXとYが組織している労働組合Uの間に締結されていても、Yの労働条件はAとYとの労働契約によって決まるのであるから、Uは、Yのため、Aに対してだけ、その労働条件決定のための団体交渉を求めることができる。

もっとも、UにXの従業員Zが加入しているならば、Uは、Xに対しては、Zのためにその労働条件について団体交渉を行い、これに関する労働協約が締結されたならば、その結果が出向元基準ということになり、Yは、前述の出向協定に基づき、間接的に、XU間の労働協約による利益を受けることがある。

なお、XがYと締結した労働契約をAに譲渡し、またはその労働契約に基づいて、YがAと労働条件を締結し、かつその内容が維持されることを担保したと認められる場合（本編第五章第一節第一項第一**四**〔三五三頁以下参照〕）には、XのYに対する責任が発生するので、Yが加入しているUが、これに関する交渉をXに対して求めることができる。とくに、Y・A間の労働条件がX・U間で締結された労働協約（出向協定など）によって決定されている場合には、その協定の遵守を求めるという交渉になる。

第四節　出向先と出向元の企業関連に由来する使用者性

第一　問題の提起

出向元企業Xと出向先の企業Aとの間に、企業の組織または事業運営上の関連、とくに親会社・子会社などのいわゆる支配・従属の関連、生産（製造）、流通、販売、保守などの事業の系列による結合、施設、技術、資金などの相互の提供または人事の交流などによる業務提携が認められる場合が多いことは公知の事実である。このような関連があればこそ、Yを出向させることの必要性が認められることが多いともいえる。このような関連がある場合に、労働者Yを雇用しているXまたはAのほかに、AまたはXを労働組合法上の使用者と認める考え方のあることは、さきに触れたとおりである。それは一般に「使用者概念の拡張」といわれたケースの一つなので、これを出向に限定し、判例にそって考察しよう。

第二　学説・判例

一　判　例

【判例一〇〇】　ネスレ日本事件

a　［控訴審］（札幌高判平成四年二月二四日・労民集四三巻一号四四七頁）

b　［上告審］（最判平成七年二月二三日・民集四九巻二号三九三頁）

A　事実の概要

けている。

１　Ｘは、神戸市に本社を置き、インスタント・コーヒーなどの飲食料品の製造・販売を業とし、全国に四工場を設けている。

Ａは、東京に本社を、北海道に日高工場を置き、乳製品の製造販売を営み、Ｘとは別法人ではあるが、Ｘと業務提携し、Ｘの製品も製造し、Ａの正社員のなかにはＸからの出向社員が存在した。

２　Ｘには、その従業員が組織する労働組合Ｕがあり、Ｘ・Ｕ間の労働協約により、日高工場だけに関する事項についての団体交渉は、日高工場長と、Ｕ日高支部の間で行われてきた。

３　Ａの従業員は正社員と臨時社員とからなり、極めて少数の臨時社員は、Ａによって独自に採用され、その労働条件の決定にＸが関与することはなかった。しかし、正社員は、すべてＸによって採用され、Ｘから出向した従業員であり、Ａの設立時に、ＸとＵは、Ｘ・Ｕ間で決定した労働条件を日高工場に適用することを合意していた。

４　Ａ内部での人事異動はその工場長によって決定されていたが、工場長の地位はＸからの出向者により占められるのが当然とされており、日高工場においては、Ｘと人事的に極めて密接な交流が図られていた。

Ｂ　ａの判決の要旨

Ａは、実質的にＸの一工場と同視することが可能であり、少なくとも日高工場における労働関係は、専らＸの意向に従って律せられていたと推認することができる。かりに、日高工場の労働関係をめぐって不当労働行為が行われたとするならば、その工場に属する労働者と直接労働契約関係に立つＡが救済命令の当事者となりうるのは勿論であるが、さらに、Ｘも、労働契約上の当事者と同一視しうる程度に日高工場の労働者の労働関係の諸利益に直接の支配力ないし影響力を及ぼしうる地位にあったということができるのであるから、労働組合法七条所定の使用者として、救済命令の当事者となりうる。

この判決に対し、Ｘは、ＸとＡとは創業の経緯も異なり、その後独立採算経営を行っていること、相互に資本関係は一切ないこと、Ａの経営をたばねる役員はＸと関係がないこと、日高工場の日常の労務管理はＡが行っていること、Ａは独自の製品も製造し、その営業活動を行っていること、を主張して上告したが、最高裁判所のｂの判決も、ａの結論を支持する。

二　学　説

出向元企業Xと出向先の企業Aとの間に存する、企業の組織または事業運営上の関連を根拠に、出向者Yと労働契約関係のない企業を労働組合法上の使用者と認める学説の主流は、本章第二節第一**三**（五三九〜五四一頁）で述べたように、Yの雇用主でなくても、「労働契約上の当事者と同一視しうる程度にYの労働関係の諸利益に直接の支配力ないし影響力を及ぼし得る地位にある者」を労働組合法上の使用者と認めるという基準を用い、たとえば、親会社がこのような地位にある場合は、子会社の労働者が組織する労働組合に対しては使用者にあたるとしている。(146)

もっとも、学説も、親会社であれば、子会社に雇われている労働者が組織する労働組合に対して、当然に、使用者の立場に立つとはいっていないのであって、右に述べたように「労働契約上の当事者と同一視しうる程度」の支配力・影響力という修飾語を用いる学説のほか、法人格否認の法理を援用する学説(147)などが有力であるといえよう。

そのほかに、Yの雇用主X以外の者に使用者としての、またはこれに準ずる責任を認めようとする学説のあることは、第一編第二章（七三頁以下）で詳述したので、これらも労働組合法上の使用者性を構想する場合に役立つと思われる。

(146)　本田淳亮「不当労働行為の主体」不当労働行為論（一九六九年）二九〜三〇頁、古西信夫「使用者」現代労働法講座七巻（一九八二年）一四九〜一五〇頁、菅野、六四九〜六五〇頁。東大・労組法、三三六〜三四〇頁が学説・判例の展開過程を要約している。

(147)　古西信夫「法人格否認の法理と労働法」労働法解釈理論（一九七六年）四六三頁以下。

第三　考　察

一　本書の構想

すでに述べたように、労使間の団体自治によって、労働条件や雇用問題などを自主的に決定・調整する権利・権限を認められるべき者は、労働者から労務の提供を受け、これを調整・管理すること（便宜上労働関係と略称する）について企業危険を負担する地位にある者である。そうすると、Ｙと労働契約を締結している出向先企業Ａが、そのような企業危険を負担すべき地位にあることはいうまでもないが、Ａとの企業の組織または事業運営上の関連の実態にかんがみ、Ｙとの労働関係について企業危険を負担させることが相当と認められる他の企業Ｘが存する場合、いいかえれば、ＡがＸの企業危険に依存し、またはＸと企業危険を分担していると認められる場合には、Ｘもまた団体自治の当事者たりうると解すべきであろう。

本書では、この他の企業との間における企業危険への依存または分担の関係を「縦の共同事業関係」または「横の共同事業関係」と名づけ、いかなる場合にその関係が認められるかは、第一編第二章第四節第三（九九～一〇五頁）で詳述した。そこで、このことをふまえて、具体的な問題について考察しよう。

二　ネスレ日本・日高乳業事件について

本件は、Ｘの従業員Ｙが、Ａの正社員として、Ａの日高工場の事業活動を行うために、Ａに出向したというケースである。したがって、ＡとＹとの間には労働契約が成立しているのであるが、その内容（労働条件）については、日高工場限りのものであれば、同工場長と、Ｙが加入している労働組合Ｕ日高支部の間の団体交渉で決めることができ、また、Ｘ・Ｕ間で決定した労働条件を日高工場に適用する旨協定しているとの事実が認定されている。ということは、UはYの労働条件については、Aのみならず、Xとも団体自治を展開していることにほかならない。そうしてみれば、団体自治を助成し、これに対する妨害を排除するためには、XをYの労働組合法上の使用者として位置付けることが妥当である。この意味で、本件は、第三節で述べた法理によって解決すべきものということができる。

三　別会社の使用者性

一般に、労働者Yの雇用主A以外の会社B・C（「別会社」という）をYの労働組合法上の使用者と認めるか、とくにYらが組織する労働組合Uの団体交渉の相手方当事者と認めるかという問題は、特定の具体的なケースにおいて、B・Cに団体交渉義務または不当労働行為についての責任を負わせるために論じられる場合が多い。たとえば、UがB（Aの親会社）を相手方として団体交渉を求める場合に、「Bは、AにおけるYの労働関係の諸利益に直接の支配力ないし影響力を及ぼしている事実がある」と主張する。もし、その事実がBに対して団体交渉を求めるために必要にして十分な根拠であるというのであれば、UはそれU以前においても、Aではなく（少なくともAに加え）Bに団体交渉を要求してもよかったはずである。通常はそうしないでおいて、とくに、或るケースでは、別会社を団体交渉の相手方とする必要があるというのなら、それに相応した理由が求められなければならない。

もっとも、別会社の使用者性を主張するケースのなかには、B・Cを紛争のなかに巻き込むと、B・Cはこれを回避しようとして、解決に向けての圧力をAにかけることがあるので、作戦として有利であるというような戦略的意図に基づくものがある（Aに大口の融資をしている金融機関や大手の取引先などに交渉を求めるがごときケースに多い）。しかし、そのような意図は団体自治の原理とは結びつかないものであるから、ここでは採りあげない。

ところで、団体自治は、

(1)　労働者の多数決によって形成された労働組合および使用者の意思（使用者団体が当事者となるケースでは、その団体も多数決による）により、使用者の権益と労働者の権益の均衡点において、労働条件などを統一的・画一的に決定し、労働過程を統一的・総合的に調整するなど、労働関係を集団的に自律・調整すること（多数決原理）を基本とし、

(2)　そのために、労働者の団結と団体行動を擁護して、労・使が対等の立場で自由に交渉することを可能にし（労働関係民主化の原理）、

(3)　労使間の主張の対立・不一致を能う限り平和的手段によって合理的に解決し、労働協約の締結によって労使間に安定した秩序をもたらし、もって労使の紛争に由来する労働関係の不安定や悪化ならびに第三者や社会公共のこうむる不利益・損害を最小限度にとどめる（産業平和の原理）

ことを志向する。労組法上の使用者の概念は、このような団体自治の基盤をなす労働関係を離れては、これを構想することはできない。すなわち、労働組合の相手方となる使用者（労組法上の使用者）とは、団体自治の基盤となっている労働関係についてその自律・調整をなしうる（団体自治について企業危険を負担する）地位にある（これを「労働組合と対向関係に立つ」という）者をいう。このことは、別会社についても当てはまるのである。

これを目的論的にいえば、YないしUとB・Cの間に、B・Cがその企業危険の負担において解決すべき労働ないし雇用問題が存在するか、いい方を変えれば、或る問題は、Aではなくして、またはAと並んで、B・Cの危険の負担（責任）において解決すべきかということが問題となる、という観点から解明するのが適切であると思われる。

四　別会社の使用者性の要件

前述の法人格否認の法理または共同事業者の法理（第一編第二章第三節第三**四**、**五**〔九二〜九七頁〕）は、法人A

が負担する企業危険をAの株主（支配関係にある親会社を含む）Bにも負担させるために構想された理論である。そうしてみれば、その法理の適用が是認されるためには、AとBの間の危険の分散にもかかわらず、BにAの企業危険を負担させることを公正かつ合理的なものたらしめるような事情が、AとBの間に存在しなければならないことになる。このことは並列関係において結合しているA・Cの間についてもあてはまる。

ところで、B・CにAの企業危険を負担させることが公正かつ合理的であると認められるためには、すでに述べたように、まずB・CがAの企業活動に内在する収益のチャンスを、Aと同等に自社のために利用しうることを必要条件とする。この意味で、その条件は、B・Cが、固有の財政・経理（とくに、自己の出資）を基盤とした自己の計算において、その裁量による経営判断に基づき、Aの経営の方針・計画の決定に関与し、事業を管理・運営することなどを中核とする（第一編第二章第三節第三五2〔九四～九五頁〕）。

その要件を再述すれば、つぎのとおりである。

1　B・Cと共通の財政・経理（親会社Bの場合には、その出資に基づく財政・経理の管理、共同事業者Cの場合には、財政・経理の共同管理）のもとで、Aが事業活動を展開するものであること。すなわち、Bの場合は資本による支配、Cの場合は損益の共通を第一の要件とする。

2　Aの経営におけるビジネス・チャンスがB・Cに依存していること。たとえば、Aがその提供する役務の受注ないし受託、または販売もしくはリースする商品の提供などを、全部またはその大部分においてBに依存し、それがなければAの事業が成り立たないか、事業の運営に障害を生ずること〔いわゆる専属の下請工場・販売・取扱店〕、或いは、Cの事業〔たとえば、或る商品の製造〕とAの事業〔たとえば、Cの製造した商品の輸送または販売〕が相互に系列化され、または技術その他の業務提携などの形で結ばれていること。

3　B・CがAに役員を派遣し、または相互の交流が行われ、その役員のもとで、双方の事業が運営されていること（人的支配ないし管理）。

4　親・子会社間にあっては、Bの経営判断に基づいて、Aがその事業活動を展開し（いわゆる経営支配）、とくに、BがAに対し資金、財産、信用などを供与し、または、これを管理していること（いわゆる財政支配）。

5　並列する企業間にあっては、事業の運営について、共同の方針・計画の決定、事業または業務の配分・調整などが行われ、これによって各企業の事業が統一的に管理・遂行されていること。

これらの要件がみたされているならば、Aが或る程度の独立性・自主性を保有して事業活動を展開していても、BはAを利用して（縦の共同事業）、またCはAと共同して（横の共同事業）、それぞれの事業活動を展開しているということができる。

しかし、右のような共同事業関係においても、各企業間における企業危険の負担ないしは分担の程度はさまざまであって、その最も極端なケースにあっては、Aの事業活動は、実質的にはBのそれと同じであるか、その一部にすぎないと認められ、またはCの事業活動とAのそれとが相互に交流し、複数の企業が実質的には同一の企業危険を分担し、または各企業の負担している企業危険（とくに、企業の存立に関するもの）が相互に依存していると認められることもある。このような、複数の企業間に存する企業危険の依存ないし分担の程度がいかなるものであるかを判断する場合には、Aが別会社に対する関係において、独立の企業として独自に事業を運営するにたりる人的・物的組織と事業運営の機構を具え、またどのような自主的な活動領域を持ち、市場の変動にどのように対応しているか、などという客観的事実を総合して判断するほかはない（第一編第二章第四節〔九七頁以下〕）。

五　別会社の団体交渉

前項で述べた意味でAの従業員Yまたはその者が組織している労働組合Uに対して、どのような場合に、別会社B・Cに使用者性が認められ、また、どのような態様で団体交渉をなすべき義務を負うかということは、具体的に考察されるべき問題である。以下、ネスレ日本・日高乳業事件の例に倣い、親会社B（または、系列会社C）

から、主としてAの事業活動のためにAに出向したYを想定して、この問題を具体的に解明しよう。

1　出向先の自主的決定

Aが相対的にもせよ独自の組織を具えて独自に事業活動を展開し、その活動のためにYの出向を受けた場合には、たとえAの事業が親会社Bの事業に依存し、またはCの事業の運営と相互に関連を持っているにしても、A・Y間の労働条件は、理論的には、その間の契約で決定される。したがって、AとYとの間の労働契約の締結・解約および契約内容の決定ならびにその展開などは、団体自治による場合であっても、その契約の当事者である（或いは当事者となるべき）Aがその責任と権限において処理すべきであり、その意味においては、BまたはCが団体交渉団体交渉義務を負うことはないと解すべきである。

2　企業グループにおける交渉義務

典型的な例としては、親会社Bが、子会社A_1・A_2……各社を構成員とする企業グループを形成し、これらを統括・支配する会社となり、そのグループ内の企業の労働条件を統一的に決定している場合が考えられる。ここに「統一的」とは、Bが一個の規定のなかで、子会社各社の従業員に適用される労働条件の基準を定めることのみならず、子会社各社が定めている労働条件の基準を、Bの指示・管理により、全体として均衡がとれているように定めることをも含む趣旨である。これらの場合には、Bは、グループ内企業における労使間および労働者相互間における利益の配分を、グループ全体として捉え、Bの危険の負担と責任において実施している。したがって、子会社各社の従業員が組織している各社の労働組合は、いずれもBに対し、その利益の配分（労働条件の決定）について共同決定を求めるために、団体交渉を求めることできるといわなければならない。

3　出向元企業による決定

このような、Ｂによる統一的決定が行われない場合であっても、ＢがＡの労働関係における独自性・自主性を否定し、これに代わるような行動を採る場合、たとえば、Ｕの組合員につき、その労働条件を決定するとか、解雇、人事異動その他の人事上の決定をした場合には、ＵはＢに対して直接団体交渉を求めることができると考える。なぜならば、Ｂがこのような決定をしたからには、これについての危険をＢに負担させることが公正かつ合理的であるからである。

4　出向元企業の影響力

問題となるのは、Ａの労働関係上の事項の決定につきＢがなにほどかの影響力を持っているケースである。たとえば、Ｂがそれらの事項について指針を示したり、見解を表明したりなどして、それがＡの意思決定に対し相当因果関係を持つ(Ｂの指針や見解があるので、Ａはその範囲内でしか妥結しえない、というのがその典型的なケースである）と認められる限りにおいては、Ｕは、第一次的にはＡとの団体交渉によって解決を図るとしても、それが妥結にいたらなかった場合は、Ｂに対して団体交渉を求めることができると考えたい。というのは、Ａとの交渉が妥結しない理由にはＢの意思の影響力があるから、直接Ｂとの交渉を行うのでなければ、Ｕの組合員の経済的地位の向上を図るための十分な機会が与えられないからである。

5　出向元企業の共同事業者責任

出向元企業が出向先Ａの親会社Ｂまたは並列の関連会社Ｃであって、しかもＡが実質的にＢの一事業場に過ぎないか、またはＣと同一の事業活動を分担しているに過ぎない場合には、ＢまたはＣは縦または横の共同事業者として、Ａに出向しているＹに対し、共同事業者としての責任を負わなければならないことがありうる。そうすると、そのような事由が発生した場合は、YはB・Cに対し、その責任を追及することができるのであるから、UはB・Cに対しこのことについての団体交渉を求めることができるといわなければならない。法人格否認の法理を根拠とするならば、否認の結果として、B・Cに対し、一定の法律効果の発生による責任を追及し、その履行を求める場合がこれに当たる。たとえば、B・Cの従業員Yの出向先Aが倒産したので、B・Cに対して未払賃金の支払いを求める場合のごときである。

6 団体交渉の方式

これまでに述べたように、出向元企業であるB・Cが、出向先企業Aの労働組合Uと対向関係に立ち、B・CがUと団体交渉をする義務を負うとしても、このことからただちに、B・CがUとの団体交渉の席に当事者として着かなければならない、という結論にはならないと考える。なぜならば、B・Cの団体交渉の態様は、B・CとAがそれぞれ負担している企業危険の関連の程度・態様、これを基礎として構想される、B・AとYとの間の労働関係の実態に即して、具体的に決定されると解すべきだからである。この問題は、多く親会社について論じられているので、これに即して述べよう。

たとえば、出向先企業Aが一定の労働条件をもって従業員を採用し、出向者Yもその一員であるならば、その限りにおいては、AはYないしUに対する関係で独自性・自主性を保有しているということができる。そうしてみれば、Bがこのような X の独自性・自主性を認め、これを維持し、またAのBに対する依存の条件が変わらない限り、Uとの団体交渉はAがその責任において、かつその権限をもって行うことを要し、Uもそれ以外の態様の団体交渉を求めることはできないと解される。この理は、単一の企業においても、これを構成しているいくつかの事業場が所管している事項については、その事業場を単位とした団体交渉を行えば、その企業として団体交渉義務を尽くしたといいうることを想起すれば、容易に理解することができるであろう。

これに対し、ＵがＹのために、Ｂによる決定を求め、またはＢの責任を追及する場合には、Ｂは、当事者として、団体交渉の場に臨まなければならないといえる。

また、Ａの労働関係上の事項の決定につきＢがなにほどかの影響力を持っているケースでも、ＵがＢに対して団体交渉を求めうることは、**五４**で述べたが、この場合には、Ｂ自らがＵとの団体交渉の席に臨むほか、ＸがＵと団体交渉を行っている席に、Ｂを代表する権限のある者を出席させることによっても、団体交渉義務を尽くしたと判断される場合もありうると考える。すなわち、このようなケースにあっては、団体交渉の使用者側の主体はＡであると構想することも可能である。そうであるとしても、団体自治により労働者の経済的地位の向上を図る機会を十分に与えるためには、Ｕの言い分を直接影響力のあるＢに伝えて、これに基づいてＢに決断させ、また、Ｂの言い分を聞いて、Ｕとしての決断をするという交渉方式を採る必要があることも認められなければならない。しかし、その目的は、Ｂが形式的に団体交渉の当事者とならなくとも、Ｂのために意思決定をなしうる者（たとえば、Ｂの代表者）が、Ａ・Ｕ間の団体交渉に出席するという方法でも達成されると考えたい。

故高島良一先生ご遺稿『出向・移籍の研究』

あとがき

二〇〇二年六月一八日に八三歳を以って永眠されました弁護士故高島良一先生のご遺稿を皆様にお届けできますことは、多年にわたり先生のお教えを受けお世話になりました者としてこのうえない喜びでございます。本書は先生が同年四月に脱稿され、東京大学法学部長菅野和夫先生のご紹介により、信山社出版株式会社から刊行の運びとなったものでございます。

私が高島良一先生に最初にご縁を頂きましたのは、今から四〇年ほど前、先生が東京家庭裁判所の判事として司法修習生の指導に当たられていた頃のことでございます。

一九九八年二月には先生を私の事務所に客員弁護士としてお迎えし精神的支えとなって頂くとともに、事務所の若い弁護士のご指導をお願いして参りました。先生は、日頃から若い弁護士たちに、裁判記録の精読や相手方主張への反論のみに終始することなく、自らの意見を、それも構想を大切にしつつ展開することの重要性を説いていらっしゃいました。

二〇〇二年四月初め、先生がいつもの穏和なご口調で「高井君、原稿を書いたんだけどね」と事もなげに切り出された日のことは、今も鮮やかに記憶しております。その頃、先生は定期的に通院治療をお受けでしたので、六〇〇頁にも及ぶ原稿を拝見した時には非常に驚きました。今にして思えば、先生は、既にお心に期するものがおありだったのかも知れません。

高島先生は、一九四六年から一七年余にわたり裁判官を務められ、ご退官後は、弁護士としてのご活躍の傍ら一九六九年から八七年まで獨協大学法学部で教鞭を取られました。

先生は裁判官・大学教授・弁護士の三つのお仕事を見事にこなされましたが、今ひとつ、終始一貫して執筆家であられたということも特筆大書しなければなりません。ほとんどの裁判官は書籍を取りまとめないまま退官し生涯を終える例が多いというのが実情ですが、高島先生は裁判官の当時から執筆を重ねられ、弁護士としても稀なほど論理的透徹性を重んぜられる方でありました。

先生が上梓された『判例労働法の研究（共著）』『判例借地・借家法』『労働法律関係の当事者』など数多くの著述出版は、その後の実務の方向性を定めた名著として高い評価を受けております。そしてその最後の成果が、この大著『出向・移籍の研究』であるのです。

二〇〇二年六月九日に入院される直前、先生はお手許に届いた本書初校ゲラを点検されていたとのお話をご遺族より伺い、どのような状況にあっても探究の姿勢を貫かれた先生のお姿に胸打たれるとともに、改めて敬意を表する次第でございます。

先生は、人生をひたむきに体系的にしかも実学に基づいて勉強され続けました。決して象牙の塔にこもることなく、主に労働法に関連して実社会で生じる様々な事象に真正面から取り組まれ、最善の解決及びそれに至る理論構築を目指されたのであります。先生のこうした研究の方向性は、社会貢献に資する執筆を目指されていたとも表現できましょう。

先生が本書で取り組まれた出向・移籍に関する諸問題は、現在の複雑化した雇用関係を考えるうえでの重要な視点であるのみならず、社会構造変革への取組みが喫緊かつ最重要案件であるわが国の現状に徴し、まさに極めて今日的な課題であると言えます。この問題についてこれほどまでに綿密に掘り下げて学説及び判例を研究分析した論文は他に見受けられないのではないでしょうか。

この意味において、現在曲がり角にある日本企業の将来への方向性、換言すれば雇用の在り方について先生から極めて示唆に富むご提言を頂いたとして、感謝の念を以って本書を世に問わせて頂きたいと思います。
末筆ではございますが、高島良一先生のご冥福を心からお祈り申し上げますとともに、先生のご研究の集大成である本書が、広く読み継がれていくよう念じております。

二〇〇三年八月
残暑の中にも秋の気配を感じる東京の事務所にて

弁護士　高井伸夫

平11・3・16東京地判・労判766・53（ニシデン事件）……………………351,373〔63〕
平11・3・31東京高判・労判766・37（茅ヶ崎市事件）…………………………291〔51d〕
平11・6・11最判・労判762・16（東日本旅客鉄道事件）……………………463〔85c〕
平11・6・15水戸地下妻支判・労判763・7（エフピコ事件）………………505〔94a〕
平11・8・27東京地判・労判777・83（国際開発事件）……………245,284,492〔92〕
平11・11・25静岡地判・労判786・46（三菱電機事件）……………………………401〔68〕
平11・12・17東京地判・労判778・28（日本交通事業社事件）……………………456〔84〕
平12・1・28神戸地判・労判778・16（川崎製鉄事件）………………179,191,279〔40a〕
平12・3・24最判・労判速1725・10（電通事件）…………………………………………414
平12・5・18広島地判・労判783・46（オタフクソース事件）……………………403〔69〕
平12・5・24東京高判・労判速1735・3（エフピコ事件）…………………506〔94b〕
平12・7・27大阪高判・労判792・71（川崎製鉄事件）…………………………175〔40b〕
平12・10・30東京地判・労判799・86（ニッテイ事件）……………………………319〔57〕

平7・3・6名古屋地判・労判682・152（シーアールシー総合研究所事件）…… 507〔95〕
平7・3・9最判・労判679・30（商大八戸ノ里ドライビング・スクール事件）
……………………………………………………………………… 332〔58c〕
平7・3・29大阪地決・労判速1569・10（土藤生コンクリート事件）…………… 164〔37〕
平7・4・13東京地判・労民集46・2・720（アエロトランスポルト事件）…………… 211
平7・5・30東京地判・労判693・98（アーツ事件）……………………………… 35〔7〕
平7・9・27大阪地判・労判688・48（トヨシマ事件）……………………………437〔77〕
平7・10・11大阪地決・労判速1586・9（ダイエー事件）…………………………438〔78a〕
平8・1・22大阪地判・労判698・46（商大八戸ノ里ドライビング・スクール事件）
………………………………………………………………………332〔59〕
平8・2・27岡山地判・労判697・75（岡山県事件）………………………………292〔52〕
平8・3・26福岡地小倉支判・労判703・80（新日本製鉄事件）……… 18,279,479〔1a〕
平8・6・17東京地判・労判701・45（テラメーション事件）………………………376〔64〕
平8・6・24東京地判・判時1601・125（パソナ事件）……………………………526〔98〕
平8・10・24東京地判・労判710・42（ニュー・オリエント・エキスプレス事件）
………………………………………………………………………416〔70〕
平9・1・28東京地判・労判速1633・11（東京鉄鋼事件）………………………… 436〔78〕
平9・2・28東京地判・労判728・80（ジャパン・エナジー事件）………………… 55〔9〕
平9・6・5大阪地決・労判速1644・24（相模ハム事件）……………………………23〔2〕
平9・7・14東京地判・労判736・87（国武事件）…………………………………380〔65〕
平9・10・1東京地判・労民集48・5-6・457（ドイッチェ・ルフトハンザ・
アクチエンゲゼルシャフト事件）……………………………………………… 342〔60〕
平9・11・20東京高判・労判728・12（A建設会社事件）……………………… 522〔97〕
平9・12・16東京地判・労判730・26（日鉄商事事件）………………………… 55〔8〕
平9・12・16東京地判・労判730・26（日鉄商事事件）…………………………381〔66〕
平10・1・28大阪地判・労判773・72（ダイエー事件）………………………… 438〔78b〕
平10・2・26・労判732・7（東京海上火災保険事件）…………………………… 412
平10・3・17東京地判・労判734・15（富士重工業事件）………………………273〔50〕
平10・4・24最判・労判737・14（茅ヶ崎市事件）…………………………… 289〔51c〕
平10・5・22大阪地判・労判752・91（協栄自動車工業事件）………………… 60〔11〕
平10・7・16札幌地判・労判744・29（協成建設工業事件）……………………399〔67〕
平10・12・24福岡地久留米支決・労判758・11（北原ウエルテック事件）…………197〔42〕
平11・1・25大阪地判・労判763・62（昭和アルミニウム事件）…………145,426〔31〕
平11・3・12福岡高判・労判速1721・8（新日本製鉄事件）………………19,180〔1b〕
平11・3・15東京地判・労判766・64（イー・ディー・メディアファクトリー事件）
………………………………………………………………………313〔55〕

平１・３・６大阪地決・労判536・31（守谷商会事件）……………………………423〔74〕
平１・６・27大阪地決・労判・545・15（大阪造船所事件）…………………………157〔35〕
平１・７・17長崎地佐世保支判・労判543・29（佐世保重工業事件）………………156〔34〕
平１・12・７最判・労判554・６（日産自動車事件）……………………………………… 193
平２・５・28大阪地判・労判565・64（松下電器産業事件）…………………………434〔74〕
平２・７・19東京地判・労民集41・４・577（朝日放送事件）…………………… 537〔99a〕
平２・10・26東京地判・労判574・41（アイ・ビイ・アイ事件）……………………489〔89〕
平２・12・21東京地判・労判581・45（神戸製鋼所事件）……………………………142〔30〕
平３・１・22仙台地判・労民集42・１・１（塩釜缶詰事件）………………………… 491〔91〕
平３・３・27前橋地判・労判589・72（東日本旅客鉄道事件）…………………… 461〔85a〕
平３・10・29東京高判・労判598・40（セントランス事件）…………………………204〔54〕
平４・２・24札幌高判・労民集43・１・447（ネスレ日本事件）…………………551〔100a〕
平４・３・27東京地判・労民集43・2-3・503（ザ・チェース・マンハッタン・バンク事件）………………………………………………………………………… 279,315〔56〕
平４・６・29大阪地判・労判619・47（商大八戸ノ里ドライビング・スクール事件）…………………………………………………………………… 279,329〔58a〕
平４・９・10最判・労判619・13（セントランス事件）……………………………304〔54〕
平４・９・16東京高判・労判民集43・5-6・777・(朝日放送事件) 537………………〔99b〕
平４・９・28東京地判・労判617・31（吉村事件）……………………………………490〔90〕
平４・12・25東京地判・判タ832・112（勧業不動産事件）………………………… 451〔82〕
平５・１・28東京地判・労判651・161（チェスコム秘書センター事件）………… 444〔59〕
平５・２・10東京高判・労判628・54（東日本旅客鉄道事件）………………………462〔85〕
平５・３・31東京高判・労判629・19（千代田化工建設事件）………………………136〔27〕
平５・４・28横浜地判・労判652・77（茅ヶ崎市事件）………………………… 287〔51a〕
平５・５・14東京地判・労判634・44（東京コムネット事件）………………………494〔93〕
平５・６・25大阪高判・労判679・32（商大八戸ノ里ドライビング・スクール事件）…………………………………………………………………………… 279〔58b〕
平６・３・17東京地決・労判662・74（日鉄商事事件）………………………………… 55〔８〕
平６・３・22岡山地判・労判658・75（備前市事件）………………………………116,291〔17〕
平６・８・10大阪地決・労判658・56（東海旅客鉄道事件）…………………170,208〔39〕
平６・８・24東京高判・労判664・47（茅ヶ崎市事件）………………………… 288〔51b〕
平６・８・30東京地判・労判668・30（日本ロール製造事件）………………………453〔83〕
平６・10・12福岡高判・(三井石炭鉱業事件)……………………………………………………88
平６・12・８大阪地決・労判速1565・30（カプコン事件）………………………… 435〔75〕
平７・２・23最判・民集49・２・393（ネスレ日本事件）…………………… 551〔100b〕
平７・２・28最判・民集49・２・559（朝日放送事件）………………………… 538〔99c〕

昭52・8・10東京地判・労民集28・5-6・698（東京エンジニアリング事件）
……243,279,283,468〔48〕

昭53・2・14青森地判・労民集29・1・75（青森放送事件）…… 80

昭53・2・23東京地判・労判263・52（ジャード事件）……00

昭53・4・20高知地判・労民集306・48（ミロク製作所事件）…… 34〔6〕

昭53・7・7名古屋地判・労判305・18（栃木合同運輸事件）…… 242,282〔47a〕

昭54・7・19名古屋地判・労民集30・40・804（丸紅事件）…… 194

昭54・7・31岡山地決・労速判1023・3（住友重機械工業事件）…… 151〔32〕

昭55・3・26名古屋地判・労民集31・2・372（興和事件）…… 27,122〔4〕

昭55・3・28大阪高判・判時967・121（日本製麻事件）…… 279,349〔62〕

昭55・4・21松山地判・労判346・55（森実運輸事件）……162〔55〕

昭56・5・8大阪地判・労判速1089・3（名村造船事件）…… 154,222〔33〕

昭56・5・25千葉地判・労判372・49（日立精機事件）……126〔22〕

昭56・12・25名古屋地判・労民集32・6・997（栃木合同運輸事件事件）
…… 242,279,282〔47b〕

昭57・4・1最判・労判383・28（林野税務署事件）…… 413

昭57・4・26東京地八王子支判・労判388・64（ダイワ精工事件）……123〔19〕

昭58・6・7福岡高判・判時1084・126（サガテレビ事件）…… 247

昭58・9・8最判・判時1094・121（関西電力事件）……450〔81〕

昭58・10・21名古屋地判・労判423・42（住友化学工業事件）…… 57,245,279,311〔10〕

昭59・2・29静岡地沼津支判・労民集35・1・23（岳南鉄道事件）…… 425〔73〕

昭59・4・10最判・民集38・6・557……405

昭60・3・8熊本地判・労民集36・2・155（熊本運輸事件）……303〔53〕

昭60・4・5最判・民集39・3・675（古河電気工業事件）……468〔48〕

昭60・5・10東京地判・労判454・77（ジェッツ事件）……348〔61〕

昭60・9・10大阪地決・労判459・49（長谷川工機事件）……481〔86〕

昭61・7・14最判・判時1198・149・（東亜ペイント事件）……212

昭61・10・31新潟地高田支判・労判485・43（日本ステンレス事件）……135,218〔26〕

昭62・4・27名古屋高判・労民集38・2・107（栃木合同運輸事件）…… 243,282〔47c〕

昭62・7・17最判・民集41・5・1283…… 371

昭62・9・7神戸地判・労判503・23（神戸高速鉄道事件）……196〔41〕

昭62・11・30大阪地決・労判507・22（東海旅客鉄道事件）……167,199〔38〕

昭62・12・24東京高判・労判512・66（日産自動車事件）…… 193

昭63・3・11福岡地大牟田支判・（三井三池製作所事件）……133〔25〕

昭63・10・13宇都宮地栃木支判・労判528・28（大塚鉄工事件）…… 224〔44.〕

平1・2・3長野地松本支決・労判528・69（新日本ハイパック事件）……114〔16〕

判例索引

（年月日順。〔　〕内は本文中判例番号）

昭41・3・31東京地判・労民集17・2・368（日立電子事件）……259〔49〕
昭42・2・26札幌地判・労民集18・1・52（三洋電機事件）……485〔87〕
昭42・2・26横浜地判・労民集18・1・67（日立製作所事件）……33〔5a〕
昭42・5・11大阪地判・労民集18・3・585（大阪変圧器事件）……486〔88〕
昭43・8・9東京高判・労民集19・4・940（日立製作所事件）……34〔5b〕
昭43・8・31東京地判・民集19・4・1111（日本電気事件）……132〔23〕
昭44・2・27最判・民集23・2・511……92
昭45・3・26仙台地判・労民集21・2・330（川岸工業事件）……92〔12A〕
昭45・3・30東京地判・労判速409・6（日本ペイント事件）……〔24〕
昭45・6・29東京地判・労民集21・3・1019（小野田セメント事件）……141〔29〕
昭45・10・22大阪地判・労民集21・5・1381（小太郎漢方製薬事件）……280,422,467〔71〕
昭46・5・7津地判・労判133・14（神鋼電機事件）……24,134〔3〕
昭47・3・8大阪地判・判時666・87（世界長事件）……517〔96〕
昭47・4・8松江地判・判タ279・347（一畑電鉄事件）……220〔43〕
昭48・4・12最判・集民109・53（日立製作所事件）……17
昭48・10・19最判・労判189・53（日東タイヤ事件）……17
昭48・10・26最判・民集27・9・1240……92
昭48・11・27福岡地小倉支判・労民集24・6・569（安川電機製作所事件）…118,270〔18〕
昭49・2・28最判・民集28・1・66（日本国有鉄道事件）……449〔80〕
昭49・3・25福島地判・下民集31・14・74（大成建設事件）……240,269,281,397〔46〕
昭49・7・4大阪地決・労民集25・4・317（高木電気事件）……108,270〔13〕
昭49・9・17大阪地決・労判213・78（大有社事件）……226〔45〕
昭49・11・29大阪地決・労判速870・23（日立エレベーター・サービス事件）……109〔14〕
昭50・4・25大阪地判・労判227・37（光洋自動機事件）……139〔28〕
昭50・5・29岐阜地大垣支判・労民集26・3・545（大日本金属工業事件）……124〔20〕
昭50・7・23徳島地判・労民集26・4・580（船井電機事件）……92〔12B〕
昭51・3・16松江地決・判時819・99（蔵田金属事件）……194
昭51・5・6最判民・民集30・4・409（油研工業事件）……535
昭51・5・10京都地決・労判252・17（近畿放送事件）……80
昭51・6・17大阪地決・労民集27・3-4・272（日本データ・ビジネス事件）……80
昭52・7・20山口地判・労判281・46（セントラル硝子事件）……124,212〔21〕

〈著者紹介〉

高島良一（たかしま・りょういち）

1919年3月　出　生
1941年12月　東北帝国大学法文学部法科卒業
1942年1月　司法官試補任命
1945年12月　判事任官
1963年1月　判事退官
同　年2月　弁護士登録（第一東京弁護士会）
1969年4月　獨協大学法学部教授就任
1987年3月　同退任（同大学名誉教授）
2002年6月18日　逝去　享年83歳

〈主著〉

判例労働法の研究（共著）（初版・1949年，全訂版・1956年，労務行政研究所）
労働争訟（共著）（1954年，労務行政研究所）
労働契約と団体交渉（1954年，酒井書店）
企業閉鎖と偽装解散（1964年，有斐閣）
経営と労働の法律関係（1966年，労働法学出版社）
採用から解雇までの法律事務（1960年，ダイヤモンド社）
労使交渉の法律実務（1960年，ダイヤモンド社）
借地の法律相談（共編）（1967年，第2版，1975年，有斐閣）
労働法（1974年，高千穂書房）
企業体質の改善と出向・労働条件（1995年，判例タイムズ社）
労働法律関係の当事者（1996年，信山社）

出向・移籍の研究

2003年（平成15年）9月5日　第1版第1刷発行

著　者　高　島　良　一
発行者　今　井　貴
　　　　渡　辺　左　近
発行所　信　山　社　出　版
〒113-0033 東京都文京区本郷6-2-9-102
TEL 03（3818）1019
FAX 03（3818）0344

Printed in Japan

印刷・製本／松澤印刷・大三製本

ISBN 4-7972-2231-X C3332